# Dios y el tiempo
## EL PENSAMIENTO DE ÓSCAR CULLMANN

*Xabier Pikaza*

editorial clie

**EDITORIAL CLIE**
C/ Ferrocarril, 8
08232 VILADECAVALLS
(Barcelona) ESPAÑA
E-mail: libros@clie.es
http://www.clie.es

© 2014 Xabier Pikaza

«*Cualquier forma de reproducción, distribución, comunicación pública o transformación de esta obra solo puede ser realizada con la autorización de sus titulares, salvo excepción prevista por la ley. Diríjase a CEDRO (Centro Español de Derechos Reprográficos, www.cedro.org <http://www.cedro.org> ) si necesita fotocopiar o escanear algún fragmento de esta obra*».

© 2014 Editorial CLIE

---

*El Pensamiento de O. Cullmann.* **DIOS Y EL TIEMPO**
ISBN: 978-84-8267-873-3
Depósito Legal: B 21909-2014
FILOSOFÍA
Pensamiento Cristiano
Referencia: 224874

---

# ÍNDICE

## I
## O. CULLMANN (1902-1999) UNA VIDA TEOLÓGICA

Prólogo ........................................................................................... 7

1. Comienzos. Un teólogo precoz ................................................. 15
   1. El Cristo de la fe, más allá de la historia (1925) ..................... 15
      *a) La Historia de las Formas* ................................................. 16
      *b) Diálogo con R. Bultmann* ................................................. 19
      *c) Cristo eterno. Superar la historia* ....................................... 27
   2. Profundización, las palabras y la realidad (1928) .................... 29
   3. El descubrimiento de la historia (1928-1941) ......................... 36

2. Obra madura, la tarea de la historia .......................................... 43
   1. Un reto de fondo. El sentido del tiempo ................................ 43
      *a) Realidad objetiva, independiente de la mente que la piensa.* ... 45
      *b) Punto de inflexión. Un resumen* ....................................... 48
   2. Madurez: Historia de la salvación (1941-1965) ....................... 50
      *a. Obras básicas. Un pensamiento centrado en la historia* ........ 50
      *b. Tema clave: Tiempo cíclico, tiempo lineal* ......................... 54
      *c. Las etapas de la historia del tiempo cristiano* ..................... 60
   3. Último Cullmann. Obras finales (1965-1999) ......................... 63

## II
## UN PROGRAMA INTEGRAL DE TEOLOGÍA
## CRISTO Y EL TIEMPO (1946)

3. Introducción, tiempo e historia ............................................................. 73
   1. Polémica en torno a la escatología ....................................................... 73
      *a) Una disputa: escatología futurista y presentista* ...................... 75
      *b) Barth y Bultmann. Tiempo divino, tiempo existencial* ............ 78
      *c) Escatología temporal* ................................................................ 80
   2. El tiempo, una clave de la realidad ...................................................... 82
      *a) Naturaleza e historia. Tiempo ontológico y eterno retorno* ....... 83
      *b) No basta una salvación existencial* ......................................... 86
   3. Historia profana, historia de la salvación ............................................ 88
      *a) Visión lineal del tiempo. La eternidad* .................................... 89
      *b) Historia profana e historia de la salvación* ............................ 93
      *c) Hechos e interpretación. Diálogo con Bultmann* ..................... 96
      *d) La historia como revelación y como salvación* ..................... 100

4. Historia cristiana, un signo de identidad ............................................ 103
   1. Un principio: El credo histórico de la Biblia .................................... 103
      *a. Hermenéutica teísta de la historia* ......................................... 104
      *b. Credo judío y credo cristiano, un núcleo histórico* ................ 114
   2. Una comparación: Cristianismo e Islam ........................................... 118
      *a) De Jesús a la Iglesia, un camino histórico* ............................ 119
      *b) Una referencia al Islam* .......................................................... 124
   3. Excurso: Religiones de la historia.
      Paralelismo y diferencia ..................................................................... 129

## III
## UN DESARROLLO TEOLÓGICO
## CRISTOLOGÍA DEL NT (1957)

5. Una enciclopedia de Jesús, títulos cristológicos ................................ 139
   1. Temas. Una visión abarcadora ........................................................... 139
      *a) Jesús pasado: Profeta, siervo, sacerdote* ............................... 144
      *b) Jesús futuro: Cristo, Hijo del Hombre* .................................. 150
      *c) Jesús presente: Señor, salvador* ............................................ 155
      *d) Jesús preexistente: Logos, Hijo de Dios, Dios* ...................... 160

   2. Profundización. El sentido de la cristología............................165
      *a) Los hechos de la vida de Jesús. Confianza histórica*...............166
      *b) Una historia interpretada. Revelación de Dios en Jesús*.........169

6. Una obra abierta, la historia continúa .......................................175
   1. Problemas pendientes, una reflexión que sigue .....................175
      *a) Seis huecos, seis caminos* .........................................................176
      *b) Presencia de Dios, representante de la humanidad*...............183
      *c) Historia de la salvación y escándalo de Cristo*........................190
   2. Excurso. Actualización temática.............................................194
      *a) Los títulos de Cullmann, bibliografía comentada*..................195
      *b) Otros títulos y/o símbolos cristológicos*..................................206

## IV
## VIDA CRISTIANA
## SALVACIÓN COMO HISTORIA (1965)

7. Dios en la historia, un camino de creación............................217
   1. Teología abierta, las últimas obras de Cullmann ...................218
   2. Una historia llena de la tarea de Dios ....................................223
      *a) Historia y evolución. P. Teilhard de Chardin*........................223
      *b) Historia y despliegue de Dios. Teología del Proceso*.................229
   3. Comparación con G. Theissen, una tarea hermenéutica ........234
      *a) Un programa de conjunto*....................................................234
      *b) Fe bíblica y evolución* ............................................................239
      *c) Una lectura integral de la Biblia, el hombre como historia*......251

8. Dios en la vida cristiana: don, tarea, esperanza......................259
   1. Claves de la vida cristiana ......................................................260
      *a) Salvación en Cristo, realidad de la historia*...........................261
      *b) Historia de la salvación, Iglesia en la historia* .......................264
      *c) Palabra en la Iglesia, culto cristiano*......................................268
   2. Elementos de la salvación .....................................................271
      *a) Acción del cristiano, una moral histórica*.............................271
      *b) Cristianismo y Estado. Una moral política* .........................274
      *c) Meta de la salvación: cumplimiento, no salida de la historia*.....281

# V
# UNA PUERTA ABIERTA
# HERMENÉUTICA E HISTORIA

9. Volver al principio, en diálogo con Bultmann ...................... 295
   1. El logos de la historia .................................................. 296
      *a) Historia frente a mito* ................................................ 296
      *b) Hermenéutica histórica* ............................................. 303
   2. Creer es ya interpretar .................................................. 307
      *a) Leer la historia, un gran relato* .................................. 309
      *b. Interpretación teísta, la historia de Dios* .................... 312
      *c. Tiempo de la salvación, tiempo de Dios* ..................... 317
      *d. Excurso. Espacio y tiempo, cosmos e historia.* ............. 324

10. Conclusión. Historia, hermenéutica de Dios ...................... 329
   1. Un problema de interpretación. Tres maestros de la teología ... 329
      *a) Karl Barth, Dios como sujeto trascendental* ............... 330
      *b) R. Bultmann, relectura existencial* ............................ 335
      *c) Óscar Cullmann, prioridad de la historia* .................. 338
   2. Dios, un triángulo hermenéutico .................................. 342
      *a) Historia, encuentro de Dios y los hombres* ................ 343
      *b) Última reflexión, un camino abierto* ......................... 347

Bibliografía ........................................................................... 351

# Prólogo

*Óscar Cullmann* (1902-1999) ha sido uno de los grandes teólogos cristianos del siglo XX y su obra ha trazado un camino de búsqueda y diálogo fecundo entre las iglesias, en línea de reconocimiento mutuo y de compromiso evangélico dentro (al servicio) de la comunidad creyente. Era de confesión evangélica (luterana) y fue promotor de una «teología de la historia de la salvación» a la que dedicó tres obras fundamentales, *Cristo y el tiempo* (1946), *Cristología del Nuevo Testamento* (1957) y *La salvación como historia* (1965), que fueron y siguen siendo importantes para interpretar y vivir el evangelio.

Ha pasado más de medio siglo desde la publicación de esas obras y han cambiado muchas cosas, en religión, iglesia y sociedad. Pero esas y otras obras, igualmente significativas, de O. Cullmann continúan conservando un gran valor y pueden (deben) realizar un servicio positivo a creyentes y hombres cultos que pretendan conocer el evangelio de Jesús y asumir su compromiso en la historia (como historia), en actitud de profundo respeto ante la ciencia, en línea de diálogo cristiano y de testimonio incluso martirial, frente a los poderes que hoy, como antaño, se oponen al despliegue de la gracia de la vida.

En ese sentido, Cullmann ofrece todavía un modelo de pensamiento vivo (quizá más vivo que en su tiempo) al servicio de la humanidad, en clave de cristianismo. Era un hombre de frontera, nacido en Estrasburgo, alemán de origen, francés de adopción, suizo por labor universitaria, europeo y universal por convencimiento. Fue un apasionado buscador del cristianismo, entendido no sólo como fenómeno pasado o sentimiento intimista, sino como historia comprometida y gozosa, a lo largo de un siglo conflictivo, el siglo XX, que él llenó con sus casi cien años de vida. Sigue siendo un autor cuyo pensamiento debe ser estudiado en las iglesias.

Convencido de ello, a comienzo del XXI, he querido recuperar, asumir y prolongar su pensamiento, retomando su proyecto de manera positiva, crítica y renovadora, en diálogo con aquellos que fueron sus colegas, amigos y adversarios teológicos. Lo hago desde una perspectiva hispana, católica en el sentido de universal, para que su obra pueda seguir siendo germen de cristianismo fecundo.

No voy a presentarle como un autor «ya muerto», para hacer su panegírico y dejarle de esa forma a un lado, pues como pensador y cristiano él continúa influyendo, no sólo en mi desarrollo teológico (le dediqué mi primera obra y mantuve con él una fecunda correspondencia), sino en la vida y pensamiento de las iglesias, pues él quiso ofrecer un testimonio fuerte de diálogo ecuménico, entre las diferentes comunidades protestantes, y entre el protestantismo y el catolicismo, con el que se mantuvo siempre en profunda y respetuosa comunicación crítica.

Escribí sobre él mi tesis de filosofía[1], comparando y completando su propuesta con la de R. Bultmann (1884-1976) y ofreciendo en ese contexto un amplio panorama del pensamiento filosófico y teológico cristiano (sobre todo protestante) desde finales del siglo XIX hasta mediados del XX. En aquella línea se sigue situando este trabajo, que podría titularse, en un sentido extenso *Oscar Cullmann y su tiempo* (y nuestro tiempo). Ciertamente, me interesa él (su vida y obra), pero no tomándole de forma aislada, sino vinculándole no sólo con R. Bultmann, sino también con K. Barth (1886-1968), con quieres él forma el gran "triángulo teológico protestante" del siglo XX[2].

En esa línea, este trabajo quiere ser expositivo y crítico, comparativo y proyectivo. No me limito a presentar la obra de Cullmann, sino que he pretendido reelaborarla, desde una perspectiva ecuménica, en las nuevas circunstancias sociales y teológicas del si-

---

[1] Aquella tesis (defendida en la Universidad de Santo Tomás de Roma el año 1971) se titulaba *Exégesis y Filosofía. El pensamiento de R. Bultmann y O. Cullmann* y fue publicada con ese título en Casa de la Biblia, Madrid 1972.

[2] En esa línea, esta obra debe completarse con la que he dedicado a *El Pensamiento de R. Bultmann* (Clie, Terrasa 2014). Ambas pueden y deben tomarse en unidad, y así ofrecen una visión de conjunto de una parte muy significativa de la teología cristiana del siglo XX.

glo XXI, sin negar en modo alguno mis raíces católicas, pero recuperando a partir de ellas una de las mejores aportaciones del pensamiento protestante al cristianismo y a la cultura del siglo XX.

El mayor honor que puede hacerse a un pensador es dialogar críticamente con él, para exponer e impulsar su pensamiento, como él quería (como me dijo al recibir mi tesis). Así lo quiero hacer con O. Cullmann en los cinco capítulos de este libro, en los que no sólo expongo su pensamiento, sino que lo retomo y reelaboro en línea ecuménica, desde las necesidades y tareas de las iglesias cristianas a comienzos del siglo XXI, en un momento en que la historia está tomando un rumbo nuevo, atreviéndome a decir como él decía en el título de una de sus grandes obras que *la salvación es historia*. Éstos son los temas de mi obra.

*1. O. Cullmann, una vida teológica (1902-1999)*. He comenzado presentando de un modo panorámico la vida y obra básica de Cullmann, organizada de una forma cronológica. Me he fijado, de un modo especial, en el despliegue de su pensamiento, hasta la publicación de sus trabajos más significativos, culminando con la *Cristología del Nuevo Testamento* (1957). Ofrezco así un resumen (y anuncio) de todo lo que sigue, un compendio general del libro, aún a riesgo de anunciar ideas que después desarrollaré más extensamente.

*2. Cristo y el tiempo (1946). Un programa*. En este capítulo, que sirve como introducción temática al resto de la obra, analizo la propuesta básica de la teología de Cullmann, reflejada en su primer gran libro (*Cristo y el Tiempo*), dedicado al estudio de la realidad como «historia», en diálogo con los grandes pensadores cristianos del siglo XX (R. Bultmann y K. Barth), que pusieron de relieve otros aspectos del misterio. Frente a los intentos de interpretar el evangelio partiendo de la historicidad existencial (Bultmann) o de la transcendencia suprahistórica (Barth), Cullmann ha insistido en la necesidad de centrar el mensaje bíblico y el cristianismo en el núcleo duro de la historia, entendida como despliegue del hombre y revelación de Dios.

*3. Cristología del NT (1957). Un desarrollo teológico.* En el centro de mi libro he querido comentar la obra más importante de Cullmann, titulada precisamente *Cristología del Nuevo Testamento.* Ella nos sitúa de un modo abrupto y tenso, ante el Jesús histórico, interpretado en la Pascua como Cristo que viene y Señor divino, relativizando otros aspectos de su misterio, tanto en línea existencial (Bultmann) como transcendental (Barth). Esta visión de la vida y obra de Cristo a partir de la historia ha marcado y sigue marcando una experiencia y tarea intensa en el pensamiento y en la vida del cristianismo, no sólo en el siglo XX, sino a principios del XXI, como indicaré cuidadosamente a cada paso, precisando en cada caso las consecuencias de nuestro enfoque: Seguimos estando bajo el reto y tarea de la historia, al menos en línea cristiana; el mensaje de Jesús es una afirmación de Dios y el hombre, siendo, al mismo tiempo, una tarea arriesgada de humanidad.

*4. Salvación como historia (1965). La vida cristiana.* Este capítulo trata de la Iglesia y de la praxis cristiana (teología práctica), entendida en un sentido extenso, como expansión de la historia de Jesús, partiendo de su última gran obra, *Heil als Geschichte,* es decir, *La Salvación como historia.* En ese mismo contexto ha publicado Cullmann algunos de sus libros más significativos, sobre el *Cristiano y el Estado,* la *Inmortalidad del alma y la Resurrección* y sobre el *Culto y los Sacramentos.* Su propuesta sigue abierta y nos sitúa ante los retos más urgentes del cristianismo actual, en línea de identidad dogmática y de compromiso político y social. No todos los problemas de la realidad se entienden y resuelven con el cristianismo, pero sin la aportación histórica y escatológica del mensaje de Jesús y de la vida de la Iglesia no se entienden ni resuelven los interrogantes más hondos de la vida, al menos desde una perspectiva occidental.

*5. Tarea abierta: Una hermenéutica comprometida.* He querido culminar mi libro ofreciendo una especie de diálogo temático de Cullmann con los dos pensadores protestantes más significativos del siglo XX (K. Barth y R. Bultmann), con quienes he trazado un "triángulo hermenéutico", que nos sitúa en el centro de la revelación de Dios y de la tarea actual de la Iglesia. Este capítulo retoma los motivos principales del principio del libro y así puede interpretarse como recuperación (recreación) del proyecto teológico de Cullmann, cuyos motivos fundamentales siguen pendientes, tanto en un campo protestante como católico. En esa línea afirmo que la vida y obra de Cullmann sigue viva, como patrimonio y tarea cristiana, no sólo para los protestantes sino también, en mayor medida, para los católicos, que debemos retomar varios motivos de su pensamiento, para que nuestra tradición pueda mantenerse viva, desde las raíces del evangelio.

Pienso que este libro ofrece una aportación apreciable a la *historia del pensamiento teológico del siglo XX*, desde la perspectiva de O. Cullmann, y lo hace con cierta erudición académica (citando sus obras tanto en alemán como en francés, pues en ambas lenguas las fue editando). Al mismo tiempo, he querido que sea un *proyecto teológico* bien arraigado en el tiempo actual, pues Cullmann ofrece un buen punto de partida para reflexionar sobre problemas y tareas importantes de la teología y del compromiso cristiano, a comienzos del siglo XXI, en una línea no simplemente repetitiva, sino recreadora.

He querido, pues, que mi trabajo siga siendo un pensamiento vivo, sobre un autor vivo, de manera que no trato sólo de "Cullmann y su tiempo", sino también del "evangelio de Jesús y nuestro tiempo", desde la perspectiva de Cullmann, dialogando con una serie de grandes pensadores que marcaron la vida cristiana de la primera mitad del siglo XX. En esa perspectiva, como he dicho, este libro deberá completarse con otro que dedico a *El Pensamiento de R. Bultmann* (Clie, Terrasa 2014), con quien Cullmann dialogó a lo largo de todas su vida.

He retomado algunos motivos de la tesis doctoral (antes citada), pero he reescrito todos los materiales, por invitación de mis amigos de la Editorial Clie (en especial de D. Alfonso Ropero), con la ayuda y el trabajo inestimable de mi mujer (M. Isabel Pérez), que ha realizado el trabajo más duro; sin ella no hubiera podido escribir este libro; por eso he de afirmar que es suyo tanto como mío, aunque ella no aparezca como autora. Por otra parte, este libro recoge y reformula no sólo el pensamiento de O. Cullmann, sino mi propio pensamiento a lo largo de más de 40 años de intensa dedicación teológica, que debe en parte su fecundidad a la compañía constante de la obra de O. Cullmann, tanto en el campo de los estudios bíblicos como de los dogmáticos.

Gran parte de los problemas que planteaba Cullmann el año 1972, cuando defendí mi tesis, siguen hoy pendientes, y tienen aún más actualidad que entonces. Por eso puedo y quiero presentarlos ahora de nuevo, en un contexto lleno de grandes retos para las iglesias cristianas. Lo hago recordando a mis amigos "evangélicos" de España y América, entre los que quiero citar de un modo especial a los profesores y alumnos de la Universidad Bíblica Latinoamericana de Costa Rica, que me invitaron a ofrecer un curso sobre "antropología cristiana", en la línea del pensamiento de O. Cullmann[3].

**San Morales de Salamanca**
Primavera del año 2013

---

[3] La bibliografía final recoge por orden cronológico y alfabético las obras de Cullmann, con otras de bibliografía primaria y secundario, que citaré en general, por la primera o primeras palabras de su título. También ofreceré al final un breve índice de siglas. El lector menos interesado por temas de fondo más teórico podrá pasar del capítulo 1 al 3, dejando para el final el capítulo 2 (que trata del tiempo y la historia).

# I

# OSCAR CULLMANN (1902-1999)
# UNA VIDA TEOLÓGICA

Óscar Cullmann nació en 1902, en Estrasburgo, Alsacia, ciudad que entonces formaba parte de Alemania (pasó a Francia el año 1918). Se interesó por las lenguas clásicas y estudió después en la Facultad de Teología Protestante (1920-1924), para culminar su carrera con un trabajo extraordinario sobre el sentido y formas de la tradición de los evangelios, el año 1925[1], con sólo 23 años. Se trasladó más tarde a París donde vivió por un tiempo (1925-1926) y estudió teología con algunos de los pensadores más significativos del momento (M. Goguel, A. Loisy...). Volvió nuevamente a Estrasburgo (1926) como director de estudios del *Thomas-Stift* (Seminario teológico), impartió clases de griego en su universidad, y el año 1928 presentó su *Disertación* (un tipo de tesis doctoral) en teología, con una obra sobre el fondo gnóstico y judío de las *Pseudoclementinas* que marcará toda su trayectoria posterior[2].

De 1930 a 1938 enseñó Historia de la Iglesia antigua y Exégesis del Nuevo Testamento en la Facultad de Teología Protestante de la universidad de Estrasburgo. Desde 1938 ha sido profesor de

---
[1] *Les récentes études sur la formation de la tradition évangélique*: RHPR 5 (1925) 459-477; 564-579.
[2] *Le problème littéraire et historique du roman pseudo-clémentine. Étude sur le rapport entre le gnosticisme et le judéo-christianisme*, Alcan, Paris 1930.

esas mismas materias en la Universidad de Basilea (Suiza), donde continuó viviendo y enseñando oficialmente hasta su jubilación en el año 1972. Ha dirigido también cursos de teología, como profesor invitado o visitante, en otras ciudades, de un modo especial en Estrasburgo (1945-1948) y sobre todo en París, tanto en la escuela de *Hautes Études* (desde 1949), como en la Facultad de Teología Protestante y en la Sorbona (desde 1954). Tras su jubilación mantuvo una intensa actividad de pensador y teólogo, hasta su muerte (Chamonix, año 1999)[3].

Estos momentos de su vida nos ayudarán a situar y entender mejor su obra, dedicada siempre a trazar puentes, entre un lado y otro del Rhin (entre Alemania y Francia), entre un lado y otro de las iglesias cristianas (entre católicos y protestantes). A su juicio, el lugar de encuentro y comunión (salvación) ser el camino de la historia. Desde ese fondo presento los momentos fundamentales de su historia teológica, que servirán de encuadre y fondo para el conjunto del libro.

---

[3] Sobre la importancia de Cullmann («the leading representative of Biblical Theology in our day»), cf. J. J. Vincent, *The Expository Times*, 77 (1965-1966), 4-8. Esquema básico de su pensamiento en K. Froehlich, *Die Mitte des Neuen Testaments*, en F. Christ, *Oikonomia*, 203-219.

# 1. Comienzos. Un teólogo precoz

O. Cullmann fue desde su juventud un teólogo despierto, de manera que sus primeras obras (de 1925 a 1941) siguen siendo quizá las más significativas desde una perspectiva de investigación y análisis de textos. Así lo indicaré en estas reflexiones de tipo introductorio, organizadas de un modo cronológico.

## 1. El Cristo de la fe, más allá de la historia (1925)

Como he dicho, Cullmann fue un teólogo precoz, y publicó su primer trabajo importante a los 23 años, y su tesis a los 28, interesándose de un modo especial por el método exegético, con fondo teológico[1]. Pero después mantuvo un gran silencio, de manera que a lo largo de once años (de 1930 a 1941) sólo publicó dos trabajos sobre escatología (1936 y 1938), que citaré más adelante. En ese contexto se sitúa su crisis y replanteamiento teológico. Cullmann empezó interesándose por la exégesis bíblica, en la línea de Bultmann, pero después centrará su pensamiento en la visión del cristianismo y de la teología como historia.

Para entender mejor su camino posterior debemos empezar recogiendo las aportaciones de su primer trabajo, de 1925, con 22/23 años (sobre la Historia de las Formas). Fue un trabajo ejemplar, por su capacidad de síntesis, y por su forma de situarse

---

[1] Este primer trabajo vincula ya la exégesis con la teología: *Les récentes études sur la formation de la tradition évangélique* (1925): RHPR 5 (1925) 459-477 y 564-579. El siguiente, del que hablaré después, insiste ya más en el método y supuestos de la teología estrictamente dicha: *Les problèmes posés par la méthode exégétique de Karl Barth*: RHPR 8 (1928) 70-83.

ante los temas centrales de la revelación cristiana. Desde ese fondo fijaré su relación con Bultmann, que será decisiva a lo largo de su trayectoria teológica.

*a) La Historia de las Formas*

Su primera formación teológica fue de carácter *liberal*, en la línea del protestantismo humanista germano de principios del siglo XX, dominado por la visión de Schleiermacher (actualizada por pensadores como W. Herrmann y A. Harnack): Jesús aparecía como ejemplo de hombre religioso, moralmente perfecto. Por su parte, Dios podía definirse como hondura de ese mismo ser humano, en un esquema de fondo panteísta. El cristianismo aparecía así como expresión de la hondura moral de la historia humana, tal como se estaba interpretando en occidente[2].

Pero pronto descubrió que ese modelo resultaba insuficiente, como pudo comprobar a través de dos descubrimientos básicos, que marcaron su vida de estudiante y sus primeros años de profesor de Nuevo Testamento: (1) La visión escatológica de A. Schweitzer (que iba en contra del racionalismo teológico anterior); (2) las aportaciones de la «historia de las formas» (que le ofrecía un mejor conocimiento del mensaje de Jesús y del origen del Nuevo Testamento).

– *Escatología*. «Leyendo la obra de mi compatriota A. Schweitzer, me di cuenta de que no sólo la ortodoxia había falseado el estudio de la Biblia...; lo mismo y de un modo aún más claro lo hacía el pensamiento filosófico entonces dominante»[3]. Como buen liberal, Cullmann había supuesto que la «dogmática» oficial de las iglesias

---

[2] En este momento, Cullmann quiere llegar por medios filológico-críticos al sentido y actualidad de la «imagen» de Jesús, a quien concibe como ejemplo del hombre religioso que sus seguidores deben actualizar, más que como un hombre concreto de la historia. Vive inmerso en la fuerza y entusiasmo del primer Schleiermacher, en su tensión romántica hacia el sentido «eterno» y antropológico de la realidad, su conciencia del Dios que está presente en todo.

[3] Cf. O. Cullmann, *Autobiographische Skizze* (1960), en Id., *Vorträge und Aufsätze (1925-1962)*, Mohr, Tübingen 1966, 683-684.

(protestante o católica) había desvirtuado el mensaje y figura de Jesús. Pues bien, ahora descubre, por influjo de Schweitzer, que los teólogos liberales (que se jactaban de ser buenos científicos) habían continuado haciendo lo mismo; seguían «inventando» a Jesús a su medida, cada uno a su manera, olvidando su mensaje escatológico.

– *Historia de las formas (Formgeshichte)*. En ese contexto, Cullmann sintió la necesidad de llegar al Jesús histórico, distinguiendo con precisión lo primitivo y derivado dentro de su tradición, pero no para quedarse en la pura historia, sino para descubrir la experiencia profunda (eterna) que se expresa en ella. Para ello le parece básico el método que han empezado a desarrollar en Alemania los nuevos investigadores como R. Bultmann, M. Dibelius y K. L. Schmidt: «Por eso recibí como liberadora su aportación...». Ahora se podrían distinguir las tradiciones primeras de la comunidad apostólica y los añadidos posteriores de las iglesias[4].

Cullmann intenta llegar de esa manera hasta el núcleo de la historia de Jesús, para descubrir al fondo de ella la verdad eterna de Dios, que A. Schweitzer había formulado de manera escatológica. Jesús no habría sido un sabio moralista, promotor y mensajero del sentido divino del alma, sino un profeta de la transcendencia divina, un testigo de su juicio destructor (y de su posible gracia salvadora).

---

[4] *Ibid.*, 684: «Bultmann me saludó como aliado (Bundgenosse)». La *Historia de las Formas* no es para Cullmann un mero método literario, sino que encierra una profunda visión teológica. Más que en la vida concreta, los hechos y palabras del Jesús de la historia, este método quiere descubrir la primera confesión de fe de los cristianos. De esa forma, en este momento (1925), Cullmann quiere superar la historia y alcanzar la fe (que se expresó en las primeras comunidades cristianas y que permanece siempre). Pero ya entonces plantea de alguna manera el problema que definirá toda su investigación posterior: El sentido y aportación de la historia. Los años que siguen estarán marcados, sobre todo, por el diálogo constante con la Escuela de Barth y con los métodos de R. Bultmann, en el contexto de la «teología dialéctica», interesada en descubrir las implicaciones del Cristo de la fe, la eterna y salvadora palabra del Altísimo. Sin embargo, a lo largo de su búsqueda irá descubriendo que la palabra eterna de Dios no puede desligarse de la historia de los hombres. En este momento, Cullmann está buscando los dos momentos de su pensamiento teológico: El sentido de la historia y de la suprahistoria, los hechos que suceden y las verdades que no pasan.

En esa línea, Cullmann empezó vinculando la escatología de Schweitzer con la «historia de las formas», y también con los principios de la teología dialéctica, que empezaba a expresarse en Bultmann y, de un modo aún más fuerte en K. Barth. Para ellos, Jesús no es un simple testigo de lo humano (al modo liberal), ni un puro profeta de la destrucción final (Schweitzer), sino un representante y mensajero de la transcendencia de Dios. De esa forma quiso retomar la experiencia y teología de los primeros discípulos de Jesús, en el trabajo ya citado del año 1925 (cuando Cullmann sólo tenía 22/23 años), dedicado a la Historia de las Formas:

> Si los testigos oculares han visto en Jesús al ser divino, la vida y muerte de ese Jesús ha debido tener para ellos un elemento misterioso que les ha llevado a una adoración... Sólo por eso ha nacido el gran problema que ocupa al teólogo cristiano hasta el día de hoy: ¿Cómo se puede compaginar ese elemento misterioso (que está en el origen del culto cristiano a Jesús) con la contingencia histórica de la vida de ese Jesús? Hablando en lenguaje de dogma eclesiástico: ¿Cómo se combinan las dos naturalezas de Cristo?[5].

Como podemos observar, Cullmann apela al modelo del dogma de la iglesia (dos naturalezas, divina y humana) para plantear su visión del cristianismo. A su juicio, más que un signo de la hondura misteriosa (divina) de nuestra vida, Jesús es presencia (signo y acción) de un poder supra-humano, es decir, de Dios. Su figura de Jesús ha producido en sus discípulos un impacto de transcendencia, de manera que ellos han podido verle como expresión del ser de lo divino. Desde esta perspectiva pueden y deben distinguirse los dos planos o niveles de la cristología:

– *Plano de historia*. A este nivel, Jesús puede compararse con muchos profetas y rabinos de Israel, con muchos sabios de Grecia, por citar sólo dos casos de hombres grandes. Ciertamente, él ha sido importante: sus gestos y palabras suscitaron la admiración de sus seguidores y oyentes, llevándoles al entusiasmo y a la oración.

---

[5] *Les récentes*, 576.

Pero esto, en sí mismo, no basta: la historia en cuanto tal resulta insuficiente para explicar el sentido y hondura del Cristo[6].

– *Plano de supra-historia.* Los mismos testigos oculares de Jesús han visto en su persona algo especial, llamándole Kyrios (el Señor) y sintiéndose impulsados a imitarle. De esa forma han descubierto el plano más profundo de su vida y su figura, como verdadero *Hijo del Eterno*. Para captar este poder sobrehumano de Jesús «había que despojarle de su carácter contingente, trasladándole al plano supra-histórico»[7].

### b) *Diálogo con R. Bultmann*

Seguimos recordando que Cullmann ha escrito este trabajo el año 1925, ofreciendo una especie de compendio de sus años de estudio en Estrasburgo, como resumen de su formación e ideario exegético-teológico para sus trabajos posteriores. Su postura puede resumirse de esta forma: Es preciso que vayamos más allá del Jesús de la historia (liberal), descubriendo al Cristo de la fe, tal como nos lo muestra la Historia de las Formas. En este momento, su autor de referencia empieza siendo R. Bultmann (1884-1976), con quien seguirá dialogando críticamente a lo largo de toda su vida[8].

Cullmann afirma desde el principio que el defecto original de los autores liberales consiste en su trasfondo racionalista: Comienzan por decir (o suponer) que sólo aquello que aparece conforme a un ideal que es puramente humano puede ser histórico; de esa forma suponen que Jesús debe responder a lo que ellos entienden como historia racional; así siguen diciendo que aquello que no puede explicarse de un modo "racional" es un invento de la Iglesia

---

[6] *Ibid.*, 473-475; 573-574.
[7] Para eso hay que «soustraire Jésus aux contingences de l'histoire»..., hay que trasladarlo «dans un plan supra historique», *Ibid.*, 575.576.
[8] El trabajo apareció en francés en la revista RHPR, con el título *Les récentes*; utilizamos también –y con más frecuencia– la traducción alemana –*Die Geschichte*–, actualmente más accesible. Cf. L. Bini, *L'Intervento*, 12-18, y J. Frisque, *O. Cullmann*, 23-25.

antigua. Ciertamente, los liberales pretenden descubrir el auténtico fondo de Jesús, su verdadera historia; por eso, se esfuerzan por llegar hasta el estrato más antiguo de los textos, desvelando cada uno de los rasgos de la imagen religiosa del profeta galileo; pero de hecho sólo llegan al Jesús que ellos están buscando de antemano (como había destacado A. Schweitzer).

Cullmann sostiene que aquello que la Escuela Liberal cree descubrir cuando busca al Jesús de la pura historia, es en el fondo inútil para la fe de los creyentes. ¿Qué me importa llegar a descubrir el hombre puro si no puedo convertirlo en el objeto de mi culto? Lo que logramos de ese modo, estudiando el núcleo de la historia de Jesús, nos muestra solamente lo que él tuvo en común con otros hombres del pasado. En ese contexto, sus palabras y sus hechos no se pueden distinguir de los hechos y palabras de los grandes rabinos de Israel o de los santones helenistas[9].

Éste es el tema de fondo del diálogo inicial de Cullmann con los representantes de la «historia de las formas», y en especial con R. Bultmann, quienes le han hecho ver que la Iglesia antigua no ha recordado los hechos externos del rabino Jesús por afán erudito, de una forma puramente historicista, sino que ha querido expresar y transmitir (a través de ellas y del mismo Jesús) su propia fe en la presencia de Dios que revela a los hombres la salvación. Por eso, la «historia externa», cerrada en sí misma, le parece secundaria, lo mismo que la historia de otros profetas o santones de aquel tiempo; lo que importa para los creyentes es la «fe» (la experiencia religiosa) que esa historia ha suscitado, tal como la expresa y transmite la primera comunidad cristiana.

Según eso, los teólogos liberales que han querido fijar críticamente los detalles de la vida de Jesús para proponerle como objeto de veneración o imitación para los cristianos han hecho algo inútil en sentido crítico (no podemos llegar al núcleo de los hechos de

---

[9] *Die Geschichte*, 54, 62, 82-86; *Les récentes*, 473-474, y 574-575. «L'originalité du Christ *ne réside pas dans ses actes et ses paroles*. Car nous en trouvons des parallèles dans la littérature rabbinique et hellénistique» (*Ibid.*, 577).

Jesús) y en sentido creyente (el conocimiento crítico de los hechos de Jesús no nos ayudaría a creer mejor). Los cristianos antiguos nos legaron el testimonio de su propia fe a través de los evangelios, que no son el reflejo de la historia de Jesús en cuanto tal, sino la expresión de su fe, como empezaba a mostrar por entonces la Historia de las formas (movimiento exegético elaborado por K. L. Schmidt, M. Dibelius y R. Bultmann en torno al año 1920)[10].

La *Historia de las Formas* no pretende aislarse y quedar en el hecho desnudo del pasado de Jesús, que, por otra parte, no podemos alcanzar y que sería inútil para la fe. Ciertamente, Cullmann sabe que la Biblia transmite un haz de tradiciones históricas de Jesús, pero ellas no nos permiten llegar a la historia pura de su vida, y, además, a través de ellas se expresa la fe de los creyentes y su nueva conciencia religiosa, no la crónica de la vida externa de Jesús. Por eso, lo que la exégesis debe buscar es esa nueva "conciencia religiosa" de los cristianos, no los hechos desnudos de la historia de Jesús. Estamos, como se ve, muy lejos del "Jesús de la historia" que Cullmann intentaré defender más tarde, en contra de Bultmann.

Los evangelios de la Iglesia son el fruto de una previa, a veces larga y complicada, tradición comunitaria. Sus relatos fueron al principio independientes; todos ellos nos ofrecen la figura que la antigua Iglesia se formó del Cristo y testimonian el misterio de su fe. Son una expresión del entusiasmo, del júbilo que inunda a los cristianos, tal como se expresa en su plegaria y en su culto. Lógicamente, a partir de ellos no se puede construir la historia de Jesús. Carecemos de unos datos históricos seguros, que nos permita conocer la trama exacta de sus acciones, ignoramos la secuencia de sus hechos y palabras. Además, su historia en sí no nos interesa; lo que interesa es la fe de la comunidad que ha interpretado su vida como presencia de Dios.

---

[10] Las obras más significativas de la «historia de las formas» fueron y siguen siendo las de K. L. Schmidt (*Der Rahmen der Geschichte Jesu*, Berlin 1919), M. Dibelius (*Die Formgeschichte des Evangeliums*, Tubinga 1919) y R. Bultmann (*Die Geschichte der Synoptschen Tradition*, Gotinga 1921).

La Iglesia antigua ha recreado las palabras del Señor de tal manera que actualmente es imposible separar lo que procede de Jesús y lo que expresa la fe de los creyentes. Ella no sólo modela y estructura en forma de milagros los hechos del pasado de Jesús (que en sí no eran milagrosos), sino que forja de la nada situaciones y milagros nuevos. Su intento es siempre el mismo: No quiere mostrar lo que implica el Jesús de la Historia, sino proclamar el mensaje de fe de los creyentes[11].

En todo este trabajo Cullmann reconoce la importancia excepcional de Bultmann y le cita de manera preferente: Nadie ha sabido mostrar como él la imposibilidad de llegar a los datos de la pura historia; nos movemos siempre sobre el plano de la fe de los creyentes. Sin embargo, Cullmann no esconde sus reservas, pues piensa que la obra de Bultmann es quizá un poco apresurada; llega demasiado lejos reduciendo a un mínimo el recuerdo de los hechos que contiene el evangelio. Ya en este momento, Cullmann piensa que los evangelios, siendo como son producto de la fe comunitaria, reflejan auténticos recuerdos, de tal modo que teniendo en cuenta su manera de expresarse podemos llegar a veces a las mismas cosas que han pasado[12].

Pero la mayor diferencia entre Cullmann y Bultmann no se encuentra en el terreno de la crítica literaria, sino en sus propios presupuestos filosófico-teológicos. Cullmann sabe (año 1925) que Bultmann simpatiza con la Escuela de Barth, es decir, con una visión «dialéctica» del cristianismo y de la verdad. Pues bien, Cull-

---

[11] Cullmann encuentra deficiente el nombre de este programa exegético: Más que de una *«Historia de las Formas»* debería hablarse de una *«historia de las tradiciones»*, que se expresan en diversos géneros literarios y transmiten y estructuran los hechos y palabras de Jesús. Este sería en el fondo lo que quiere el mismo Bultmann, cf. Cullmann, *Die Geschichte*, 52-65; *Les récentes*, 473-476. Los evangelios recogen *«l'influence que son esprit* (de Jesús) *a exercée sur ceux qui après sa mort ont cru en lui»* (*Les récentes*, 475; cf. *Die Geschichte*, 64).

[12] *Die Geschichte*, 48, 51.64-65; *Les récentes*, 475ss. En cada hecho de Jesús la Iglesia quiere mostrar el todo (es decir, el sentido profundo) de su obra salvadora. Bultmann puede dejarse llevar por prejuicios subjetivos, pues supone que la distinción entre lo que es primitivo y lo que ha puesto la comunidad depende muchas veces del tacto y sensibilidad del crítico. Confrontar *Die Geschichte*, 81; *Les récentes*, 574. R. Bultmann, *Die Geschichte der s. T.*, 24.

mann no acepta por ahora ese tipo de dialéctica creyente de Barth (que vincula y separa el mensaje de Dios y la historia, que acaba siendo secundaria), sino que se mueve en una línea que tenderá a valorar más el sentido y valor de la historia, como veremos en las siguientes etapas de su pensamiento.

Sea como fuere, en este momento, Cullmann quiere superar la imagen liberal de Jesús, y también la que ofrece la Escuela de la Historia de las Religiones, buscando la "tradición de Jesús", tal como se explicita en los evangelios, estudiados desde la perspectiva de la Historia de las Formas. En esa línea reconoce el valor de la obra clave de Bultmann: *La Historia de la Tradición Sinóptica (Geschichte der synoptischen Tradition,* 1921)[13].

– *Bultmann* partía de un doble presupuesto. 1) Jesús, el galileo, había sido un simple mensajero de verdades morales y esperanzas de tipo apocalíptico; así le vieron las Iglesias que en su nombre surgieron en la tierra palestina. Cuando su fama y su figura llegó al mundo helenista nació una nueva imagen de Jesús, expresada en forma de mito: El mismo Jesús aparece como Señor, un Ser Divino que venía a libertarnos. Del Jesús palestino corrían antiguos relatos; una vez y otra vez se contaban sus palabras; sin embargo, todo eso no formaba unidad, no había un evangelio del Jesús histórico. 2) Sólo cuando la Iglesia helenista elabora el mito de Jesús unifica las palabras y relatos antiguos, de manera que puede crear los evangelios. Entre el Jesús de la historia y el Cristo del mito había un abismo; los evangelios no eran relatos del Jesús histórico, sino confesiones de fe centradas en el Cristo del mito.

– *Cullmann* acepta en general esos presupuestos exegéticos de Bultmann, pero empieza a darle más importancia a la historia de Jesús, y quiere vincularse de manera más intensa y directa con la nueva fe que ha surgido en torno a su vida (es decir, a lo que Bultmann llama «mito»). Así pone más de relieve el carácter histórico del cristianismo y cree que no puede hablarse de ruptura entre la iglesia palestina y helenista. De esa forma empieza admitiendo, en

---

[13] *Die Geschichte,* 88; *Les récentes,* 578, nota 2.

cierto sentido, la imagen de Jesús y su importancia como un hombre de la historia, suponiendo que en diversas ocasiones los mismos evangelios nos permiten llegar al fondo real de los hechos y palabras de Jesús. Sin embargo, lo importante, más aún, lo decisivo es el impacto que produjo su figura (vida y muerte) en sus discípulos; es eso lo que quiere transmitir y reflejar el evangelio. De todas formas, en este momento, él separa todavía historia de Jesús y supra-historia (mito de Cristo), de tal modo que pudiera parecer decirnos que debemos refugiarnos en lo puramente eterno, corriendo así el riesgo de volver al dualismo de la teología liberal antigua[14].

Cullmann empieza destacando así el impacto de Jesús en sus seguidores. Ciertamente, la Iglesia primitiva ha conservado relatos y palabras de Jesús, pero los ha transformado de un modo radical, para mostrar la verdad de Jesús como Cristo salvador, revelación de lo divino. De esa forma, la misma figura de Jesús ha venido a presentarse ante los creyentes como presencia de un poder que les transciende. Sus hechos y palabras, su Cruz y la experiencia de su vida tras la muerte, renueva el interior de los discípulos, les lleva al entusiasmo, les produce admiración y les introduce en un tipo de culto mistérico, de tipo nuevo (que no se daba en el judaísmo).

Lo que vale no es el Cristo de la carne, sino el poder que expresa su figura, el influjo que ha ejercido en aquellos que le han visto o que después han escuchado su mensaje. Sólo desde ese fondo podemos referirnos a su historia, recreada desde la fe por los evangelios, para indicar así la nueva experiencia que el Señor ha suscitado en los hombres que le acogen. En ese contexto viene a reflejarse, desde sus primeras obras, la ambigüedad de Cullmann: a) Por un lado acepta la teología de fondo de Bultmann y de la Historia de las Religiones, diciendo que lo importante no es la figura histórica de Jesús, sino el Cristo de la fe, hijo de Dios, de los creyentes helenistas. b) Pero, al mismo tiempo, quiere conservar la relación entre ese Cristo de la fe y el Jesús histórico, diciendo que sus discípulos han visto en su persona algo especial, digno de culto, le han llamado Señor y se han sentido arrastrados por la fuerza de su influjo.

---

[14] *Die Geschichte*, 63-64; *Les récentes*, 474ss.

Los nuevos creyentes, lo mismo que los viejos discípulos, volvemos a encontrarnos delante de esa fuerza incomparable de Jesús, a quien podemos seguir llamando el Cristo:

Si los testigos oculares han visto en Jesús el ser divino, su vida o su muerte han debido tener un elemento misterioso que ha llevado a tal adoración... Sólo por eso ha nacido el gran problema que ocupa al teólogo cristiano hasta hoy en día: ¿Cómo se puede compaginar ese elemento que ha sido el origen del culto con la contingencia histórica en la que se ha manifestado. Hablando el lenguaje del dogma eclesiástico: ¿Cómo combinar las dos naturalezas en Cristo?[15].

Tal es el problema. Debemos afirmar que Jesús fue un hombre concreto de la historia; pero, al mismo tiempo, la fe de los discípulos le ha descubierto y proclamado como ser divino y transcendente, más allá de la historia. Nos movemos, según esto, en dos planos.

– *Plano histórico*. Los evangelios transmiten los hechos y palabras de Jesús de Nazaret, que fue una figura humana comparable a la de tantos profetas y rabinos de Israel, sabios de Grecia. En este campo buscaron, decenio tras decenio, los autores liberales. Llegados al final, estos no han encontrado más que a un hombre al que le han ido atribuyendo sus propios ideales y experiencias, como indicó muy bien A. Schweitzer.

– *Plano de suprahistoria*. Los que han creído en Jesús han descubierto un plano más profundo en su figura. Es el hijo del Eterno. Al verlo de este modo nos movemos en un plano de verdades que se encuentra por encima de la historia. Tal es la visión que subyace en los actuales evangelios, tal es el fundamento de la Historia de las Formas que ha querido liberar la imagen de Jesús de su precisa contingencia histórica y la ofrece como objeto de un culto que es eterno[16].

---

[15] *Die Geschichte*, 67-85; *Les récentes*, 576-578. L. Bini, *L'Intervento*, 12ss.
[16] *Die Geschichte*, 61.64, etc.; *Les récentes*, 473.475, etc. El sentido profundo de la vida de Jesús pertenece al plano *suprahistorique* (*Les récentes*, 473), *übergeschichtlich* (*Die Geschichte*, 62). La historia de la tradición se ha esforzado «*pour soustraire*

La historia es siempre un acontecimiento y relato de este mundo, tanto la de Jesús como la de otros grandes hombres; por eso, ella sola no basta para suscitar la fe de los creyentes. En sentido religioso sólo importa de verdad el valor eterno que se expresa en esa historia, la presencia de Dios que los creyentes veneramos en el culto. En sí mismos, los datos históricos del Nuevo Testamento son insuficientes para alimentar la fe de los creyentes. Ellos sólo adquieren un sentido religioso al ser interpretados con la ayuda de una distinción de tipo filosófico-religioso: La distinción de la historia (plano contingente) y suprahistoria (plano de verdades absolutas)[17]:

Para dar una impresión del poder sobrehumano que estaba en el trasfondo de los hechos y palabras de Jesús era preciso despojarlos de su mismo carácter contingente. Se requería trasladarlos al plano suprahistórico[18].

Esta dualidad de plano que postula Cullmann está cerca de los diversos platonismos de la historia de Occidente y puede relacionarse quizá con el doble nivel (hechos y verdades) que está al fondo del kantismo. Nos hallamos ante un claro y fuerte esquema filosófico, aplicado de un modo consciente a la exégesis bíblica y a la teología, algo que más tarde Cullmann querrá rechazar (queriendo asumir el impulso antifilosófico de Lutero). Sea como fuere, esta división de planos (historia y supra-historia), pueden convertir al Jesús histórico en una simple envoltura, una especie de medio contingente que debemos superar, dirigiendo nuestra vista a lo que importa: El Verbo de Dios, Dios mismo.

En el plano puramente histórico Cullmann afirma que podemos conocer algo de Jesús, y en esa línea manifiesta una confianza superior a la de Bultmann. Sin embargo, él añade que aunque un testigo nos hubiera narrado fielmente todos los detalles de la vida

---

*Jésus aux contingences de l'histoire»* (*Les récentes*, 575).
[17] Esta distinción aparecerá más clara en la obra posterior de Cullmann (*Die Problematik*; *Les problèmes*, 1928). *Die Geschichte*, 86; *Les récentes*, 577.
[18] Cf. *Die Geschichte*, 83-85. Por eso los «hechos» deben ser reinterpretados desde un plano suprahistórico: «*Il fallait les transposer dans un plan 'suprahistorique'*» (*Les récentes*, 576).

de aquel hombre no por eso llegaríamos mejor a su misterio. Lo importante no es la historia humana de Jesús, sino la verdad eterna que en él se revela.

*c) Cristo eterno. Superar la historia*

Desde esta perspectiva, de una forma cercana a la de Bultmann, cuando dialogaba con la teología dialéctica (1924-1927), Cullmann quiere enfrentarse con la imagen liberal de la teología protestante (principios del siglo XX), que parecía cerrarse sólo en el Jesús histórico. Ese protestantismo cultural ha podido conservar una fuerza moral indudable, pero ha perdido a Cristo; buscaba al Jesús histórico y se olvida del Cristo de la fe y del culto religioso, que es el centro de la verdadera religión cristiana.

Bultmann quería superar lo moral, para llegar al culto y al mito cristiano (antes de su "conversión dialéctica", producida en torno a ese mismo año, 1924 d. C.). Cullmann intenta llegar también Cristo de la fe y del culto, más allá de todo dato psicológico. Esa actitud es buena, pero (mirada desde una perspectiva posterior del mismo Cullmann, interesado ya en los hechos de la historia) corre el peligro de relativizar la vida de Jesús, de olvidar su realidad concreta y refugiarse en la pura transcendencia de lo eterno (que se manifestaría en Jesús).

En este momento, según Bultmann y Cullmann, la Iglesia cristiana no debería apoyarse en la historia humana de Jesús, sino más bien en la conciencia y fe de la comunidad primitiva, para la que Jesús no fue más que un signo (un envoltorio) de la revelación eterna del Hijo eterno de Dios. En el fondo, tanto Bultmann como Cullmann podían llamarse en este momento «gnósticos»[19]. Ésta sería la mayor aportación de la Historia de las Formas.

---

[19] 22 Este riesgo "gnóstico" de Bultmann aparece en *Ethische und mystische Religion im Urchristetum*: ChW 34 (1920) 727ss., 739-743. En este contexto se inscribe una famosa declaración de Cullmann, que él después ha tenido que superar al interpretar y presentar la salvación como historia: «Ce qui a constitué l'Eglise chrétienne, ce n'est pas l'individualité humaine de Jésus, mais au contraire la con-

La Historia de las Formas... sólo quiere conocer al Cristo de la fe tal como ha actuado en los creyentes. La historia le interesa solamente en cuanto ha sido para la comunidad –primitiva– el lugar de la manifestación de lo divino. Los hechos históricos acerca del Cristo tienen que ser para nosotros lo que fueron para los primeros cristianos: Nos deben sacar de la contingencia histórica y mostrarnos como en Cristo el cielo se ha encontrado con la tierra[20].

Sólo en esta línea podríamos captar los evangelios de una forma auténtica; nos llenará el espíritu de Cristo y le veremos de forma inmediata y objetiva como Hijo de Dios, venerado en el culto (no como puro hombre de la historia). No hará falta que demos ya el rodeo por medio de la carne y de la historia... En un momento dado podremos abandonar la historia de Jesús, para quedarnos en su divinidad eterna, sin intermedios históricos, sin mediaciones culturales.

Tal es el Cristo que Cullmann nos presenta en este momento (1925). Es cierto que ha logrado superar la imagen liberal; Jesús no es solamente el hombre sabio que proclama unos deberes religiosos y morales, sino que es el Hijo Eterno de Dios. Sin embargo, todo nos induce a creer que ha caído en el extremo opuesto: La historia humana de Jesús es sólo una ocasión, un medio que el espíritu de Dios ha escogido a fin de revelarse. Lo que importa es sólo el Cristo eterno, salvación divina. Cullmann no cree haberlo solucionado, pero piensa que va por el buen camino. La nueva confesión cristiana ha de situarse en la línea de la Historia de las Formas, para llegar así, a través de la comunidad cristiana, al descubrimiento del

---

viction que cette individualité n'avait été que l'enveloppe terrestre et passagère du fils de Dieu» (*Les récentes*, 578, nota; cf. *Die Geschichte*, 87).

[20] La historia sólo importa en cuanto aparece como manifestación de lo divino para la comunidad: «L'histoire intéresse seulement en tant qu'elle est devenue une manifestation du divin pour la communauté. Les événements historiques doivent nous faire sortir précisément des contingences historiques pour nous faire voir comment en Jésus-Christ le ciel s'est rencontré avec la terre» (*Les récentes*, 578; *Die Geschichte*, 88). Toda la teología posterior de Cullmann será un intento de reformular restas afirmaciones, desde la valoración más intensa de la historia.

Cristo de la Fe. La búsqueda del Cristo de la carne (liberales) ha sido un camino estéril; debemos buscar al Cristo del Espíritu[21]. En el fondo de esta visión se respira un tipo de gnosis o docetismo larvado. Cuando Cullmann nos diga más tarde que Bultmann se acerca al docetismo, quizá está queriendo superar la postura que él mismo había defendido en los años jóvenes. En este momento, para Cullmann, lo humano parece ser una envoltura: Sólo importa aquello que no cambia y es eterno, más allá de la pura historia. Más aún, cuando en su obra posterior Cullmann nos diga que «lo único que tiene sentido salvador es lo que puede presentarse como historia» quizá se ha limitado a invertir su pensamiento más antiguo. Primero hablaba de la pura eternidad; después se refiere a la historia desnuda.

## 2. Profundización, las palabras y la realidad (1928)

Acabado el trabajo anterior sobre la Historia de las Formas (1925), Cullmann continúa sus estudios en París y vuelve como profesor a Estrasburgo (1926). Se ocupa entonces de la teología dialéctica y el año 1928 publica un ensayo sobre los problemas del método exegético de la Escuela de K. Barth, desde una perspectiva más teológica. También aquí pretende superar la escuela liberal (liberalismo) por medio de un nuevo tipo de hermenéutica real o teológica[22].

La escuela liberal se había ocupado únicamente de la exégesis científica. Pensaba que era suficiente el estudio del aspecto

---

[21] Sólo en esa línea podremos «saisir d'une façon objective le Christ dans les Evangiles; la tradition évangélique *entière*... deviendra pour nous une *révélation objective immédiate*... Nous ne feront plus le détour par *l'histoire du Jésus selon la chair*» (*Les récentes*, 578; *Die Geschichte*, 88).

[22] *Les problèmes posés par la Méthode exégétique de Karl Barth*: RHPR 8 (1928) 70-83 (Trad. alemana: *Die Problematik der exegetischen Methode Karl Barths*, publicada también en *Vorträge* 90-109). En este contexto se sitúa, además, su tesis doctoral, que es una interpretación de la historia del cristianismo primitivo: *Le problème littéraire et histtorique du Roman Pseudoclémentin*, Alcan, Paris 1930. Cf. J. Frisque, *O. Cullmann*, 29ss.; L. Bini, *L'Intervento*, 19ss.

histórico, literario y psicológico de un texto, suponiendo que sólo de ese modo era posible llegar a comprender lo que nos dice. Los liberales habían las circunstancias, los influjos exteriores y el carácter o las notas peculiares del autor, las lenguas empleadas y el contexto social de la comunidad. Ellos suponían que el crítico moderno dominaba de antemano el tema; no importaban las ideas transmitidas; bastaba con saber la historia, los datos psicológicos, los medios de tipo filológico. Más aún, ellos añadían que la religión no se expresa en ideas que puedan llamarse verdaderas o falsas. Todo se reduce al sentimiento, a la interna condición de aquel que cree. En el fondo, la teología no es más que un aspecto de la psicología filosófica; se ocupa sólo de vivencias religiosas; no se comprende por qué no la enseñan los mismos filósofos, ateos o creyentes. Todo se reduce a la razón humana.

Tal era la postura de gran parte de los teólogos «liberales» de ese tiempo. Pero las nuevas obras de K. Barth (en especial su *Comentario a Romanos*: [1]1919 y [2]1921/1922) han mostrado que la Biblia pretende algo distinto: No se limita a recordar los hechos del pasado, sino que transmite y defiende verdaderos pensamientos o valores religiosos. Por eso mismo, si se quiere comprender su contenido no basta con saber cómo han surgido sus ideas, sino que es preciso llegar hasta el fondo de tales ideas y expresarlas en palabras de hoy día. Ellas son el objeto y contenido de la Biblia; de ellas tiene que tratar el exegeta[23].

Cullmann saluda alborozado la aportación novedosa del método barthiano, añadiendo que ella está en la línea de su ensayo acerca de la historia de la formas. Sin embargo, aun admitiendo el valor radical de su postura, Cullmann se siente obligado a señalar sus riesgos: Barth corre el riesgo de dejar a un lado la historia (que tiene su importancia, aunque no es el centro de la fe), y carece de conceptos adecuados para mostrar el sentido de la fe cristiana.

---

[23] Cf. *Problematik*, 92-94, 100; *Les problèmes*, 71-77. Conforme a la nueva visión de Barth, la exégesis tiene que llegar a la «*notion religieuse*» (*Les problèmes*, 71), las «*idees objectives*» que se expresan en el texto (*Ibid.*, 72).

– *Olvida la historia*. A juicio de Cullmann, Barth no ha llegado a expresar con claridad las relaciones que hay (debe haber) entre los hechos históricos y los conceptos que transmiten el contenido interno de la fe cristiana. Por eso pudiera parecer a veces que hace falta abandonar la letra, dejar la exégesis científica y moverse solamente en el plano de la idea (haciendo así una exégesis separada del texto bíblico).

–*Barth carece de conceptos adecuados* para expresar la fe cristiana, y de esa forma queda en manos de una visión neokantiana de la realidad, suponiendo que los conceptos son siempre una expresión de la mente, objetivan una fuerza interna, sin relación con el mundo objetivo. En contra de eso, Cullmann piensa que la fe cristiana debe tener un contenido distinto, independiente de todo lo sea una simple expresión de la mente humana[24].

Tras ocuparse de Barth, Cullmann presenta de nuevo la postura de Bultmann. Reconoce su valor y piensa que ella implica un adelanto verdadero: No sólo ha unificado en su trabajo personal la historia y teología, sino que ha presentado la mutua implicación de ambos aspectos, de manera que su exégesis tiene elementos muy positivos. Bultmann decía que la exégesis histórica, bien comprendida, tenía que venir a presentarse como una «transparencia», una especie de diafanía, de manera que a través de ella podemos llegar hasta la *Sache* o realidad que quiere transmitirnos la Escritura.

Esta imagen (la historia como «transparencia» de una verdad que es supra-histórica) será un elemento clave de la teología de Cullmann. Pero él añade que Bultmann no ha empleado de manera radical el nuevo método. Ha comprendido la doctrina de Jesús pero no ha logrado valorar realmente su acción como persona histórica. Más aún, cuando nos añade que es preciso establecer un encuentro personal del exegeta con la historia abre la puerta a un peligroso juego subjetivo (convirtiendo la exégesis en expresión de los propios

---

[24] Cf. *Problematik*, 99, 101, 103, nota; *Les problèmes*, 76-79. He presentado la postura de Barth según la interpretación de Cullmann que quizá debería matizarse. Volveré al tema en el capítulo final del libro.

pre-conceptos del exegeta). En este momento, Cullmann piensa ya que el verdadero historiador tiene que superar todo riesgo de subjetivismo, para situarse ante la realidad en sí, ante una verdad que es objetiva, independiente del exegeta[25].

Cullmann quiere que la exégesis teológica llegue hasta los mismos «conceptos», es decir, hasta el contenido interno de la Biblia. No basta –pongamos un ejemplo– con mostrar aquello que la gracia significa para Pablo; es necesario comprender y precisar lo que es la gracia por sí misma, en su verdad independiente y absoluta. Por eso, el defecto radical de la exégesis científica consiste en reducirse al plano de la historia, señalando lo que piensa un autor, trazando dependencias y explicando todo a partir de su contexto, pero sin preguntarse por la verdad «absoluta» del texto, por lo que quiere decir en sí mismo. Un texto sólo se entiende cuando se descubre y expone su verdad objetiva, que es valiosa siempre y que, en ese sentido, sigue interesando a los creyentes[26].

Pensemos en la historia de la filosofía; los textos del pasado se iluminan solamente cuando el crítico es capaz de producir de nuevo la verdad que ellos contienen. Esto quiere decir que hace falta desarrollar y recrear las ideas contenidas en el texto, cual si fueran de verdad algo que brota de uno mismo[27].

Los pensamientos filosóficos o religiosos deben desligarse del contexto histórico en que han surgido (y del espacio en que los sitúa el exegeta). Es preciso verlos en sí mismos, como esencia objetiva y real que puede expresarse en nuestra conciencia. Un tex-

---

[25] *Problematik*, 90.94, nota 13, 102-103; *Les problèmes*, 70.73, nota 1, 78-79. Cf. Bultmann, «Das Problem einer theologischen Exegese des NT»: *Zwischen den Zeiten* 3 (1925) 334-359. Estamos en 1928. Cullmann utiliza el *Jesus* (1926) de Bultmann, aunque no parece impresionado por su novedad: Bultmann no se refiere nunca a unas verdades objetivas que debemos admitir como creyentes; a su juicio, la salvación es más que una verdad eterna, es la *palabra* concreta del Dios que nos llama en su Cristo.
[26] *Problematik*, 92-94; *Les problèmes*, 71-73.
[27] *Problematik*, 95; *Les problèmes*, 73. Traducción muy libre. Este *nuevo método* es el usual en el campo filosófico; por eso, Cullmann se extraña de que encuentre oposición tan grande en teología.

to del pasado es nuevo cuando ofrece una verdad que es objetiva y que yo desconocía. Si un libro de la Biblia no tuviera ideas que decirnos, transmitiéndonos tan sólo unos hechos de la historia, el comprenderlo implicaría únicamente el uso de un método histórico (crítico). Pero si, en cambio, el autor quiere expresar una verdad que es transcendente (que vale para siempre), la exégesis no puede limitarse a señalar lo que históricamente suponen sus textos, sino que tiene que captar y recrear la verdad que ellos transmiten; para ello es necesario el nuevo método exegético.

La Biblia consta, según Cullmann, de unos libros que en su plano exterior cuentan una historia, pero que en su interior expresan realidades metafísicas, verdades absolutas, como puede verse en el relato del pecado original del Génesis: a) En un plano exterior, el texto parece hablarnos de un hecho del pasado. b) Pero en su verdad más profunda, ese texto transmite una verdad eterna: La inquietante y poderosa implicación entre pecado y sexo, entre vida humana y caída. Por eso, hay que decir que los llamados libros históricos ofrecen, ante todo, verdades religiosas: Son historias que quieren «probar algo» (historia *ad probandum*), como sucede en los libros deuteronomistas o los relatos evangélicos que hablan de Jesús el Cristo[28].

Desde ese fondo surge la gran pregunta. ¿Qué relación existe entre la historia y la verdad teológica? ¿Cómo se combinan las dos formas de exégesis? La solución de Cullmann tiene dos momentos

---

[28] *Problematik*, 94-99; *Les problèmes*, 72-73: Hay que llegar hasta la *«idée religieuse»*, hasta la *«essence objective»* del texto. Cullmann precisa que existe una *«vérité objective»*, una *«réalité objective»* en el fondo del texto. El exegeta tiene que lograr que esa verdad y realidad se muestren, fenomenológicamente, en su propia conciencia, como «une *idée* ou un état de choses transcendant» (cf. *Problematik*, 96; *Les problèmes*, 74). Cullmann supone que su método se puede aplicar a las grandes obras literarias, añadiendo que su intento se parece al de M. Unamuno, en su interpretación de *La vida de D. Quijote y Sancho* (1914), donde quiere prescindir de la historia y crítica literaria para llegar a la *«idea fundamental»*, a los tipos del Quijote y Sancho, eternamente válidos (*Problematik*, 87; *Les problèmes*, páginas 74-75). En ese contexto añade que los libros externamente históricos tienen como fin el «illustrer des faits métaphysiques et des vérités d'ordre absolu» (*Problematik*, 97.98; *Les problèmes*, 75).

diferentes: (a) Hay un paralelismo simbólico de los planos entre historia y teología. (b) El creyente logra tener una intuición directa del objeto religioso. Esos dos momentos tienen un hondo sentido filosófico. Comencemos con el paralelismo entre historia y suprahistoria:

> El plano de la historia ofrece sólo como una placa transparente, que debemos transcender (ir más allá), para así captar –siguiendo la imagen de Bultmann– la luz que viene de otro plano, la luz que iluminando traspasa como cristal el plano de la historia. Sin excepción, en un plano, todos los elementos que se expresan en la Biblia no son más que una forma externa; por eso no se puede aislar en sí mismos, como si ofrecieran el contenido del mensaje. Por eso, todos ellos han de llevarnos más allá, como si fueran unas líneas que convergen en un plano suprahistórico, en el plano superior de las verdades religiosas absolutas. Por eso, el contenido (el mensaje profundo) de un texto no se puede buscar entre los condicionamientos histórico temporales. Ese contenido está fuera de las formas relativas del texto; el contenido se encuentra tan sólo en y detrás de todas las formas históricas[29].

Quien se ocupe únicamente del aspecto externo, histórico y literario, tomará la Biblia como pura forma externa. Quien intente captar el contenido pleno ha de fijarse en los dos planos, pasando de la historia a la verdad espiritual del texto. La historia es camino que lleva al espíritu; el espíritu se muestra solamente en las formas de la historia. Redactor y tiempo de composición; origen de las ideas, paralelos literarios... Tales son los temas de la historia. La historia de la Biblia aparece así como una «transparencia» en la que viene a revelarse el contenido de verdad del texto.

Pudiera parecer que la historia pertenece para Cullmann a la misma esencia de la fe. Sin embargo, en este momento, no es así. La historia no es más que un camino, un medio que nos lleva hacia

---

[29] Cf. *Problematik*, 102-103; *Les problèmes*, 78-79. Con referencia a Bultmann, *Das Problem einer theologischen Exegese des NT*: Zwischen den Zeiten 3 (1925) 334-359.

una meta distinta, hacia la verdad supra-histórica. Por eso, en ciertos casos, una vez que se ha llegado a la verdad interna, podemos olvidarnos de la historia, contemplando la verdad desnuda. El cristiano ha de hacer suya la intuición de la fe que le transmite el texto; apropiar su verdad, entenderla[30].

El momento de comprensión que está incluido en la fe se realiza para Cullmann en la línea de los principios de la escuela fenomenológica. La enseñanza religiosa no es la simple expresión del sentimiento o la pura sensación interna; su verdad es objetiva, como son objetivas las aportaciones de la ciencia. El pensamiento racional, cuando medita sobre un texto, viene a presentarse como un camino que nos lleva a la verdad más honda (eterna), de manera que pueda hacer presente en la conciencia la esencia de aquello que está en el fondo del texto. Creer y conocer se unen por encima de las rupturas modernas que abre el kantismo; no se trata de escapar de la historia y de la letra de la Biblia, sino que es preciso transcenderla (sin negarla) llegando hasta su mismo contenido, que ha de ser independiente de todo moderno pensamiento[31].

Éste es, en resumen, el sentido del trabajo que Cullmann dedica en 1928 al estudio de la exégesis cristiana. En un primer momento parece muy claro, y lo es en un sentido, pero deja algunos problemas abiertos, sobre todo en lo que se refiere a su presupuesto filosófico: Relación de historia y suprahistoria, intuición de la verdad religiosa.

– *Historia y suprahistoria.* Cullmann contrapone ambos planos, como si tuviéramos que decidirnos por uno o por el otro: O se

---

[30] *Problematik*, 103-104; *Les problèmes*, 79-80. En un cierto momento es necesario que «le savant puisse *oublier* que le plan historique existe», para llegar a la «*intuition religieuse*», de manera que nos encontremos «uniquement en face de la vérité révélée dans la Bible...».
[31] *Problematik*, 100-101; *Les problèmes*, 77. Siguiendo a la «escuela fenomenológica», Cullmann afirma que podemos llegar a la «*vérité objective*», a la «*essence objective de la doctrine biblique*», que no es creación subjetiva, sino *realidad en sí* que descubrimos. Desde ese fondo se puede hablar de un proceso circular: Por la historia penetramos a la verdad objetiva de la Biblia; y esa verdad nos ayuda a comprender el sentido de la historia.

estudia la simple contingencia de la historia (liberalismo) o se transciende la historia pasando al estrato en el que habitan las verdades absolutas. La tradición cristiana ha vinculado ambos planos, de forma que no ha visto en los hechos narrados por la Biblia una simple contingencia histórica, sino una forma de presencia de Dios. Barth los había vinculado de un modo dialéctico, afirmando que Dios y el hombre se «tocan» (y se separan) en Cristo. También Bultmann hablaba de ese «encuentro» entre eternidad y tiempo, y quería interpretarlo de un modo existencial.

– *Intuición de la verdad*. Cullmann quiere descubrir (intuir) la verdad a través (y más allá) de la historia, que aparece así como un «medio». La historia es importante, pero es medio. Es necesaria, pero sólo en forma de camino. No es parte integrante de la fe cristiana. Por eso la intuición del creyente ha de ser captación de la verdad eterna, visión de la esencia objetiva y eterna. Siguiendo así un esquema fenomenológico, Cullmann quiere intuir (comprender) las verdades eternas, en sí mismas, más allá de la pura conciencia o de la vida subjetiva (existencial) de los creyentes. De esa forma quiere superar el «fideísmo» de Barth (pura fe) o el subjetivismo de Bultmann (sólo importa la existencia transformada de los creyentes), descubriendo la verdad del cristianismo a través (y más allá) de la historia, como realidad objetivamente valiosa.

## 3. El descubrimiento de la historia (1928-1941)

He puesto de relieve la visión del joven Cullmann (en trabajos de los años 1925 y 1928). Quince años más tarde (1943), tras un largo tiempo de silencio, esa visión habrá cambiado: La esencia del Mensaje de Cristo no será ya una verdad universal, más allá del tiempo, sino la misma historia de Jesús, entendida de una forma salvadora, en el contexto de una visión completa (y compleja) del tiempo, que ahora aparece como espacio o medio de la revelación de Dios. A manera de reportaje telegráfico iré presentando los diversos momentos de ese cambio, tal como lo muestran las publicaciones que ahora se van sucediendo con más rapidez.

— *En 1930, cristianismo y gnosis.* Cullmann publica un importante libro sobre el cristianismo naciente[32], afirmando que la gnosis convierte el cristianismo en historia sin contenido, y en verdad sin tiempo: Bien y mal, espíritu y materia, se enfrentan y combaten sobre el mundo, pero Dios, el gran Espíritu, revelará su poder y librará del mal a quienes quieran escucharle. Pues bien, a juicio de Cullmann, en contra de la gnosis, el mensaje cristiano se centra en un hecho de la historia, que es Jesucristo (un hombre real), y no en un tipo de verdad espiritual genérica.

Desde esta perspectiva, San Pablo ha podido resaltar la novedad escandalosa de Cristo. Ciertamente, su planteamiento de Pablo se encuentra todavía cerca de la gnosis, y así pone de relieve la lucha contra el mal, y destaca la importancia del ascenso a lo divino. Pero en el centro de su visión religiosa el apóstol de los gentiles ha puesto ya un hecho: La muerte de Cristo, el señor crucificado, algo que la sabiduría de este mundo no puede comprender (porque no es una verdad general o una teoría), pues forma parte de la historia real, es decir, del desarrollo concreto de la humanidad.

Más cerca de la gnosis se encuentra el evangelio de Juan, que interpreta el acontecimiento cristiano como una lucha entre la luz y las tinieblas, la vida y la muerte; Cristo aparece aquí como el profeta verdadero que ilumina el interior de los hombres, ofreciéndoles la verdad definitiva. A diferencia de Pablo, Juan no ha destacado la muerte de Jesús; sólo le importa su verdad, su presencia pascual como luz y vida de los hombres. En ese sentido, Juan es más gnóstico que Pablo. Pero tampoco Juan ha quedado en la pura verdad interior, sino que ha destacado también, como Pablo, la importancia del acontecimiento de Jesús, centrado en la revelación de la verdad de Dios, que permanece por encima de los cambios: Dios es luz que alumbra siempre y salva a quienes quieren recibir su gracia[33].

---

[32] *Le problème littéraire.*
[33] *Ibid.*, 244-256. Ambos, el *gnóstico* y el *histórico*, son elementos esenciales al cristianismo (*Ibid.*, 258). En este momento, Cullmann acepta el fundamento de la escatología de Bultmann: El juicio de Dios se realiza ya en Cristo; están salvados ya aquí y ahora (sin necesidad de un futuro escatológico) aquellos que le escuchan. Cf. pág. 256. Este será después uno de los temas más criticados por Cullmann.

– *1933-1938. Cristianismo y escatología.* Cullmann sigue manteniendo su visión anterior, y así sigue estudiando la relación que existe entre los hechos de la historia y el valor transcendente o la idea que se manifiesta a través de ellos. Por eso, sigue diciendo que la exégesis bíblica tiene que buscar la realidad, el objeto religioso, a través de la envoltura de la letra y de la historia, de manera que la historia se vuelva transparencia, a fin de que por ella podamos penetrar hasta el objeto religioso, suprahistórico[34].

Pero, a partir de este momento (1933), empieza a darse un cambio. Cullmann abandona progresivamente el lenguaje de «historia y supra-historia», deja de hablar de «las ideas» (eternas) y se centra cada vez más en el estudio concreto de la Biblia, de una forma que él llama científica: «Procuraba que en las clases la exégesis fuera totalmente libre de influjos modernos, de modernas y agradables concepciones del Mensaje de Cristo. Intentaba moverme en un campo puramente científico. Sólo de esa forma pude llegar poco a poco a una profunda concepción teológica de esa realidad tan extraña que anuncia el Nuevo Testamento»[35]. La ciencia se entiende aquí como intento de captar y expresar los datos históricos, en su verdad concreta, entendida en forma de narración histórica.

De esa forma, Cullmann intenta «liberarse» de las concepciones filosóficas que antes le habían influido, para escuchar mejor la palabra de la Biblia, en un proceso que durará varios años. En 1936, él interpreta la Cena del Señor como presencia de Cristo entre aquellos que le aceptan, concentrando todo el cristianismo en ese rasgo: Jesús no ha pasado, sino vive en los creyentes, de manera que su historia sigue siendo actual entre y para ellos. Más aún, esa presencia «actual» de Cristo (que no se puede entender ya de una manera suprahistó-

---

[34] Recensión a *Das Johannesevangelium*: RHPR 13 (1933) 188, y *Das neue Testament Deutsch*: RHPR 13 (1933) 82-83. Cf. J. Frisque, O. *Cullmann*, 36ss.; L. Bini, *L'Intervento*, 29ss. Cf. Como se ve, la unión de exégesis histórica y comprensión teológica sigue preocupando a Cullmann, que da cada vez da más importancia a la historia. Cf. *Nouveau Testament*, en *Dictionnaire encyclopédique de la Bible*, 1932-1935, II, 236ss.

[35] Cf. *Autobiographische Skizze* (escrito en 1960). En *Vorträge*, 683-688.

rica) se funda en el pasado de un acontecimiento histórico, es decir, en su muerte a favor de los hombres. El centro del mensaje cristiano se identifica ahora con la realidad histórica de Cristo que ha muerto de un modo concreto, dentro de una historia compleja y conflictiva. Eso significa que la teología tiene que vinculan el pasado histórico (muerte de Jesús) y el presente de la salvación[36].

– *1938-1941. Búsqueda de la historia de Jesús*. A partir de este momento, apoyándose en el pasado de la muerte de Jesús y en el presente de su influjo en la Iglesia, Cullmann dará cada vez más importancia al aspecto futuro del tiempo cristiano, es decir, a la esperanza escatológica, vinculada al fin de lo tiempos. Sabe bien que éste es un elemento de la tradición judía, pero añade que se encuentra estrechamente vinculado al cristianismo.

En este contexto, Cullmann empieza a vincular el cristianismo con una visión particular del tiempo, entendido como línea temporal que proviene del pasado de Jesús y que, por su presencia en la Iglesia, avanza hacia un futuro salvador, entendido como meta de la historia. Esto significa que el mensaje cristiano ha de entenderse en forma histórica y escatológica, no se abre hacia una eternidad, más allá del tiempo, sino hacia la culminación del mismo tiempo. De esa forma, el argumento de la Biblia aparece ya como expresión de un proceso temporal, es decir, de una historia que se interpreta como camino de salvación de los hombres, que está abierto hacia el futuro de la culminación de Cristo[37].

En 1939, Cullmann dedica un importante estudio a los primeros credos de la Iglesia, llegando a la conclusión de que ellos recogen el mensaje central del Nuevo Testamento, cuyo argumento puede condensarse así: Cristo es el Señor resucitado que

---

[36] *Die Bedeutung des Abendmahles im Urchristentum*, en *Vorträge*, 515-519; *Der eschatologische Charakter des Missionsauftrags und des apostolischer Selbstbewusstseins bei Paulus*, en *Voträge*, 329, 330-335. Cf. *Wann kommt das Reich Gottes?* En *Vorträge*, 535ss.

[37] *Das eschatologische Denken der Gegenwart* (1938), en *Vorträge* 344-346. En este contexto se dice que la vida eterna es «*gegenwärtig*» (presente), pero también «*zukünftig*» (futura), lo que implica un despliegue temporal.

reina con poder sobre todo el universo. Pero éste no es ya un Cristo intemporal, sino que tiene un antes (es el crucificado) y un futuro (ha de venir). Pues bien, esos momentos (pasado y futuro) se condensan de algún modo en el presente: Dios está reinando por medio de su Cristo[38].

En esa línea avanza un trabajo del año 1941 en el que cambia de perspectiva, en el que sitúa el momento actual dentro del proceso de la historia de la salvación e interpreta el Reino de Cristo no sólo como fuerza que domina en el presente, sino como un camino histórico: El momento actual aparece así como un paso entre el pasado de la Cruz y su Venida gloriosa como Señor. Todo se teje en torno a un tiempo. Cullmann ha empezado a construir así una teología del tiempo (y del mundo) que vienen sin cesar desde el pasado (creación, muerte de Cristo) y tienden siempre hacia el futuro. Nada existe fuera de esa historia, no se puede hablar de una presencia superior (intemporal); Dios no está fuera del tiempo, sino dentro del mismo tiempo[39].

Aquí aparece ya en germen el tema de las grandes obras de Cullmann: *Cristo y el tiempo. Cristología del Nuevo Testamento, La historia de la salvación*. Cullmann ha encontrado su identidad. Todo el trabajo posterior consistirá en ir aplicando este punto firme de su nueva visión del cristianismo, centrado ya en la historia de Jesús y en la historia de los hombres. Por eso, cuando en 1943 publica una segunda edición de las «*Primeras confesiones* (Credos)...» de la Antigua Iglesia, él añade unas frases muy precisas, que expresan el sentido histórico de la revelación cristiana:«Cuando los primeros cristianos confiesan que Cristo es Señor, declaran con ello algo preciso acerca del tiempo en el que Dios ha querido revelar su plan de salvación; se trata del tiem-

---

[38] Cf. *Les premières confessions*, aparecido como dos artículos en RHPR, en 1941-1942, y publicado como libro en 1943, con una pequeña conclusión y un apéndice, en el que se dice (pág. 54) que los artículos fueron escritos en 1939 (confrontar 21948, pág. 54).

[39] *Königsherrschaft*, 13-116. En esta obra se perfilan ya todos los temas de la que después será una obra detallada y extensa; por eso nos parece que se trata del escrito clave en el proceso evolutivo del pensamiento de Cullmann.

po que comprende no sólo el presente, sino también el pasado y porvenir; si Cristo es hoy Señor es porque ayer se ha encarnado y muerto; es porque mañana volverá a juzgar a los vivientes y a los mismos condenados»[40]. Todo se concentra ahora en el tiempo de la gracia, que avanza como línea recta y siempre incluye el pasado, el presente y el futuro. Cullmann ha encontrado ya su clave. Es tiempo de que escriba sus obras decisivas.

---

[40] *Les premières confessions* (libro), pág. 52.

## 2. Obra madura, la tarea de la historia

La obra madura de Cullmann está centrada en el estudio de la historia, entendida como espacio de encuentro de Dios y de los hombres. Dios es historia en la medida en que se manifiesta y se revela en ella, no sólo como un creador externo que maneja las cosas desde fuera, sino como Aquel que se introduce en ella, dirigiéndola por dentro. En ese contexto queremos empezar evocando el gran reto de Cullmann que consiste en definir el tiempo. Sólo en ese contexto podremos estudiar las obras de sus veinticinco años de gran creatividad (1941-1965) para evocar después sus obras posteriores.

### 1. Un reto de fondo. El sentido del tiempo

He presentado la postura del joven Cullmann, poniendo de relieve las etapas principales del proceso que le han llevado a interpretar el cristianismo como historia. En ese contexto quiero estudiar el trasfondo filosófico que se va explicitando a través, un trasfondo que, a mi juicio, puede condensarse en tres motivos: Verdad objetiva; paralelismo de historia y suprahistoria, intuición de la esencia.

*1. Hay una verdad objetiva*. Eso significa que Cullmann ha superado el idealismo precedente. Las formas de ese idealismo eran diversas, pero siempre procedían de un mismo fondo kantiano: las ideas, sensaciones, sentimientos... eran sólo formas de expresión de nuestra mente, de manera que la verdad es sólo mental, no pertenece al mundo externo. En contra de eso, Cullmann empieza postulando la existencia de verdades que son independientes de la pura mente, verdades que existen en sí, que están delante de mí y que yo debo descubrir (y aceptar), en una línea que pudiéramos llamar "fenomenología" en general o, mejor dicho, "fenomenología" de la historia (en la línea del nuevo proyecto filosófico de E. Husserl: 1859- 1938).

*2. Historia y suprahistoria (intento de superar el platonismo).* En ese contexto, pueden entenderse los dos planos del ser, los dos niveles de la Realidad: Las cosas que cambian (los datos psicológicos, la historia) y la esencia que siempre permanece (la verdad objetiva, la idea). En un sentido, Cullmann sigue siendo platónico; pero lo es en un sentido muy diverso. Platón insistió en el valor real de las ideas originarias; Cullmann, en cambio, parece centrar esas «ideas» en la experiencia superior de lo divino, vinculada de alguna forma con la historia. De todas formas, su planteamiento sigue siendo platónico, aunque se esfuerce por fijar mejor la relación del tiempo (historia) y de la eternidad divina. La historia aparece así, todavía, como un medio para conocer lo eterno.

*3. Intuición de la verdad o idea.* Lógicamente, debe haber un tipo de intuición suprasensible para alcanzar la verdad de las ideas, pasando a través de una especie de «transparente» (como de lente) que es la historia. Cullmann supone que existe una especie de captación inmediata de la realidad, que accede a la conciencia. Ciertamente, la historia es fundamental, pero ella no es aún el jeto central y real del pensamiento. Ese objeto está más allá de la historia, aunque sólo podemos conocerlo por ella[1]. Sólo al final de un intenso proceso de acercamiento a la realidad (hacia el 1943) Cullmann dirá que la verdad de Dios se identifica con la misma historia, no con algo que está más allá.

Éstos eran los supuestos básicos del joven Cullmann, que se esforzaba por superar el neokantismo y el idealismo subjetivo, a fin de presentar el cristianismo como un valor independiente y objetivo, de una cosa (idea) que yo encuentro y se me impone. Pero su

---

[1] Sólo por un momento podemos olvidarnos de la historia. Pero después, para captar el sentido de la realidad tenemos que volver a ella. Cf. *Problematik*, 104-105; *Les problèmes*, 79-80.

postura corría el riesgo de seguir siendo idealista, pues interpretaba el cristianismo como una serie de ideas objetivas, que pueden centrarse en Dios, pero que están separadas de la realidad histórica (aunque vienen a expresarse o representarse en una historia).

En ese momento Cullmann se interesaba todavía por la realidad trascendente, por encima de la historia. Después, en su etapa de madurez, Cullmann correrá quizá el riesgo de pasar de un extremo al opuesto. Si al principio quería buscar la idea real, sin cambio (más allá de los cambios), al final tenderá a decir que la realidad es sólo historia que cambia. En este contexto se sitúa el "gran cambio" de Cullmann, que le llevará de una exégesis dualista (y en el fondo platónica) a la visión de un Dios que se identifica en el fondo con la historia.

*a) Realidad objetiva, independiente de la mente que la piensa.*

En este proceso, Cullmann ha querido seguir un esquema fenomenológico que, a su entender, permite que el hombre conozca las cosas en sí mismas (los fenómenos), como algo independiente de las propias ideas humanas. Su gran preocupación ha sido el liberarse de todo pensamiento filosófico (de tipo idealista o existencialista), presentando el cristianismo de forma desnuda, original, concreta, en clave también fenomenológica, como una historia de la salvación (como un conjunto de hechos). Al principio, el cristianismo parecía identificarse con unas ideas eternas, pero después ha venido a expresarse como historia de salvación, es decir, como un conjunto de hechos en sí, sin buscar más allá otro tipo de verdades. Resumiendo en una frase lo más propio y peculiar del intento maduro de Cullmann citamos sus propias palabras: «He querido escuchar de manera obediente lo extraño y peculiar de la Escritura»[2].

Así ha querido captar y describir la nueva realidad, la concepción del mundo que se expresa por medio de la Biblia. De esa forma, frente a todo idealismo que recubre lo real y lo modela desde

---

[2] Cf. *Autobiográphische Skizze* (1960), en *Vorträge*, 685-686.

el fondo de la fuerza creadora de la mente, frente a toda tendencia existencial, que ahoga la realidad cristiana en los postulados del sujeto existencial, Cullmann ha buscado la realidad de las "cosas cristianas", como tales, afirmando que la esencia cristiana consiste en una historia salvadora (es decir, en la aceptación de unos hechos). Por eso, se llama objetivista. Quiere dejar que las cosas se le abran y le hablen, pues ellas mismas están "cargadas" de mensaje (más aún, son de alguna forma, el mensaje). Así escribirá años más tarde (1960), pero recogiendo toda su trayectoria anterior:

> Sé muy bien que una exégesis libre de todo presupuesto es imposible. Me parece, sin embargo, peligroso el mostrar como virtud eso que es sólo sujeción ineludible...; no se puede hacer de la exigencia del propio conocimiento (*Selbstverständis*) una regla de interpretación. Yo mismo reconozco que mi exégesis no está libre de todo presupuesto. Sin embargo, he querido utilizar un medio que me ayuda a evitar todo capricho: Me he esforzado por respetar lo extraño y propio de aquello que me dice un texto, sin intentar reducirlo al eco que despierta en mi existencia...
>
> El sentimiento de seguridad de la escuela bultmanniana... – que intenta reducir la Biblia a lo que habla a mi existencia– me parece en realidad más peligroso que mi esfuerzo, esfuerzo que realizo aun a sabiendas de ser imposible el alcanzar la meta... Este es mi intento: Procuro, ante todo y simplemente, escuchar las palabras que me son extrañas; las describo –pues esto es bien posible–; y pienso que aunque sigan siendo afirmaciones sobre un suceso ontológico –no se trata de una objetivación de aquello que le habla a mi existencia– tales palabras me interesan (hablan), y pueden ser objeto de la fe[3].

De esa manera, superando su idealismo (y dualismo) anterior, Cullmann pensará que ha llegado a descubrir la verdad de Dios (y del hombre) en la misma historia, tal como aparece en los acontecimientos salvadores del Antiguo Testamento y, especialmente, en Jesús, a quien quiere conocer como un hombre histórico, indepen-

---

[3] Cf. *Vorträge*, 144; *Autobiographische*, 686; *Christus*, 12, 20, 26.

diente de todo pensamiento filosófico, ya se trate del viejo idealismo o del moderno existencialismo. Antes había pensado que existía una verdad más alta, fuera de la historia. Ahora responde que no existe verdad superior. Por eso quiere limitarse a entender y fenomenológicamente los datos referentes de historia bíblica (y en especial de Jesús) suponiendo que ellos son la verdad de Dios y se entienden por sí mismos.

Cullmann pensará de esa manera, en una línea que llama "fenomenológica", que para comprender la Biblia no es preciso emplear ningún tipo de filosofía; sólo si se escucha de manera reverente lo que ella dice, sin cambiarla con preguntas nuestras, ni encerrarla en un tipo de pre-juicio existencial puede llegarse a comprender su mensaje. El único método filosófico que él dice haber seguido utilizando ha sido un tipo de fenomenología: Quiere escuchar y narrar la historia de la esencia de la Biblia[4].

Este Cullmann maduro intenta mostrarse como un "espectador" de la historia. No quiere apelar a ningún sistema filosófico de tipo conceptual, sino sólo descubrir, de una forma natural y sin prejuicios, la rica realidad del mensaje de la Biblia, centrado a su entender en hechos, no en palabras, y especialmente en el hecho de Cristo. Por eso, se distingue de Bultmann que expresamente insiste en el influjo del sujeto (del existente) en la forma de mirar y de entender la biblia. De todas formas, como seguiré mostrando, este nuevo acercamiento de Cullmann implica y pone en marcha un método histórico muy preciso (que debería haberse precisado más), como iremos indicando en lo que sigue[5].

---

[4] Cf. *Heil*, 3, 5, 34, 117ss.; 131ss.; *Vorträge*, 126ss.; 143ss., 424ss., etc. Así habla, por ejemplo, de un análisis fenomenológico de los diversos títulos de Jesús en el Nuevo Testamento (*Christologie*, 10; *Cristología*, 24). Se refiere también a las notas fenomenológicas de la historia salvadora (*Heil*, 117, 118; *La historia*, 151, 153). Sobre la problemática de fondo de la fenomenología, introducida básicamente por E. Husserl (1858-1938), cf. *Invitación a la fenomenología*, Paidós, Barcelona 1990; *Lecciones de fenomenología de la conciencia interna del tiempo*, Trotta, Madrid 2002; *La crisis de las ciencias europeas y la fenomenología trascendental. Una introducción a la filosofía fenomenológica*, Crítica, Barcelona 1991.
[5] En su etapa juvenil la fenomenología le había llevado a las esencias objetivas, a las verdades suprahistóricas que están en el fondo del mensaje de la Biblia. Esa

*b) Punto de inflexión. Un resumen*

Ciertamente, Cullmann empezó superando el «liberalismo» de la teología anterior, pero en un primer momento corrió el riesgo de introducir de nuevo a Jesús dentro de un esquema dualista cercano al *platonismo*, refugiándose en la pura transcendencia de lo eterno, tal como se manifestaría por Jesús. Él pensaba que, al actuar de esa manera, era fiel a la *historia de las formas*, pues en ella «los hechos históricos relacionados con el Cristo importan solamente... en la medida en que nos sacan de la contingencia temporal para mostrarnos como en Jesucristo el cielo se ha encontrado con la tierra»[6].

En un momento posterior, Cullmann había superado la visión de un Jesús entendido (y de una Biblia interpretada) en clave ideales de moralidad, pero quizá lo hizo cayendo en el extremo opuesto, entendiendo la humanidad (historia) de Jesús como ocasión o medio que el Espíritu de Dios ha escogido para revelarse en su verdad eterna. Sin duda, la historia le importaba; sin ella Jesús sería un simple mito, una especulación de tipo gnóstico; pero, a su juicio, la historia valía solamente en la medida en que se volvía *transparente*, haciéndonos capaces de superarla y descubrir por ella la idea eterna, más allá de todos los cambios del mundo[7].

---

misma fenomenología le hará ver más tarde que todo se condensa en la historia salvadora. ¿No habrá influido, de manera decisiva, antes y después su propia forma de entender los fenómenos? En esa etapa, Cullmann afirmaba que la *Historia de las formas* nos conduce del Jesús histórico a la fe religiosa que consiste en verdades transcendentes.

En sus años maduros nos dirá, por el contrario, que el valor más grande de la Historia de las formas consiste en permitirnos llegar de nuevo hasta la *historia de Jesús*. En esa línea podemos afirmar que Cullmann ha ido cambiando en su manera de entender y aplicar la fenomenología (cfr. *Vorträge*, 141ss., 157, 687, etc.). Lo mismo sucede en su forma de hablar de la historia. Al principio se decía que la historia es *transparencia* en el camino que lleva a la *suprahistoria*. Después se nos dirá que la historia es el mismo contenido de la Biblia (cfr. *Vorträge*, 115ss., donde Cullmann llega a conclusiones opuestas a las que defendía 21 años antes en *Problematik*). Nos hallamos, sin duda, ante un cambio epistemológico muy hondo, que define todo el pensamiento de Cullmann.

[6] «Les événements historiques doivent nous faire sortir précisément des contingences historiques pour nous faire voir comment en Jésus-Christ le ciel s'est rencontré avec la terra» (*Ibid.*, 578).
[7] *Les problèmes...*, 71-73.

He tratado ya de este argumento, pero quiero volver a presentarlo, para entender mejor la evolución del pensamiento de Cullmann. En un primer momento, a su juicio, la Biblia debía entenderse a dos niveles: *externamente* cuenta unos hechos que han pasado; pero *en su contenido interior* ella nos revela las eternas verdades metafísicas de la vida humana, las realidades religiosas. Esos niveles se vinculan de forma simbólica, de manera que, por intuición recreadora, pasamos de los hechos accesorios a su núcleo religioso:

> El plano de la historia ha de volverse transparente: debemos transcenderlo para captar... la luz que viene de otro nivel, la luz que iluminando traspasa como cristal el plano de la historia. Todos los elementos de la historia son una forma externa... que ha abrirse hacia el plano supra-histórico de las verdades religiosas absolutas[8].

Según eso, la historia tiene valor únicamente como medio o camino que debe al final superarse. En la meta (en la esencia de la fe) ya no hay historia sino verdades eternas religiosas. Ese punto de partida dualista resulta fundamental para comprender la visión posterior de Cullmann, que entenderá la historia como único centro y contenido de la revelación de Dios, identificando en el fondo a Dios con su historia. Pues bien, a través de un proceso que he venido describiendo en las páginas anteriores, Cullmann logrará invertir estos presupuestos, desembocando en un positivismo bíblico radical.

Todos los aspectos anteriores pasan a segundo plano o son negados (eternidad de Dios, las ideas, los presupuestos existenciales, la transparencia de la historia...), de manera que sólo queda la historia en cuanto tal, como realidad de Dios. Ella no está ya al servicio de nada, ni de Dios ni de la salvación humana, pues ella misma es lo absoluto, Dios mismo en su revelación. Esto es lo extraño, esto es lo nuevo: En el fondo, Dios mismo es historia. Desde aquí se entenderá todo lo que sigue[9].

---

[8] *Ibid.*, 78-79.
[9] *Unzeitgemässe Bemerkungen* «zum historischen Jesus» der Bultmannschule, en H. Ristow-K. Matthiae, *Der historische Jesus und der kerygmatische Christus*, Evangelische V., Berlin 1960, 266-280 [=Cullmann, *Vorträge*, 144ss].

## 2. Madurez: Historia de la salvación (1941-1965)

Esta visión de la historia que acabo de esbozar se despliega y expande en los años fundamentales de la producción teológica de Cullmann. La etapa de preparación acaba, por poner una fecha simbólica, hacia el año 1941. A partir de entonces, a lo largo de *veinticinco años* de plenitud creadora, en plena mitad del siglo XX, él ha publicado sus obras fundamentales, bien pensadas y construidas, a partir de su motivo central que es la *historia de la salvación* o la salvación como historia[10].

Son para él tiempos de fuerte presencia internacional. Cullmann sigue enseñando en Basilea y París, pero ofrece al mismo tiempo numerosos cursos en el mundo anglosajón (Gran Bretaña, USA), recibiendo diversas distinciones y premios en algunas de las universidades más prestigiosas del mundo. Su teología es muy bien recibida dentro del mundo católico, convirtiéndose en punto de referencia de un intenso movimiento ecuménico. Entre los años 1962-1965 actúa como observador en el Concilio Vaticano II. Es el tiempo de su máximo influjo dentro de la cristiandad.

*a. Obras básicas. Un pensamiento centrado en la historia*

Con la terminación del Vaticano II (1965) y la publicación de sus «obras reunidas» (*Vorträge und Aufsätze*, Mohr, Tübingen, 1966) empieza una época de sucesivo ocultamiento. Cullmann perderá su protagonismo. Otras personas y teologías (W. Pannenberg y J. Moltmann, G. Gutiérrez y la Teología de la Liberación) ocuparán, al menos en apariencia, su lugar. Pero sus *veinticinco años de madurez (1941-1965)* siguen ofreciendo uno de los modelos teológi-

---

[10] Visión de conjunto de la obra y modelo teológico de Cullmann, con indicación biográfica, en A. Vögtle, *Óscar Cullmann*, en H. J. Schultz, *Tendencias de la Teología en el Siglo XX. Una historia en semblanzas*, Studium, Madrid 1970, 609-615. Cf. también H. J. Kraus, *La teología biblica. Storia e problemática*, Paideia, Brescia 1979, 215-219 [Ed. original *Die Biblische Theologie*, Neukirchener V., Neukirchen 1970].

cos más importantes del siglo XX, y así los voy a presentar ahora. En ese contexto, aún a riesgo de ser repetitivo, quiero recoger, por orden cronológico, sus obras fundamentales, presentando primero (si la hubiere) la traducción castellana y después el texto original (francés y/o alemán). En todas ellas, de un modo o de otro, Cullmann irá mostrando el carácter salvador (definitivo) de la Historia de la Salvación, entendida como revelación de Dios (Dios mismo hecho historia):

– 1941. *La realeza de Cristo y la Iglesia en el NT*, en *La fe y el culto en la Iglesia primitiva*, Studium, Madrid 1971, 13-61 [=*Königsherrshaft Christi und Kirche im NT*: ThSt 10, EVZ, Zürich 1941]. En el lugar que antes ocupaban las «ideas eternas» de la religión sitúa ahora Cullmann la presencia de Cristo como Señor en la comunidad cristiana. Esa presencia, explicitada sobre todo en claves sacramentales, introduce a los creyentes en el centro de una tensión fuerte que les lleva del *ya* de la victoria conseguida de Cristo (el pasado de su vida pascual) al *todavía no* de su plenitud escatológica.

– 1941. *Las primeras confesiones de fe cristianas*, en *La fe y el culto en la Iglesia primitiva*, Studium, Madrid 1971, 63-121 [=*Les premières confessions de foi chretiènnes*: RHPR 21 (1941) 77-100; 22 (1942) 30-42; *Die ersten christlichen Glaubensbekentnisse*: ThSt 15, EVZ, Zürich 1943]. Hondo estudio de teología positiva sobre la esencia de la fe cristiana, falseada, según Cullmann, por los credos posteriores, de tipo trinitario, que en vez de proclamar la salvación de Cristo parecen reflejar el ser intemporal de Dios. Las confesiones primeras de la Iglesia son de tipo cristológico y se centran en el señorío presente de Jesús (mirado básicamente como Kyrios), que aparece como signo y/o presencia total de Dios. Ese señorío ha de entenderse dentro de un esquema de historia de salvación: desde el pasado de su entrega pascual, en tensión abierta hacia el futuro de su culminación escatológica.

–1944. *El culto en la Iglesia Primitiva y Los Sacramentos en el Evangelio de Juan*, en *La fe y el culto en la Iglesia primitiva*, Studium, Madrid 1971, 143-179, 181-296 [=*Urchristentum und Gottesdienst*: ATANT 3, Zürich 1944; 2ª ed. ampliada: 1950]. Cullmann es quizá el autor protestante que más ha destacado el carácter cultual o sacramental de la Iglesia, centrada en el bautismo y sobre todo en la eucaristía. Por eso ha sido muy valorado por los católicos. A su juicio, el culto define la forma específica de presencia de Cristo en el mundo, en el tiempo que media entre su pascua y parusía. En contra de una lectura gnostizante y/o existencial de Juan, Cullmann ha destacado el carácter sacramental e histórico de su evangelio, emparentado con un tipo de heterodoxia sacral del judaísmo precristiano de Palestina.

– 1946. *Cristo y el tiempo*, Estela, Barcelona 1968 [=*Christus und die Zeit*: EVZ, Zürich 1946; *Christ et le Temps*, Delachaux, Neuchâtel-Paris 1947]. Obra clave de hermenéutica cristiana, uno de los análisis teológicos más importantes del siglo XX. Recoge el tema de la tesis doctoral (*Temps et histoire dans le Christianisme primitif*) que Cullmann había presentado el año anterior (1945) en la Facultad de Teología Protestante de la Universidad de Strasbourg, para obtener el grado de doctor (aparece con ese título en la edición francesa de Delachaux, Neuchâtel 1947). En el contexto de sus trabajos anteriores, Cullmann puede presentar ya su sistema, superando para siempre el dualismo previo que le había llevado a dividir los dos niveles de historia y supra-historia. Lo que antes llamaba *supra-historia* se identifica ahora con la misma historia divina de la salvación. El paganismo ha cultivado el mito del eterno retorno, el ciclo sin fin en el que todo vuelve para ser siempre lo mismo. El platonismo y gran parte de la teología cristiana, influida por el pensamiento griego, ha situado la eternidad por encima del tiempo. Para Bultmann, la novedad del cristianismo consiste en su visión lineal del tiempo sagrado salvador, siguiendo un modelo elaborado en gran parte por el judaísmo (por el AT). Pero el judaísmo sitúa el centro del tiempo en el futuro (en la escatología). Por el contrario, los cristianos lo sitúan en la historia pascual de Jesús, ya realizada. Entre ese pasado y el futuro de la culminación escatológica emerge el presente en tensión temporal de la Iglesia y de cada uno de los creyentes.

– 1957. *Cristología del NT*, Methopress, Buenos Aires 1965 [=*Christologie del NT*, Mohr, Tübingen 1957]. En el apartado siguiente analizaremos por extenso esta obra, cuya nueva traducción ofrecemos en este libro. Sigue siendo, con *Cristo y el Tiempo*, la obra más significativa de Cullmann, uno de los libros cristianos más importante del siglo XX. Por eso deberé exponer su contenido en el contexto de la cristología, pero ya desde aquí debo indicar que es una obra en la que se cruzan y fecundan dos motivos y métodos fundamentales: 1. La importancia del carácter histórico de Jesús, que se sitúa en el centro de la Historia de la Salvación y le da sentido. 2. La insistencia en los títulos cristológicos de Jesús, que expresan su identidad histórica y mesiánica, superando de esa forma una cristología demasiado centrada en las afirmaciones más filosóficas del concilio de Nicea, en el 325 (Jesús es de naturaleza divina), y de Calcedonia, en el 451 (Jesús es de naturaleza divina y humana). La doctrina de los concilios tiene un sentido en su contexto, pero olvida la riqueza y las implicaciones salvadoras de los títulos del Cristo, mirados desde la perspectiva de la historia de la salvación.

Estas obras ofrecen el "corpus" propiamente dicho de la teología de Cullmann, tal como culmina en sus dos trabajos fundamentales: *Cristo y el Tiempo* (1946) y *Cristología del Nuevo Testamento* (1957), a los que dedicaremos los dos próximos capítulos de este libro, porque ofrecen el centro y sentido básico de su pensamiento, centrado en la reelaboración del problema *escatológico*, en una línea básicamente cristológica. Cullmann retomará su proyecto teológico, a gran escala, en su tercera gran obra (*Heil als Gechichte*, *La Salvación como Historia*, 1965), centrada en la discusión teórica y en la aplicación vital de su visión del cristianismo como "historia", en continuidad con la revelación israelita; sobre esa obra y sobre otros trabajos y temas, en parte posteriores, trataré de más manera más concreta en el capítulo 4).

Sólo me queda recordar que el punto de partida de la cristología de Cullmann (de su visión del tiempo) ha sido la *escatología consecuente* de A. Schweitzer y de sus discípulos suizos (F. Buri, M. Werner) que de tal forma han destacado el *todavía no* de la salvación que han vaciado de sentido el *ya* de la historia pasada de Jesús y el ahora salvador de su presencia en la Iglesia. En ese contexto, Cullmann ha superado también la *escatología dialéctica* (de K. Barth y la *presentista* de C. H. Dodd, cercanas a las que él mismo había defendido en el periodo anterior: según ellas no habría verdadero avance temporal, historia y supra-historia se conciben como dos niveles de la realidad que vienen a encontrarse simplemente en Cristo, en una perspectiva cercana al platonismo. Finalmente, Cullmann ya no puede contentarse con la *escatología existencial* de R. Bultmann que acaba diluyendo la novedad (objetividad) de la historia cristiana en la historicidad de la decisión interior de los creyentes.

### b. Tema clave: Tiempo cíclico, tiempo lineal

Cullmann ha insistidos en los datos básicos del "tiempo cristiano", interpretado como historia de la salvación: *pasado* (vida y muerte), *presente* (influjo actual en la Iglesia) y *futuro* (plenitud escatológica) de Jesús en la historia de la salvación. En esa línea, el futuro no puede interpretarse partiendo de la presencia infinita y siempre transcendente de Dios (línea de Barth), ni a partir del puro despliegue interior del ser humano que busca su autenticidad (Bultmann). El futuro de la salvación ha de incluirse en la línea del proceso que se inicia con la historia de Israel, se centra en Cristo, se explicita en la Iglesia y culmina en la nueva creación, que vendrá a realizarse en la segunda venida del Cristo.

Pero Cullmann quiere ir más allá de la disputa intracristiana sobre la visión del tiempo y la escatología. Por detrás de las variantes de Schweitzer y Dodd, de Barth o Bultmann, ha logrado descubrir la oposición radical entre los dos tipos de tiempo: *el tiempo griego*, reflejado por el platonismo, que vincula eternidad y eterno retorno, y el *tiempo cristiano*, que ha de interpretarse como historia lineal, que se dirige hacia una meta de culminación salvadora.

El *tiempo griego* (y de alguna forma el mismo tiempo oriental: hindú, budista o taoísta) está modelado sobre la visión de una naturaleza donde todo se repite, en ciclos siempre iguales, de manera que para alcanzar su verdad o salvación el alma u hondura del ser humano debe liberarse de esos ciclos, salir de esa cárcel de tiempo que se enrosca en sí mismo y ascender a un nivel intemporal de eternidad. Por el contrario, el *tiempo judío o cristiano* aparece como medio de salvación: para alcanzar su verdad, el ser humano no debe salir del tiempo, sino culminarlo, alcanzar su plenitud escatológica:

Para el cristianismo primitivo, así como para el judaísmo bíblico..., la expresión simbólica del tiempo es *la línea ascendente*, mientras que para el helenismo es el círculo. Puesto que, según el pensamiento griego, el tiempo no es concebido como una línea ascendente, con un principio y un final, sino como un círculo, la sumisión del hombre al tiempo será necesariamente sentida como una servidumbre y una maldición. El tiempo se extiende según un ciclo eterno en el que todas las cosas se reproducen. De aquí proviene el hecho de que el pensamiento filosófico griego sea incapaz de resolver el problema del tiempo. De aquí igualmente todos los esfuerzos que hace para liberarse, para escapar de este ciclo eterno, es decir, para liberarse del tiempo mismo.

Los griegos no pueden concebir que la liberación pueda derivar de un acto divino llevado a cabo en la historia temporal. La liberación reside para ellos en el hecho de que pasamos de nuestra existencia aquí abajo, ligada al ciclo del tiempo, al más allá, sustraído al tiempo y siempre accesible para el ser humano en su hondura. La representación griega de la felicidad es pues espacial, está definida por la oposición entre el aquí abajo y el más allá; no es temporal, definida por la oposición entre el presente y el futuro. (La salvación...) no podría estar determinada por el tiempo, puesto que éste es concebido como un círculo[11].

Esta larga cita define el pensamiento de Cullmann, destacando eso que pudiéramos llamar su cruzada *antihelenista*. A su entender, la Iglesia primitiva ha devaluado el mensaje cristiano interpretándolo en categorías griegas de dualismo antihistórico (tiempo-eternidad) y de ontología conceptual (naturalezas eternas, personas desligadas

---

[11] *Cristo y el tiempo*, 39-40 [Edición alemana: *Christus*, 61; edición francesa, *Christ*, 21966, 37].

de la historia). En esa línea es necesario *deshelenizar* el evangelio, situándolo de nuevo en su raíz bíblica, sin dejarse llevar por los encantamientos heideggerianos y desmitologizadores de Bultmann, que en el fondo retoman otra vez el helenismo. Este retorno programado a la concepción bíblica del tiempo constituye un reto cultural de primera magnitud, como han visto algunos de los analistas más agudos de la situación contemporánea, como K. Löwith:

> O. Cullmann ofrece la interpretación más clara y consistente de la concepción cristiana de la historia de la salvación. Puede objetarse que la exposición de Cullmann es una *construcción* filosófica más que una exégesis fiel. Pero en defensa de ella... he de afirmar que una *exégesis constructiva* debe ser una *construcción*, porque ella explica, complementa y refuerza las indicaciones e implicaciones fragmentarias de la «letra» en el «espíritu» de todo el contexto; así revela la lógica del NT[12].

Según esto, Cullmann *construye* su visión del tiempo a partir de los datos y experiencias que la ofrece la Biblia, especialmente el NT cristiano. Es evidente que al hacerlo escoge textos y selecciona perspectivas, para ofrecer su lectura de conjunto de la novedad cristiana. Desde su propia visión de la cultura, *K. Löwith* ha destacado el carácter «filosófico» (constructivo, sistemático) de esta exégesis de Cullmann, presentándola como la lectura más certera de la historia cristiana. Ciertamente, en un plano, desde su esfuerzo por superar el helenismo y todo pensamiento que se imponga desde fuera a la Escritura cristiana, *Cullmann* piensa que su exégesis es básicamente «fenomenológica»; no impone ni construye nada teorías sobre los hechos (y los textos) de la Biblia, sino que se limita a leer leerlos:

> Pero quiero poner de manifiesto ante todo que, en *Cristo y el Tiempo*, no se trata precisamente de una filosofía de la historia... En realidad, el tiempo lineal sólo me importa porque en el NT sirve de telón de fondo de las cosas que me parecen más importantes, es decir: (1) la tensión temporal entre un ya cumplido y un todavía no; (2) el movimiento de la historia de

---

[12] Cf. *El sentido de la historia*, Aguilar, Madrid 1973, 205, nota 1.

la salvación que va desde la pluralidad al Único, porque este Único (Cristo) es el centro y porque de lo único se retorna a la pluralidad; (3) todos los periodos, antes y después, están orientados en relación con ese centro.

Esta tensión (del ya al todavía no) y la orientación de todo acontecimiento en relación al nuevo *centro* (lo sucedido en los primeros decenios de nuestra era) fue y continúa siendo la tesis de mi libro, no el tiempo lineal en sí... La concepción del tiempo en sí no es absolutamente el objeto de mi trabajo, por el mismo hecho de que el NT en cuanto tal se desinteresa totalmente por la concepción lineal del tiempo[13].

Fijemos bien las perspectivas. Muchos de sus lectores (filósofos como K. Löwith y teólogos como algunos discípulos de Bultmann y Barth) han afirmado que la obra de Cullmann constituye una profunda y valiosa filosofía de la historia, pero que no se identifica sin más con el "mensaje" de la Biblia que puede leerse y entenderse también desde otras perspectivas. Por otra parte la hermenéutica "histórica" de la Biblia no se aplica por igual a todos sus textos, sino en especial a algunos que pueden ser muy significativos (como los libros históricos del Antiguo Testamento) y algunos textos significativos del Nuevo, como son el Evangelio de Lucas y el libro de los Hechos[14].

Cullmann ha reaccionado de manera intensa, protestando contra la interpretación «filosófica» de su obra y volviendo a decir que él no ha querido introducir conceptos nuevos o teorías en el NT, sino dejar que el mismo texto hable; por eso, lo que otros pueden llamar su «trasfondo filosófico» (concepción del tiempo) es un simple marco de referencia para entender los datos del NT y de la vida de la Iglesia y no una teoría de conjunto sobre el sentido de la historia. Más aún, él ha sostenido siempre que el "centro" del mensaje de la Biblia es la historia, y que sólo una "hermenéutica histórica" nos permite comprenderla[15].

---

[13] Cf. *Cristo...* XXVII-XXIX [Cf. *Christus*, 18-21; *Christ*, VII.XI].
[14] Así lo vio H. Conzelmann, *Die Mitte der Zeit*, Mohr, Tübingen 1954, 87, 109 [=*El centro del tiempo*, FAX, Madrid 1974, 141.171].
[15] A pesar de propaganda que se ha dado al tema, y de los cientos de manua-

Posiblemente, esa disputa no tiene solución teórica, pues nos sitúa ante la riqueza de perspectivas del conocimiento humano, y en especial del conocimiento de la Biblia. Sin duda, la Biblia nos sitúa ante una "revelación histórica" de Dios, y en ese sentido decimos que judaísmo son religiones históricas, a diferencia del Tao, el Hinduismo o budismo que son religiones místicas más que históricos. Aquí se sitúa ya el gran problema de la hermenéutica de Cullmann, con su visión de la historia, que ha sido criticada de un modo especial por Bultmann y sus discípulos (nobultmannianos) que han querido entender el cristianismo en forma existencial, no histórica:

– *Cullmann* representa el mejor *positivismo fideísta protestante*, pero en perspectiva de "historia de la salvación". Por eso apela al principio luterano de la *sola scriptura*: a su juicio, el teólogo no razona, no demuestra; simplemente deja que le afecten los datos de la Biblia, para confesarlos de nuevo en actitud creyente y presentarlos así, sin interferencias conceptuales antiguas (griegas) o modernas (hegelianas, heideggerianas o marxistas). Pues bien, significativamente, Cullmann cree que la Biblia ofrece un mensaje histórico, y que la fe cristiana consiste en aceptar ese mensaje de historia de la Biblia.

A juicio de Bultmann (que quiere recuperar la tradición luterana) la fe no es una aceptación personal de la gracia de Dios, en general, sino una "confesión histórica". El creyente cristiano se fía de Dios, y acepta su revelación histórica en Cristo. No acepta unas verdades generales, ni ofrece una simple respuesta existencial a la Palabra que Dios le dirige, sino que recibe y acoge la salvación concreta, que Dios le ofrece a través de la historia de Jesús.

---

les de teología que se han escrito, sobre todo en el ámbito católico, tras el Concilio Vaticano II (1962-1965) sobre la teología como "historia de la salvación", pienso que el tema no ha sido elaborado todavía de un modo teológico serio y consecuente, siguiendo en la línea de Cullmann. No contamos todavía con una verdadera "teología de la historia". Entre los trabajos sobre el tema, cf. W. Kasper, *Fe e historia*, Sígueme, Salamanca 1975; H. L. Marrou,, *Teología de la historia*, Rialp Madrid 1978; R. Niebuhr, *Faith and History*, Scribner, Nueva York 1949; W. Pannenberg, *La revelación como historia*, Sígueme, Salamanca 1977; K. Rahner, *Historia del mundo e historia de la salvación*, en *Escritos de Teología V*, Taurus, Madrid 1964, 115-134; J. Ratzinger, *Teología e historia*, Sígueme, Salamanca 1972, H. Schlier, *Die Zeit der Kirche*, Herder, Friburgo 1955.

– *Los neobultmannianos*, y algunos otros exegetas (cf. G. Ebeling, E. Fuchs, H. Conzelmann, E. Käsemann, J. A. T. Robinson...), contra los que Cullmann ha mantenido fuerte polémica en su última obra cumbre (*La historia de la salvación*, 1965), son, en general, mucho más críticos que Cullmann en su visión de la vida de Jesús y del NT. A su juicio, Cullmann ha supervalorado la historia, con el riesgo de convertir a Jesús en un "mito", en un tipo de ser "divino" que ha bajado del cielo para liberarnos del pecado.

Ciertamente, ellos admiten de algún modo la historia de Jesús (su muerte en Cruz, como signo de la salvación de Dios), pero la salvación no se identifica para ellos con unos hechos, reconocidos como portadores de la gracia de Dios, sino con la respuesta existencial del hombre, que confía en Dios. Aceptan un tipo de historia, pero piensan que la salvación termina siendo un tipo de superación de la historia.

– *Los teólogos católicos* se han sentido, en general, más cercanos a la visión que Cullmann ha ofrecido de Jesús y los orígenes cristianos. Podemos afirmar incluso que han sido muchas veces *más cullmannianos* que el mismo *Cullmann* al elaborar teóricamente su misma concepción del tiempo, elaborando una "historia de la salvación" que se expande y despliega en la historia de la Iglesia.

Pero, a juicio de Bultmann, los católicos han corrido el riesgo de elaborar una teología dogmática (salvarse implica creer en unos dogmas), tal como se "encarna" y despliega a través de la iglesia. En contra de eso, Cullmann ha querido insistir en la historia de la salvación, tomada en sí misma, como lugar de revelación definitiva de Dios, antes que la pura aceptación existencial (bultmannianos) o que la organización eclesial (católicos).[16]

---

[16] Lo destacaron hace años algunas obras sistemáticas sobre el tema: L. Bini, *L'Intervento di O. Cullmann nella discussione bultmanniana*, AnGreg 114, Roma 1961; J. Frisque, *Oscar Cullmann. Una teología de la historia de la salvación*, Estela, Barcelona 1966.

*c. Las etapas de la historia del tiempo cristiano*

Cullmann no ha construido una visión abstracta del tiempo, separado del proceso de la naturaleza o de los hechos de la historia. Pero es muy posible que ni aún los grandes teóricos antiguos o modernos del proceso físico (Aristóteles, Newton, Einstein) hayan querido hacerlo; para ellos, el tiempo es medida ordenada del movimiento cósmico. Por su parte, los filósofos modernos (Hegel, Nietzsche, Heidegger) han interpretado el tiempo desde la perspectiva de la realización humana, en clave de dialéctica racional, voluntad de poder o autenticidad existencial. En esta línea se pueden y deben ofrecer y entender, en toda su novedad, los datos cristianos.

Así lo ha hecho Cullmann, planteando con toda precisión un tema clave del pensamiento moderno y del cristianismo: La necesidad de comprar y vincular un tipo de eternidad griega (con el eterno retorno mítico) y la dialéctica racional o existencial de la modernidad, dentro de unas *claves de encarnación*, es decir, de realización histórica del ser humano. De pronto, situado ante Jesús, el ser humano se encuentra consigo mismo, en su radicalidad, sin posible evasión espiritualista (griegos, orientales), idealista o existencial. En tensión entre el *ya* de la obra de Jesús y el *todavía no* de su culminación, el ser humano se despliega y realiza como tiempo. Conforme a este esquema, podemos distinguir cinco momentos, teniendo buen cuidado en no tomarlos como etapas homogéneas de un proceso:

*a. Principio del tiempo. Dios antes de la creación.* En el principio no se encuentra la eternidad como algo supra- o extra-temporal, sino Dios como aquel que puede crear y revelarse a sí mismo (por el Cristo). Mirado así, Dios no es supra-tiempo (ser extraño o ajeno al proceso temporal), sino principio del tiempo. Más que esto no podemos decir, pero esto es necesario que lo digamos.

*b. Despliegue representativo. Antiguo Testamento: Israel.* Corresponde, simbólicamente, a lo que los neoplatónicos y toda la tradición cristiana medieval llamaba el *exitus* o expansión (salida) divina. Dios mismo se despliega suscitando un tiempo que no se identifica consigo mismo, pero que explicita y revela el sentido más hondo de su ser. Dentro de este despliegue, se va expresando, según Cullmann, el principio de la concentración y representación: el tiempo y la humanidad se condensan en un pueblo histórico (Israel), ese pueblo se condensa en un «resto» (algunos elegidos: figuras mesiánicas, profetas, etc.).

*c. Centro del Tiempo: Cristo.* Los judíos piensan que el proceso anterior del tiempo se abre y culmina, de un modo directo, en la escatología, de forma que podemos pasar ya de Israel al fin del tiempo. Por el contrario, los cristianos confiesan que el tiempo se ha condensado y plenificado en Jesucristo (en su mensaje, vida y pascua). Por eso, Jesús es la expresión total y/o revelación completa de Dios, principio del proceso, siendo a la vez condensación de la historia de Israel y de la humanidad entera. Eso significa que el tiempo (el mismo ser de Dios y de la historia cósmica y/o humana) se ha revelado y realizado ya en Jesús.

*d. Repliegue expansivo del tiempo. Nuevo Testamento: Iglesia.* Corresponde a lo que platónicos y medievales llamaron el *redditus* o retorno de todo a lo divino. Pero ese retorno no implica vuelta a la eternidad (que no existe en sí), sino cumplimiento del tiempo. Para los judíos, ese cumplimiento debería haberse identificado con el acontecimiento mesiánico, anulando así el tiempo «intermedio» entre la venida mesiánica y la escatología (según pensaron también A. Schweitzer y sus discípulos). Pues bien, Cullmann afirma que la novedad del cristianismo consiste en haber descubierto y desplegado entre el centro (Jesús) y el final del tiempo (escatología) una historia misionera y sacral de salvación, que está personificada en la Iglesia. Este *repliegue expansivo* invierte el orden del *despliegue representativo* anterior (del judaísmo, del AT): ya no se pasa de un modo vicario de los muchos al Único (Jesús), sino, al contrario: ahora se pasa, en gesto sacramental y misionero, del Único que es Jesús a la humanidad completa.

*e. Fin del tiempo: el Dios escatológico.* Como hemos dicho ya, Dios no se encuentra fuera (sobre) el tiempo, sino en su principio, en su despliegue y en su meta. El mismo Dios del principio, que se ha revelado en un camino cuyo centro y plenitud es Cristo, se convertirá, culminada la obra cristiana, en Dios final donde Cristo queda incluido y con él todos los salvados en gesto de resurrección recreadora. Frente al ideal de la salvación intemporal de las almas, Cullmann ha desarrollado de forma esquemática la certeza esperanzada de la salvación (resurrección, culminación) del verdadero camino de la historia donde quedan incluidos los humanos que logran realizarse plenamente en Cristo. De esta forma, el mismo Dios del principio es Dios del final. Pero no lo es del mismo modo: Dios no vuelve a ser lo que era, como en los círculos del eterno retorno, sino que llega a hacerse y ser lo que no era, incluyendo dentro de sí el proceso temporal de la realidad, tal como ha venido a expresarse y culminar en Cristo.

En este esquema, el mismo principio y fin del mundo (que en otro sentido superan el despliegue sucesivo del tiempo) quedan incluidos en la misma historia. Así podemos definir a Dios como aquel que puede revelarse y se ha revelado de hecho en el proceso o despliegue de un tiempo que está centrado en Cristo. En contra de la gnosis y de todo docetismo, ni Dios se encuentra fuera del tiempo (como pura transcendencia) ni el despliegue de la historia es pura vanidad, mentira o apariencia. Paradójicamente, Dios se desvela (en algún sentido se despliega y realiza) en el tiempo, siendo, a la vez, más que las cosas del tiempo que nosotros conocemos. Al plantear así las cosas, Cullmann se ha sentido cerca del proyecto teológico de W. *Pannenberg* y de su grupo. Así saluda la aparición de su obra primera:

A pesar de todas las diferencias de detalle, ellos se acercan en el fondo a la postura que yo expuse en *Cristo y el Tiempo*. Su pequeño volumen colectivo... lleva por título *Revelación como historia*. De hecho, ellos estudian el problema más desde el punto de vista de la revelación que desde el punto de vista de la salvación. Pero, como el mismo Pannenberg reconoce de pasada, apenas pueden separarse ambos conceptos[17].

---

[17] *Historia*, 59 [*Heil*, 39]. Cullmann está aludiendo a W. Pannenberg (ed.), *Offenbarung als Geschichte*, Vandenhoeck, Göttingen 1965 [Versión cast., *Revelación como historia*, Sígueme, Salamanca 1977].

Pues bien, a pesar de eso, la cristología de Cullmann, su visión del centro del tiempo, es muy distinta de la que después ha desarrollado Pannenberg. Y con esto pasamos al siguiente apartado.

## 3. Último Cullmann. Obras finales (1965-1999)

Cullmann vivió todavía largos años tras la aparición de sus dos primeras obras mayores (*Cristo y el tiempo*, 1946, y *Cristología del NT*, 1957). Más aún, la época de mayor reconocimiento público de su obra escrita y de su función social y de su magisterio en las iglesia fue la de los años del Concilio Vaticano II (1962-1965), en los que aparece no sólo como uno de los representantes máximos del protestantismo, sino como referente significativo para el diálogo con el Catolicismo y con el conjunto de las iglesias. Quiero evocar aquí de un modo esquemático algunas de sus obras. Retomaré los motivos principales en cap. 7, al ocuparme en concreto de *La Salvación como Historia*.

Un año después de acabado el Concilio, Cullmann publica su última gran obra (*La Salvación como historia*, 1965), que se traduce al castellano con el título más "opaco" de *Historia de la Salvación*. Es, como indicaré en cap 4, una obra de síntesis, que intenta recoger y exponer todos los aspectos del cristianismo desde la perspectiva de la "salvación" entendida como historia; es una polémica, en la que defiende su postura y se enfrenta con aquellos que, a su entender, no la han entendido, ni han captado bien la singularidad del cristianismo.

El año siguiente (1966) aparecieron reunidos sus mejores estudios en el volumen homenaje *Vorträge una Aufsätze (1925-1962)*, que aparece ya como un homenaje (quizá prematuro) a su vida y obra. Desde entonces, la actividad teológica estrictamente dicha de Cullmann se va apagando o, al menos, se reduce drásticamente. A los setenta años (el 1972) se jubila como profesor de la Universidad de Basilea y, aunque sigue participando en reuniones ecuménicas y cursos de especialidad, deja de intervenir activamente en la nueva búsqueda teológica.

Significativamente, no ha publicado desde entonces ninguna obra fundamental, a no ser su libro sobre *La oración en el NT* (1994). Eso se debe quizá al hecho de que su pensamiento se hallaba bien fijado, de manera que no ha sentido la necesidad de continuar recreando su obra dentro de un contexto teológico y social que se ha diversificado y radicalizado de manera drástica. Han crecido las teologías de la secularidad y muerte de Dios; han nacido proyectos nuevos de diálogo con el marxismo y de ecumenismo «interreligioso» más que «intra-cristiano»; han surgido las teologías de la liberación; se han puesto en marcha nuevas formas de análisis exegético y de estudio de los documentos del NT...

Ante todo eso, Cullmann no ha querido (o no ha podido) reaccionar ya de un modo polémico, con nuevas controversias. Él se ha sentido seguro del valor intrínseco de su obra, dedicándose más a defenderla que a transformarla, como tuve ocasión de comprobar al dedicarle parte de mi tesis doctoral en filosofía[18]. Se puede afirmar que su obra se encontraba ya madura, con valor en sí misma. Debo recordar, sin embargo, que Cullmann ha seguido trabajando con regularidad en los veinticinco últimos años de su vida, tras su jubilación (desde 1972). Pienso que, entre las obras de esos años, se pueden destacar, cronológica y teológicamente, tres que son más significativas, pues marcan de algún modo su testamento intelectual:

– *Teología bíblica: El Círculo joánico* (1975). El Evangelio de Juan ha sido para Cullmann uno de los campos de investigación privilegiada, piedra de toque de su visión de la historia y teología. A su juicio, el autor de Jn habría surgido de un antiguo círculo cristiano, originario de Palestina, emparentado con grupos semignósticos judíos, próximos a la secta de Qumrán y vinculados, de un modo especial, a Samaría. En ese círculo se habrían elaborado algunas de las concepciones más antiguas de la visión histórica y mística del

---

[18] *Exégesis y Filosofía. El pensamiento filosófico de R. Bultmann y O. Cullmann*, Casa de la Biblia, Madrid 1972, 245-370. En la correspondencia que entonces mantuvimos, Cullmann se mostraba ilusionado por el despliegue teórico de su obra. Le agradezco desde aquí su enorme interés, aunque debo confesar que su obra no ha progresado básicamente después. Tenía ya 70 años.

cristianismo, que siguen siendo en gran parte desconocidas para el cristianismo posterior. Pues bien, reuniendo y organizando de forma sistemática trabajos anteriores[19], Cullmann publicó una introducción a Jn, titulada *El círculo joánico*[20]. Esta obra formaba parte de un proyecto mucho más ambicioso en el que venía venido trabajando desde hace años, y que no lo logró completar, a pesar de su larga vida: Un comentario completo al evangelio de Juan. Esta podría ser su obra exegética más importante.

– *Teología ecuménica: La unidad por la diversidad* (1986). En los años del Vaticano II, Cullmann abrigaba la esperanza de una unión de las iglesias, aunque defendía siempre la fidelidad de cada una a sus propias riquezas distintivas (cf. *Verdadero y falso ecumenismo. Ecumenismo después del Concilio*, Studium, Madrid 1972)[21]. Pasaron tras el Concilio veinte años de reajustes e involuciones. Cullmann ha seguido trabajando activamente, aunque ya, al menos desde la Iglesia católica, no le han invitado a participar en ninguna comisión ecuménica. Por otra parte, el mismo estudio del NT le ha llevado al convencimiento de que las diversas iglesias poseen elementos positivos; por eso, en concordancia con una propuesta elaborada desde el punto de vista católico por H. Fries y K. Rahner[22], Cullmann ha ofrecido una solución más realista y más modesta al problema ecuménico: en vez de la unión puede elaborarse una *comunión o federación de iglesias autónomas*. Esta es la tesis fundamental de su última obra significativa sobre *La unidad a través de la*

---

[19] Los diversos trabajos de Cullmann sobre Juan están incluidos en *Vortäge* (cf. nota siguiente) o en las tres obras de recopilación, traducidas al castellano, que citamos en último lugar en la *Bibliografía* conclusiva de este prólogo. Quiero citar en especial un trabajo clave para la comprensión de la historia de la iglesia: *La Samarie et les origines chrétinnes*, Boccard, Paris 1974.

[20] *Der johanneische Kreis*, Mohr, Tübingen, 1975 [Edición francesa, preparada por el mismo Cullmann: *Le Milieu johannique*, Delachaux, Neuchâtel-Paris 1976; trad. inglesa: *The Johannine Circle*, SCM, London 1976].

[21] La recopilación *Vorträge und Aufsätze*, Mohr, Tübingen 1966, 589-652, incluye varios trabajos de tipo ecuménico, escritos entre el 1960 y el 1962. Cf. también *Katholiken und Protestanten. Ein Vorschlag zur Verwirklichung christlicher Solidarität*, Reinhardt, Basel 1958.

[22] *Einigung der Kirchen – reale Möglichkeit*, Freiburg Sch. 1983.

*diversidad*[23]. Frente al pesimismo de aquellos que buscaban la unidad completa sin poder lograrla, Cullmann propone una doctrina de realismo sobrio, fundada en la aceptación de la diversidad y en el respeto mutuo, sin que ninguna iglesia pretenda englobar o conquistar a las demás, sin que ninguna intente condenar a las otras. Pero su propuesto no ha recibido el eco que merecía. También en este campo su obra quedó truncada.

– *Teología espiritual: La oración cristiana (1994)*. Cullmann ha ido desgranando poco a poco sus últimas obras: un libro cada diez años, este es su balance. El último trata sobre *La oración en el NT*[24]. Está dedicado a la memoria de su hermana Louise, fiel compañera durante muchos decenios de vida compartida. Es un libro hermoso, casi escolar (muy didáctico, pensado para alumnos y personas que inician un camino de búsqueda cristiana). Significativamente, el mismo Cullmann, que parece enemigo de la filosofía, empieza dialogando aquí con las dificultades que la filosofía ha elevado frente a la oración cristiana. La obra está centrada en las aportaciones fundamentales del NT (sinópticos, Pablo, Juan) y culmina con un capítulo teológico sobre el sentido y valor de la plegaria. En ella pasan a segundo plano algunos elementos discutidos de la disputa anterior sobre la *historia de la salvación* y se ponen de relieve los elementos más hondos de eso que pudiéramos llamar la conciencia protestante (cristiana) del encuentro personal con Dios en la plegaria.

Esta última obra, dedicada a la oración (es decir a la interioridad creyente) constituye de hecho el testamento espiritual de Culmann, un teólogo que ha llenado con su vida y obra todo el siglo XX. Había nacido en 1902. A los 92 años, en 1994, fue capaz de publicar esta síntesis experiencial y teológica, situándonos ante el centro de la vida cristiana: la experiencia del diálogo con Dios. También aquí se puede poner de relieve su diálogo con Bultmann, que centró toda su vida y obra en el desarrollo de una teología "espiritual", es decir, existencial: Centrada en la revelación y presencia

---

[23] *L'unité par la diversité*, Cerf, Paris 1986; cf. especialmente el prólogo: págs. 7-12.
[24] *Das Gebet im Neuen Testament*, Mohr, Tübingen 1994; trad. cast.: *La oración en el NT*, Sígueme, Salamanca 1997.

de Dios en la vida de los creyentes, que se liberan por Cristo de la angustia de la muerte.

También Cullmann ha querido elaborar una teología espiritual, pero lo ha hecho desde su visión de *La Salvación como Historia*. Para Bultmann, en el fondo, salvarse (es decir, alcanzar la autenticidad) era salir de una historia de muerte. Cullmann, en cambio, entiende la salvación (experimentada en la oración cristiana) en forma de historia: Compartiendo la historia de Jesús y su revelación de Dios, de un modo personal y comunitario.

Y con esto podamos concluir este primer capítulo, dedicado a la vida y proyecto de Cullmann. En este contexto sólo nos queda recordar los h*onores académicos, eclesiales y sociales* que fue recibiendo en sus últimos años. A partir de los años sesenta del siglo XX, Cullmann fue un teólogo respetado por todas las iglesias, e incluso por la sociedad civil participando, a partir del año 1958, en numerosos encuentros ecuménicos y en grupos de estudio por el despliegue del cristianismo en la sociedad. Fue observador en el Concilio Vaticano II (1962-1965) y mantuvo relaciones de amistad con el papa Pablo VI. El año 1965 fue co-fundador del Instituto Ecuménico de Teología de Tantur (junto a Jerusalén). Ha sido Comandante de la Legión de Honor de Francia, desde el año 1979. En 1995 recibió el Premio del Instituto Pablo VI, en Brescia (Italia), como reconocimiento a su labor ecuménica y teológica.

Cullmann murió el 16 de enero de 1999, casi centenario, como último de los grandes testigos de la teología y de la vida eclesial del siglo XX. Y con este dato llegamos al final de este recorrido sobre su vida y obra, para estudiar ya, de un modo más temático, sus motivos fundamentales.

# II

# UN PROGRAMA INTEGRAL DE TEOLOGÍA

## CRISTO Y EL TIEMPO (1946)

En el capítulo anterior he presentado los momentos fundamentales de la vida y camino teológico de Cullmann, destacando, como es lógico, su visión del tiempo y de la historia, entendida como realidad central de la vida humana, como revelación de Dios. Por eso, ahora, antes de estudiar más en concreto algunos aspectos particulares de su obra, debemos insistir en su visión del tiempo, en comparación, al menos indirecta con la visión de M. Heidegger (cuya obra clave se titulaba *Ser y Tiempo*, 1927). Pero el "ser" de Heidegger parecía algo "misterioso" (y quizá difuso), que nunca se identificaba con el tiempo concreto de los entes. Por el contrario, el "tiempo" de Cullmann se identifica con historia concreta de la salvación, tal como se centra en Jesucristo.

Dije ya en la introducción que este capítulo puede resultar muy denso (o también difuso) para algunos lectores. Por eso, quienes quieran acceder de un modo más tranquilo al pensamiento de Cullmann, podrán dejarlo a un lado y pasar al siguiente, que trata ya en concreto de Cristo (es decir, de la Cristología), para volver a éste al fin del libro. De todas formas, he querido situarlo aquí, tras la visión de conjunto de la vida y obra de O. Cullmann, pues trata, en el fondo de su obra clave (*Cristo y el tiempo,* 1946) y su lectura puede servir de introducción para todo lo que sigue.

Ésta sigue siendo obra más significativa de Cullmann (aquella con la que comienza su producción personal propiamente dicha, con su aportación mayor al pensamiento cristiano del siglo XX) ha sido *Cristo y el Tiempo*. Ella recoge la evolución anterior de Cullmann, y puede interpretarse como anuncio y compendio de todo lo que sigue. En ella se identifica a Cristo con el "tiempo de Dios" (no con el "tiempo del ser", en la línea de Heidegger). Esta obra fue publicada el año 1946, recién acabada la Segunda Guerra mundial (1939-1945), tras la derrota del nazismo, con el fracaso del gran "mito" del triunfo de Alemania.

Fue una obra "profética" en el mejor sentido de la palabra, un trabajo escrito en medio de la gran contienda, cuando parecía que el futuro del mundo iba a quedar hipotecado, con riesgo de destrucción, al final de la inmensa batalla entre las naciones occidentales (especialmente entre Francia y Alemania, las dos "patrias" de Cullmann). Quizá pudiéramos interpretarla como "respuesta creyente" de Cullmann a la gran "barbarie" del "nazismo" y de las dos respuestas políticas del momento: la del capitalismo y la del comunismo.

En plena guerra, Cullmann fue elaborando otra experiencia y proyecto de paz más elevada, Así, mientras iba desarrollándose la guerra, cuando parecía que la "batalla decisiva" se había ya librado y que pronto llegaría la "una paz distinta", Cullmann redactaba los capítulos más significativos de esta obra, para afirmar que el Centro del Tiempo era (había sido ya Cristo), y que la historia de la humanidad tenía sentido a partir de su muerte y de su resurrección.

En este contexto, a partir de "Cristo y el Tiempo", he querido desarrollar los supuestos y trasfondo de la nueva propuesta de Cullmann, pero no sólo en su momento (como obra en parte ya pasada), sino también en nuestro tiempo, a principios del siglo XXI, ampliando y aplicando su mensaje a nuestras circunstancias. De esa manera he querido actualizar su intuición básica, llevándola más allá de lo que él mismo hizo entonces, para mostrar su fecundidad.

No he querido comentar aquí la obra en conjunto (siguiendo sus cuatro capítulos), porque eso es lo que haré en el fondo a lo largo de todo este libro, pues en un sentido toda la producción posterior de Cullmann será un comentario y desarrollo de *Cristo y el Tiempo*. Bastará con recordar que obra tiene cuatro partes. (1) La primera trata de "la línea de la salvación", es decir, del tiempo lineal, entendido, como lugar y contenido de la revelación de Dios, que empieza en la creación, se despliega y concentra a través de Israel, se centra en Cristo y se expande por la Iglesia a todos los pueblos, hasta la culminación final y el juicio. (2) La segunda trata de "la singularidad de las épocas de la salvación", poniendo de relieve el carácter básico de Jesucristo, quien aparece como acontecimiento central de la historia y casi como "tiempo de Dios en persona". (3) La tercera relaciona "la historia de la salvación y la historia universal", tanto en una línea de intensidad (soberanía universal de Cristo) como en una línea de sucesión de las etapas de la historia. (4) La última parte trata de la relación entre "historia de la salvación y el individuo cristiano"; ciertamente, tiene en cuenta los elementos eclesiales de la salvación, pero insiste más en los individuales, en línea de experiencia de fe y de compromiso ético.

No he querido comentar tema a tema, parte a parte, los capítulos de esta obra, pues de ellos tengo que tratar más en concreto en lo que sigue. Pero he tenido que ofrecer una introducción general y una visión de conjunto de su contenido, para entender su sentido y valorar sus aportaciones, desde el momento actual, a comienzos del siglo XXI. Ahora (2013), pasados casi setenta años desde su publicación (1946), esta obra sigue ofreciendo una de las visiones de conjunto más significativas del cristianismo en los últimos siglos. Por eso quiero presentar y comentar crítica y creadoramente su contenido.

De un modo consecuente, tras haber presentado la polémica de fondo en torno a la escatología (principios del siglo XX) y la visión personal de Cullmann sobre Cristo y el tiempo (la historia), he querido añadir dos aplicaciones personales sobre los "credos históricos" de la Biblia y sobre el diálogo actual entre las religiones (a principios del siglo XXI). De esa forma he podido poner de relieve no sólo el valor pasado del pensamiento de Cullmann, sino también las posibilidades que ofrece para elaborar una visión teológica de futuro, poniendo de relieve no sólo los problemas y aportaciones del tiempo de Cullmann, sino las aportaciones y retos de nuestro tiempo, lleno de amenazas y promesas. Dado el carácter más teológico que histórico de este libro, me he permitido elaborar este capítulo partiendo no sólo de *Cristo y el Tiempo,* sino también de aportaciones de otras obras de Cullmann que nos ayuden a exponer y elaborar de un modo unitario el contenido de su teología.

# 3. Introducción, tiempo e historia

Éstas son las palabras clave del proyecto teológico de Cullmann. Había en la tradición antigua de la Iglesia otras palabras importantes como esencia o naturaleza. Para Bultmann, la palabra clave es la historicidad, vinculada a la existencia… Pues bien, Cullmann piensa que la palabra clave es la historia, vinculada de un modo esencial al tiempo. De ellas trata este capítulo, que empieza con el descubrimiento de la escatología, es decir, del tiempo final, entendido como detonante del descubrimiento y tarea de la historia.

## 1. Polémica en torno a la escatología

El estudio del tema del tiempo y la historia empezó con la polémica en torno a la escatología, que se había situado en el centro de las discusiones sobre el mensaje de Jesús y su visión del Reino de Dios. A lo largo del siglo XIX las diversas corrientes liberales habían reducido la figura de Jesús, interpretándole de forma exclusivamente humanista y viéndole como un maestro de ética y de espiritualidad: El sabio y profeta de Galilea, movido ciertamente por la fuerza del Espíritu divino, se limitaba a descubrir el estrato más profundo de la vida humana.

Pues bien, entre el siglo XIX y el XX, J. Weiss y A. Schweitzer habían puesto de relieve el sentido escatológico de su mensaje, presentándole como un profeta, extraño, distinto (poco acorde con los ideales moralistas de finales de siglo XIX). Jesús no fue un simple maestro de virtud "burguesa", para gentes *comme il faut*, sino un profeta radical, opuesto a este mundo demoníaco, que anunciaba el fin de este mundo.

La obras de Schweitzer causó una profunda impresión en el joven Cullmann[1], que se interesó por el carácter escatológico del mensaje y de la vida de Jesús, como él mismo dice en el prólogo de y en la nota introductoria a la tercera edición de la obra[2]. En esa línea, *Cristo y el tiempo* (1946) será el culmen de sus obras precedentes no sólo de Bultmann, sino de otros teólogos anteriores (en especial de K. Barth y R. Bultmann) sólo se entiende teniendo en cuenta el contexto de disputa escatológica en que su surgido[3].

En esta obra (*Cristo y el Tiempo*), Cullmann ofrece su mayor aportación teológica, en un momento en que, desde diversas líneas, empezando por M. Heidegger (*Ser y tiempo*, 1927), se estaba queriendo precisar el sentido del tiempo, en clave existencial e histórico-social. En ese segundo sentido se sitúa la obra de Cullmann, que sigue siendo aún lugar de referencia obligada, tanto en perspectiva teológica como cultural. La temática que él desarrolló sigue siendo básica para interpretar y asumir también hoy la novedad y tarea del cristianismo[4].

---

[1] Cf. J. Weiss, *Die Predigt Jesu vom Reiche Gottes* (1892), y A. Schweitzer, *Geschichte der Leben Jesu Forschung*, 1906. Reacción de Cullmann en *Autobiographische*, en *Aufträge*, 683.

[2] El prólogo de 1945 habla del influjo de la polémica escatológica y cita las posturas de M. Werner (discípulo de Schweitzer), de Bultmann y de Barth. Cf. *Christus*, 29; *Christ*, 10. En la tercera edición (1962), se dice que la obra ha nacido para superar la reducción escatológica posterior de la escuela de Schweitzer y la interpretación existencial de Bultmann. Cf. *Christus*, 10; *Christ*, II.

[3] *Vorträge*, 430; *Christus*, 11; *Christ*, II. Cullmann cree que ni la escuela liberal, ni Schweitzer, ni Bultmann, ni Barth han sabido entender el núcleo escatológico e histórico del Nuevo Testamento. Para exponer su postura, seguimos desde aquí un orden sistemático y no cronológico como antes, pues su interpretación se mantiene constante desde ahora. Nos fijamos, sobre todo, en *Heil*, 10-45; *La historia*, 29-66.

[4] Entre las obras sobre la historia, desde diversas perspectivas, cf. R. Bultmann, *Historia y escatología*, Studium, Madrid 1974; J. Daniélou, *El misterio de la historia*, Dinor, San Sebastián 1963; M. Eliade, *El mito del eterno retorno*, Alianza, Madrid 1985; F. Fukuyama, *El fin de la historia y el último hombre*, Planeta, Barcelona 1992; K. Löwith, *El sentido de la historia*, Aguilar, Madrid 1973; J. Moltmann, *Teología de la esperanza*, Sígueme, Salamanca 1969; W. Pannenberg (ed.), *Revelación como historia*, Sígueme, Salamanca 1975; K. R. Popper, *La sociedad abierta y sus enemigos*, Paidós, Barcelona 1982; H. Urs von Balthasar, *Teología de la historia*, Encuentro, Madrid 1992.

*a) Una disputa: escatología futurista y presentista*

Había en aquel tiempo (y sigue habiendo todavía) dos autores principales (Schweitzer y Dodd) que habían planteado el sentido del tiempo cristiano, y con ellos dialoga de un modo especial O. Cullmann, sin olvidarnos tampoco de K. Barth, quien insiste tanto en la trascendencia de Dios que devalúa en el fondo la realidad de la historia.

*A. Schweitzer* y su escuela sostuvieron que Jesús y la primera iglesia esperaban una próxima y futura irrupción escatológica; Dios vendrá muy pronto, cambiarán externamente las figuras de este mundo, estallará su Reino. Tal es el punto de partida de la llamada escatológica consecuente. Al destacar de esta manera la irrupción final de Dios, Schweitzer y sus seguidores acaban negando, al menos teóricamente, el valor de la historia real (el compromiso real de los cristianos en el mundo).

*C. H. Dodd* y otros autores de su línea propusieron, por los años cuarenta, una nueva explicación del cristianismo primitivo: Los judíos de tipo rabínico esperaban la irrupción de un Reino futuro y externo; Cristo, en cambio, testifica que ese Reino ha comenzado a realizarse en su persona y en su obra, en la línea de lo que se ha llamado, con nombre impreciso, escuela de la escatología realizada.

Esta obra de C. H. Dodd (1884-1973) no ha influido de manera decisiva en Cullmann, aunque la conoce y cita, pero sólo después que ha precisado ya su pensamiento[5]. Dodd aporta, a juicio de Cullmann, algunos elementos importantes: Jesús habla también del Reino que ha llegado; todo el Nuevo Testamento es un testimonio de la certeza del Señor que se manifiesta ya como divino; el evangelio de san Juan adquiere desde aquí fuerte hondura y claridad; su mensaje salvador proclama la urgencia, el ahora de Dios en este mundo. Sin embargo, hay dos cosas de Dodd que Cullmann no puede aceptar en modo alguno.

---

[5] Entre las obras fundamentales de Charles Harold Dodd, cf., en este plano: *The parables of the Kingdom*, Nisbet and C., London 1935; *History and the Gospel*, Nisbet and C., London 1938; *The Bible Today*, Cambridge U. P., 1951. Cf. Cullmann, *Heil*, 15ss.; *La historia*, 34ss.

*C. H. Dodd* deja a un lado muchos textos evangélicos que hablan del futuro, pensando que ellos no serían propios de Jesús, sino la obra posterior de unos cristianos que han vuelto a «caer» de algún modo en una postura futurista del judaísmo apocalíptico anterior; sólo el evangelio de Juan se habría mantenido fiel al mensaje original de Jesús. Pues bien, en contra de eso, Cullmann piensa que muchos de esos textos son propios de Jesús, en la línea de su mensaje apocalíptico.

*O. Cullmann* rechaza, como he señalado ya en el capítulo anterior, el «platonismo» de Dodd, para quien los elementos escatológicos del mensaje de Jesús –Reino futuro, Dios que viene...– no serían más que un símbolo para indicar el carácter supracósmico de su Reino, su eterna realidad, su valor de metahistoria. Como he venido indicando, Cullmann ha superado esa visión, identificando la "verdad" del mensaje y de la obra de Jesús con su misma historia[6].

*A. Schweitzer* y sus seguidores han influido de un modo más directo en Cullmann. Según ellos, Jesús habría predicado el cercano fin del mundo; sin embargo, ese día final no ha llegado y en la dura decepción de la espera, los discípulos de Jesús se habrían visto obligados a encontrar o inventar un tipo de «mito» que llenara ese vacío, «formulando» de esa forma los dogmas de la Iglesia. Según eso, el cristianismo sería el resultado de un fracaso "histórico" de Jesús, una consecuencia del "retraso" (no cumplimiento) de la parusía. La nueva visión del tiempo cristiano habría nacido precisamente del fracaso del "tiempo de Jesús". Tal es el tema medular de una tendencia a la que Cullmann volverá siempre de nuevo para criticarla[7].

– *M. Werner*. En 1942 Cullmann se ocupó de un libro de Werner, seguidor de Schweitzer, cuya postura se puede condensar

---

[6] *Heil*, 16; *La historia*, 34-5. La postura de Dodd se parece de algún modo a la primera solución del joven Cullmann. El Cullmann maduro cree que al hablar del eterno presente de Dios se destruye el evangelio.

[7] Además de la *Geschichte der Leben-Jesu-Forschung* (1906) debemos citar en este contexto otra obra importante de Schweitzer: *Die Mystik des Apostels Paulus* (1930). Sobre la estima que Cullmann tiene por Schweitzer, cf. *A. Schweitzers Auffasung der urchristlichen Reichgotteshoffnung*: Ev. Th. 25 (1965) 643-656.

de esta manera: La esperanza del fin inminente se mostró ilusoria; sin embargo, la primera iglesia buscó la manera de seguir siendo fiel a su maestro; por eso, a fin de subsistir, se vio obligada a actualizar las viejas palabras, recrear las ideas, en fin, construir el edificio de los dogmas. Cullmann reconoce con Werner que el mensaje escatológico de Cristo ha de tomarse en sentido temporal, diciendo que todo el Nuevo Testamento se concentra en la esperanza. Pero asegura que una vez que el Señor ha venido ya no importa el conocer la fecha del gran día. Lo que vale es Cristo; su vida, muerte y resurgir; aquí se ha realizado ya lo decisivo; Dios ha entrado en el mundo; las fuerzas del mal están vencidas[8].

Queda así abierto todavía el tema de la meta de la historia. Los primeros cristianos suponían de manera natural que todo se estaba acabando. Sin embargo ellos sabían que eso no era lo que más importaba. Lo importante es que Dios nos ha salvado por su Cristo; la Iglesia se funda en esa salvación ya realizada, y puede aguardar con toda calma la venida de Jesús, aunque el final se atrase siglos y milenios; ella está segura porque vive desde Cristo y puede expresarle en sus palabras y en sus dogmas[9].

– *F. Buri*. Años más tarde (1947), Cullmann estudia una obra de F. Buri, otro seguidor de Schweitzer, que interpreta la esperanza escatológica de forma puramente existencial. He aludido ya al problema; Buri comienza estando muy cerca de Bultmann y afirma que es preciso comprender de forma existencial el mito. Sigue avanzando y dice que no puede decirse que Jesús haya sido un «acontecimiento» salvador, ni se puede afirmar tampoco que su mensaje en cuanto tal es salvador. La realidad de la salvación es un acontecimiento existencial, propio de aquel que vive de manera decidida en la presencia del Dios que le sostiene.

Cullmann se atreve a decir que Buri no puede llamarse cristiano; todo lo que dice es puro pensamiento filosófico. Más aún, su

---

[8] M. Werner: *Die Entstehung des christlichen Dogmas, problemgeschichtlich dargestellt*, Berna 1941. Respuesta de Cullmann en *Vorträge*, 366ss.

[9] *Vorträge*, 368ss.

postura va en contra de los hechos de la historia antigua: El principio y sostén de la esperanza del Nuevo Testamento no se puede colocar en el futuro, en algo que vendrá mañana; todo se asienta en el pasado, el Cristo que ha venido. La esperanza se sostiene aun cuando el fin se atrase, pues la certeza de que llega el fin se arraiga en una fe muy firme: En la victoria del Señor y su presencia, interna y eficaz, en los cristianos[10].

Si el presente se separa del futuro, o si el futuro se niega, desaparece la esperanza cristiana. Diciendo que todo ha sucedido ya o que está sucediendo ahora (Dodd), corremos el riesgo de disolver el mensaje de Cristo en un tipo de pensamiento atemporal o dualista. Si sólo se admite el futuro (como hacen los discípulos de Schweitzer) se está afirmando que Cristo ha fracasado, o sus palabras deberían entenderse de manera puramente existencial; también en ese caso el cristianismo se diluiría en una forma de pensar sin tiempo[11].

### b) Barth y Bultmann. Tiempo divino, tiempo existencial

Sin ser tan radicales como Dodd y Schweitzer, K. Barth y R. Bultmann defienden posturas que son también exageradas según Cullmann. Barth diluye la historia escatológica en la eternidad de un Dios sin tiempo; Bultmann tiende a diluirla en una experiencia existencial simplemente humana. Ya en el año 1938, señalaba Cullmann las raíces intemporales del pensar barthiano: Con Cristo ha

---

[10] F. Buri, *Das Problem der ausgebliebenen Parusie*: Schweiz. Theol. Umschau 16 (1946) 97ss. Exposición y crítica en Cullmann, *Vorträge*, 414ss. Para Buri, Cristo es solamente un símbolo privilegiado de la apertura profunda de la vida hacia el Ser/Dios. Eso significa que, según el cristianismo, vivimos siempre en un *instante escatológico*; nunca podemos dejar de fundarnos a la altura del misterio, dejar de decidirnos por el Ser que nos libera de las simples cosas.
[11] Según Cullmann, *Vorträge*, 424-425, Buri termina identificando el mensaje de Cristo con un tipo de experiencia puramente antropológica. La respuesta de Cullmann suscita una polémica, de la cual son testimonio la *réplica* de Buri y la *dúplica* del mismo Cullmann. Cf. Cullmann en ThZ 3 (1947) 177-191 (=*Vorträge*, 414ss.), con la *Replik* de Buri en ThZ 3 (1947) 422-428, y la *Duplik* de Cullmann en ThZ 3 (1947) 428-432 (=*Vorträge*, 422ss). Crítica de Cullmann a Schweitzer y a su escuela: *Christus*, 43-4, 66-7; *Christ*, 20ss., 41ss.; *Heil*, 22ss.; *La historia*, 41ss.

terminado la historia de los hombres que buscan lo divino; Dios mismo se ha mostrado de manera total, definitiva.

Si sigo poniendo un signo de interrogación ante la tentativa barthiana... – escribe Cullmann en 1962 – es sólo porque creo que no resalta de manera suficiente el carácter futuro de la escatología del Nuevo Testamento. Sucede así cuando reduce la novedad del hecho escatológico –el juicio final– a un simple levantar los manteles que recubren ya hace tiempo nuestra mesa (apocalipsis)[12].

Según Barth, que utiliza un símbolo abundante en la Biblia, la mesa con todos los manjares del Banquete Final de la "vida de Dios" está ya dispuesta; la salvación se ha realizado... Sólo falta que se quite la cubierta y que podamos mirar aquello que Dios nos ofrece. Cullmann respeta la postura barthiana, sabiendo que ella es fiel a la esperanza básica (el hecho de Cristo). Añade además que no se puede dar un juicio preciso hasta que Barth publique toda su dogmática. Sin embargo, y con todos los respetos, afirma que su obra ha corrido el riesgo de fundir el futuro cristiano al mezclarlo con fórmulas puramente humanas.

Hay en Barth el peligro... de cambiar la primitiva escatología cristiana; el peligro de interpretarla filosóficamente al modo del viejo idealismo o del moderno pensamiento existencial[13].

No basta aceptar el presente y futuro. Es preciso lograr que el futuro no quede disuelto en la eterna transcendencia del Dios, afirmando que él ya ha venido para siempre (y que con él la historia humana ha terminado). Dios no niega ni destruye el tiempo humano, no lo sustituye, sino todo lo contrario: Lo fundamenta y sostiene.

*Y con esto entramos en el tema de la exégesis existencial de Bultmann.* Cullmann la acepta en la medida en que ella afirma que el

---

[12] *Christus*, 23; *Christ*, XII. Cf. *Vorträge*, 341-342.
[13] *Vorträge*, 458. Cf. pág. cit.; *Heil*, 44; *La historia*, 64. Cullmann esperaba la parte escatológica de la «*Die kirchliche Dochmatik*», de Barth; pero, como se sabe, Barth murió sin haberla terminado.

centro del mensaje escatológico se cumple ya con Cristo; la rechaza, sin embargo, en cuanto corre el riesgo de no darle la importancia necesaria al hecho del Cristo que ha venido y volverá de nuevo como fuerza que nos salva. El tiempo no puede interpretarse a base de conceptos meramente existenciales, corriendo de ese modo el riesgo de hacer de la vuelta de Cristo la simple realidad personal de mi futuro[14].

Bultmann decía que su método exegético no es una novedad absoluta, sino que quiere actualizar lo que hicieron en su tiempo Juan y Pablo. Reconocía, sin embargo, que el Nuevo Testamento ofrece otra interpretación, que aparece en Lucas-Hechos y en las cartas pastorales, donde Jesús viene a presentarse como un hombre del pasado (ya realizado). Lucas y el autor de las Pastorales hablan también del futuro de Jesús (de la salvación en plenitud) de una forma externamente histórica, social y cósmica. Bultmann dirá que Cullmann se ha querido situar en esa línea[15].

## c) *Escatología temporal*

Cullmann defiende de un modo tenaz el carácter presente y futuro del Reino, afirmando que el mismo Jesús tiene palabras que evocan la salvación como un hecho actual (ya realizado) y palabras que anuncian su venida en el futuro. Por eso, el centro de la escatología del Nuevo Testamento no está en la certeza de la salvación futura, ni tampoco en la experiencia de su presencia actual, sino en la tensión temporal entre el presente (lo ya realizado) y el futuro que sigue todavía abierto[16].

---

[14] *Vorträge*, 431.

[15] Según Bultmann, tanto Pablo como el evangelio de Juan prescindirían de un futuro salvador (de una segunda venida de Cristo); según ellos todo su mensaje se concentra en el *hoy salvador definitivo*, entendido de forma existencial, no histórica. Cf. Crítica de esa postura en Cullmann, *Heil*, 23, 28-29; *La historia*, 42ss.; 47-49. He ofrecido una visión de conjunto del sentido del tiempo existencial de Bultmann, desde una perspectiva filosófica y teológica, en *El Pensamiento de R. Bultmann*, Clie, Terrasa 2013. Allí pondrá completarse lo que aquí digo de un modo inicial.

[16] Cf. L. Bini, *L'Intervento*, 247-284. D. Braun, *Heil als Geschichte*: Ev.Th. 27 (1967) 59. La obra de Cullmann se compara aquí con los modernos intentos de

El futuro no se puede interpretar de modo filosófico, partiendo de un Dios sin tiempo o del carácter temporal abierto de mi existencia humana, sino que ha de tomarse como meta real y cumplimiento (no negación) de la historia de los hombres y del mismo cosmos, cuando vuelva Jesucristo, Rey glorioso[17]. Por un lado, todo lo que existe (el mismo cosmos con la historia de los hombres) tiende hacia el centro y corazón de la presencia de Dios, que es Cristo. Por otro lado, desde ese centro, todo se dirige hacia la plenitud de la pascua de Cristo, que es su victoria final[18].

Aquí condensa Cullmann su teología y piensa que al desarrollarla se está limitando a recoger fenomenológicamente los datos que le ofrece la Biblia cristiana (la experiencia de la Iglesia), sin apelar a ningún tipo de dato filosófico, y tenemos que creerle. De todas maneras, en el fondo de su formulación hay un tipo de «filosofía» en el sentido extenso del término, una forma de comprender y estructurar la realidad, que se fue desarrollando también en aquel tiempo (a mediados del siglo XX) en otros círculos teológicos y en otros pensadores, entre los que se puede citar como ejemplo a Teilhard de Chardin.

Sea como fuere, más que una filosofía de la historia en el sentido teórico, Cullmann está ofreciendo una lectura histórica de la Biblia y del cristianismo, en la línea de la teología tradicional de la iglesia. Es evidente que su formulación implica un tipo de presupuestos "teóricos", en un sentido extenso, pues todo lo que pensamos y decimos tiene aspectos de pensamiento y teoría. Pero más que una filosofía estrictamente dicha, Cullmann ofrece una cosmovisión histórica, una visión de conjunto de la realidad y en especial de la salvación cristiana partiendo de la Biblia, leída de una casi ingenua, alguien diría "simplista".

---

J. Moltmann (*Theologie*) y de J. Sauter (*Zukunft und Verheissung*). H. G. Gadamer, *Geschichtsphilosophie*, RGG, 3a ed., II, 1488ss. Aceptando los textos presentistas y futuristas de la Biblia, Cullmann cree realizar un gesto de honradez ante los libros santos. Cf. *Heil*, 18-20; *La historia*, 38-39.

[17] El retardo de la parusía no provocó ninguna crisis porque se pensaba que lo fundamental era el *ya*, la pascua realizada. Cf. *Heil*, 219-220; *La historia*, 269.

[18] Cf. *Christus*, 33-34; *Christ*, 11-12.

Cullmann quiere pensar y ofrecer su visión de un modo directamente bíblico, limitándose a leer y entender la Biblia como libro "canónico" de la historia cristiana, sin acudir ya al dualismo de niveles, antes destacados (en clave platónica), ni al despliegue del Espíritu divino o de la idea (como en Hegel). Cullmann quiere limitarse a comprender la realidad, a estructurar de una forma unitaria, siguiendo el argumento de la Biblia, entendida como historia de la salvación[19].

## 2. El tiempo, una clave de la realidad

Como seguiremos viendo, Cullmann ha querido precisar el sentido de la historia, y para ello ha debido estudiar la naturaleza del tiempo, en relación con el mundo y con la vida de los hombres. Ciertamente, él no querido analizar la identidad del tiempo de un modo filosófico, ni lo toma como tema esencial de una teología discursivo, pero supone y destaca en varias líneas su importancia. Aquí reside a juicio de muchos la aportación fundamental de "Cristo y el Tiempo", su contribución permanente al estudio de la teología cristiana y a la experiencia de los seguidores de Jesús.

En este contexto, Cullmann se sigue sintiendo muy "luterano" (pone de relieve la justificación por la fe), pero, al mismo tiempo, se acerca de un modo notable al pensamiento católico, más interesado

---

[19] Cullmann no presenta la historia a partir de la *«idea que se hace»* (Hegel), ni en función de la existencia (Heidegger), sino que afirma que ella tiene una realidad objetiva, aunque se apoye en unas bases que se aceptan por fe (Jesucristo) y que miradas desde el mundo pueden parecer contingentes. A su juicio, la historia de la salvación es contingente; pero no por eso es menos real; no por eso es menos importante para aquellos que la aceptan. Cullmann estructura el tiempo de esa historia y nos habla de la mutua implicación del futuro y del pasado que se unen *ahora* en esta Iglesia. Es posible que esta postura esté basada en la Biblia; pero no deja de ser cierto que estructurada como lo hace Cullmann, unitariamente presentada, no deja de ser una *creación filosófica*.

En ese sentido podemos hablar de la *realidad profunda* de la historia, distinguiendo en ella varios planos: Los aspectos más externos de la realidad se encuentran al alcance de la ciencia objetivista; en sentido general, no hace falta un trasfondo filosófico para estudiarlos. Los aspectos más profundos –realidad del hombre, sentido de la vida, etc.– implican siempre una forma de pensar de tipo filosófico.

por el influjo del tiempo en la historia de la salvación, tal como ha sido aceptada, al menos parcialmente, por el Concilio Vaticano II (1962-1965)[20].

*a) Naturaleza e historia. Tiempo ontológico y eterno retorno*

El tiempo es una categoría "nueva", que los teólogos apenas habían desarrollado. Los católicos interpretaban la realidad en forma de naturaleza, en una perspectiva de inmutabilidad (pues las esencias en sí eran inmutables y eternas). Por el contrario, los protestantes habían rechazado en general el estudio de las esencias, para fijarse de manera dominante en la experiencia de fe de los creyentes, entendida en un sentido existencial, como ha puesto de relieve R. Bultmann:

– *Bultmann* entendía al hombre como un ser sometido bajo el poder del pecado y de la muerte, pero abierto, como pregunta, a la llamada de Dios. Por eso, él no estudiaba la naturaleza como fondo original de la realidad (la *physis* de los presocráticos), sino como situación del hombre que vive sometido al mundo... A su juicio la misma naturaleza del hombre tiende a interpretarse en forma de pecado; de ese modo se presenta el Nuevo Testamento cuando habla del hombre pecador, lejos de Dios y perdido en este mundo[21].

Este planteamiento tiene consecuencias importantes, pues hace que Bultmann pueda precisar con claridad los límites del hombre precristiano (anticristiano); así le permite describir el estado o realidad del que el Señor ha querido liberarnos con su muerte.

---

[20] Como he destacado ya, la aportación de Cullmann al Vaticano II ha sido muy significativa. La teología católica más influyente, elaborada a partir del Vaticano II por un grupo extenso de teólogos y publicada al mismo tiempo en varias lenguas, lleva significativamente el título de *Mysterium Salutis. Fundamentos de la dogmática como historia de la salvación* I-IV, Cristiandad, Madrid 1969 ss.

[21] Me ocupo aquí de *naturaleza* en sentido *teológico*, en cuanto distinta de lo *sobrenatural*, aludiendo al hombre y al mundo tal como «serían», prescindiendo de la revelación y salvación de Dios. Para una visión del tema, desde una perspectiva católica, cf. H. de Lubac, *Surnaturel*, Aubier, Paris 1946.

Por eso, a su juicio, la salvación se despliega y realiza en el nivel de la interioridad existencial, como victoria del creyente sobre el mundo, como superación de la angustia y del pecado[22].

–*Cullmann*, en cambio, entenderá la realidad más honda del hombre como historia. En esa línea no se puede hablar de una naturaleza eterna (como parecen suponer los católicos), ni de una naturaleza entendida sin más como pecado (como podría suponer R. Bultmanna), pues ella debe interpretarse en forma de historia.

Desde ese fondo él ha distinguido dos formas de entender la realidad. (1) Hay una realidad entendida en forma de naturaleza cíclico, como un movimiento sin fin, pero sin verdadero cambio. Así han visto los griegos el mundo, en forma de constante sucederse de unos ciclos, siempre iguales, donde todo cambia para así permanecer siempre igual; sólo el alma inmortal, purificada, se libera de la cárcel de esos ciclos y se eleva al plano de la vida que no acaba. (2) Pues bien, en contra de eso (superando la visión ontológica de cierto catolicismo y la visión existencial de Bultmann), Cullmann interpreta la historia como un proceso lineal de despliegue y realización.

El cosmos griego se define cíclicamente, a través de un movimiento eterno, que mantiene siempre la misma realidad, a través de una serie de ciclos, por los que todo vuelve donde estaba. La historia cristiana, en cambio, ha sido siempre un camino en el que se va descubriendo y realizando lo nuevo. Así se oponen Grecia y Cristianismo:

> El símbolo del tiempo entre los griegos es el círculo... El tiempo no se toma como línea que se eleva y que presenta un comienzo y una meta; es círculo y por eso el someterse de los hombres a su fuerza se ha sentido como interna maldición y servidumbre. El tiempo se mueve como un ciclo eterno en el que todo vuelve. Por eso, el pensamiento griego ha de esforzarse por hallar la solución de los problemas que plantea

---

[22] En este contexto podemos destacar dos riesgos de Bultmann. 1) Al identifcar (casi) naturaleza y pecado dificulta la comprensión de la caída original (libre) del hombre. 2) Por otro lado, al hablar de lo nuevo del cristianismo puede dejarse de lado el *hecho* en que se funda: Cristo.

el tiempo. De aquí derivan los esfuerzos por soltarse y escapar del ciclo eterno, liberarse de la misma sujeción del tiempo. Los griegos no pueden concebir la redención cual resultado de un acto que Dios ha realizado en el campo de la historia. La redención consiste para ellos en el paso de la forma de ser de aquí abajo y del ciclo del tiempo a la manera de ser que se encuentra más allá, fuera del tiempo[23].

Para los griegos (al menos para los de tipo platónico) no existe una historia que sea valiosa en sí misma y que pueda llevarnos de las fuentes a la meta de la vida. Según ellos, el tiempo y la historia pertenecen al mundo de abajo, a la materia, a la esclavitud cósmica, a la muerte, dentro de los ciclos del eterno retorno de la realidad. En ese contexto, la libertad consistiría para el hombre en escaparse, superando la servidumbre del tiempo y de sus ciclos, llegando al ser eterno que no cambia (como han buscado y siguen buscando las religiones orientales).

Esta dualidad hace que los pensadores griegos se mueva siempre en un esquema temporal de tipo mítico, en el que todo vuelve a ser siempre lo mismo. Las más hondas imágenes, las palabras y expresiones más valiosas no pretenden reflejar lo que ha pasado en nuestra historia; son un símbolo de aquello que sucede siempre, pues se encuentra atrapado por el eterno retorno del ser, por eso que he llamado la ontología de aquello que no puede morir porque es en sí mismo ya muerte[24].

Esta manera de entender el tiempo como ciclo de "eterno retorno" se opone de un modo radical a la visión de la Escritura que interpreta el tiempo como presencia activa de Dios que pone todo en marcha hacia el futuro de la reconciliación completa. La redención del hombre no consiste por tanto en huir del tiempo, sino en cumplir su verdad, en llegar a su meta. Éste es para Cullmann el punto de partida de la visión cristiana de la realidad, en contra de

---

[23] *Christus*, 61; *Christ*, 37. Éste es un tema que ha sido desarrollado por M. Eliade, *El mito del eterno retorno* (1951).
[24] *Christus*, 63, 68ss.; *Christ*, 38, 43ss.; *Vorträge*, 134.

aquellos teólogos que, a su juicio, no han sido capaces de captar esa presencia de Dios en el tiempo, dejándose influir una y otra vez por planteamientos más griegos que cristianos.

El pensamiento de Grecia representa la fuerza de la razón, que se abre hacia un posible nivel de eternidad, pero que esclaviza a los hombres en el eterno retorno de una realidad que se identifica siempre consigo misma, sin capacidad de salvación. En esa visión no se puede hablar de unos hechos salvadores que aparecen como signo de Dios, ni puede hablarse de una historia que es revelación de Dios. Eso que he llamado el "tiempo ontológico" de Grecia (y de gran parte de las religiones y filosofías) significa para el hombre una condena, es decir, un sometimiento al eterno retorno de la muerte. En ese sentido, podemos decir que el hombre ha vivido casi siempre en una situación de "condena: Esta visión del tiempo (propia de los griegos y de las religiones orientales como el hinduismo y el budismo) ha triunfado con frecuencia, incluso en el cristianismo, eliminando lo propio y temporal del evangelio, su visión del tiempo como historia de la salvación, tal como ha destacado Cullmann[25].

*b) No basta una salvación existencial*

La visión griega del tiempo (que aparece de diversas formas en las religiones de la interioridad) interpreta la salvación como evasión de la historia, es decir, como subida desde el mundo (donde el hombre está condenado al ciclo del eterno retorno) al orden superior, eterno, de la realidad. El símbolo de esa salvación es el Sócrates platónico que enseña que el alma es inmortal y que la muerte nos libera y plenifica, si es que nos permite salir del ciclo del eterno retorno, para "retornar", ya sin más tiempo ni caída, al orden supe-

---

[25] *Christus*, 63-64; *Christ*, 38-41. Cullmann diagnostica como vuelta al helenismo los últimos intentos de expresar el cristianismo con la ayuda de nociones del tiempo diversas de aquella que presenta la Escritura. A su juicio, en el fondo, los grandes exegetas y teólogos, Dodd y Schweitzer, Barth y Bultmann, han acabado situándose fuera del tiempo, refugiándose en un tipo de eternidad divina, sea de carácter existencial/humano o teológico/divino.

rior y eterno de lo divino. En comparación con Sócrates, la figura de Jesús, que conoce el poder de la muerte y se agita, angustiado, se nos muestra sin valor, cobarde y retorcida.

Pero, bien mirada, la redención socrática constituye un engaño, pues él sólo ha podido liberarse de un modo ideal, es decir, mental. Pero la muerte es poderosa y nadie tiene la fuerza de vencerla; también Sócrates acabará siendo un esclavo de la muerte; entrará en la corrupción, y dormirá en el sueño del olvido. Cristo, en cambio, al comprometerse con la historia de los hombres, ha comprendido la fuerza de la muerte; al sufrirla la ha vencido, renaciendo a una forma de existencia más perfecta y ofreciéndonos su propia vida. Frente al Sócrates (Platón) que forja un ideal (naturaleza) y se consuela, ilusionado, en su mentira, Cristo y los creyentes saben que la realidad (naturaleza) concreta del hombre de este mundo termina estando dominada por la muerte, dentro de una historia en la que no podemos salvarnos por nosotros mismos, a no ser que Dios se encarne en ella[26].

Según Cullmann, el hombre real no está condenado al tiempo, pero tampoco puede salvarse buscando la eternidad, porque es historia y sólo históricamente puede encontrar su identidad. No se trata, pues, de salir del tiempo para alcanzar la eternidad divina, pues lo que importa es alcanzar la plenitud del tiempo (es decir, la resurrección). Los griegos han podido pensar en la eternidad para superar así la condena de un tiempo que gira y vuelve siempre, sin conceder nunca plenitud a las personas reales. Pues bien, en contra de eso, Cullmann ha querido poner de relieve la importancia del tiempo, entendido como experiencia de realización abierta más allá de la misma muerte[27].

Bultmann ponía de relieve la muerte «individual» (existencial) del hombre, como problema y como pregunta abierta a Dios; por eso la respuesta tenía que ser individual (existencial). A Cullmann, en cambio, no le basta ese nivel de salvación individual.

---

[26] *Unsterblichkeit*, 23-31.
[27] He desarrollado el tema en *El Pensamiento de R. Bultmann*, Clíe, Terrasa 2014.

Él quiere superar la muerte real en la historia, y por eso llama a Dios, y por eso (como creyente) puede hablar y habla de una salvación del hombre en la historia.

A Cullmann no le basta una "liberación individual" (existencial) de la muerte, porque los hombres forman una historia, y sólo históricamente pueden superar la destrucción. Cullmann sabe que la realidad concreta del hombre es de tipo individual y social, temporal y comunitaria. Por eso, la muerte ha de superarse en forma social, comunitaria, histórica, vinculando la *Historia hominum* (el despliegue de la humanidad) y la *Historia salutis* (historia de la salvación cristiana).

Sólo porque la naturaleza humana es histórica se puede hablar de una «historia de la salvación», que no puede entenderse ya en clave ontológica, apelando al eterno retorno de la naturaleza, ni a la liberación (elevación) del alma tras la muerte (como ha hecho la teología antigua, inspirándose en Platón), sino en una clave histórica. Por eso, tenemos que insistir nuevamente en el tema central de este capítulo, que es la historia de la salvación[28].

## 3. Historia profana, historia de la salvación

Llegamos así al tema central del Cullmann maduro. Su teología se centra en el estudio de la historia de la salvación, entendida como realidad humana, pero también (al mismo tiempo) como expresión de la realidad divina, introducida y expresada en este mundo en forma de proceso que comienza en Israel, se centra en Cristo y se expande después para abarcar a todos los pueblos, e incluso a la misma realidad cósmica, integrada así en la historia de la revelación de Dios. Yo mismo (como individuo) me debo incluir en su proceso

---

[28] Cullmann dirá que él no ha conocido la historia estudiando filosofía, sino recorriendo el camino de la Biblia y escuchando su «palabra». Pero esa palabra bíblica, que tiene un sentido histórico, sólo puede entenderse desde una perspectiva de apertura a la historia de la humanidad, como muestra la misma Biblia, que introduce la historia de Israel dentro del conjunto de la historia de los pueblos, ya en los primeros capítulos del Génesis.

si es que quiero lograr mi plenitud. De los diversos aspectos de esa historia hablaremos en las páginas que siguen.

## a) Visión lineal del tiempo. La eternidad

Hemos hablado del concepto griego del tiempo, cuyo símbolo era el círculo que vuelve siempre a la situación antigua por más que parezca ir avanzando; de ese modo, cambiando todo sin que nada cambie, se asemeja en el constante nacimiento y muerte a la misma eternidad en la que nada cambia y todo permanece. Tiempo y eternidad son paralelos; nunca pueden encontrarse. La Biblia supone que el tiempo es una línea que asciende o tiende hacia una meta. Tiene un punto de partida, una dirección determinada y un final. La plenitud está adelante, allá donde la línea alcanzará su blanco[29].

Por eso, en un sentido, la Biblia no distingue entre el tiempo y lo eterno. Lo que en ella se llama eternidad no es ausencia de tiempo, absoluta identidad del ser consigo mismo, negación de todo cambio, sino el tiempo culminado y cumplido, tiempo en el principio, en el centro y en la meta. Dios mismo aparece como aquel que era, que es y que será; todo se incluye en la historia, no hay un antes, ni un después; no se puede hablar de un Dios antes del tiempo de su despliegue, ni de un Dios después, a no ser de un modo marginal[30].

Ese estado original donde la historia no existe todavía, y el estado final, posterior al fin del mundo... aparecen en el Nuevo Testamento de manera claramente marginal... No son nunca objeto propio de enseñanza, ni en el mismo Apocalipsis de san Juan. Sucede que la Biblia habla tan sólo del acto en el que Dios se manifiesta. Al referirse al principio y a la meta de su obra sólo intenta mostrar la relación que liga al ser divino

---

[29] *Christus*, 60ss.; *Christ*, 36ss. Cf. L. Bini, *L'Intervento*, 121ss.; J. Frisque, O. Cullmann, 73ss., 218ss. Ambos suponen (quizá desde una perspectiva católica) que Cullmann simplifica el tema de eternidad y tiempo. Cf. también W. H. Capps, *Two contrasting approaches to Christology*: Heythrop Journal 6 (1965) 141ss.
[30] *Christus*, 62, 69-70; *Christ*, 37, 44.

antes de la creación y llegado el fin del mundo con el acto por el cual Él se revela... Todas las palabras de la Biblia se refieren a la acción divina. Por eso no podemos buscar la concepción bíblica del tiempo –tanto en el Antiguo como en el Nuevo Testamento– partiendo de nociones y teorías que son independientes de la historia de la revelación y tratan, por ejemplo, del descanso divino... Para el primitivo cristianismo la eternidad es un tiempo que se extiende en líneas que no acaba[31].

El tiempo de la salvación (o, quizá mejor, el tiempo de la realidad) abarca desde el principio de la creación hasta la meta de la historia (que se expresa como transformación de la misma creación). Cuando el tiempo acabe no se *alcanzará* sin más lo eterno, ni se volverá a lo que había en el principio (eternidad divina).... La plenitud de Dios (y de la historia) será el tiempo ya cumplido, culminado, Dios todo en todo. Por eso, en el fondo, él estará hablando del «tiempo de Dios».

Esta opinión de Cullmann tiene dos riesgos, pero también un gran valor. 1) Puede conducir a la idea de un Dios puramente inmanente en el mundo, Dios que es el tiempo sin más, puro pasado, presente y futuro. 2) Puede entender la salvación como algo sólo inmanente, olvidando lo que ella tiene de gracia, es decir, de irrupción y presencia de Dios que desborda los límites del tiempo que nosotros somos. 3) Pero, superando esos riesgos, esta visión de la revelación de Dios como historia puede llevarnos a descubrir la salvación de Dios (su presencia) en el cumplimiento de la historia, es decir, en la resurrección[32].

Cullmann no ha querido analizar ontológicamente la esencia del tiempo (en la línea de los griegos), ni ha desarrollado un análisis existencial de la vida humana (con la angustia ante la muerte, en la línea de Heidegger), pero ha hecho algo que, en sentido cristiano, es mucho más importante: Ha insistido en la "historia

---

[31] *Christus*, 71-72; *Christ*, 45-46.
[32] Así lo afirma Cullmann criticando posibles excesos de Barth que acentúa la *eternidad divina* como meta. Cf. *Christus*, 72-73; *Christ*, 46-47. Intento de respuesta de Cullmann en *Heil*, IX-X; *La historia*, 12.

del tiempo", tal como aparece en la Biblia (y en la vida de Jesús), mostrando que el mismo tiempo es presencia de Dios y camino que lleva a la salvación escatológico. Los hombres no se salvan "saliendo" del tiempo, sino haciéndose plenamente tiempo, en la línea de Jesús.

Fundándome en los textos del Nuevo Testamento he señalado, sin equivocación posible, que el carácter temporal forma la esencia del hecho escatológico; no entiendo el tiempo como Bultmann o como Schweitzer, sino que me refiero a un horizonte de historia salvadora, a la tensión entre aquello que ya se ha cumplido y aquello que no ha culminado todavía, entre el presente y el futuro[33].

Según eso, conforme a la visión de Cullmann, el tiempo es un "orden" (un despliegue) de salvación, en el sentido más profundo de ese término. Por haberlo puesto de relieve, Cullmann ha sido (y es) un renovador esencial de la teología protestante, y de toda la visión del cristianismo, como pondremos de relieve en el capítulo final de este libro al ocuparnos del «triángulo exegético», es decir, de la manera de vincular a Dios con el hombre y con la historia en clave de pensamiento y de compromiso (personal y social). En ese contexto, el estudio del tiempo en sí no es lo importante. Lo importante el despliegue de la salvación (es decir, del mismo Dios) en la tensión histórica del tiempo, abierto por Cristo a la culminación escatológica, en línea salvadora:

> La noción (*Begriff*) del tiempo en sí no constituye propiamente el objeto de mi estudio: Al Nuevo Testamento no le importa semejante concepción del tiempo... Por otra parte, me parece que el tiempo lineal no representa como tal nada que sea específicamente cristiano. Cristiana es más bien la tensión y orientación de todo acontecer hacia la nueva y decisiva... presencia de Cristo que corta y determina todo tiempo[34].

---

[33] *Christus*, 12; *Christ*, III (prólogo a *Cristo y el tiempo*, de 1962). Cf. J. Frisque, *O. Cullmann*, 239-240; L. Bini, *L'Intervento*, 127ss.
[34] *Christus*, 20-21; *Christ*, X-XI; *Heil*, IX; *La historia*, 11.

Podemos comprender esa anotación de Cullmann, en especial cuando dice que el trasfondo temporal no representa ni siquiera una especie de hipótesis para sostener mejor su obra, sino sólo un presupuesto inconsciente que utilizan los autores del Nuevo Testamento cuando quieren expresar el sentido del Cristo[35]. En ese contexto, podemos seguir diciendo que el tiempo no es «una realidad en sí», sino el mismo despliegue y sentido de la realidad y de la historia, mirada en perspectiva cristiana.

El tiempo no se puede tomar como una cosa objetiva, no se puede convertir en objeto de estudio de la filosofía pura (en la línea de la ontología griega o del existencialismo de Heidegger). Pero tampoco se lo puede dejar de lado, como algo previo, anterior a la salvación y al pensamiento, pues la salvación de Dios se ha revelado como "tiempo", es decir, como historia que se despliega hasta culminar en la salvación.

Ciertamente, la obra básica de Cullmann (*Cristo y el tiempo*) no es un libro de pura filosofía (en línea griega o existencialista), pero tampoco es una simple presentación de los datos del Nuevo Testamento, sino que presupone y de hecho elabora una visión intensa de la realidad como historia de la salvación, es decir, como despliegue de la acción creadora y salvadora de Dios en Cristo.

Cullmann «ordena» y entiende los datos del Nuevo Testamento, y al hacerlo actúa como auténtico exegeta (es decir, como hermeneuta o intérprete de la revelación de Dios). En ese sentido, aunque él no lo diga, Cullmann ha sido un "filósofo" del tiempo y su visión acaba estando vinculada a la famosa tensión entre el «ya» (la salvación ha sido conseguida ya en Cristo, que ha vencido la batalla decisiva contra el mal) y el «todavía no» (pues aún no ha llegado la jornada final de la victoria).

Según eso, el tiempo se entiende como la estructura interna que vincula a los diversos momentos del transcurso temporal, del despliegue de la vida de los hombres, en una línea en la que se vin-

---

[35] *Christus*, 21; *Christ*, XI.

cula no sólo aquello que ellos mismos realizan, sino la intervención de Dios y las reacciones de la «realidad». El tiempo no existe en sí mismo; es función de las cosas, es dimensión del ser humano, es presencia de Dios. El Cristo que nos salva tiene que asumir y transformar el tiempo que nosotros somos, desde una perspectiva cristiana (particular) pero también universal. La revelación de Dios en Cristo nos dice algo sobre la presencia de Dios en el conjunto de la historia (que podemos llamar "profana")[36].

*b) Historia profana e historia de la salvación*

Ambas tienen en común el hecho de estudiar lo sucesos (acciones y acontecimientos) de los hombres, conectados entre sí por una cierta lógica. Las dos se desarrollan en un marco temporal preciso. No es extraño que tengan semejanzas. Pero, al mismo tiempo, nos ofrecen marcadas diferencias. Comenzamos señalando las siguientes[37]:

– *La historia de la salvación (Historia Salutis) no puede limitarse a conocer e interpretar humanamente los sucesos*, sino que debe mirarlos como momentos del despliegue de Dios que se revela y manifiesta en ellos. Frente al Dios de la naturaleza, que había sido pensado por Aristóteles, Cullmann insiste en el Dios de la historia, que ha sido comprendido y presentado por la Sagrada Escritura, tal como culmina en Cristo. Frente a eso, la historia profana se contenta con los rasgos simplemente humanos de la historia.

---

[36] Al decir que su obra no tiene carácter filosófico, Cullmann piensa quizá en una noción absoluta del tiempo (tal como podría derivar de la física newtoniana). Pero ésa es sólo una forma de pensar el tiempo y no ciertamente la más válida. ¿No afirmó ya el mismo Aristóteles que el tiempo es el *orden del movimiento de las cosas*? ¿No ha vuelto a decir la moderna relatividad que el tiempo no es algo independiente de la realidad, sino que está vinculado al espacio? En esa línea, el tiempo del Nuevo Testamento ha de verse desde la perspectiva del orden y medida de hombres y pueblos, tal como ha venido a expresarse en el Antiguo Testamento y en el mensaje de Jesús. Cullmann ha tenido la audacia de querer organizar y captar el sentido total de ese tiempo, en una línea que, en clave distinta, puede compararse con la que ha expuesto S. Hawking, *Historia del tiempo. Del Big Bang a los Agujeros negros* (1988).

[37] *Heil*, 133; *La historia*, 171-172. Cf. K. Löwith, *Meaning*, 182ss.; J. Körner, *Eschatologie*, 65ss., 107; J. S. Bowden, *Heil als Geschichte*: JThS 18 (1967) 201ss.

– La historia de la salvación tiene momentos de luz y grandes vacíos. Así, mirada cronológicamente, ella presenta notables huecos. Sólo algunos sucesos muy precisos tienen valor de salvación (creación, nacimiento de Israel, Cristo…); en medio quedan huecos, que no son «agujeros negros», sino espacios a llenar desde la gracia de Dios que se revela en la Escritura. Además de esos vacíos temporales, están los grandes vacíos sociales, pues, tal como aparece externamente en la Biblia, esa historia de la salvación no dice nada de la multitud de pueblos que han ido formando parte de la historia humana. Una historia puramente profana debería tratar por igual de todos los pueblos. La historia de la salvación los incluye a todos, pero de forma misionera, en gesto de diálogo ecuménico, que Cullmann ha desarrollado de forma cuidadosa a lo largo de su vida[38].

La historia de la salvación abre un espacio particular, dentro de la historia general del universo, un espacio y camino internamente trabado, claramente ascendente, que lleva hacia una meta, sólidamente centrada en el Cristo (cuya venida definitiva esperan los cristianos). Pues bien, lo notable de esa historia particular (historia de la salvación) es que ella no quiere seguir siendo un dato más en el conjunto (aislado de los otros), sino que ofrece la pretensión de ser la norma y el criterio de todo lo que pasa. Se reserva siempre la última palabra; todo debe estarle sometido[39]. Esa historia, orgánicamente unitaria y con internas pretensiones de absoluta, presenta tres momentos decisivos: El principio del mundo, como origen de todos los caminos; el centro y salvación en Cristo; la culminación o fin del tiempo.

El punto de apoyo donde todo se concentra es la Vida de Dios, la Pascua del Señor y Cristo, en la que culmina la historia de Israel, y de la que provine el movimiento y despliegue de la Iglesia. Cristo es la clave donde todo se origina y se desvela, sin dejar de ser por eso un hecho concreto de la historia de los hombres. Cristo, como centro, constituye un suceso constatable y bien preciso dentro

---

[38] *Heil*, 132-134; *La historia*, 169-172.
[39] *Christus*, 35-38; *Christ*, 13-15. Cf. G. Hasenhüttl, en *Recensión a Bini*: ThR 60 (1964) 306ss.

de las líneas del tiempo y del espacio. En contra de eso, el principio y el fin de la historia no pueden observarse, pero debemos «postular» su existencia e influjo en nuestra vida, desde la experiencia de Jesús, a la luz de su venida y de su pascua.

La creación (el principio de los tiempos) es ya un primer paso del camino que dirige a Cristo. Los relatos del Edén y la caída original del hombre, las promesas... todo ha de entenderse como dirigido al Centro del Tiempo, que es Cristo. Lo mismo, en un orden inverso, sucede con el fin del mundo: La destrucción (y recreación del cosmos) constituyen el despliegue del drama de Cristo, la victoria decisiva que sucede a la batalla principal que ha sido ya ganada con la Pascua. El principio y el fin del mundo están incluidos, por tanto, en el mismo despliegue de la historia; no son signo de aquello que siempre sucede (como en el mito del eterno retorno), sino expresión y realidad del comienzo y culmen de la obra salvadora de Jesús, el Cristo.

*Por eso, la historia de la salvación no ofrece sólo el sentido de la vida de los hombres, sino la verdad más honda de la misma realidad del mundo, es decir, de la naturaleza.* El ser del cosmos (la naturaleza) – realidad de las cosas del mundo– no es nunca indiferente a la suerte de los hombres; es el entorno de la historia salvadora y avanza, por eso, con ella. La misma cosmología es, por tanto, un momento de la gran historia humana, centrada en Jesús (cristología). El mundo no tiene simplemente un carácter «antrópico» (centrado en el hombre), sino un carácter «crístico» (centrado en Jesús como Mesías) En los tres pilares de la historia de la salvación (principio, centro, meta) se muestra la amplitud y concreción del plan divino: La amplitud, pues todo lo que existe forma parte de esa historia; la concreción porque todo está centrado en Cristo, conforme a un doble movimiento de condensación y expansión (sístole y diástole)[40].

– *El movimiento de condensación* muestra que todas las cosas se van concentrando en el Cristo. Dios ha creado el mundo para el hombre; el hombre –que corre el riesgo de perderse en su duro

---
[40] *Vorträge*, 161-165.

egoísmo y en la lucha mutua– encuentra su raíz de salvación en Israel, pueblo escogido; el conjunto Israel se condensa en un «resto» de fieles y de forma más precisa en Cristo. Toda la realidad del mundo (su espacio y su tiempo, su historia y su geografía) recibe así su sentido en Cristo, a quien de algún modo se le podría comparar con la matriz universal, con esa pequeñísima materia universal, condensada en el *big bang* o momento «cero» del que todo proviene.

– *Movimiento de expansión o diástole*. Pero ese Cristo en el que todo se condensa (según la teología de Pablo y de Juan) no está al principio de un proceso lineal, sino en su centro. No es el «primero» sin más, sino la médula o entraña donde todo se condensa y concentra, para abrirse de nuevo. Cristo aparece así, por esencia, como el primogénito de todos los hermanos; a través de los apóstoles, su fuerza salvadora se desborda hacia la Iglesia; por medio de la Iglesia se proclama abiertamente su poder y llena todo el mundo. La obra de Cristo *alcanzará* su cumbre cuando todo haya cambiado y en la fuerza de su vida encuentren base los cielos y la tierra nuevos[41].

*c) Hechos e interpretación. Diálogo con Bultmann*

La historia no se ocupa simplemente de sucesos, sino que los interpreta al situarlos en un orden y los estructura, los valora y jerarquiza al escogerlos y fijarlos dentro de un conjunto. Si toda historia

---

[41] *Vorträge*, 381; *Heil*, 141; *La historia*, 179; *Christus*, 110ss.; *Christ*, 81ss. Cullmann afirma que la historia del hombre y del cosmos se integra en Cristo. ¿De qué forma? En la antigüedad parecía más fácil sostener esa afirmación porque todo aparecía centrado y apoyado en la acción directa de Dios; todo era sagrado, no existía lo profano; Cristo parecía vincularlo todo de un modo directo. Actualmente es distinto. Hoy conocemos ya el mundo de forma «profana», esto es, fuera del contexto religioso. Por eso debemos vincular esos niveles, la historia de Dios (de la salvación) con la historia de un mundo que puede tender hacia la destrucción física. Eso significa que debemos integrar la palabra revelada en el todo de la imagen del mundo en que vivimos (de forma positiva o negativa), cosa que Cullmann sólo ha esbozado de forma introductoria. Esto nos lleva a plantear diversas preguntas. ¿Cómo es el hombre responsable del cosmos? ¿Cómo pueden unos hombres representar a los otros? ¿De qué forma influye Cristo en los humanos? Aquí se plantea el sentido de la historia de la salvación, un tema que debe ser profundizado en sentido bíblico, histórico, científico y filosófico.

interpreta, la historia de la Biblia (de la salvación cristiana) lo hace en grado más alto; sus hechos no son valiosos a los ojos de todos los testigos; descubren su importancia solamente si se aceptan por la fe, creyendo en la palabra de Dios que se transmite y manifiesta en ellos.

Precisemos el tema. *Bultmann tendía a reducir el cristianismo a la fe, es decir, a la desnuda interpretación existencial del hecho de Cristo.* Cullmann reconoce que la fe interpreta y sabe que implica una nueva comprensión de mi existencia; pero todo ha de basarse en aquel hecho que sucede fuera de nosotros, entre Dios y Cristo:

> Ciertamente, los primeros cristianos ofrecieron una nueva comprensión de su existencia; pero la lograron por medio de una fe que tiene como objeto la importancia ontológica del hecho (de Cristo) y no la nueva comprensión de la (mi) existencia[42].

Cullmann comienza observando que la trama del Antiguo Testamento forma una clara interacción de acontecimientos e interpretaciones. Los nuevos sucesos de la historia, vistos a través de la Palabra divina arrojan su luz sobre los viejos hechos, los sitúan en orden y estructura nuevas. No basta con que el hombre testifique un suceso salvador aislado; es necesario que lo vea y lo interprete a la luz del plan divino. Sólo dentro del conjunto (revelado) tiene sentido cada uno de los hechos salvadores.

El acontecimiento desnudo, sin revelación y fe, no dice nada (no hay hechos puros para el hombre). Por otra parte, la fe separada del hecho carece de base y garantía, nos lleva al vacío: «El docetismo emerge sin cesar −hasta hoy día− allí donde hablando del kerygma se deja el suceso (salvador) en la penumbra»[43]. Desde aquí destaca Cullmann el riesgo de Bultmann: No acierta a valorar los hechos como base de la nueva realidad existencial de quien escucha la palabra: «En realidad, el kerygma transmitido tiene como objeto los sucesos; por eso, debe conducir a quien lo acepta hacia su propio objeto, es decir, hacia el suceso (interpretado)»[44].

---

[42] *Vorträge*, 132. Cf. H. W. Bartsch, en KM, II, 36-36, y P. Barthel, *Interprétation du langage mythique et Théologie Biblique*, Brill, Leiden 1963, 130-134.
[43] *Heil*, 73; *La historia*, 98.
[44] *Heil*, 75; *La historia*, 101. En casos particulares es difícil separar la *interpretación* del *puro mito*; en el conjunto de la historia es fácil.

Ciertamente, debemos recordar que la Escritura no transmite nunca hechos puros, sino siempre interpretados, en clave de fe. Pero no podemos olvidar tampoco que en el fondo de esa fe hay unos hechos: «Naturalmente, se trata de un tipo de círculo, que no es «vicioso», sino iluminador. Sólo a través de la interpretación podemos alcanzar el hecho histórico. Al mismo tiempo, el hecho histórico tiene que acercarnos a la interpretación kerygmática que ofrecen los testigos, ya que fue el mismo hecho el que les llevó a la interpretación. Por eso, debemos distinguir la historia y el mito, tanto en el dogma como en la exégesis»[45].

Cullmann supone, según eso, que *toda lectura de un texto (toda comprensión histórica) tiene un carácter circular*, como había puesto de relieve el método de la "Historia de las formas". Desde el kerygma de la Biblia (hecho interpretado) debemos remontarnos hasta el acontecimiento; y desde el acontecimiento tenemos que volver de nuevo a la interpretación que en él se apoya, pero destacando siempre el valor de los hechos, cosa que algunos intérpretes de la Historia de las formas a veces ha olvidado:

En Dios no se pueden separar la palabra (que interpreta) y el hecho (interpretado)... Sin embargo, vistas las cosas desde el lado humano, tenemos que dar la prioridad al hecho... Del hecho procede el impulso primero que mueve a los profetas y apóstoles... Por otra parte, no se puede olvidar que detrás del kerygma transmitido se encuentran los hechos del pasado que, actualizados, siguen influyendo como tales hechos[46].

Los hechos salvadores se concentran en la vida y en la pascua de Jesús el Cristo. Todo el pasado y los caminos futuros de la historia de la salvación reciben su fuerza y su sentido desde el centro; allí se encuentra algo más que el desnudo mensaje: Está la misma reali-

---

[45] *Heil*, 78; *La historia*, 104.
[46] Cf. *Heil*, 79; *La historia*, 105. Esta concepción de la historia se aplica al Nuevo Testamento. El *sepulcro vacío y apariciones* (hechos) tienen que ser interpretados por la palabra que escuchan y transmiten los testigos: *Ha resucitado*. Cf.. *Heil*, 81; *La historia*, página 108.

dad del Cristo, que es el Hijo de Dios y que me salva por los hechos de su muerte y vida nueva. Cuando yo acepto la gracia de Cristo (asumo su acontecimiento salvador) no estoy inventando nada de manera subjetiva, sino que constato unos hechos y los hago míos.

La distinción del hecho objetivo y de mi propia decisión (creencia) no implica ninguna filosofía anticuada e inconsciente, como afirman los teólogos en los que influye Heidegger...; la distinción se encuentra, sencilla y llanamente, en el concepto de la fe del Nuevo Testamento que san Pablo nos expone de manera especialmente clara. El mismo acto de fe nos obliga a distinguir de esta manera. Tener fe significa prescindir humildemente de uno mismo y contemplar la radiante luz de un suceso en el que yo no tomo parte de tal modo que no tengo más remedio que caer, venerante, ante aquel que lo realiza (Rom 1, 21).

Prescindiendo humildemente de mí mismo y tendiendo hacia el hecho (salvador) es como puedo apropiarlo de modo creyente. Creer significa excluirme y por eso mismo insertarme. Aquí reside la paradoja de la fe del Nuevo Testamento: Si no quiero entenderme a mí mismo es cuando puedo comprenderme. Pablo ha visto, en el centro de su misma teología, la distinción entre un acontecer divino que se realiza fuera de mí, y mi propio aceptarlo, lleno de fe, adoración y gratitud... A nadie se le impide llamar tal distinción una (falsa) filosofía[47].

Tanto Bultmann como Cullmann se refieren al hecho de Cristo; los dos lo interpretan (y quieren actualizarlo). Cada uno acentúa, sin embargo, un aspecto distinto: Bultmann pone de relieve la interpretación existencial, lo que Cristo suscita en aquel que acoge su Palabra; Cullmann destaca el hecho, es decir, la misma Palabra de Cristo en su historia.

---

[47] *Heil*, 296; *La historia*, 362-363. Esta postura se distingue claramente de la opinión del joven Cullmann (1925 y 1928). También entonces se admitía el hecho; pero sólo importaba de verdad la interpretación creyente del cristiano. Los hechos eran los mismos entonces y ahora; cambia la manera de entenderlos, varía la perspectiva filosófica.

El antagonismo entre Cullmann y Bultmann puede superarse desde la unidad de fondo, aceptando con Cullmann que los hechos se presenten siempre interpretados, y reconociendo con Bultmann que existe un hecho salvador. No se puede partir de ninguno de los dos extremos; ni del objeto, por más transcendente que sea; ni del sujeto, por más importante que parezca. La base se encuentra en la unidad sujeto-objeto, en ese plano en que se juntan el suceso y la manera que yo tengo de mirarlo. Aquí reside la auténtica historia. El acontecer existe sólo en una interpretación. La interpretación lo es siempre de un acontecer. Teniendo esto en cuenta se puede comprender mejor el evangelio[48].

### d) *La historia como revelación y como salvación*

La historia debe tomarse como un proceso donde Dios se nos revela y/o como un camino salvador que los hombres recorren. Dios no se revela de forma general, por medio de conceptos que el hombre ignoraba y que ahora comprende, sino por medio de los hechos de una historia, que se expresa de forma privilegiada a través del camino de Israel, tal como se centra en Cristo. Por eso existe una historia bíblica de la revelación de Dios.

Dios no nos salva sólo diciendo que quiere salvarnos (a través de la pura Palabra, es decir, en forma de Revelación), sino que lo hace de hecho a través de una historia, en camino hacia una meta real, que es la humanidad reconciliada. Ciertamente, se puede hablar de «historia de la revelación», pero, a juicio de Cullmann, el concepto de salvación es más amplio y apropiado; el cristianismo no habla solamente de un Dios que se revela y habla, sino de un Dios que camina históricamente con los hombres; por eso le parece insuficiente el programa que Pannenberg y su grupo bautizaron «*Revelación como historia*».

Pannenberg y su grupo... a pesar de todas las diferencias de detalle se acercan en el fondo a la postura que yo expuse en *Cristo*

---

[48] Así se descubre el presupuesto filosófico de Cullmann que quizá Cullmann debería haber elaborado de forma consecuente.

*y el tiempo*. El pequeño volumen colectivo editado por los mencionados investigadores lleva por título «*Revelación como historia*». De hecho, el problema se estudia allí más desde el punto de vista de la revelación que de la salvación. Pero, como el mismo Pannenberg reconoce de pasada, apenas pueden separarse ambos conceptos. Yo creo que, en el Nuevo Testamento, el concepto de Salvación es el más importante; Pannenberg, en cambio, supone que es más valioso el de Revelación[49].

Cullmann reconoce que el programa de Pannenberg tiene el valor de presentar la revelación en forma de historia y no como «kerygma» puntual (en la línea de la escuela bultmanniana). Sin embargo, su obra contiene defectos importantes: No precisa claramente el sentido de la historia; sus ideas parecen proceder de un pensamiento filosófico[50].

---

[49] *Heil*, 39; *La historia*, 59. El trabajo citado de W. Pannenberg es *Offenbarung*. Cf. Cullmann, *Christus*, 41; *Christ*, 18.
[50] Cullmann parte de unos presupuestos distintos a los de Pannenberg, quien a su juicio está muy determinado por un presupuesto filosófico. Cullmann rechaza una «*historia de la iluminación*» tal como, apoyado en el segundo Heidegger, quiso presentar J. M. Robinson, *The Germen Discussion*. Cf. *Heil*, 43; *La historia*, 62-63.

# 4. Historia cristiana, un signo de identidad

Conforme a la visión de Cullmann, que he puesto de relieve en el capítulo anterior, el signo de identidad del cristianismo es su visión de la historia, que le distingue no sólo de las religiones cósmicas (con el eterno retorno de la vida) y de las religiones de la interioridad (que huyen de la historia para alcanzar una eternidad divina), sino de las dos restantes religiones históricas, que serían el judaísmo y el islam. Por eso he querido que éste sea un capítulo esencialmente comparativo.

Empezaré estudiando la experiencia de fe de la Biblia israelita, centrada en el llamado "credo histórico" (que ratifica la presencia de Dios en la historia), para tender después una comparación entre cristianismo e Islam desde la perspectiva de la historia. En ese contexto podré ofrecer una visión general de las religiones de la historia, poniendo de relieve la singularidad de la propuesta de Cullmann y su influjo en el estudio de la historia de las religiones[1].

## 1. Un principio: El credo histórico de la Biblia

Ha pasado casi un siglo desde que O. Cullmann comenzó a elaborar su visión de la historia, en clave bíblica y teológica. Pues bien, tras ese tiempo, sus intuiciones básicas siguen teniendo una

---
[1] He venido destacando estos motivos en mi visión de la fenomenología e historia de las religiones, tal como aparece expuesta en alguno de mis libros, en los que he podido poner de relieve la convergencia de mi pensamiento con el de O. Cullmann. Entre esos libros, cf. *Diccionario de las tres religiones* (en colaboración con A. Aya), Verbo Divino, Estella. 2009; *El Fenómeno Religioso*, Trotta, Madrid 2000; *Monoteísmo y Globalización. Moisés, Jesús, Mahoma*, Verbo Divino, Estella 2002; *Violencia y diálogo de religiones. Un proyecto de paz*, Sal Terrae, Santander 2004.

gran actualidad, como mostraré evocando y desarrollando algunas de las implicaciones de su proyecto teológico, desde una perspectiva más teológica (visión de Dios, estudio de los credos) y en clave de diálogo de religiones. En estos dos "lugares" se está jugando ahora (principios del siglo XXI) el sentido y futuro de la teología, tanto en un plano de principios (identidad de Dios), como en un plano de diálogo social y religioso.

*a. Hermenéutica teísta de la historia*

Tras haber expuesto la visión de Cullmann sobre el tiempo, he querido desarrollar unas reflexiones ulteriores, que nos ayudan a situar el tema de Dios y de los credos en nuestro tiempo, desde una perspectiva de comparación de culturas y de religiones. En ese sentido hablo de una "aplicación". Lo que Cullmann dijo en su tiempo no ha quedado perdido en el pasado, sino que sus intuiciones nos sirven para situar la problemática de Dios y de su relación con el tiempo, en un contexto de estudio de la Biblia y de diálogo de religiones.

Como vengo diciendo, judaísmo y cristianismo son religiones históricas: han surgido en un determinado momento (que puede fijarse en el tiempo, entre el siglo VII a. C. y el II d. C.) y consideran al hombre como ser histórico. Así lo indica la Biblia hebrea cuando presenta ante el hombre los caminos de la vida y de la muerte, de la bendición y la maldición (cf. Dt 30, 19). a) *La historia no es tragedia en el sentido griego*. No estamos condenados a vivir eternamente bajo el dictado de un destino que se impone de forma inexorable por encima de los hombres y los dioses. La sentencia final no se encuentra fijada de forma inexorable de antemano. Somos libres y libremente podemos realizarnos, de forma personal y colectiva, hasta el cumplimiento de la historia (cf. Dn 7). b) *La historia tampoco es comedia*, lugar de olvido y risa, espacio donde sólo podemos divertirnos sin pensar en la verdad y dureza, en el dolor y riesgo de nuestro futuro. Ella es lugar donde Dios se manifiesta y donde el hombre decide su destino, en relación con otros hombres. Eso significa que la suerte de los hombres actuales se encuentra vinculada a la suerte y herencia, a la acción positiva o a la perversión de los antepasados. En esa línea podemos distinguir dos esquemas.

– *Cadena de almas: reencarnaciones*. Los orientales han acentuado la vinculación «espiritual» de los hombres a lo largo del proceso de la vida cósmica. Dentro de un mundo en el que todo gira en círculos de opresión se mantienen (cambian, se reencarnan) las almas hasta que puedan al fin liberarse, salir de la rueda angustiante, volver a lo divino. Por eso, lo que somos hoy depende de aquello que han sido las almas de nuestros predecesores vitales; quizá podamos decir que nosotros somos ellos en una forma nueva, hasta que todos, superando nuestra forma de individualidad actual, logremos retornar al mar sagrado donde ya no hay más historia (donde cesan las reencarnaciones).

– *Historia social: pecado del pueblo, camino de salvación*. El judaísmo no acepta la reencarnación. Cada persona es de algún modo un absoluto: es responsable de sí misma. Sin embargo, el estado actual del conjunto de los hombres y de sus diferentes grupos depende de aquello que han hecho (que han sido) los predecesores. Por otro lado, los judíos entienden la historia de una forma básicamente mesiánica, pues se dirige (por gracia, no por necesidad) a una liberación final, en la que sea posible la superación del pecado y el cumplimiento del plan de salvación de Dios, en línea particular (pueblo judío) y en línea universal. Los cristianos centran la historia en la resurrección de Jesús, como fuente de salvación.

Israel es la primera de las religiones proféticas (monoteístas, abrahámicas), que han descubierto y expresado la presencia de Dios en la historia. En el principio de las religiones proféticas (cristianismo, Islam) se encuentra la historia teológica o sagrada de *Israel*, porque sus profetas han descubierto la presencia y acción de Dios en eso que pudiéramos llamar el diálogo de la historia: Dios se expresa para ellos en el mismo camino dramático del pueblo.

La *epifanía* (manifestación de Dios) se identifica con el proceso intenso de surgimiento y despliegue (historia) del pueblo, dirigido por Dios, que así emerge y se expresa en la llamada (vocación) de

Abrahán, el camino de éxodo (liberación tensional) del pueblo, en el pacto sacral y la misma conquista de la tierra.... Éste es un Dios que viene del pasado, actúa en el presente y queda «libre» para el futuro; por eso la religión se interpreta como esperanza mesiánica: creer en Dios es esperar que llegue la plena realización del pueblo.

En esta experiencia ha venido a mostrarse la visión israelita de la historia, tal como Cullmann la ha desarrollado al final de un intenso camino de búsqueda. Por formación y talante, él había desarrollado una visión *epifánica* de la religión: tanto el ser del mundo como los acontecimientos históricos debían entenderse como revelación (epifanía) del Dios eterno, que se manifiesta y actúa desde su nivel más alto de realidad. Pero, en un momento dado, él descubrió que la historia no es pura «transparencia» o medio de revelación de una realidad más alta, sino la misma realidad de Dios, que se hace presente (se despliega) a través de una serie organizada y precisa de acontecimientos humanos.

Esto significa que la realidad no es «naturaleza» (eterno retorno, presencia de lo mismo), como pensaron los griegos, sino algo esencialmente nuevo, «historia», como ha sabido y mostrado Israel y, desde Israel, el cristianismo. Los griegos han descubierto (en occidente) el valor de la naturaleza y las ideas, es decir, de aquello que vuelve sin cesar y siempre permanece. Pues bien, la Biblia ha descubierto el sentido y valor de la historia, y lo ha hecho en un sentido religioso. Más tarde, ese descubrimiento de la historia se ha «secularizado», aplicándose de alguna manera a todos los ámbitos de la realidad, no sólo en la ciencia, sino de manera especial en la economía (como pudo mostrar K. Marx). Ciertamente, Dios puede seguir hablando a través del mundo, e incluso en la vida interior de los hombres (como saben las religiones del Oriente). Pero Dios, es decir, la realidad fundante, se expresa y actúa a través de la historia o, mejor dicho, como historia.

Conforme a la experiencia de la Biblia, que Cullmann ha explorado atentamente, el hombre no puede refugiarse en el eterno retorno (o en la eternidad) de la naturaleza, ni tampoco en su puro interior existencial. Ciertamente, el hombre tiene un «interior», donde busca también su verdad. Pero su verdad definitiva la descubre y despliega solamente como historia, integrándose en un pueblo que camina y se define como pueblo a lo largo de una serie de acontecimientos que definen su historia.

– *Acontecimientos*. Mirados desde un punto de vista neutralmente científico (no religioso), los acontecimientos de la historia de Israel pueden entenderse e integrarse dentro de un esquema de conjunto del mismo despliegue del pueblo de Israel. Así podemos afirmar que el Éxodo forma parte de las migraciones y liberaciones políticas de otros pueblos del entorno. Desde perspectivas políticas se puede explicar también el surgimiento de la monarquía israelita...

Pero hay una novedad: Otros pueblos han entendido su «historia» (surgimiento, destino) como un elemento del gran despliegue sagrado de la naturaleza. Por eso, no han unificado y organizado los hechos de un modo unitario, dentro de un todo lleno de sentido. Pues bien, en contra de eso, los israelitas han vinculado los diversos acontecimientos de su historia, viéndolos como expresión de una mano providente de Dios que los va guiando hacia una culminación escatológica. El mundo no es naturaleza, sino historia, desde la «creación» (que es el comienzo de la historia) hasta la culminación escatológica.

– *Una historia religiosa*. La novedad de Israel (el principio, camino y meta de su visión de la historia) ha tenido un carácter básicamente religioso: Conforme a la Biblia, el principio que unifica los diversos acontecimientos del despliegue de Israel, dentro de las naciones, es Dios, de forma que su historia tiene un sentido «excéntrico», está guiada desde fuera de sí misma. Según eso, leídos desde la revelación profética, en perspectiva de fe, los acontecimientos fundamentales de la historia de Israel aparecen como lugar de manifestación de Dios, convirtiéndose en *fenómenos religiosos*: El éxodo no es puro hecho accesorio de una simple historia israelita, sino que aparece como lugar de actuación del Dios que escoge al pueblo; la alianza del pueblo con Dios no es una forma más de alianza sacral, bien conocida entre los pueblos del entorno, sino que se interpreta como expresión de una voluntad salvadora explícita de Dios, abierta al conjunto de la humanidad.

La historia (como otras disciplinas y conocimientos) ha nacido con un sentido religioso. Pero, en un momento posterior, ella ha podido independizarse de su matriz sacral, para interpretarse de un modo secular, como historia de la cultura o del poder, de la libertad y del despliegue económico de lo pueblos, como han puesto de relieve los grandes pensadores de la modernidad, como Hegel (historia de la «idea») o K. Marx (historia de la «economía»).

Al entender la historia como lugar de la manifestación de Dios, Israel ha reinterpretado su misma realidad como pueblo y ha dado un sentido especial (religioso, escatológico) a su marcha sobre el mundo. Los acontecimientos que han llevado al surgimiento de esa historia israelita (elección patriarcal, éxodo, conquista de la tierra), las vicisitudes de su configuración social (instauración de la monarquía, divisiones interiores, los fracasos y rupturas (exilio), lo mismo que los signos de esperanza (promesas mesiánicas) aparecen así como Palabra religiosa. Dios les habla en su misma vida como pueblo; sólo en diálogo con Dios entienden su sentido, se entienden como pueblo en el centro de la humanidad.

A través de esa lectura religiosa de su historia, Israel ha conseguido algo absolutamente nuevo en la cultura de la humanidad: Ha superado la servidumbre cósmica (el hombre no es ya un simple fenómeno del mundo), pero lo ha hecho sin tener que buscar un refugio en la interioridad mística (el hombre no se encuentra a sí mismo sólo a través de una meditación interior). Los israelitas han descubierto que son «historia», un proyecto y camino de realización ante Dios, que dialoga con ellos, le pone en manos de su propia decisión, haciéndoles capaces de trazar su propio destino.

Desde el momento en que, fundada en Dios, la historia deja de ser repetición eterna de lo mismo y se convierte en un proceso creador, propio de un pueblo (Israel) que se relaciona con el conjunto de la humanidad (como supone Gen 1), cada acontecimiento y persona adquieren un valor definitivo, irreemplazable, dentro de un camino que sigue abierto. Los hombres descubren así su sentido al situarse dentro de la historia.

El pueblo de Israel no ha resuelto problemas científicos, ni ha superado conflictos sociales, ni ha creado imperios, ni ha enseñado formas nuevas de pensar filosófico. Pero ha ofrecido a la cultura universal un elemento más valioso: El descubrimiento de la historia, el hallazgo de la responsabilidad del hombre en la realización de los acontecimientos, la certeza de que todos los humanos tienen sentido en el camino que conduce a la humanidad hacia su futuro mesiánico.

Esta experiencia israelita, fundada en motivos religiosos, ha venido a ser, para nosotros occidentales, y para todos los pueblos, un patrimonio universal de la cultura. Cullmann supone, según eso, que queramos o no, todos somos un poco israelitas, pues tenemos *conciencia de la historia*. Los israelitas han ensanchado nuestra conciencia hacia el pasado (han insistido en nuestro origen responsable como humanos: Gen 1–3) y, sobre todo, hacia el futuro (nos han hecho ver que somos aquello que buscamos y esperamos: cf. Dan y Ap). Por su parte, fundándose en la experiencia de Jesús de Nazaret, los cristianos han podido poner de relieve la unidad de la historia, descubriendo que ella tiene un centro de sentido, que es el mismo Jesucristo.

Al superar así la religiosidad cósmica (el hombre ya no es un simple ser en el mundo, definido por la naturaleza externa), desde una perspectiva de creatividad humana, Israel ha podido desarrollar una *hermenéutica teísta e histórica de la realidad*. 1) Una hermenéutica histórica: La naturaleza aparece al servicio de la historia, en la que desemboca y recibe su sentido. Antes que afirmar que tiene carácter «antrópico» (está ordenada al hombre) podemos afirmar que la realidad tiene un carácter «histórico», un principio, una meta, que está vinculado a la historia de los hombres. 2) Una hermenéutica teísta en la que Dios viene a mostrarse como aquel que dirige la historia de los hombres, dentro de la naturaleza; de esa forma podemos y debemos pasar de la "única historia" (vinculación de todos los seres humanos) al único Dios que dirige esa historia, pues está comprometido en ella.

Cullmann ha puesto de relieve este «giro copernicano» de la experiencia bíblica y cristiana, mostrando que el hombre no está al servicio (y bajo el imperio) de la naturaleza, sino más bien, al servicio de la historia, donde se realiza como humano (sin cerrarse en una interioridad aislada, ni perderse en un más allá ideal). El centro de gravedad de la experiencia se ha mudado. Siguen siendo importantes los viejos momentos sacrales de la naturaleza (invierno y verano, cosecha, nacimiento y muerte, astros y tierra...). Pero los signos más importantes se sitúan en un nivel distinto, en el plano de la historia. Cullmann sabe que los israelitas (y después los cristianos) han descubierto el «paso» (pascua) de Dios en unos acontecimientos, entendidos en clave de salvación.

Una vez que ha descubierto su responsabilidad ante Dios (para responderle en la historia), y Dios se ha desvelado proféticamente como aquel que actúa en ella, el buen israelita (el hombre) ya no puede volver y refugiarse en la naturaleza, ni evadirse buscando un lugar seguro en su interioridad, sino que ha de asumir los temas y tareas de su propio camino, de la mano de Dios. Los israelitas se han sabido de esa forma llamados, acompañados y enviados, para realizar así una tarea en nombre de Dios. Alguien ha podido decir que se trataba de una alucinación colectiva, de un delirio de acompañamiento teológico propio de un pueblo de parias marginados. Pero quien analice la experiencia religiosa de Israel, quien asuma su camino de búsqueda sorprendida y de creatividad incesante, sabrá que su visión de Dios tiene un sentido: Israel ha escuchado y ofrecido a los hombres palabras, responsabilidades y esperanzas que ellos antes no tenían.

La novedad israelita constituye (junto a la razón griega y a la experiencia religiosa hindú) una aportación fundamental a la cultura humana. Podemos discutir la verdad última (divina) de esa aportación, aceptándola con algunas variantes (como hacemos, además de los judíos, los cristianos y los musulmanes), o podemos tomarla como un hito importante en la cultura de la humanidad, que, sin embargo, no define su sentido, como hacen hindúes o chinos (es decir, los pueblos que culturalmente no han valorado la historia). Sea como fuere, de un modo u otro, todos los humanos somos deudores de los israelitas, pues ellos han ensanchado nuestra conciencia en clave de historia, y nos han permitido plantear dos elementos muy importantes en clave religiosa: la personalidad de Dios y la esperanza escatológica.

– *Dios actúa en la historia porque es persona.* Es autónomo, comprende y ama, escucha y responde. Esto significa que su acción no puede interpretarse en plano de fatalidad, como si las cosas estuvieran obligadas a ser lo que son. Siendo persona, Dios se deja encontrar y actúa en diálogo con los hombres. No puede imponerse de forma brutal, no puede obligar a los humanos, sino que está vinculado a la respuesta que ellos, los hombres, le ofrecen, en términos de alianza y responsabilidad compartida (o de rechazo).

Esto significa que Dios les espera y escucha, les responde y respeta, actuando con y por ellos. Sólo de esa forma puede darse historia significativa: desde la libertad de un Dios que se revela y desde la libertad del humano que responde existe encuentro religioso.

– *Dios es transcendente y por eso ofrece a los hombres una esperanza escatológica.* Su ser (el *yo soy* de Ex 3, 14) puede y debe interpretarse como un *estar viniendo*, es decir, caminando con su pueblo y abriéndole caminos, de manera que su misma realidad ha de entenderse en clave de futuro. En ese sentido, el Dios israelita está ligado a la esperanza del Mesías y al futuro del juicio, es decir, a la culminación de la historia humana. Creer en Dios supone apostar por el futuro; conocerle es esperarle.

– De esa manera se plantea la pregunta por su justicia, es decir, el tema de la teodicea, en una clave histórica, vinculada a la esperanza de la resurrección. En el momento actual, revelación y ser de Dios se encuentran escondidos; sólo aquel que puede mirar a lo profundo advertirá las huellas de Dios, esperando su manifestación total futura en la justicia escatológica.

– *Transcendencia, libertad personal, apertura hacia el futuro...* Estos rasgos configuran la experiencia teológica de Israel. Ella es difícil de cultivar, pues choca con los signos de una política adversa, con el sufrimiento y derrota de los justos, con el ansia de un nacionalismo inmediato. Por eso, Israel ha sentido una y otra vez la tentación de volver a los ídolos o dioses de la naturaleza, que ofrecen el reposo en lo que existe; una y otra vez ha protestado contra el Dios que rompe la seguridad material, política, del pueblo.

Así ha preguntado Israel ¿Quién es este Dios a quien nosotros, los judíos, debemos encontrar precisamente en la lucha y paradoja de la historia, en la pérdida de la soberanía nacional, en la dispersión y el exilio del pueblo? ¿Quién es el Dios que, prometiendo abrirnos a un futuro, parece que nos cierra y abandona en los dolores del presente? La respuesta es siempre la misma: ¡Es Dios sin más, el Dios verdadero que dirigiendo en libertad la historia, parece condenar al pueblo israelita al exilio y dolor sobre la tierra, abriéndole, sin embargo, un camino de realización escatológica, un futuro donde realizarse a sí mismo.

Una vez que ha descubierto la transcendencia de Dios y ha entrevisto el valor de su acción en la historia, Israel no ha tenido posibilidad de retornar al mito de la naturaleza o de refugiarse en una interioridad segura, al abrigo de las contradicciones y angustias de su duro y gozoso camino en el tiempo. Dios se encuentra precisamente en el propio caminar del pueblo, y su presencia puede ser expresada y ratificada en unos Libros que relatan la nueva dimensión de su experiencia religiosa.

En ese camino abierto de la historia, incapaz de retornar a la seguridad de un mundo concebido como eterno retorno (como casa cerrada), azotado por la fuerza de los pueblos poderosos del entorno e incapaz de coordinar sus ideales de realización mesiánica con la fría evidencia de los hechos, Israel ha mantenido dos certezas: El mismo Dios le ha llamado y le ha puesto en camino; esa llamada se dirige en primer lugar al pueblo, pero, a través del pueblo, se dirige a todos los hombres. Dios y el hombre se descubren, de esa forma, vinculados a lo largo de una historia común.

Dios actúa en la historia porque es persona y sólo puede revelarse en forma de palabra (dialogando con los hombres). No puede imponerse de forma ciega, no puede obligar a los hombres, sino que está vinculado a la respuesta que estos, los humanos, le ofrecen, en términos de alianza. Esto significa que Dios les espera y escucha, les responde y respeta, haciendo historia con ellos. Sólo de esa forma puede haber una historia significativa, desde la libertad de un Dios que actúa como historia porque es trascendente y así puede ofrecer a los hombres una esperanza escatológica. Su ser (Soy el que Soy: Ex 3, 14) puede y debe interpretarse como un estar viniendo, y su realidad ha de entenderse desde la apertura al futuro. En otras palabras, el Dios israelita está ligado a la esperanza del Mesías y al futuro de la culminación de la historia humana. Creer en Dios supone apostar por el futuro; conocerle es esperarle.

Vuelvo a presentar los mismos temas básicos de la visión de la historia de O. Cullmann: *Trascendencia, libertad personal, apertura hacia el futuro*... Estos rasgos configuran la experiencia teológica de Israel, que ha sentido una y otra vez la tentación de volver a los ídolos o dioses de la naturaleza, que ofrecen el reposo en lo que ya existe. Pero una vez que ha descubierto la libertad de Dios y ha sentido su acción en la historia, Israel no ha tenido posibilidad de retornar al mito de la naturaleza o de refugiarse en una interioridad segura, al abrigo de las contradicciones y angustias de su duro y gozoso camino en el tiempo.

Dios dialoga precisamente con el hombre en el descampado del camino de la historia, y el hombre no puede retornar a la seguridad de un mundo concebido como eterno retorno (ni al bosque de una naturaleza donde se pierde a sí mismo). Dios y el ser humano se conciben de esa forma como amigos, compañeros, en camino de comunión abierta, por un descampado de historia arriesgada, creadora (más allá de las "sendas perdidas" del bosque de M. Heidegger: *Holzwege*). Por eso, trascendencia de Dios y trascendencia del hombre van ligadas. *Dios* es trascendente porque actúa y se revela en libertad, ofreciendo a los israelitas su palabra. *El hombre* es trascendente, porque puede realizarse en libertad, escuchando a Dios y respondiendo. Ambos se encuentran y son como historia.

Desde ese fondo, tomando como punto de referencia a Cullmann, he venido elaborando mi propuesta teológica desde hace más de cuarenta años, como "hermenéutica teísta y liberadora" de la historia. No ha sido ni puede ser una teología académica (vinculada al estudio puramente universitario), sino una teología comprometida con la realidad histórica (es decir con la transformación de la sociedad), en una línea que quizá Cullmann no tuvo en cuenta, pero que está implícita en sus planteamientos[2].

*b. Credo judío y credo cristiano, un núcleo histórico*

Siguiendo en la línea anterior, y aplicando el pensamiento de Cullmann a nuestra visión de la realidad, y siguiendo en la línea de mi propia investigación, me atrevo a ofrecer una breve reflexión sobre el sentido del "credo cristiano y judío". Estrictamente hablando, la propuesta que ofrezco no es propia de Cullmann, sino mía, pero estoy convencido de que ella nos ayuda a situar mejor su pensamiento y su proyecto teológico de conjunto, desde la perspectiva actual de ecumenismo inter-bíblico e inter-religioso.

El sujeto de la historia religiosa de Israel, interpretada en perspectiva creyente, es el propio pueblo, vinculado a Dios por alianza, a lo largo de un camino que lleva desde la llamada inicial (desde el despertar humano a la conciencia) hasta la culminación final de la plena humanidad. En ese camino, *Dios* se define como aquel que ayuda a los hombres, y los *hombres* como aquellos que se fían de Dios y buscan su meta futura. Desde ese fondo ha descubierto Israel su posibilidad más «imposible»: La reconciliación futura, la superación de todas las miserias del mundo, la paz final, la transparencia plena, la victoria del amor sobre la muerte. Esa imposible posibilidad implica encuentro religioso y creatividad histórica.

El mismo despliegue religioso suscita posibilidades que el hombre cerrado en sí no tiene: Capacidad de amor gratuito, superación de la violencia, nueva solidaridad... La revelación del miste-

---

[2] La teología sigue siendo una «hermenéutica teísta y liberadora de la historia», como han puesto de relieve, de maneras diversas, los principales pensadores de la teología de la liberación, que asume elementos básicos del proyecto de O. Cullmann, pero situándolos en otro contexto económico, social y eclesial.

rio y el diálogo con Dios abren al hombre un futuro mesiánico, en el que Israel va descubriendo su verdad, su esencia, su futuro. Por eso se mantiene en una encrucijada donde se mezclan lo que se ve (imposibilidad) y lo que no se ve (posibilidad). Desde ese fondo, la misma fe se abre hacia el futuro, se convierte en mesianismo.

En ese contexto, como sabe O. Cullmann, Israel ha entendido y ha vivido la relación con Dios sobre la base de un encuentro interhumano, es decir, en forma de comunidad o pueblo, que se abre de una forma tensa (dura, esperanzada...) a todos los pueblos de la tierra. La forma radical de unión con Dios no es la fusión en lo divino, sino un camino histórico, abierto a la alianza final. Desde ese fondo se entienden los diversos credos de Israel, que Cullmann no ha estudiado directamente, pero que están en el fondo de su trabajo fundamental sobre los credos cristianos. En esa línea, las reflexiones que siguen pueden entenderse como punto de partida para entender mejor su poderoso trabajo sobre "las primeras confesiones de fe cristianas"[3].

*a. Credo histórico.* Llamamos *credo* a una pequeña *confesión de fe* que expresa a modo de oración o narración histórica algunos elementos de la experiencia religiosa de Israel. Éste es el primer tipo de credo: cuenta o narra la actuación de Dios en favor de su pueblo. Uniforme, repetida y sacral es esta fórmula del fiel israelita que cuenta la acción salvadora de Dios, recordando su nombre (Yahvé) y empleando sus mismas palabras: «Yo soy Yahvé, tu Dios, que te he sacado de Egipto» (Ex 20, 2; Dt 5, 6; cf. Núm 24, 8; 1 Re 12, 28; Jer 2, 6; Dt 8, 14, etc.).

Las palabras de fondo de este credo –Yahvé ha librado a Israel, sacándole de Egipto– constituyen el principio de identidad del pueblo israelita. Desde ese fondo se estructuran los grandes credos del AT, se interpreta la alianza y se instituye el pueblo. Así lo testifica el creyente cuando sube a Jerusalén para ofrecer sobre el templo, los primeros frutos de la tierra, según versión deuteronómica del tema.

---

[3] *Les premières confessions de foi chrétiennes*: RHPR 21 (1941) 77-100; 22 (1942) 30-42. Texto publicado como libro en Cahiers de la RHPR, 1943, Paris. Para entender mejor esta obra de Cullmann elaboré mi visión en *Las confesiones de fe en la Biblia. Sus formas y significado*: Communio 2 (1979) 7-19.

Era mi padre un arameo errante; bajó a Egipto y residió allí con unos pocos de su grupo... Allí se hizo un pueblo grande, fuerte y numeroso. Los egipcios nos maltrataron y nos humillaron... Pero gritamos a Yahvé, Dios de nuestros padres, y Yahvé escuchó nuestra voz..., nos sacó de Egipto con mano fuerte, con brazo extendido y nos trajo a este lugar y nos dio esta tierra, una tierra que mana leche y miel. Por eso vengo con las primicias de sus frutos que me diste, oh Yahvé (Dt 26, 5-10; cf. Jos 24, 2s; Sal 136, etc.).

Este es el «credo histórico» que Cullmann ha interpretado como principio de la experiencia israelita, punto de partida de la visión del cristianismo. El pueblo reunido en fiesta reconoce la presencia de Yahvé, narra su actuación, celebra cúlticamente su obra en la historia. Yahvé se define así como aquel que ha actuado y actúa en la historia en favor de los hombres. Más que objeto de pensamiento o refugio de intimidad, Dios aparece en el fondo de esta gran palabra como poder de salvación que dirige la historia israelita.

*b. Confesión pactual.* Conforme a la visión de O. Cullmann, El Dios de la historia, cuya acción aparece en el credo anterior, ha salido al encuentro de su pueblo, ofreciéndole asistencia y pidiéndole respuesta de fidelidad. Así funda el *pacto* o compromiso de lealtad mutua que le vincula con su pueblo. Ambos elementos (liberación histórica y comunión personal) se vinculan, de manera que la relación entre Dios y el pueblo viene a definirse como un tipo de matrimonio. Éste es el contenido del pacto, en el que se ratifica el compromiso de asistencia mutua entre Dios y el pueblo, tal como se expresa de manera paradigmática en la palabras del Deuteronomio: «Yo (Yahvé) seré vuestro Dios, y vosotros (israelitas) seréis mi pueblo» (cf. Dt 26, 16-19).

Situada en este fondo, la religión no se define como participación cósmica ni como meditación contemplativa, sino como experiencia de alianza personal, que se ratifica y cumple a lo largo de una historia, como lo indica esta confesión que tiene dos partes o momentos: El compromiso de *Yahvé* (seré vuestro Dios) resulta inseparable del compromiso de *Israel* (seréis mi pueblo). En ese trasfondo se vuelven transparentes y cobran contenido otras formulaciones de la confesión pactual cuyo recuerdo se conserva en Jos 24, 17-18 y 1 Rey 18-39.

Jos 24 y 1 Rey 18 transmiten el recuerdo de una gran *decisión* o juicio religioso donde ha estado en peligro y se ha redefinido la existencia de Israel como pueblo consagrado a Yahvé. Los dos textos expresan la gran alternativa planteada en la conquista de la tierra cananea: los israelitas deben escoger entre *servir* a los dioses de la fertilidad o *ser fieles* a Yahvé, el Dios de la alianza; su respuesta es una confesión de fe: *Yahvé es nuestro Dios (Yahweh hu ha Elohim), serviremos a Yahvé porque él es nuestro Dios*. Se explicita de esa forma el sentido de la religión a modo de compromiso de fidelidad del pueblo que responde a Dios en gesto de fidelidad a su alianza.

*c. Credo ético-pactual: Shema (¡Escucha Israel...!)*. Los dos credos anteriores vinculaban *la actuación histórica de Dios*, confesada en palabra de recuerdo narrativo, con el *don y exigencia del pacto* entre Dios y el pueblo (es decir, con una teología de comunión). Los dos elementos (historia y alianza) deben haberse vinculado pronto en la teología y experiencia israelita. Así lo muestra el credo más complejo, conservado en Dt 6, 20-24, donde el Dios del *recuerdo histórico* (éxodo) aparece, al mismo tiempo, como aquel que ofrece una *palabra de ley* (alianza) y suscita para el pueblo un camino de esperanza (promesa), como lo repite el *Shema* (Escucha...), que sigue determinado la espiritualidad del judaísmo: «Escucha, Israel, Yahvé, nuestro Dios, es solamente Uno. Amarás a Yahvé, tu Dios, con todo tu corazón...» (Dt 6, 4-5).

Este *credo* tiene dos partes. La primera es *receptiva* y se encuentra iniciada por la palabra «escucha» por la que se pide a los israelitas que acojan la revelación del único Dios. La segunda parte es de tipo *activo* y está definida por el «amarás»: El pueblo tiene que responder a Dios, amándole con todo el corazón.

Este credo vincula así la revelación histórica de Dios (a quien se debe escuchar) con el compromiso de amor del creyente.

De esa forma se expresa para siempre el principio de la confesión monoteísta, asumida por los cristianos en el evangelio (Mc 12, 28-34 par) y recreada en forma universal en la *Sahada* musulmana (*Sólo Allah es Dios y Mahoma su profeta*). De esta forma se une la revelación histórica de Dios y la respuesta creyente, reflejada en el credo, en forma de compromiso de vida (no de formulación de una teología conceptual).

## 2. Una comparación: Cristianismo e Islam

Como Cullmann puso de relieve, el creado cristiano (y de un modo general el credo monoteísta) sólo puede entenderse en sentido histórico, no ontológico, a pesar de lo que parece haber sucedido en los credos de Nicea y Calcedonia (años 325 y 381) donde parece que se ha impuesto sobre el cristianismo un tipo de pensamiento ontológica, que entiende a Dios como "entidad eterna" e interpreta la Trinidad como tríada separada de la revelación de Dios en el tiempo. En contra de eso, Cullmann sabe que sólo podemos hablar de Dios en la línea de los "credos históricos" de Israel, viéndole como aquel que se ha revelado en la historia.

El cristianismo ha nacido de la tradición israelita, a la luz de la vida, muerte y resurrección de Jesús, como religión de la historia, en el sentido mesiánico del término (es decir, centrando la historia pascua cristiana), y abierta a la comunión universal entre todos los pueblos, superando un tipo de nacionalismo más israelita. Al principio (por lo menos a lo largo del I d.C.) los cristianos se mantuvieron vinculados a las comunidades judías del Imperio Romano, de tal forma que pudieron presentarse como una «secta» o grupo especial israelita. Pero pronto la novedad universalista de la experiencia cristiana, el despliegue de la figura de Jesús (¡centro de la historia!) y la oposición de otros tipos de judaísmo más nacionalista, llevaron a la emergencia de una comunidad cristiana autónoma, estructurada en forma de iglesia (organización no nacional, no estatal, no gubernativa) que se ha extendido por el occidente europeo y luego por América (y en un sentido extenso en todo el mundo).

Pues bien, la iglesia cristiana (y después la comunidad musulmana) sólo puede entenderse desde la experiencia fundante de la revelación histórica de Dios.

*a) De Jesús a la Iglesia, un camino histórico*

La teología de Cullmann ha debido ser radicalmente «eclesiológica», pues, a su juicio, la Iglesia forma parte esencial de la historia de la salvación. Cristo es el «centro» de la historia, pero la Iglesia aparece como mediadora de su salvación en el tiempo que se abre desde la Pascua de Jesús hasta la llegada de la resurrección universal. Por eso, el despliegue de la Iglesia no es algo accesorio (algo que está fuera del centro de la fe), sino que ella forma parte de la historia de la salvación, como seguiré indicando[4]:

– *El cristianismo asume el pasado abrahámico*, pero lo interpreta de forma universal, conforme a una visión que fue desarrollada especialmente por Pablo (Gal 3–4; Rom 4). Abrahán aparece así como padre de todos los creyentes, desbordando las fronteras nacionales y raciales, de política, de sangre, de cultura... Lo que a todos vincula en Abrahán es la fe compartida, es el hecho de invocar a un mismo Dios y de aceptarse mutuamente, dialogando unos con otros.

En UN plano de fe, partiendo de la experiencia israelita, ratificada y cumplida en Jesucristo, todos los hombres y mujeres deben terminar siendo hermanos, miembros de una misma comunidad, fundada en el compromiso creyente de Abraham, que no aparece ya como personaje del pasado, como signo de un tiempo lejano, sino que sigue estando en el principio de la peregrinación histórica de los creyentes.

---

[4] Así lo han destacado algunos de los primeros estudios sobre Cullmann, entre ellos: J. Silvestre Arrieta, *La Iglesia del intervalo. Aspecto escatológico del tiempo de la Iglesia en O. Cullmann*, Comillas, Santander 1959; A. Briva Miravent, *El tiempo de la Iglesia en la teología de Cullmann*, San Paciano, Barcelona 1961; E. Lamirande, *Le temps de l'Église. Notes en marge de Saint Augustin et d'Oscar Cullmann*, Univ. Ottawa Ont. 1962; A. M. Javierre, *El tema literario de la sucesión*, Biblioteca Teológica Salesiana, Zurich 1963.

– *Los cristianos han interpretado el monoteísmo de forma cristológica,* pero no a partir de un Cristo que se encuentra fuera del tiempo, sino del Cristo que es centro y sentido del tiempo (como indicaré en el próximo capítulo de este libro). Siendo padre de todos los hombres, Dios no se vincula ya con una raza o pueblo, sino que se revela o manifiesta para todos a través de la vida concreta (mensaje mesiánico, muerte y pascua) del último profeta, Jesucristo, en un momento determinado y muy concreto de la historia, en línea particular y universal.

Por una parte, Jesús ha sido un israelita concreto, un judío galilea, heredero de una larga tradición de profetas, que Cullmann ha estudiado de un modo muy preciso, desde una perspectiva crítica, poniendo de relieve la continuidad y diferencia entre los profetas[5]. Pero, al mismo tiempo, como portador final de la voluntad de Dios (¡último profeta!), Jesús ha desbordado los límites de Israel, y ha venido a presentarse como signo universal de Dios. Vinculándose a Jesús, todos los hombres participan de su herencia y promesa y se abren al futuro de la reconciliación plena, que se cumplirá a través de la resurrección final de los muertos.

En el centro de la historia, como un individuo concreto (no ya un pueblo entero, como en el caso de Israel), Jesús ha podido presentarse como signo y comienzo de la comunión universal de Dios, que se abre a todos los pueblos de la tierra. Los múltiples caminos de Dios se han concentrado, a través de Israel, en Jesús (que así aparece como Hijo de Dios y Señor), para abrirse otra vez de forma universal hasta abarcar a todos los hombres en la resurrección final.

Jesús simboliza y realiza, según Cullmann, la gran «inversión» del tiempo y de la historia. Por una parte, todo ha tendido a Jesús, pues en él se ha concentrado la historia: En su mensaje de Reino y en su muerte favor de los hombres. Desde esta perspectiva, como indicaremos en el próximo capítulo, Cullmann ha destacado la función mediadora de Jesús, como Siervo de Yahvé (Hijo del Hombre) en quien se condensa y se invierte la historia anterior de la huma-

---

[5] Cf. *Le problème littéraire et historique du Roman Pseudoclémentin*, Alcan, 1930, Paris.

nidad, que parecía dirigida a la muerte, terminando así en el fracaso de todas las esperanza. Pero ese fracaso se ha transformado, por fidelidad de Dios y por «obediencia» del mismo Jesús, en triunfo total de la salvación. El mismo Jesús, que ha condensado en su Cruz (de un modo receptivo) todos los dolores, condensa también y abre por su resurrección (de un modo recreador) todos los caminos de la vida humana, en un despliegue que lleva a la resurrección mesiánica de todos los salvados.

Ciertamente, los cristianos esperan la manifestación final de Jesús, la culminación de la historia. Por eso le confiesan como Mesías. Pero Jesús sigue siendo para ellos, en su propio pasado histórico, un *Mesías crucificado y resucitado*: por fidelidad al reino de Dios ha muerto, condenado por la violencia de la historia; Dios mismo le ha resucitado, mostrándose Señor y Salvador para la historia. En cuanto Señor Pascual, Jesús aparece como Hijo de Dios: siendo un hombre verdadero, él pertenece al misterio de Dios, brota de su misma vida eterna, participa de su «esencia», es decir, de su historia y gracia salvadora.

De esa forma se vinculan, paradójicamente, el fracaso humano (los representantes del poder han matado a Jesús para defender sus privilegios) y la potencia creadora de Dios (que inicia y funda en ese Jesús crucificado el camino y plenitud de la nueva humanidad). De esa forma invierte Jesús el camino de la historia, de forma que allí donde todo tendía a la muerte se inicia y confirma el camino de la resurrección.

En ese fondo entiende Cullmann la misión de la Iglesia, interpretada de forma histórica y teológica, como despliegue temporal (escatológico) de la obra liberador de Dios. Él ha elaborado en esa línea una eclesiología histórica (y evidentemente comunitaria). A su juicio, la Iglesia no es una simple asociación de creyentes individuales, sino la comunidad histórica de aquellos que, siguiendo a Jesús, esperan y en algún sentido promueven la llegada final del reino de Dios, abriendo así un camino de liberación abierto a todos los pueblos. La Iglesia (o la comunidad de las iglesias cristianas, en el sentido ecuménico que Cullmann les daba) ha recibido el encargo y ha asumido la tarea de promover históricamente el Reino, no sólo a través de los sacramentos, sino también a través del cumplimiento de los mandamientos cristianos, a través de un camino de transformación social (que puede tomar rasgos liberadores).

Los cristianos siguen proclamando el mensaje de reino de Jesús, expresado en las bienaventuranzas, en el perdón al enemigo, en la justicia, sin dejar que ningún poder del mundo les domine o manipule. Estrictamente hablando, ellos son los *servidores mesiánicos*, es decir, aquellos que creen que es posible iniciar sobre el mundo un camino de reconciliación definitiva, partiendo del mensaje y de la vida de Jesús. Así lo expresan a través de su experiencia pascual, entendida como ratificación de su mensaje: (*¡La causa de Jesús sigue adelante, su evangelio es verdadero, su Dios es Padre de todos los humanos!*). Lógicamente, ellos superan un tipo de clausura israelita (es decir, de pueblo que se cierra en sí mismo), abriendo ya, en este tiempo, para todos los seres humanos, un camino y tarea (una esperanza activa) de reconciliación universal. Como servidora de esa tarea, signo de reconciliación final en Cruz y Pascua, emerge la Iglesia, portadora de la palabra de libertad de Cristo (según Pablo) y de la experiencia de salvación para los humanos.

– *En un plano político y social.* Ciertamente, la Iglesia cristiana no puede establecerse como un "estado" político de tipo nacional o universal, pues supera el nivel de la religiosidad estatal (Imperio Romano) y nacional (judaísmo). Ella se funda en Jesús, que es Hijo de Dios y salvador de todos los humanos, y proclama el mensaje de un Dios que quiere la reconciliación del universo (carta a los Colosenses), por encima de la pura política de estados. Pues bien, por eso mismo, ella aparece como fermento y signo de comunión definitiva para todos los hombres, aceptando los poderes de este mundo (los estados), pero sin rendirles nunca una obediencia absoluta, sino proponiendo e impulsando por encima de ellos un orden universal de justicia. Por eso, los cristianos no se cierran en un grupo nacional (no edifican un tipo de nuevo judaísmo, ni una nación cristiana), sino que se introducen en todos los sectores de la sociedad civil, dentro y fuera del Imperio Romano o de los diversos estados políticos del Occidente, no para dejar que las cosas sigan como estaban, sino para introducir en el mundo un germen de libertad y de liberación universal, por encima de la pura política de los "estados" y poderes políticos.

Lógicamente, en principio, los cristianos no quieren conquistar el poder, no pretenden crear un Estado dentro del Estado. Respetan el mundo (aceptan lo que existe, obedecen a los poderes de este mundo), pero, al mismo tiempo, mantienen su independencia e introducen dentro de ese mundo un tipo nuevo de libertad ante la palabra de Dios y de universalidad, fundada en el mensaje y vida pascual de Jesús, promoviendo así una actitud crítica ante todos los poderes de violencia y de opresión del mundo. Frente a todos los intentos de sacralización de la violencia fáctica (un tipo de Estado, de orden oficial o de economía que se impone por razones religiosas o sociales sobre el mundo), los cristianos proponen un modelo de encuentro gratuito e igualitario, abriendo para todos los hombres un camino de reconciliación, que lleva a la justicia y fraternidad universal fundada en Cristo.

— *El cristianismo implica una profunda desacralización*. La religiosidad antigua se estructura en formas de violencia nacional o social, en gestos sacrificiales de imposición. En contra de eso, los seguidores de Jesús no tienen sacrificios (no sienten la necesidad de aplacar a Dios, pues han descubierto que Dios es Padre y amigo de todos), ni buscan una tierra sagrada (Garizim o Jerusalén, Roma o la Meca, pues toda tierra es lugar de Dios para los humanos); tampoco necesitan un pueblo especial, ni una dinastía de sacerdotes, ni un aparato de poder, ni un estado propio dentro del Estado... Ellos son simplemente humanos, hombres mesiánicos, en la línea de Jesús, cuyo mensaje y seguimiento suscita un tipo de comunicación gratificante, no impuesta desde fuera, en plano de fe y experiencia compartida.

Ciertamente, Cullmann sabe que, a lo largo de la historia, los cristianos de siglos posteriores (con el surgimiento de ciertas monarquías «cristianas», en Bizancio y en Europa occidental) han vuelto a caer a veces en un tipo de nuevo judaísmo: han tendido a convertir la religión en un signo de identidad nacional o estatal, rompiendo la universalidad de la novedad cristiana. Pero con eso han deformado la novedad del cristianismo, poniendo en riesgo el carácter universal de su mensaje y la esperanza de la culminación escatológica, abierta a todos los que aceptan el camino de Dios, tal como se ha expresado en Jesús. En esa línea, el proyecto histórico y teológico de Cullmann, elaborado desde una perspectiva de Centro-Europa (desde el eje franco-alemán) puede y debe ampliarse críticamente, a todos los pueblos de la tierra, en línea de liberación universal[6].

## b) *Una referencia al Islam*

Cullmann ha sido básicamente un teólogo ecuménico del cristianismo, empeñado en promover el diálogo entre todas la iglesias, en un actitud que muchos católicos tomaron como ejemplo, en los años del Concilio Vaticano II (1962-1965). Pero su trabajo sobre los «cristianismos marginales» (como el dedicado a los escritos Pseudo-clementinos)[7] le puso en contacto con otros grupos religiosos, que desembocaron de algún modo en el Islam, donde se asume la tradición de la línea de profetas verdaderos que desembocaron en Mahoma, el sello de la profecía. El Islam constituye para Cullmann un fenómeno que sigue vinculado a la historia del judaísmo y cristianismo, y por eso quiero evocarlo, desarrollando las implicaciones de su obra, para mostrar así la fecundidad de su planteamiento.

En el siglo VII d.C., asumiendo elementos anteriores judíos y cristianos (o judeocristianos) y desarrollando al máximo la creatividad de las tribus árabes, antes dispersas, Mahoma suscitó un movimiento religioso que sigue estando vivo, en línea de expansión y desarrollo. Nació de esa manera el *Islam*, religión del so-

---

[6] He desarrollado este tema en diversas entradas del *Diccionario de las Tres Religiones*, Verbo Divino, Estella 2010 y en *Las grandes religiones*, Tempora, Madrid 2002.

[7] Cf. *Le problème littéraire et historique du Roman Pseudoclémentin*, Alcan, Paris 1930. Este trabajo de juventud de Cullmann sigue siendo, a mi juicio, una de las aportaciones más importantes al estudio de las tradiciones históricas y proféticas que se desarrollan en la periferia del judaísmo y del cristianismo, desembocando en la visión de fondo del Corán, ha ofrecido

metimiento a Dios y de la pacificación social, en la zona noroccidental de Arabia, relativamente cerca de Palestina y desde allí se extendió hacia todo el mundo, abriendo un nuevo capítulo en la historia de la salvación.

Mahoma había entrado en contacto con judíos y cristianos y parece que, al principio, no quiso crear una nueva religión; se limitaba a recrear y adaptar las tradiciones judeo-cristianas, para expresar de esa manera la fe pura que Abrahán había confesado, según la tradición antigua, que no se había conservado después en toda su pureza. Pero judíos y cristianos no aceptaron esa innovación, y, por eso, Mahoma acabó fundando una nueva religión, en la línea abrahámica, judía y cristiana, una religión que, partiendo de Arabia, se extendió por tierras del Oriente Medio, Norte de África y Asia. Estas son sus notas principales:

– *Los musulmanes asumen expresamente la herencia de Abrahán (Ibrahim) que, acompañado de su hijo Ismael habría peregrinado hasta la Meca para orar ante la piedra sagrada de la Caaba.* Ratificando el gesto del patriarca, para imitar su fe y expandir su herencia, los musulmanes se comprometen a peregrinar también hasta la Meca, una vez en la vida, si es que pueden hacerlo.

En ese camino de fe y adoración, ellos se confiesan herederos y garantes de la auténtica tradición de Abrahán (que Jesús había ratificado, según dicen), una tradición fijada en el monoteísmo musulmán y en la piedad que se centra en la Meca. Así se creen herederos del gran patriarca *hanif*, devoto de Dios, monoteísta, en la línea de una fidelidad religiosa que se había manifestado ya desde el principio (por Adán, Noé y el resto de los profetas). Mahoma completó de esa manera y culminó lo que había iniciado Abrahán: superó el politeísmo de la Meca, vinculó a los creyentes en la verdadera adoración.

– *Los musulmanes mantienen un monoteísmo cercano al judío, sin admitir encarnación de Dios en Cristo, ni la mediación mesiánica de Israel.* Dios se presenta para ellos como el Señor siempre transcendente que dirige desde arriba el curso de la historia, de una forma que parece ya predestinada de antemano. De tal modo destacan el poder y acción de ese Dios que tienden a dejar en segundo plano la libertad del hombre y el despliegue de la historia. *Jesús* es para ellos un profeta excelso, hijo de María, nacido de forma virginal, predicador del evangelio para los judíos. Pero estos no le recibieron y por eso quisieron matarle, cayendo de esa forma en gran pecado. Posteriormente, traicionando el mensaje y vida de Jesús, los cristianos le divinizaron, cayendo también en pecado, por introducir la división en Dios y por confesar que un humano es divino.

Puede discutirse la forma en que los musulmanes han interpretado la «divinidad» de Jesús. Pero, a juicio de Cullmann, la verdadera diferencia está en que ellos no han aceptado el modelo de la historia cristiana, que se condensa y centra en Cristo, para abrirse luego al conjunto de la humanidad. Para los musulmanes Cristo es un profeta excelso, pero no es el centro de la historia, porque todos los profetas verdaderos han dicho siempre lo mismo, desde Adán hasta Mahoma.

– *En ese sentido, los musulmanes no admiten una verdadera historia (ni la judía, ni la cristiana),* identificando a todos los profetas y condensándolos en Mahoma. A su juicio, el Dios lejano y poderoso (cuya Palabra han venido proclamando todos los profetas: Adán, Abraham, Moisés, David, Jesús...) ha terminado revelando del todo esa palabra a través de Mahoma, el Sello de la Profecía, mostrando claramente su mensaje, fijado en el Corán, que así aparece como Palabra Trascendente de Dios, expresada en forma de libro sagrado.

Entendido así, el Corán no es el Libro de la Historia de Dios con los hombres (como la Biblia cristiana), sino el Libro de la Palabra Eterna de Dios, sin antes ni después, sin cambio en la historia. Según eso, estrictamente hablando, la Palabra de Dios no tiene historia, un antes y un después, sino que es Palabra Eterna, revelada de forma inmediata por Dios (a través del ángel Gabriel), voz a voz, verso a verso, en su propia lengua árabe.

– *Aquí está la verdadera diferencia.* Para los cristianos, la revelación de Dios se centra en Jesús, que tiene un antes (el camino israelita) y un después (el despliegue de la Iglesia), de manera que él forma parte de la historia. Para el Islam, el equivalente de Jesús es el Corán, que es la Palabra eterna, sin antes ni después, una Palabra que se ha revelado, pero no se ha encarnado… Por eso, estrictamente hablando, no existe para el Islam verdadera historia de la salvación, no hay un antes y un después, un proceso de «despliegue» y presencia de Dios en el tiempo, una historia progresiva; en esa línea. En ese sentido, el Islam corre el riesgo de reelaborar una interpretación gnóstica de la Biblia, de manera que, a su juicio, todos los tiempos son iguales, bajo el poder de la Palabra de Dios, que pide a los hombres obediencia (sumisión completa) y les pone ante el «futuro» del juicio.

El Islam "nivela" la historia de la profecía israelita, y lo hace un modo "dogmático" (no histórico), diciendo que todos los profetas han sido y son iguales, han proclamado y proclaman el mismo mensaje (expresado de forma ejemplar en Mahoma). Pero de hecho profetas no han dicho siempre lo mismo, sino que hay una diferencia y un proceso histórico entre ellos. Por eso, la única respuesta ante el Islam es el estudio concreto y crítico de la historia (y de la literatura bíblica), poniendo de relieve la novedad de Jesús frente a los profetas anteriores de Israel. Cullmann afirma que la historia ha de estudiarse en concreto, con los métodos críticos de las ciencias humanas, cosa que, en general, el Islam no ha hecho, afirmando (en contra de la realidad histórica) que todos los profetas han dicho siempre lo mismo.

– *Los musulmanes defienden una especie de pacificación intrahistórica* de la humanidad, vinculada a la expansión del Islam (la religión originaria y verdadera) y al establecimiento de la *'umma* o comunidad de los creyentes. Ciertamente, la unidad sagrada de la *'umma* se ha roto pronto y los musulmanes se han dividido en grupos algunas veces enfrentados. Pero todos ellos siguen añorando el cumplimiento de la unidad sacral islámica que debe extenderse a todos los pueblos (estados) de mayoría musulmana, expandiéndose luego hacia todos los humanos, ofreciéndoles la paz (islam significa pacificación) a través del cumplimiento de la voluntad de Dios.

En ese aspecto podemos afirmar que el Islam implica cierto mesianismo: Los musulmanes esperan extenderse un día a todos los países de la tierra, para establecer de manera universal el orden sagrado de su (la) religión verdadera. Por eso puede hablarse de tipo de «historia musulmana». Pero, estrictamente hablando, no conoce más historia que la aceptación de la unidad y autoridad suprema de Dios.

– *Una ley (sharía), una misión musulmana*. Más que una religión en el sentido espiritualista (una forma interiorizada de encuentro con Dios, que también es importante), el Islam es un programa de vida social en la que todo es profano (nada es Dios), estando todo en realidad sacralizado. Religioso es el ejercicio del poder y religiosa la forma de entender la propiedad y la justicia. También es religiosa la manera de fundar y organizar la familia. Por eso resulta difícil una desacralización del Islam en el sentido occidental del término. Lo que Dios ha revelado a Mahoma debe mantenerse para siempre, siempre de la misma forma, de manera que los fieles ratifiquen su sometimiento a Dios, a través del cumplimiento de su ley (*sharía*). Según eso, no hay más historia que la historia siempre repetida y siempre igual del sometimiento a Dios, de tal forma que la humanidad puede así pacificarse, superando la historia de guerras y conflictos anteriores.

En esa línea, estrictamente hablando, no es necesaria una misión islámica como la cristiana, sino una expansión del Islam a través del contacto personal de los creyentes con los hombres y mujeres de su entorno. En principio, los musulmanes quieren respetar a los creyentes de las religiones del Libro (judíos, cristianos), sintiéndose llamados a transmitir su fe a los paganos. Pero de hecho ellos mantienen una actitud expansiva, y allí donde son mayoría tienden a tomar los resortes de la administración judicial, política y económica (como lo pide su misma *sharía*), para así ofrecer a todos la «plenitud religiosa», que consiste en el sometimiento a Dios, en la forma musulmana. En ese aspecto, en el fondo del Islam sigue habiendo un tipo de presión integral; no hay verdadera separación entre el plano religioso y social (y político); por eso, los musulmanes tienden a extender a todos su forma de vida musulmana, para así crear un mundo «pacificado» bajo el Corán.

## 3. Excurso: Religiones de la historia. Paralelismo y diferencia

La relación entre judaísmo, cristianismo e Islam puede plantearse de maneras diferentes, pero quizá la más certera es la que se apoya en Cullmann, y pone como referencia la historia de la salvación. Así lo he venido mostrando en diversos trabajos sobre la historia y relación de las religiones monoteístas, partiendo de las intuiciones básicas de Cullmann[8]. Las tres religiones son muy cercanas, pero les separa (y vincula) la forma de entender la historia.

– *El judaísmo es la religión mesiánica de Israel*, abierta (en el futuro) a todos los hombres. Para los judíos, herederos nacionales de la religión israelita, es importante la transcendencia de Dios, la historia de su revelación y el mismo Libro santo, pero en un sentido estricto ellos se definen por la Ley nacional (explicitada en la Biblia y la Misná, comentada en el Talmud) y por la existencia del mismo Pueblo Santo, que debe conservar y cultivar su identidad para así ofrecer el signo de Dios a las restantes naciones de la tierra, hasta que llegue la plenitud mesiánica.

Los judíos han creado y desarrollado una religión nacional «del pasado», es decir, del recuerdo de las intervenciones de Dios a favor del pueblo (en el éxodo, en la historia de Israel, en el templo...). Pero el centro del tiempo sigue estando en el futuro. Ellos no tienen un lugar, una persona, un acontecimiento en el que puedan afirmar que Dios ha estado del todo y para siempre con ellos; por eso siguen esperando el futuro de su manifestación

---

[8] Dediqué a ese tema gran parte de mi libro *Hombre y mujer en las religiones*, Verbo Divino, Estella 1997. En un sentido más concreto, he desarrollado el tema en un extenso *Diccionario de las tres religiones* (en colaboración con A. Aya), Verbo Divino, Estella 2009. Los artículos centrales de ese diccionario ponen de relieve la unidad y diferencia entres judaísmo, cristianismo e islam desde la perspectiva de la historia.

definitiva, son religión de la esperanza; la historia sigue siendo para ellos una llamada y camino de esperanza. Por eso, como veremos en el próximo capítulo, para el judaísmo "el centro de la historia" sigue estando en el futuro. Somos un camino, la verdad no ha llegado a manifestarse todavía, estamos aún en la prehistoria de la verdadera humanidad.

– *El cristianismo es la religión de Encarnación mesiánica*. En el lugar donde los judíos ponen la Ley, encuentran ellos a Jesús, Hijo de Dios. Por eso, en el principio de su fe se encuentra (al menos implícitamente) la confesión cristológica (*¡Jesús es Cristo, Hijo de Dios!*), con la certeza de que Dios se ha manifestado ya de una manera decisiva en la pascua de Jesús. Para ellos, «el centro del tiempo» está en el «pasado» de Jesús, en quien confían, a quien confiesan como Hijo de Dios. Por eso pueden afirmar que la revelación definitiva se ha dado «ya», se ha realizado en Cristo, aunque todavía no se ha expresado totalmente (como sucederá en la resurrección final).

Los cristianos tienen según eso, una visión «centrada» de la historia, entendida como un camino que se ha dirigido a Cristo, donde Dios se ha revelado plenamente, y que desde Cristo puede y debe abrirse a la culminación universal de su redención. Siguen manteniendo según eso la esperanza de la culminación final, como los judíos. Pero ya no es una esperanza abierta, sino cumplida en Cristo. Sigue siendo importante el futuro, pero en el centro está la confesión mesiánica de Cristo, que ellos celebran en la eucaristía. Entre ese centro (pascua de Cristo) y el futuro (resurrección universal) se extiende el tiempo de la misión cristiana, que es tiempo de expansión y despliegue de la historia verdadera, tal como se ha manifestado en Jesús.

– *El Islam es la religión profética universal, pero de una profecía sin historia*. Mahoma no es profeta de un futuro humano (impulsor de una historia de libertad), sino testigo de la trascendencia absoluta de Dios. Para ellos no existe pasado (todo fue siempre lo mismo), ni futuro verdadero (todo seguirá siendo lo mismo), sino un presente eterno o, quizá mejor, definitivo, centrada en el mensaje de

Mahoma, condensado en la Palabra o Libro eterno de Dios (Corán), que los musulmanes consideran como manifestación de la verdad eterna de Dios.

Ciertamente, el Islam tiene muchos elementos históricos, pero su centro no es el futuro mesiánico (como en el judaísmo), ni el pasado ya cumplido de la pascua de Jesús (como en el cristianismo), sino la voluntad eterna de Dios, que se ha ido manifestando a través de los profetas, para ser ratificada por Mahoma. En el Islam no hay un futuro salvador (como en el judaísmo), ni un pasado de redención ya cumplida (como en el cristianismo), sino un presente eterno de Dios, revelado en el Corán, al que todos los hombres deben someterse.

En el Islam no una nación escogida, en el sentido judío del término. No hay tampoco encarnación (ni en Cristo ni en Mahoma, ni en María o un profeta de otro tiempo), sino revelación de la palabra eterna de Dios, siempre igual, a través de Mahoma, para todos los pueblos de la tierra, suscitando así el Islam, término emparentado con shalam/shalom que significa, al mismo tiempo, sumisión (a la voluntad de Dios) y pacificación (culminación de la historia, reconciliación entre los humanos). De todas formas, dentro del mismo Islam hay rasgos «históricos», pues hay un principio (creación) y habrá un final (el juicio universal de Dios). Pero lo que importa, lo que define la vida de los hombres es la sumisión a Dios (el Islam), que se ha expresado en todos los hombres religiosos, desde el principio de los tiempos (Adán) hasta su culminación en el juicio.

Teniendo en cuenta esos aspectos podemos precisar la base común y la nota distintiva de cada una de las tres religiones, desde la perspectiva de Cullmann (que estudiaremos de un modo más preciso en el capítulo siguiente). Las tres religiones tienen una base histórica común: Judíos, musulmanes y cristianos saben que el mismo Dios se ha revelado, ofreciendo su presencia salvadora, aunque de formas distintas, como acabo de mostrar. Los miembros de las tres religiones pueden llamarse creyentes, pues acogen con respeto y gratitud el don de Dios, dentro de su misma historia. Pero hay también algunas diferencias significativas, que vuelvo a presentar ahora. Ellas nos permitirán situar la obra de Cullmann (su visión de la historia) en el trasfondo del gran diálogo entre las religiones monoteístas. En sentido estricto, Cullmann ha escrito sólo una "teología de la historia de la salvación cristiana"; pero ella nos permite entender y elaborar mejor una teología de la historia de las religiones monoteístas[9]:

– *Tiempo judío: Amar a Dios en esperanza.* He presentado ya el credo judío, poniendo de relieve su aspecto histórico. Judíos son los que aceptan la historia de Dios en su pueblo, conforme a la palabra del *Shemá: ¡Escucha Israel, Yahvé nuestro Dios es un Dios único, amarás a Yahvé tu Dios....!* (cf. Dt 6, 4-5). En un primer momento parece que ese credo no exige una esperanza de futuro, sino sólo una actitud de escucha (de obediencia) a la revelación de Dios, que se ha manifestado y se sigue manifestando en su pueblo (al servicio de toda la humanidad). De todas formas, bien mirado, ese credo sólo tiene sentido desde una experiencia histórica de la identidad de Israel, en apertura a la esperanza mesiánica.

El Dios a quien los judíos "escuchan" (y han de amar) sólo puede entenderse de verdad como "Dios de la historia", de manera que su amor se identifica con la misma fidelidad histórica del pueblo. Como Cullmann ha puesto bien de relieve, el judaísmo sigue abierto a la esperanza de Dios, interpretada de una forma que, en sentido extenso, podemos llamar mesiánica. En el centro de la fe judía sigue estando la tarea de esa esperanza, centrada en el "amarás al Señor tu Dios", que se concreta en la pacificación futura de la humanidad (*shalom*) a través del testimonio y ejemplo de Israel. Sin esta misión universal de Israel, sin la esperanza de culminación mesiánica, el judaísmo pierde su sentido.

– *Tiempo Cristiano, Jesús el Cristo.* Los cristianos han centrado su fe en Jesucristo, a quien confiesan Hijo de Dios y Señor universal,

---

[9] La comparación con las religiones místicas de oriente exigiría un estudio distinto y más amplio del tema, que aquí no he querido desarrollar, pero que podría hacerse, partiendo de una visión más extensa de la historia (relacionándola con la interioridad mística).

como Cullmann ha puesto de relieve no sólo en el estudio de los credos (*Les premières confessions de foi chrétiennes*), sino de un modo especial en *Cristo y el Tiempo* y en la *Cristología del Nuevo Testamento*, temas de los que trataré en los próximos capítulos. Ciertamente, ellos siguen esperando el futuro de la reconciliación universal (como los judíos), pero añaden que esa reconciliación se ha realizado ya en Jesús, que así aparece como «tiempo central», momento privilegiado de revelación de Dios, que se ha revelado ya plenamente.

El tiempo de Dios se expresa, según eso, en el tiempo de los hombres (se identifica así el tiempo del Hombre Jesús), como indica el credo cuando cuenta la historia de Jesús (nació, murió, resucitó, vendrá a juzgar...). Este mismo Jesús, centro del tiempo, es la revelación definitiva de Dios, como seguiremos estudiando en el próximo capítulo. Lógicamente, en el centro del credo se encuentra la confesión de la vida de Jesús, precedida por una confesión de fe en Dios y seguida por la confesión de la presencia del Espíritu de Dios en la Iglesia. En un sentido, esta confesión tiene un carácter *más teológico* que la confesión judía: no está centrada en el pueblo que debe responder a Dios *¡escucha, amarás...!*, sino en el Dios que es misterio (creo en Dios Padre) y que se ha manifestado como salvador universal por Cristo, su Hijo (que ha realizado ya la obra de la redención). Estrictamente hablando, los cristianos viven inmersos en un tiempo de salvación.

– *Tiempo musulmán, la eternidad de Dios*. Los musulmanes universalizan y simplifican de algún modo la confesión de fe judía en su sahada o credo básico: Atestiguo que no hay dios fuera de Allah y Mahoma es el profeta (enviado) de Allah. Esta palabra no se encuentra al pie de la letra en el Corán, pero ella condensa toda su enseñanza. En ella se contienen las dos verdades fundamentales: *la Unicidad de Dios* (considerado como Señor universal) y su *revelación más alta y constante* (ratificada por Mahoma). Esta confesión, proclamada en árabe desde todos los minaretes del mundo y repetida sin cesar por todos los creyentes, resume la fe musulmana. Ella sola basta para expresar la sumisión religiosa, indicando que un hombre (o mujer) es musulmán (pues no hay en el Islam rito iniciático como la circuncisión judía o el bautismo cristiano).

La confesión musulmana nos lleva más allá del tiempo, situándonos ante un Dios a quien debemos someternos, sin antes ni después, en el instante eterna del "Islam", la sumisión absoluta ante la Realidad divina. Este Dios ya no tiene un nombre especial (como Yahvé en los israelitas); tampoco aparece vinculado a la revelación mesiánica de Jesús (como el Padre de Jesús para los cristianos). Es simplemente Dios y, siendo transcendente, habla (revela su Corán/Libro eterno) a su profeta o enviado que es Mahoma.

Mahoma es un profeta concreto pero, al mismo tiempo, es todos los profetas, pues todos dicen lo mismo, sin antes ni después, proclamando la misma sumisión a Dios. De esa manera lo que ha sido será, lo que ha pasado pasará. No se puede hablar de una historia de la salvación, sino de un sometimiento que nos saca de la historia. Esto es confesar la fe para un musulmán: someterse a Dios y aceptar su manifestación por medio de Mahoma. El centro del tiempo no está ya en el futuro, como en el mesianismo judío, ni en el pasado de Jesús, como en el credo cristiano, sino en la revelación supratemporal de Dios en el Corán.

# III

# UN DESARROLLO TEOLÓGICO
## CRISTOLOGÍA DEL NT (1957)

Tras largos decenios de preparación, consciente de ofrecer la obra cumbre de su larga trayectoria intelectual, a los once años de haber publicado *Cristo y el Tiempo*, en plena madurez (con 55 años), tras un decenio de preparación, O. Cullmann publicó su *Cristología del Nuevo Testamento* 1957, casi simultáneamente, en tres grandes lenguas que parecían más importantes de la cultura occidental: francés, alemán e inglés[1]. Fue un acontecimiento editorial y teológico de primera magnitud, no sólo en el mundo protestante sino en el conjunto de las iglesias cristianas. Nadie hasta entonces había publicado una síntesis cristológica de tal envergadura y tantas pretensiones.

---
[1] Su elaboración había comenzado cuando era profesor en Estrasburgo (1930-1938). Los diversos capítulos y temas de esta obra fueron recibiendo forma en Basilea (donde era profesor desde 1938), siendo traducidos al inglés y comentados por el mismo Cullmann, en conferencias pronunciadas en diversas universidades de USA, en 1955, antes que se publicara la obra definitiva, recibiendo el primer premio de la *Christian Research Foundation* de New York (el mismo 1955). Consciente del valor de su trabajo, ayudado por K. Fröhlich, Cullmann publicó primero el texto alemán (*Christologie des Neuen Testaments*, Mohr, Tübingen 1957). El texto francés, elaborado también por el mismo Cullmann, con la ayuda de J. J. von Allmen y M. D. Appia, apareció el año siguiente (*Christologie du Nouveau Testament*, BTh, Delachaux et N., Neuchâtel-Paris 1958). Finalmente vio a luz el texto inglés, que será el más influyente y reeditado en años posteriores, traducido por S. C. Guthrie y Ch. A. M. Hall y revisado por Cullmann, de manera que puede tomarse también como edición original (*The Christology of the NT*, SCM, London 1959).

Partiendo de su trayectoria anterior, y retomando, de manera cuidadosa y constante los principios de *Cristo y el Tiempo*, Cullmann elaboró su nueva obra desarrollando el esquema teológico/temporal de la *historia de la salvación*, aplicado al estudio de los grandes títulos cristológicos. Ciertamente, le interesaba la historia de Jesús, pero no quiso estudiarla en sí misma, por aislado, sino tal como expresaba en los títulos "mesiánicos" que los cristianos atribuyeron a Jesús (Cristo, Hijo de Dios, Señor...).

Para ello, a fin de aplicar y probar su "método", dividió esos títulos desde la perspectiva de la historia, y los organizó según los cuatro «tiempos» principales: (1) Jesús terreno, la historia propiamente dicha de su vida, entendida ya como tiempo de confesión cristológica; (2) Jesús futuro, la esperanza escatológica centrada en la culminación de su obra mesiánica, y en su "retorno" o plenitud escatológica; (3) Jesús presente, como resucitado, en el tiempo actual de la Iglesia, con su influjo en los creyentes, a través de los sacramentos y de la vida cristiana, conforme al imperativo de la acción creyente; (4) Jesús preexistente, su origen y arraigo divino, en el principio de los tiempos.

Éstos son los temas que quiero exponer, comentar, ampliar y recrear en este apartado, estudiando así el sentido de esa obra fundamental de Cullmann, cuya segunda edición castellana preparé, presenté y actualicé (cf. *Cristología del NT*, Sígueme, Salamanca 1998, págs. 9-50 y 417-438). A diferencia del apartado anterior, donde he trazado una visión general de la temática de fondo de *Cristo y el Tiempo*, sin entrar en los diversos momentos de su exposición, ahora he querido analizar cuidadosamente los detalles de esa obra que, pasados ya casi sesenta años desde su aparición, sigue siendo un manual de referencia para el estudio de la historia de Jesús y de la cristología (de toda la vida cristiana).

Se trata de una obra polémica, escrita en oposición abierta no sólo a la corriente exegética de R. Bultmann (y en especial de su *Teología del Nuevo Testamento* (1951), sino de gran parte de la investigación bíblica alemana, que era muy crítica ante la historia de Jesús y ante las formulaciones "teológicas" del cristianismo antiguo, a las que tachaba de "helenizantes", contrarias al primitivo valor existencial del evangelio (presuntamente recogido en la teología de Pablo y de Juan). En contra de eso, Cullmann defendió la visión mesiánica de la historia de Jesús e interpretó su muerte como "entrega" consciente (e incluso sacrificial) a favor del Reino de Dios: Sólo en la historia de Jesús, reasumida y recreada de un modo pascual, puede fundarse el cristianismo.

Reconociendo el valor y la actualidad de esta obra, he querido exponer de una manera detallada su contenido, para evocar después su impacto teológico, desde el punto de vista de la historia de Jesús y de la interpretación teológica de la primitiva comunidad, superando (con Cullmann) la visión sistemática de los discípulos de Bultmann que seguían por entonces (1956) empeñados en separar y oponer la comunidad judeo-palestina y la helenista. A pesar de ello (o por ello, para valorarla mejor) he querido resaltar también, en la segunda parte (cap 6.), las posibles lagunas de la presentación de Cullmann, actualizando al fin su proyecto cristológico (teológico) a la luz de la investigación actual sobre el tema. Para completar y fijar mejor las aportaciones y posibles deficiencias de la obra será conveniente que el lector acuda a la obra complementaria que he escrito sobre *El Pensamiento de Bultmann*, Clie, Terrasa 2014.

# 5. Una enciclopedia de Jesús, títulos cristológicos

Este capítulo consta de dos partes, netamente distinguidas. La primera recoge y condensa de un modo general y sistemático, el estudio concreto de los títulos de Cristo, analizados por Cullmann desde una perspectiva de historia de la salvación. La segunda profundiza en el sentido de esos títulos, poniendo de relieve las implicaciones y consecuencias de la visión de Cullmann, tanto en el estudio posterior de los teólogos como en la visión actual de la teología, con los cambios que se han venido dando (y podrán darse en el futuro).

## 1. Temas. Una visión abarcadora

La obra retoma y elabora los cuatro momentos sucesivos de la historia de la salvación, a los que he venido aludiendo en el capítulo anterior (preexistencia, israelita, centro en la vida y pascua de Jesús, expansión eclesial y culminación escatológica). Significativamente, Cullmann omite aquí el estudio detallado de un quinto momento, que había elaborado cuidadosamente en *Cristo y el Tiempo*: el despliegue mesiánico de la historia israelita, entendida como preparación del cristianismo, para vincular así de manera más intensa a Jesús con Israel y el judaísmo. De todas formas, los elementos y símbolos de la historia y del mesianismo israelita están presentes en casi todos los temas y capítulos de la obra, de manera que el libro puede interpretarse como un largo diálogo del cristianismo con el proyecto de salvación del Antiguo Testamento, entendido y expuesto de un modo extenso (vinculando tradiciones rabínicas y apocalípticas, sapienciales y proféticas, con un buen conocimiento de la literatura de Qumrán y del pensamiento "samaritano").

Cullmann enraíza a Jesús en la historia de la salvación, dentro de una realidad (una humanidad, una naturaleza) interpretada como historia, y lo hace de un modo concreto, estudiando las diversas tradiciones y tendencias del judaísmo de aquel tiempo. Frente a la *des-escatologización* propugnada por algunos discípulos de A. Schweitzer, frente a la *des-mitologización existencial* de la escuela de Bultmann, esta obra presenta a Jesús como acontecimiento de salvación objetiva (histórica), que se arraiga en el pasado del cosmos y de la humanidad, para extenderse hasta el futuro de la acción final de Dios, fecundando el presente y capacitándonos para comprender desde Dios el origen de todas las cosas (preexistencia).

Ésta es una obra autónoma, que puede y debe leerse por sí misma, como enciclopedia del pensamiento y proyecto de Jesús y de sus primeros seguidores; pero, al mismo tiempo, está marcada de un modo especial por el influjo de Bultmann y sus discípulos, que por entonces formaban una especie de «ortodoxia» exegética en el mundo protestante alemán. En ese sentido se trata de una obra "polémica", en el mejor sentido de la palabra, cono conocimiento de causa, citando, valorando y criticando a los "adversarios".

Cullmann escribió este libro en un momento clave de la «guerra fría», tras la derrota del nazismo (en la segunda Guerra Mundial: 1939-1945), en pleno enfrentamiento entre dos grandes bloques políticos (mundo capitalista y estados comunistas), cuando una parte considerable del pensamiento europeo parecía estar en manos del existencialismo, volcado hacia los problemas interiores de una vida interpretada a veces como tragedia sin salida (M. Heidegger, J. P. Sartre). En ese momento, frente al riesgo de involución y privatización de las iglesias, cuando Dios parecía convertirse en mero signo de una búsqueda interior, esta obra destaca la importancia de la historia real de la humanidad, centrada en Cristo y abierta a la salvación final.

Su teología quiere ser una llamada a la confianza exegética (supone que conocemos bastante bien la vida de Jesús) y a la fidelidad histórica de las iglesias, que deben asumir su tarea misionera de transformación de la realidad, en la línea de un Cristo que sigue actuando en la historia, partiendo la experiencia israelita, en gesto de apertura y testimonio social, dentro de una humanidad llamada a unificarse.

Desde esa perspectiva, gran parte de su obra aparece como una «polémica» frente a la «privatización» del cristianismo, que estaría representada por Bultmann y sus discípulos, que no admiten la historia como lugar de salvación, y rechazan por secundarios (es decir, como producto de las comunidades helenistas) gran parte de los «datos» evangélicos de la vida de Jesús, que habrían sido creados por la comunidad primitiva, en su afán por convertir la ética escatológica de Jesús en una religión respetable dentro del entorno.

Cullmann acepta la polémica con los discípulos de Bultmann, y él mismo la enciende, presentando una especie de alternativa exegética de conjunto, una enmienda a la totalidad de los presupuestos existenciales de muchos exegetas de su tiempo, para recuperar así la historia de Jesús, sin recaer por ello (sino todo lo contrario) en una helenización del cristianismo. En esa línea, su «batalla teológica» no es sólo anti-existencial (en contra de aquellos que reducen el cristianismo a una experiencia interior), sino también anti-ontológica: Cullmann rechaza enérgicamente lo que él llama la cristología de las esencias (de las naturalezas eternas de Cristo), defendida por la ortodoxia tradicional de las iglesias, sobre todo en el catolicismo.

En esa línea insiste en el carácter histórico y mundano del cristianismo como proyecto y camino de salvación real, en medio del mundo, en la gran "plaza pública" de la historia humana, en contra de los que han tendido a verlo como expresión de una verdad eterna y superior, sea en la línea de platonismo (oponiendo eternidad y tiempo, y condenando o devaluando el tiempo), sea en la línea de imposición jerárquica (como si el evangelio fundara y ratificara una visión monolítica de la Iglesia, encargada de mantener sobre el mundo el poder de Dios). Cullmann quiere que las iglesias cristianas sean portadoras del impulso histórico de Jesús, es decir, de su encarnación real en la historia real (social, cultural e incluso política) de los hombres. En esa línea, su obra se ha convertido en un intenso lugar de reflexión y de batalla intelectual que enmarca de algún modo el pensamiento teológico de la mitad de nuestro siglo XX.

La *Cristología* de Cullmann aparece así como una obra emblemática, saludada gozosamente por muchos, pero combatida no sólo por los "ortodoxos existenciales" de procedencia bultmanniana, sino también por los nuevos representantes de un protestantismo neoliberal, que tiende a disolver el cristianismo en un espiritualismo de tipo genérico o light, si puede utilizarse esa palabra. Cullmann es un teólogo crítico (acepta la necesidad de estudiar la Biblia con todos los métodos de la ciencia moderna), pero, al mismo tiempo, es partidario de mantener y defender la "identidad fuerte" del movimiento cristiano, sin devaluar su contenido, sin convertirlo en una especie de ideología ontológica o intimista.

Lógicamente, Cullmann ha sido (y sigue siendo) admirado, pero también criticado, por muchos "ortodoxos dogmáticos" de las grandes iglesias, que intentan mantener en ellas un poder de tipo religioso. A través de su obra él plantea un problema de interpretación teológica, cercano a la búsqueda filosófica de su tiempo, un intento de reinterpretación (y recreación) del cristianismo, pero en clave de historia real, de nueva encarnación social del evangelio. Así debemos repensarla y situarla, entre un tipo de *existencialismo reductor* (en el que Cristo parece convertirse a un simple «para mí», sin entidad histórica propia y sin alcance social) y un *dogma ontológico o idealista* (que se interesa por la naturaleza eterna del Cristo-Logos, su esencia superior divina, pero sin interesarse por historia conflictiva y creadora)[1].

---

[1] Permítaseme un recuerdo personal. La obra de Cullmann se encontraba todavía en el centro de las discusiones hermenéuticas el año 1968, cuando llegué a Bonn, para hablar con H. Schlier (1900-1978) sobre un proyecto de tesis doctoral en filosofía: Quería trazar la línea que iba de Bultmann a algunos de sus discípulos «hermeneutas» (E. Fuchs, H. J. Ebeling). Con humor bondadoso, Schlier me dijo que Fuchs y Ebeling eran amigos y colegas suyos, desde hace mucho tiempo, pero que en ese campo hermenéutico él «no lograba comprender bien lo que decían». Y añadió: «Será un milagro que Usted consiga entenderlos,

Esta obra quiso ser (y sigue siendo de algún modo todavía) un lugar de referencia obligada en el estudio de Jesús, de manera que podemos tomarla como punto de partida exegético y teológico para una visión encarnada del cristianismo, tanto para protestantes como para católicos, dentro y fuera del mundo cultural germano.

Ciertamente, Cullmann ha sido de origen y cultura alemana (nacido en Estrasburgo, cuando la ciudad era alemana), pero se ha sentido universal, asumiendo también la cultura francesa y viviendo en Basilea, ciudad cosmopolita, abierta a las culturas de occidente, en un momento decisivo para el cristianismo, en el momento en que parece necesaria una especie de "Segunda Reforma", en línea de compromiso histórico.

Desde ese fondo he querido presentar y desarrollar los motivos centrales de esta obra. El mismo orden y despliegue de sus partes marcará su contenido, centrado en el estudio de los *títulos cristológicos* más significativos de Jesús en el NT. De manera programada, desde su propia opción teórica y doctrinal, Cullmann ha prescindido de los elementos posteriores de la cristología de los concilios (Nicea y Calcedonia), que trataron de la persona o naturalezas de Jesús, y que nos sitúan ya dentro de una Iglesia posterior, muy marcada por el pensamiento helenista y el afán de la precisión dogmática, por encima del cambio de los tiempos.

Ciertamente, Cullmann ha buscado la precisión conceptual, pero no en una línea de ontología supratemporal, sino de compromiso real con la historia de los hombres, pues en ella se ha encarnado el mismo Dios a través de Jesucristo. En esa línea él ha estudiado los títulos y/o funciones que el NT ha querido (ha

---

Herr Pikaza». Desde ese fondo me recomendó que comparara a Cullmann con Bultmann, diciéndome que ellos representaban las líneas más valiosas del pensamiento exegético del momento: «Si quiere usted fundar las bases de una exégesis teológica, procure comparar a esos autores». Y así me ayudó a trazar el esquema de lo que sería mi tesis, bien trabajada en lo relacionado con Bultmann (especialmente sobre su pensamiento juvenil), menos elaborada en relación a Cullmann. La publiqué con el título: *Exégesis y filosofía. El pensamiento de R. Bultmann y O. Cullmann*, Casa de la Biblia, Madrid 1972. Este libro sigue avanzando en la línea que allí iniciaba.

debido) atribuir a Jesús, descubriendo y expresando en ellos su función histórica. De esa forma, uniendo los *cuatro tiempos* de la historia cristiana (historia de Jesús, presencia eclesial, futuro escatológico, preexistencia) y los *diez títulos* o expresiones simbólicas de la obra/misterio de Jesús se obtiene el esquema que iré desarrollando en lo que sigue[2]: (a) Jesús terreno, historia, con tres títulos: (profeta, siervo de Dios, sacerdote); (b) futuro escatológico, con dos títulos (cristo/mesías, hijo del hombre; (c) presencia eclesial, con dos títulos (señor y salvador); d) preexistencia, con tres títulos (logos, hijo de Dios, Dios).

## a) Jesús pasado: Profeta, siervo, sacerdote

En el centro y base de la historia cristiana de la salvación se encuentra, según Cullmann, el tiempo histórico de Jesús, las palabras que él dijo y las cosas que realizó en un tiempo pasado, en el conjunto de su vida, tal como culminaron (desembocaron) en su muerte y en la experiencia pascual de sus discípulos. Antes de ser una referencia esencial «para mí» (como quieren los existencialistas), antes de poder presentarse como Señor de la Iglesia, «para nosotros», Jesús ha sido un hombre concreto del pasado, en sí mismo, en su contexto histórico, en Galilea y Jerusalén. Antes de llamarle «Hijo de Dios», en términos que pueden convertirse en fuente de idealismo dogmático (como ha sucedido a veces en las iglesias), tenemos que entender y estudiar a Jesús como un hombre de una historia ya realizada.

En este contexto, siguiendo su visión anterior y su valoración del tiempo como categoría central del cristianismo, Cullmann asume los elementos fundamentales de la «nueva investigación de la historia de Jesús», que empezaba a desarrollarse precisamente en

---

[2] Retomo y elaboro los temas de mi cristología teológica (elaborada precisamente en diálogo crítico con Cullmann) en *Éste es el Hombre. Manual de Cristología*, Sec. Trinitario, Salamanca 1997. En esa obra podrá verse con detalle el fundamento y sentido más preciso de los temas que iré desarrollando en las páginas que siguen. Podrá ver allí el lector mis convergencias y divergencias respecto a la obra de Cullmann.

esos años (a mediados del siglo XX), superando el escepticismo de Bultmann y de algunos seguidores suyos, que afirmaban que no sabemos (ni necesitamos saber) prácticamente nada de la vida de Jesús. En contra de eso que pudiéramos llamar la "izquierda bultmanniana", él afirma teológicamente y sabe exegéticamente que podemos conocer los elementos básicos de la historia de Jesús, que son importantes no sólo en un plano teológico, sino también de crítica científica[3].

De todas maneras, en una línea que es significativa, Cullmann no ha querido elaborar una historia crítica de la vida de Jesús, como estaba haciendo en ese momento B. Bornkamm (*Jesús de Nazaret*, 1956), sino fijar los elementos básicos y el sentido de fondo de la historia ya pasada de Jesús, leída y entendida (al mismo tiempo) desde su propio contexto judío y desde una perspectiva teológica moderna, destacando el sentido de sus títulos fundamentales: Profeta, Siervo de Dios y Sacerdote. De esa forma supone que en el mismo fondo de la historia de Jesús subyace una intensa teología, una visión histórica de la acción de Dios y de su presencia creadora entre los hombres.

El mismo Jesús histórico del pasado (que nació en tiempo de Augusto y murió bajo Poncio Pilato, en un momento muy preciso) aparece así, de alguna forma, como «Cristo de la fe», es decir, como enviado mesiánico de Dios, pues la separación estricta y consecuente entre historia y teología es metodológicamente imposible (el mismo Jesús de la historia ha sido objeto de fe para sus seguidores).

Estamos ante un Jesús histórico que pide adhesión a su persona, es decir, que suscita y promueve la fe en su obra, es decir, en el proyecto salvador de Dios, en la culminación de la historia israelita. Significativamente, Cullmann no ha puesto entre los

---

[3] Sobre ese «segundo momento» de la investigación de la historia de Jesús he tratado en *La Nueva Figura de Jesús*, Verbo Divino, Estella 2002. Texto impreso y on line en «Estado actual de la investigación sobre la historia de Jesús»: *Iglesia Viva* 233 (2008) 61-75; http://www.iglesiaviva.org/233/233-14-PIKAZA.pdf. He desarrollado temáticamente estos motivos en *La historia de Jesús*, Verbo Divino, Estella 2013.

títulos de la vida histórica de Jesús el de "mesías" (pretendiente mesiánico), sino el de "sacerdote", vinculado a los de profeta y siervo de Dios. Esto implica, como veremos, una opción metodológica y teológica muy fuerte.

– *Profeta*. Éste es el primero de los títulos de Jesús, la primera de sus funciones, que le arraiga poderosamente en la historia de Israel, en la que él ha querido incluirse. Profeta es el hombre que habla en nombre de Dios, denunciando el pecado del mundo, y anunciando (preparando) la conversión del pueblo y la culminación de la historia (con la llegada del tiempo mesiánico). Profetas habían sido los creadores de la identidad y de la conciencia histórica israelita.

Muchos judíos pensaban que al final de los tiempos vendría el gran profeta (cf. Dt 17, 9-22) para decir la última palabra de Dios y para abrir los últimos caminos de la historia humana. Pues bien, Cullmann estaba convencido de que Jesús se presentó a sí mismo y actuó como el *Profeta* escatológico en quien venía a culminar la historia israelita. En ese sentido, Jesús empalma no sólo con la tradición y esperanza estrictamente judía de Jerusalén, sino con la esperanza pan-israelita, representada también por los samaritanos, que esperan al *Taheb*, es decir, al profeta que ha de venir y que debe resolverlo todo, revelando la voluntad definitiva de Dios (cf. Jn 4, 25). En esta línea resulta muy significativa la visión universal (y fuertemente religiosa) del Jesús de Cullmann, que ha querido recuperar y centrar en su historia y su figura algunas de las tradiciones religiosas más importantes de la humanidad (en una línea que podría llamarse incluso "chamánica").

Jesús quiso ser profeta y promotor de la llegada del reino de Dios, el gran "chamán" de la nueva humanidad de Dios, de la historia abierta al Reino de la nueva humanidad, como muestra no sólo su mensaje, sino la trayectoria de su vida, empezando con Juan Bautista en el Jordán, siguiendo en Galilea y culminando en Jerusalén. Así le han visto e invocado también tras la pascua los primeros judeo-cristianos, bien centrados en la esperanza histórica de la culminación mesiánica de Jerusalén. Gran parte de la fuerza de este judaísmo profético de Jesús se ha perdido en la Iglesia posterior, para reaparecer, sin embargo, en el Islam. Sin un retorno al Jesús profeta histórico, abierto a la profecía de aquellos que buscan el reino de Dios, no puede darse una renovación del cristianismo.

– *Siervo (Servidor) de Dios*. Éste es para Cullmann el segundo de los títulos y tareas históricas de Jesús, que ha de verse en unidad complementaria con el anterior. Siervos son los que realizan una tarea importante al servicio de sus «señores». Pues bien, siervos de Dios (portadores de su mensaje, realizadores de su obra) han sido de un modo especial los profetas, pero también otros creyentes de la historia israelita. Ellos aparecen así como "siervos", sometidos a Dios (sin pretensiones de una realeza o poder divino), pero llenos de un poder más alto, como representantes de la autoridad y presencia de Dios en el mundo, como auténticos administradores de su obra.

En esta línea se puede hablar de una intensa convergencia de Jesús con Mahoma, que aparece también como profeta y siervo de Dios, pero con una diferencia muy significativa, vinculada al "sufrimiento" y a la entrega personal en el "servicio" del reino. Conforme a una experiencia evocada por los «cantos del siervo», contenidos en el 2º Is (Is 40–55), muchos israelitas veneraban (e incluso esperaban) la figura de un misterioso Siervo de Dios que debía enseñar a los hombres la lección fundamental de la historia, que consiste en aceptar y transformar el sufrimiento, es decir, la derrota y el fracaso dentro de este mundo. El profeta de Dios, convertido en «siervo» que da la vida por la obra de Dios aparece así como el verdadero intérprete de Dios en la historia: Es alguien que aprender a sufrir y sufre por los demás, transformando de esa forma el camino de la historia, para que no lleve a la destrucción final, sino a la victoria de Dios. Ésta ha sido y sigue siendo la experiencia fundamental de la historia de Jesús y del cristianismo.

Al poner de relieve la visión de Jesús como profeta convertido en siervo de Dios que ha de «sufrir», es decir, entregar la propia vida para iniciar la transformación mesiánica de Israel y de la humanidad, Cullmann ha retomado una poderosa tesis de A. Schweitzer, en su *Historia de la Investigación de la vida de Jesús*, ²1913. Jesús supo que el auténtico profeta debe estar dispuesto a sufrir por los demás, de un modo «vicario», asumiendo el pecado de los hombres, para así liberarles. Pues bien, siguiendo una fina investigación exegética, Cullmann ha podido afirmar que Jesús, sabiéndose profeta del fin de los tiempos, se ha descubierto a sí mismo como Siervo sufriente de Dios, dispuesto a dar la vida al servicio de los demás.

Éste ha sido para Cullmann el dato más significativo de de la vida de Jesús: Dios le había hecho profeta, portavoz del gran juicio de Dios (y de su Reino); pero él ha descubierto que no podrá realizar su tarea triunfando sobre los demás, imponiendo su poder sobre los pueblos (como pensaban algunos grupos judíos de aquel tiempo), sino muriendo por ellos, en actitud expiatoria. Desde esta perspectiva Cullmann ha defendido, tanto en este libro como en *Jesús y los revolucionarios de su tiempo* (1970) una visión "despolitizada" de Jesús (en línea de política mundana), dejando abiertos unos temas que la historia y teología posterior ha investigado con más precisión.

– *Sumo Sacerdote*. Significativamente, allí donde gran parte de los investigadores habrían aludido al "mesianismo histórico" de Jesús, Cullmann evoca su ministerio sacerdotal, dándole un sentido histórico, vinculado al gesto de entrega de su vida en Jerusalén, tal como se expresa en la tradición de la Última Cena. Éste título ha de verse de un modo paradójico, pero radicalmente histórico: Jesús se opuso al sacerdocio oficial del templo de Jerusalén, donde subió precisamente para anunciar el fin de ese templo y de su culto.

Pues bien, al actuar de esa manera, al subir a Jerusalén para enfrentarse con el culto del templo, Jesús ha empalmado, de hecho, con la mejor tradición profética de Israel, representada por algunos judíos de su mismo tiempo, en apariencia «marginales», pero muy importantes, que ahora conocemos mejor por los manuscritos de Qumrán, que Cullmann fue de los primeros en valorar. Esos judíos esperaban la llegada de un *mesías sacerdotal*, que debía instaurar el verdadero culto israelita del fin de los tiempos. En esa línea de renovación sacerdotal (no de conquista política del Reino) se situó Jesús, que no quiso enfrentarse contra Roma en línea militar, sino cumplir y culminar en Jerusalén las tradiciones religiosas de su pueblo, para ofrecer a Dios el verdadero culto sagrado.

Éste es el "secreto" histórico de Jesús: Él actúa como el auténtico profeta y siervo, que viene a Jerusalén para asumir y realizar el verdadero sacerdocio, el auténtico culto religioso. Jesús no ha sido sacerdote en sentido cultual externo, ni ha querido transformar los ritos del templo de Jerusalén, como parecen haber intentando los esenios de Qumrán. Pero su misma forma de entender la presencia de Dios y su perdón, su manera de identificarse con el Siervo sufriente y de realizar el signo del pan y del vino en la Última Cena, han podido recrear y han recreado, en una perspectiva nueva, el más hondo sentido de aquello que buscaba el sacerdocio israelita, de manera que él, en el fondo, ha querido presentarse como "Sumo Sacerdote".

En ese sentido, la tradición de la "entrega personal", que aparece en los sinópticos (cf. Mc 8, 31; 9, 31; 10, 32-34) y en el fondo de la Carta a los Hebreos, recupera un elemento histórico fundamental de la vida de Jesús. Él ha venido a Jerusalén como verdadero "sacerdote" de Dios, para realizar el auténtico sacrificio. Hay un tipo de «sacrificio» imperfecto (o pervertido) que Jesús ha querido superar, que es el sacerdocio que consiste en aplacar a Dios ofreciéndole víctimas ajenas, con violencia. Pues bien, en contra de eso, Jesús ha descubierto el verdadero sacerdocio del profeta y del siervo de Dios, que consiste en estar dispuesto a dar la propia vida para bien de los demás.

De esa manera, frente al ministerio violento y dominador de sacerdotes oficiales (sadoquitas y aaronitas) del templo de Jerusalén, que dominan con sangre (de animales) y dinero sobre el pueblo (creyendo que así aplacan a Dios), Jesús ha realizado con su vida y con su muerte el verdadero sacerdocio, que consiste en entregarse por el reino de Dios, a favor de los demás. Así lo ha reconocido muy pronto la Iglesia, no por influjo de un tipo de helenismo sacral (como decían y dicen muchos exegetas), sino desde la misma raíz israelita del mensaje y proyecto de Jesús. Esta reinterpretación del sacerdocio de Jesús (que no es sacrificial en sentido externo, que no es propia de un templo aislado, sino de la vida entera) nos sitúa ante uno de los temas fundamentales de la interpretación del cristianismo, que no han sido todavía suficientemente elaborados por la exégesis histórica y teológica del NT.

Estos tres títulos van unidos, y enmarcan (definen) la historia pasada de Jesús, como profeta (que anuncia la palabra del Reino), como siervo (que cumple la tarea de Dios) y como sacerdote (que regala su propia vida, por la llegada del reino de Dios). Los cristianos han recordado así la vida de Jesús, que no ha querido ser mesías político, sino que se ha elevado como nuevo sacerdote, abierto a la humanidad entera, con su gesto de entrega de la vida al servicio de los demás. Esta «historia del pasado» de Jesús constituye, como he venido destacando, el «centro del tiempo», tal como ha sido descubierto y proclamado por la Iglesia al confesar que este mismo Jesús (¡el Jesús histórico!) ha resucitado y llena con su vida la vida de la Iglesia. Sin este centro histórico de Jesús profeta-siervo-sacerdote, que ha entregado (regalado) su vida al servicio del reino de Dios (es decir, de los hombres), el cristianismo pierde su base y su sentido.

*b) Jesús futuro: Cristo, Hijo del Hombre*

La historia terrena de Jesús ha estado totalmente orientada hacia la culminación escatológica, es decir, hacia la llegada del reino de Dios. Conforme a la visión de O. Cullmann, Jesús no se ha limitado a proclamar la venida de un Reino separado de su vida, sino que ha descubierto que su vida se encuentra integrada en el despliegue y llegada del Reino. En ese sentido, podemos afirmar que todos los «títulos» de Jesús han de entenderse desde este centro: Él ha sido, y sigue siendo para los cristianos, el hombre del reino de Dios.

Ciertamente, él ha vivido en un tiempo y entorno bien determinado, anunciando como profeta judío la llegada del reino de Dios, desde una situación de "siervo", como "sacerdote" de un nuevo culto centrado en la entrega de la propia vida, siendo crucificado en los días de Poncio Pilatos (en torno al año 30 de nuestra era). Pues bien, de esa manera, él ha encendido y potenciado la esperanza de la gran transformación mesiánica de la humanidad; en esa línea, la verdad de su vida, y la vida de todos los hombres y mujeres que le siguen, se encuentra vinculada a la esperanza del futuro, redención final, que habían anunciado y esperado los profetas de Israel, a quienes él ha venido a confirmar.

Jesús ha vivido, según eso, para el futuro de la llegada del Reino de Dios, para la culminación escatológica de la humanidad, como han puesto de relieve los evangelios y toda la Iglesia primitiva. Jesús no ha proclamado la realidad de un «orden superior de ideas o verdades morales», en la línea del helenismo, sino la llegada del Reino futuro de Dios. De ese futuro le llega la fuerza, la certeza de que el mundo va a cambiar. Desde ese futuro se va entendiendo a sí mismo como Cristo/Mesías e Hijo de humano.

En ese sentido podemos afirmar que Jesús ha sido más que el profeta, más que el siervo y/o nuevo sacerdote esperado por algunos grupos de Israel (como los esenios de Qumrán). Sus seguidores han visto que él se ha interpretado y presentado a sí mismo, en clave de esperanza, como el Cristo de la nueva humanidad, el Hijo de Hombre. Estos dos títulos definen (van trazando) su verdad más honda, que se abre, desde el pasado de su propia historia, hacia el futuro de la culminación escatológica del tiempo, que él ha proclamado e inaugurad. Estos dos títulos están arraigados en la vida de Jesús, pero han sido desarrollados de un modo especial tras la pascua, recibiendo un nuevo sentido y tarea a partir de la experiencia de la resurrección, entendida como anticipo de la culminación escatológica.

Ciertamente, los primeros cristianos saben que Jesús "está presente" en medio de ellos, como resucitado, pero más que su presencia actúan destacan su esperanza de futura: Jesús es aquel que ha de venir muy pronto a rescatarles de este mundo, para instaurar el Reino de Dios (como Cristo) y para instaurar la humanidad escatológica (como Hijo del Hombre).

– *Cristo/Mesías*. La esperanza dominante del judaísmo del tiempo de Jesús se hallaba centrada en la promesa de un Mesías conccbido de un modo general en términos políticos: Se necesitaba un buen gobierno, el mando de unos hombres buenos que acabara con la inmensa violencia e injusticia da la historia anterior, expresando sobre el mundo la verdad del Gobierno de Dios. Lógicamente, para ello resultaba necesaria la llegada del Mesías de Israel, que retomara el Reino de David y que extendiera su dominio sobre todos los pueblos de la tierra, para que llegara así la paz esperada.

Como buen profeta judío, Jesús estaba convencido de la verdad de esa visión, pero no quiso aceptar en modo alguno los aspectos militares de cierta visión del mesianismo y los rasgos políticos de dominio social que le acompañaban. Sabía que el Gobierno de Dios no se impone por las armas ni por otros medios de violencia. Por eso, evitó ese título a lo largo de su vida, porque le situaba (y situaba su tarea) en una línea de revolución nacional, representada en aquel tiempo por los celotas, que eran los representantes principales de este tipo de mesianismo.

Sólo hacia el final de su vida, cuando había presentado con claridad los aspectos principales de su proyecto (en línea de no violencia activa y de elección de los pobres), cuando se disponía a subir a Jerusalén para proclamar sin armas la llegada del reino de Dios, Jesús aceptó este título de una forma velada, pero evidente. Así lo hizo especialmente en el momento final de su vida, cuando se hallaba delante del tribunal de los sacerdotes, que intentaba condenarle a muerte (Mc 14, 62). Jesús se presenta así como Mesías, pero de una forma nueva, como Siervo que sufre por los demás, como Hijo de Hombre que acepta la muerte y que debe venir en el futuro para instaurar la auténtica humanidad.

Este título (Mesías), que Jesús aceptó y propuso de manera pública al final de su vida (siendo condenado como Rey de los Judíos: Jn 19, 19 par), recibió su sentido más preciso (definitivo) en la experiencia pascual de la Iglesia. Así, fundados en la certeza de la resurrección de Jesús, habiendo superado ya el riesgo político inherente en ese título, muchos cristianos aplicaron a Jesús la esperanza mesiánica, llamándole así el Cristo por antonomasia: Es aquel que ha de venir para transformar la historia humana y suscitar la nueva creación, pero no a través de la toma de poder, en línea militar, sino a partir de la transformación pascual de la vida entera.

Ciertamente, los cristianos sabían que Jesús resucitado es de alguna forma Rey (es Mesías), pero su reino está escondido (no se ejerce en este tiempo), sino que ha de manifestarse en el futuro. Por eso, en sentido estricto, Jesús no es Mesías porque ejerce ya su reinado, sino porque ha de venir como Rey, Éste es un elemento esencial de su proyecto y del proyecto de su comunidad, según Cullmann. Jesús tomó al final de su vida unos "rasgos mesiánicos", pero no en clave de toma de poner (en plano político-militar), sino a partir de su visión con profeta y siervo de Dios, en un plano "sacerdotal". Pues bien, esos rasgos sólo pudieron ser asumidos y desarrollados de un modo consecuente por sus seguidores tras la pascua, en el momento en que ya no podían entenderse de un modo político-militar.

Los primeros cristianos descubren y confiesan a Jesús como Cristo, pero no porque ha tomado el poder político (en contra de Roma), sino porque ha dado su vida, siendo resucitado "ya" por Dios, e iniciando un Reino mesiánico distinto. Entre el «ya» de su muerte mesiánica y el futuro de su venida final (con la resurrección de los muertos) se extiende el título y señorío judío (universal) de Jesús como Cristo. No es un «ser divino», en el sentido helenista del término (en un plano de eternidad supra-temporal), sino aquel que ha de venir, como culminación y signo de la humanidad redimida, una vez culminado el camino de la historia de la salvación.

– *Hijo de Hombre*. El Jesús de la historia fue reticente ante el título *Mesías*, pero dio mucha importancia al de *Hijo de Hombre*, hasta venir a convertirlo en signo distintivo de su propia identidad. Este título se encuentra vinculado al del *Hombre nuevo*, Hombre final, que había surgido y se había desarrollado en el contexto religioso del oriente (religión irania), siendo recreado por diversos grupos del judaísmo del Segundo Templo (525 a.C. al 70 d.C.), tanto en línea escatológica (Dan 7, libros de Henoc...), como en línea sapiencial (Filón de Alejandría). La verdadera humanidad no había surgido todavía, sino que debía aparecer y desplegarse al final de los tiempos, como expresión completa de la creación de Dios.

Pues bien, Jesús tomó ese título como rasgo distintivo de su vida y obra, y se tomó a sí mismo como Hijo de Hombre, vinculando las figuras del Siervo (Profeta) y Mesías con la esperanza del Hombre final (nueva humanidad) que ahora debe comenzar. Ciertamente, él era Hijo de Hombre en su figura y forma actual, dentro de la misma historia, de manera que su título más hondo era el ser «hijo de hombre», un ser humano. Así, cuando le pregunta ¿tú quién eres?, él puede responder, como en parábola muy honda, confesando y ocultando al mismo tiempo: *¡soy un Hijo del Hombre....!* Un humano sin más, eso es Jesús, el signo y plenitud de la esperanza de lo humano.

Así le han visto los evangelios sinópticos, cuando repiten sus palabras más hondas, así lo ha destacado especialmente san Pablo cuando traza el sentido de la redención cristiana. El auténtico Mesías cristiano es el Hijo de Hombre, un ser humano que ha dado la vida, ha sufrido (se ha entregado) en el mundo (sin más título que ese, ser un hombre)..., pero siendo, al mismo tiempo, el portador de la gran esperanza de la llegada de la Humanidad definitiva, que brota cuando se cumpla el camino de la historia de la salvación. Éste ha sido, por tanto, un título del Jesús histórico, vinculado a la esperanza escatológica del Hijo del Hombre. Pero sólo se ha desarrollado y ha tomado su pleno sentido tras la experiencia pascual, en un plano escatológico, cuando los primeros cristianos, de línea judía, confiesen que Jesús vendrá pronto, como Hijo del Hombre, a realizar el juicio de Dios.

Estos dos títulos (Cristo e Hijo de Hombre) son radicalmente judíos y retoman dos elementos centrales de la inmensa riqueza del judaísmo del tiempo de Jesús, en una línea más histórico-política (Cristo) y más apocalíptica (Hijo del Hombre). Ambos se han unido, de forma que llegan a ser intercambiables, marcando la primera experiencia de la Iglesia. En ese contexto ha situado Cullmann la raíz de la cristología eclesial. Desde ese fondo ha interpretado y recreado el tema de las dos naturalezas, del concilio de Calcedonia (451), donde Jesús aparece como Dios verdadero y hombre verdadero, con dos esencias o dos naturalezas.

Ese lenguaje de Calcedonia (y de la "escolástica" posterior, tanto ortodoxa como católica y luterana) tiene a su juicio un valor histórico (representa la confesión de fe y la teología de una iglesia de fondo helenista), pero no responde al mensaje de Jesús ni a la experiencia de la Iglesia primitiva (tanto desde la perspectiva de la comunidad judeo-palestina como desde la perspectiva helenista antigua, las dos muy vinculadas). Jesús no ha sido un hombre en general (un portador de la esencia humana), sino un hombre concreto, pero portador de la esperanza del Hombre Escatológico, es decir, de la realización de la nueva Humanidad, al final de la historia.

Estos dos títulos (Mesías e Hijo del Hombre) se arraigan en la historia del mensaje y de la vida de Jesús, pero sólo se entienden en perspectiva escatológica, como expresión de la esperanza histórica de una humanidad que busca su culminación real, en un futuro real. Jesús es «ya» el Cristo, el Hijo del Hombre, pero sólo en la medida en que se abre, abre a los hombres, hacia la esperanza del cumplimiento completo de la historia, que estará marcado por la culminación escatológica. Esto es algo que los griegos (encerrados en el círculo del eterno retorno y en el ideal de una eternidad que se extiende sin tiempo, por encima de todo tiempo) no pudieron entender. Esta es la novedad del cristianismo, vinculado con (por Jesús) a la tarea de la creación (y la esperanza) del hombre escatológico.

*c) Jesús presente: Señor, salvador*

Muy pronto, desde el principio de la experiencia de la pascua, los discípulos del Profeta galileo (del pretendiente mesiánico asesinado), ya en Jerusalén, supieron que Jesús no es sólo el que vendrá al final «en las nubes del cielo», para culminar la historia (como anunciaba Dn 7), sino aquel que de un modo misterioso «ya ha venido», aquel que está viniendo, en la vida de los creyentes que le veneran y, de un modo especial, en el centro de su liturgia pascual. En este contexto ha de entenderse la vida y el culto de las iglesias, que Cullmann había puesto de relieve en varias obras (sobre todo a partir de *Urchristentum und Gottesdienst* [*Cristianismo primitivo y culto*], 1950).

Cullmann ha recuperado de esa forma, para satisfacción de los católicos, un elemento que la tradición protestante, más centrada en la proclamación de la Palabra había tendido a descuidar, diciendo que Jesús no es sólo aquel que ha de venir (como Cristo e Hijo del Hombre, en las nubes del cielo futuro), sino aquel que se ha hecho presente, como Señor y Salvador personal (es decir, histórico, en el sentido profundo de ese término), en la vida de sus seguidores, en especial en su culto, centrado en el Sacramento de la Cena, que ha de entenderse ya en clave esencialmente judía (aunque abierta al helenismo y a todas las grandes religiones).

Muchos teólogos protestantes tendían a decir que el culto había sido (y seguía siendo) una deformación helenista del mensaje y proyecto de Jesús, que había sido un profeta moralista (no hay más culto que la buena conducta) y un predicador del juicio final. En contra de eso, Cullmann ha sabido descubrir ya en la vida de Jesús, y sobre todo en la experiencia de la misma Iglesia antigua (judeocristiana) un elemento de veneración y culto religioso, que empalma con la Última Cena de Jesús y con las comidas rituales de sus primeros seguidores, en la línea de un judaísmo que descubre y cultiva la presencia de Dios (la venida de su reino) de un modo cultual, fuera del templo de Jerusalén, como hacen los esenios de Qumrán.

Cullmann sabe, ciertamente, que hay una veneración y culto que aleja a los hombres de la historia (es decir, de los compromisos del presente, de las tareas sociales en pro de la justicia). Pero él sabe también, en otra línea, que hay un culto que arraiga al creyente en la historia, permitiéndole así recuperar el pasado de la vida de Jesús, para abrirse con él hacia el futuro de la reconciliación completa, es decir, de la resurrección. Gran parte de la obra madura de Cullmann está centrada en el intento de recobrar y recrear el culto original de los cristianos, en oposición a una experiencia puramente existencial (Bultmann) o a una interpretación política del mensaje cristiano. De esa forma, el tema "histórico" del Jesús "sacerdote", que sube a Jerusalén para instaurar el auténtico culto, recibe su expansión y su despliegue en la vida de la iglesia, que recuerda y celebra la presencia de Jesús en la Cena.

El culto cristiano recupera y recrea el camino de la historia israelita. Todo el pasado de Israel tendía hacia Jesús desde el principio (en la línea del éxodo, de las promesas de la tierra); todo el presente cristiano tiende desde Jesús (y con Jesús, presente en el culto) a la culminación mesiánica del tiempo. Pues bien, de un modo providencial, está presencia cúltica de Jesús ha podido ser asumida y desarrollada por los cristianos de tendencia más helenista (pues ellos entendían bien el culto), pero sin que hubiera separación y ruptura entre las dos comunidades (los judeo-cristianos y los helenistas).

Ésta es la nueva y más significativa experiencia de los cristianos que descubren la presencia de Jesús no sólo como aquel que ha de venir, sino como *Señor* divino (*Kyrios*), gloriosamente activo en medio de ellos, en su culto y en su vida. Sigue siendo importante el futuro de Jesús (se le espera como Cristo, Hijo de Hombre). Pero esa esperanza sólo puede mantenerse y cultivarse dentro de la Iglesia porque los cristianos han tenido la experiencia firme de que el mismo Cristo que vendrá está presente en medio de ellos como Señor y Salvador:

– *Señor*. Siguiendo a W. Bousset, gran parte de los exegetas (sobre todo los bultmannianos) de la primera mitad del siglo XX pensaban que los primeros cristianos palestinos vieron a Jesús únicamente como un profeta moralista y un predicador del Reino futuro. Sólo en un momento posterior las comunidades cristianas helenistas, influidas por la cultura y religión griega, pudieron venerarle como *Kyrios* o Señor divino. Eso significa que el cristianismo como religión sólo pudo haber nacido en las iglesias de cultura griega. Pues bien, en contra de eso, Cullmann se ha esforzado por mostrar que el título y culto del *Kyrios* divino provienen de la comunidad palestina, que invocaba ya a Jesús en arameo como su *Maran* o Señor, pidiéndole que venga.

Desde ese fondo ha presentado Cullmann los rasgos principales que distinguen y definen la confesión y presencia de Jesús como Señor. 1. *Hay un Señor Intemporal*, que se mantiene por encima de la Historia, como ser divino, en la línea de los dioses griegos, que son un signo de los valores intemporales de la vida humana, como el mismo Cullmann había puesto de relieve al principio de su obra teológica. 2. *Pero los cristianos del principio veneraron a Jesús como Señor Presente porque era Aquel que Ha de Venir*. No es Señor por lo que es, manteniendo y disponiendo, siempre de igual forma, el orden de la cosas, sino porque es el portador y el impulsor de la plenitud futura. De esa forma es Señor por lo que «hace» y, sobre todo, por lo que será, revelándose en la historia actual como aquel que ya ha resucitado, pero añadiendo que vendrá en el futuro (pronto) para ofrecer la gracia de su redención a todos los pueblos de la tierra.

El señorío de Jesús se traduce así no sólo en forma de veneración actual (los creyentes le descubren y aclaman como *Mar-Marán* en el culto), sino como promesa de transformación futura. Sus fieles le piden que venga (*Marana-tha*), y así se comprometen a mantenerse atentos, adelantando su venida, con el compromiso de su entrega mesiánica. Sólo porque está ya presente, y porque su presencia es principio de transformación, puede pedírsele que venga y se revele del todo. Del futuro prometido (y adelantado de algún modo en Jesús-Señor) nace la certeza y gozo de su presencia en el culto y en la vida de los fieles. Del rico presente se alimenta la petición del futuro y compromiso de futuro.

Sólo aquellos que invocan así a Jesús como Señor (*Maran, Kyrios*) pueden enfrentarse con libertad a todos los restantes señoríos parciales de este mundo, sin adorar a ninguno, sin someterse nunca totalmente a su dictado. Lógicamente, ese mismo título, que pone de relieve la condición divina de Jesús (presente en las comunidades, pero como aquel que ha de venir), sirve para definir la experiencia social de la Iglesia. Los cristianos, que veneran a Jesús como *Kyrios*, deben oponerse al culto político imperial del «Kyrios» de Roma o a todos los cultos políticos y/o económicos del mundo.

– *Salvador*. Sólo porque está presente como *Kyrios* o Señor, Jesús puede mostrarse como Salvador, es decir, como aquel que redime a los hombres de sus males, liberándoles de la esclavitud del mundo o de un tiempo que simplemente es «muerte», así como del odio y la lucha que enfrenta a unos hombres con otros. Cristo es Salvador porque hacer a los hombres capaces de vivir ya desde ahora con la esperanza de la reconciliación, que culminará en la resurrección futura.

Este título de Salvador es para Cullmann un título derivado, aunque no secundario. A su juicio, la Iglesia se define desde el principio como la comunidad de aquellos que esperando a Jesús como Cristo final le veneran ya como Señor divino, en culto y vida, sintiéndose así ya salvador. Sólo en ese contexto, siendo Señor divino (y asumiendo por tanto el nombre de Yahvé, Señor israelita), Jesús ha podido recibir también como propios otros títulos del Dios judío, especialmente el de *Sôter* o salvador, vinculado al de «redentor» y/o liberador. Jesús aparece así como presencia del Dios Salvador de la tradición israelita.

Este título (*Sôter*, salvador) aparece sólo en los estratos más tardíos del NT, en aquellos donde Jesús ha venido a presentarse con toda claridad como presencia actuante de Dios dentro de la Iglesia. Es un título poderoso y necesario, si se entiende dentro del contexto de la historia de la salvación, entendida no como salvación «de» la historia (como en la gnosis), sino como salvación «en y por» la historia. Significativamente, este título se ha extendido más en los círculos de la gnosis (salvador interior) y de un tipo de dogmática sacramentaria (salvación por la Iglesia). Por eso es necesario recuperarlo en clave de historia.

Estos dos títulos del «señorío» presente de Cristo, a quien sus fieles veneran como Señor y Salvador, dentro del culto de la Iglesia, trazan un camino de piedad cúltica y de afirmación religiosa que debe expresarse en la vida de las comunidades cristianas. Las iglesias protestantes, muy centradas en la proclamación de la Palabra, han olvidado a veces la experiencia y exigencia del culto religioso. Por su parte, la Iglesia católica ha corrido el riesgo de cerrarse en un tipo de culto sacralizado de un modo helenista. Por eso, según Cullmann, es necesario superar un riesgo y el otro, y recuperar el sentido cristiano del culto, como elemento integrante de la historia de la salvación.

***d)** Jesús preexistente: Logos, Hijo de Dios, Dios*

Del Jesús que había vivido (profeta y siervo de Dios), y de aquel que vendrá (Mesías-Hijo del Hombre final) y que está presente en el culto de la Iglesia (Señor-Salvador), los creyentes del Nuevo Testamento han pasado (según Cullmann) de un modo lógico a la certeza de que él (Jesús) ya existía en el principio. Aquel que ha de venir en gloria fuerte, porque actúa ya en el mundo (como Cristo y Señor), es el mismo que era en Dios, en el principio de los tiempos; de Dios nace, en Él se arraiga su camino.

Cullmann piensa, en esa línea, que los cristianos han trascendido aquello que pudiéramos llamar la gran barrera de un monoteísmo solitario de Israel, para abrirlo (y abrirse) al diálogo y a la comunicación, es decir, a la revelación y la historia compartida. Los judíos «ortodoxos» no se atreven a profundizar más allá de su historia pasada; por eso siguen vinculados a la palabra creadora de Dios (Gen 1-2) y al testimonio de Abrahán, en el principio de su caminar. Por otra parte, a su juicio, Dios está siempre más allá, no ha venido plenamente todavía. En contra de eso, los cristianos afirman que el Jesús de la historia (el resucitado) ha venido ya, proviniendo de Dios, de tal manera que puede llamarse así «divino», pero no como otro Dios, al lado del Dios verdadero, sino como presencia de Dios, en el despliegue de su historia.

Ellos, los cristianos, apoyándose en algunas palabras misteriosas y en varias parábolas de Jesús, han podido llegar de algún modo más allá de la gran barrera teológica de un monoteísmo cerrado en sí mismo, descubriendo a Jesús como Palabra (Hijo) de Dios en el mismo principio fundante de los tiempos. Por eso siguen diciendo que ese mismo Jesús de la historia nace (brota, proviene), no en sentido biológico (en contra de lo que piensa el Islam), pero sí en sentido verdadera de la raíz (del principio sin principio) de Dios, siguiendo unido a él, pero teniendo, sin embargo, una autonomía personal. En ese sentido, frente a un tipo de judaísmo, que sigue poniendo a Dios más allá de toda historia, los cristianos se atreven a confesar que Jesús brota del comienzo de la historia de Dios, afirmando (de alguna manera) que el mismo Dios «es» (o, quizá mejor, «se hace») historia.

Ésta ha sido, según Cullmann, la aportación original del cristianismo, que ha resultado «escandalosa» para un tipo de judíos y musulmanes, porque piensan que los cristianos han puesto junto a Dios «otro Dios». Pues bien, con la tradición de la Iglesia primitiva, Cullmann les responde que Jesús no es «otro Dios», sino el mismo Dios originario, pero que ha venido plenamente en Jesús (sin dejar de ser divino).

En ese sentido, Dios no puede interpretarse ya como eternidad intemporal, sino como «principio de la historia» de la que brota Jesús. Por eso, aceptando y superando el pasado de la historia israelita, los cristianos han buscado a Jesús en el mismo principio de Dios, llamándole Logos, Hijo de Dios y ser divino (Dios). Éstos son los títulos que Cullmann ha evocado en esta línea, en una perspectiva que podría llamar trinitaria (entendiendo la Trinidad como despliegue de Dios en la historia):

– *Logos*. Este título tiene paralelos en la literatura griega, en el hermetismo y en la gnosis, como Cullmann sabe bien, siguiendo los más hondos estudios que C. H. Dodd ha dedicado al Evangelio de Juan[4]. Más que ante un hombre que se hace Dios (en clave politeísta), estamos ante el Dios que puede revelarse y se revela en lo humano; sin dejar de ser eternidad (no en el sentido de intemporalidad, sino de principio de todo tiempo), la misma eternidad de Dios se hace tiempo en Jesús, expresándose, encarnándose como «palabra» (un hombre concreto) en el tiempo.

Pero la novedad fundamental cristiana de ese título debe enraizarse, conforme a la visión de Juan, en la línea del primer judeocristianismo palestino vinculado con el judaísmo «heterodoxo» de Qumrán y Samaría. Había un judaísmo de templo (Jerusalén), centrado en la «ortodoxia» de la separación divina, expresada por el

---

[4] *La Tradición histórica en el cuarto Evangelio*, Cristiandad, Madrid 1977; *Interpretación del cuarto Evangelio*, Cristiandad, Madrid 1978.

culto, que ellos, los sacerdotes de Jerusalén controlan, desde arriba, imponiéndose así sobre el conjunto de los judíos, de un modo sacrificial. Pero había otro judaísmo (o, quizá mejor, otra experiencia israelita) en la que Dios aparece como aquel que se manifiesta (o se ha de manifestar) en la vida de los hombres, abriéndose así desde el fondo de sí mismo, para comunicarse a los creyentes.

En esta perspectiva los cristianos han podido afirmar que Jesús es Logos (o, quizá mejor, es *Dabar*, Palabra creadora) de Dios, pues de Dios proviene, como ser divino y revelación de su misterio a lo largo de la historia salvadora. Esta Palabra no es el «concepto que se dice», separado de la realidad (en un plano de eternidad ideal), sino la Palabra que se dice-haciendo, la Palabra que (sin dejar de ser divino, sino precisamente por ser) se hace historia. Común a cristianos y a otros grupos de judíos o israelitas «heterodoxos» es esta figura y función de Dios que es Logos creador (no idea contemplada). Específicamente cristiana es la afirmación de que ese Logos de Dios se ha encarnado en la historia y/o vida terrena y pascual de Jesús de Nazaret.

Por eso, lo propio del evangelio de Jesús no es que haya un Logos (ni la afirmación de un Logos griego, entendido como idea-concepto), sino la certeza de que ese Logos es la Palabra «creadora» (que viene de Gen 1), la Palabra que es Dios y que se introduce en la historia de los hombres, haciéndose historia. En ese sentido, siendo un momento integrante de la historia humana, Jesús pertenece al origen de Dios, pues de Dios viene, y a Dios manifiesta. Para los primeros cristianos, Jesús no es Logos de Dios en el sentido platónico que después podrá darle un tipo de teología alejandrina (quizá más cercana a Platón que al Antiguo Testamento judío), sino que es Logos en el sentido radical judío de *Dabar*, palabra creadora (Gen 1), que se expresa a través de los profetas, que inician su mensaje diciendo: "Palabra de Dios, así habló Dios...". Jesús no es la Palabra intemporal de Dios, su Palabra historia, es decir, encarnada en el tiempo, como ha puesto de relieve no sólo Jn 1, 14 (la Palabra de Dios se hizo carne...), sino Hebr 1, 1-2: El Dios que había hablado a través de los profetas ha hablado plenamente por Jesús, que es su Palabra, su Hijo.

– *Hijo de Dios*. Este título tiene una larga prehistoria, no sólo en el paganismo de aquel tiempo (donde diversos taumaturgos o místicos pudieron llamarse Hijo de Dios), sino en el judaísmo, donde el pueblo israelita y su rey recibieron de un modo especial este nombre. Pero los judíos saben que los «hijos de Dios» no lo son por generación biológica, ni por algún tipo de «potencia cósmica», sino por voluntad creadora y por presencia de Dios. En esa línea, los musulmanes, recreando el «pre-juicio» tradicional judío, y pensando que los cristianos llaman a Jesús Hijo de Dios por algún tipo de generación biológica, siguen diciendo que Dios no tiene hijos, y que Jesús no puede ser «Hijo de Dios», centrando aquí su identidad musulmana.

Pues bien, Jesús es «Hijo de Dios» en otra línea, que no es de politeísmo, ni de generación biológica, sino por vinculación personal con Dios, a quien él invoca y venera como Padre (Abba), porque le ha dado la vida, porque le sostiene con su fuerza, porque le asiste con su amor y porque le encarga su gran tarea de Reino. Cuando Jesús llama a Dios Padre (Abba), y cuando se presenta como su Hijo, no destruye en ningún momento la «identidad» divina, ni se presenta como otro Dios, junto al Padre, sino como alguien que proviene radicalmente de Dios, en amor. Por su especial vinculación con Dios, en plano de conocimiento profundo y obediencia (cumplimiento de la voluntad divina), Jesús se llamó a sí mismo Hijo de Dios.

Ser Hijo de Dios no es una dignidad que le capacita para imponerse sobre los demás, sino la expresión de una tarea, al servicio del mismo Dios. Jesús es Hijo porque realiza la obra del Padre, no porque puede mandar a los demás, elevándose sobre ellos, sino porque puede amar y ama, obedeciendo en gesto de entrega de la vida (es decir, hasta la muerte). Siguiendo en esa línea, la comunidad cristiana le ha concebido después como el Hijo de Dios por antonomasia, no sólo en el transcurso de su vida temporal (en vocación/ bautismo o nacimiento), sino desde el principio de su surgimiento (viene de Dios) hasta el final de su tarea (Dios le resucita y le convierte en principio de resurrección para todos los hombres)[5].

---

[5] En esta línea se ha situado el evangelio de Marcos, como he puesto de relieve en *La Buena Nueva de Jesús. Evangelio de Marcos*, Verbo Divino, Estella 2012.

– *Dios*. En ese contexto, la comunidad cristiana ha podido decir que Jesús es «Dios» en un sentido extenso (ampliado). Jesús pertenece a la historia de la revelación de Dios, de manera que podemos llamarle divino, esto es, Dios, de una forma originaria. A juicio de Cullmann, la confesión de la «divinidad» de Jesús aparece claramente vinculada a su título cultual y escatológico de Kyrios: siendo Señor, Jesús se identifica con el mismo Dios en cuanto actúa y está presente a lo largo de la historia cristiana, desde la resurrección pascual hasta la resurrección final de los muertos.

Jesús no es «Dios en sí», de un modo ontológico (al estilo de la filosofía griega), sino en sentido dinámico (es decir, actuando en la historia): Es Dios revelándose a sí mismo y actuando, de manera que su «ser» se identifica con su Dios (no de forma intemporal, por encima del tiempo, en sentido abstracto, sino a lo largo del tiempo de la historia de la salvación). Así descubrimos a Jesús en el tiempo, como presencia de Dios, dirigiendo todos los acontecimientos y, en especial, la historia de los hombres. Quizá pudiéramos decir que Jesús es Dios hecho historia, Dios manifestado, no como un enigma espiritual, sino como principio de transformación salvadora de la historia de los hombres, desde el comienzo hasta su meta[6].

Este carácter divino de Jesús no queda limitado a los pasajes donde la Biblia le llama directamente «Dios», que son pocos, sino que se expresa especialmente a través de otros títulos en los que Jesús aparece en realidad como «divino», como indican de en el fondo los títulos de Logos e Hijo de Dios. Por eso no era necesario que el NT le llamara «Dios» de un modo expreso (para decir así que era divino), pero lo ha hecho, con probabilidad, en un número no muy extenso pero significativo de textos que Cullmann ha analizado con cuidado (Jn 1, 1.18; 20, 28; 1, Jn 5, 20;

---

[6] Esta tesis puede interpretarse en la línea de la teología de K. Barth, tal como ha sido elaborada por E. Jüngel, *Gottes Sein ist im Werden. Verantwortliche Rede vom Sein Gottes bei Karl Barth. Eine Paraphrase*, Mohr, Tübingen 1967, y también con K. Rahner, cuando identifica la Trinidad Inmanente con la Económica, cf. *Das Verhältnis von «ökonomischer» und «immanenter» Tinität*: Zeitschrift für Theologie und Kirche 72 (1975) 353-364

Rom 9, 5; 1 Cor 8, 6; Col 1, 15; Heb 1, 8-9; 2 Pe 1, 1, etc.). No todos suponen claramente que Jesús es Dios, pero le sitúan en un ámbito divino, como si quisieran decir (y dicen) que la divinidad de Dios se expresa en la historia de Jesús. Con el estudio de estos textos culmina Cullmann su Cristología. En esa línea, Jesús no es Dios en un sentido ontológico o platónico, sino en la línea de la historia de la salvación (que es la expresión histórica del mismo despliegue de Dios).

## 2. Profundización. El sentido de la cristología

Los *cuatro* tiempos de la historia de Jesús, con los *diez* títulos fundantes que he venido comentando, definen la Cristología de O. Cullmann, sabiamente elaborada a partir de las categorías que le ofrece el mismo NT, entendido dentro de la gran tradición israelita, en una línea abierta (que cierto rabinismo posterior, muy centrado en la Ley, no ha comprendido). Jesús ha sido un israelita auténtico, cuya historia ha de entenderse en el trasfondo de los diversos judaísmos de su tiempo; herederos de ese judaísmo de Jesús, pero abierto ya al helenismo y a todas las culturas de la tierra, han sido los primeros cristianos, elaborando así una cristología que es múltiple, rica, pero siempre fundada en la historia de Jesús y de su obra salvadora.

Como observará el lector, Cullmann ha evitado las disputas partidistas sobre el tipo de divinidad de Jesús, tanto en la iglesia primitiva (arrianos y anti-arrianos), como en la iglesia moderna (entre protestantes y católicos). De esa forma ha intentado elaborar una *cristología ecuménica*, válida para todos los tiempos e iglesias, con una rigurosa base histórica, pero también con una intensa visión teológica. De esa forma ha vinculado el conocimiento de los hechos (es decir, los datos del Nuevo Testamento) y su interpretación, como seguiré indicando[7].

---

[7] Evaluación de la cristología de Cullmann, desde la perspectiva de Jn, en R. E. Brown, *Introduzione alla Cristología del Nuevo Testamento*, Queriniana, Brescia 1995, 193-195.

## a. Los hechos de la vida de Jesús. Confianza histórica

Esta obra de Cullmann (*Cristología del Nuevo Testamento*) se encuentra perfectamente estructurada, con un ritmo escolar en el que los diversos momentos del proceso exegético van iluminando, de forma casi natural, los problemas eternos de la sociedad y de la vida humana: La esperanza final, el sentido del dolor, la experiencia actual, los ritos del culto de la Iglesia, el despliegue de la divinidad en la historia. Aquello que sucedió en la vida de Jesús y en el despliegue de la iglesia primitiva, tal como aparece atestiguada por el NT, constituye el *tiempo fundante*, la tradición normativa que sostiene el edificio de la Iglesia.

Cullmann afirma que, a través del mensaje y de la vida de Jesús, tal como se expresa en el NT, Dios ha revelado su más honda verdad, aquella que se expresa y despliega en la *historia cristiana*, una vez y para siempre. Por eso, los años de vida humana del Cristo, con la experiencia de las primeras generaciones de discípulos (que se expresan en el Nuevo Testamento) forman *el centro del tiempo*, el momento fundante y decisivo de la revelación. Estos son los presupuestos básicos que han guiado su comprensión de la realidad en forma de tiempo y de historia:

– *Cullmann piensa que podemos conocer y conocemos básicamente la historia pasada de Jesús,* las razones primordiales de su mensaje y el fundamento de la esperanza de la Iglesia. Como ya hemos dicho, él aceptó desde el principio los postulados básicos de la *historia de las formas*, manteniendo una aceptación básica de los textos (en la línea de K. L. Schmidt más que en la R. Bultmann)[8]. Pero, en contra de la actitud de sospecha generalizada de algunos investigadores de su tiempo o de tiempos posteriores (que toman por principio como inauténticas gran parte de las palabras y gestos de Jesús), él ha seguido mostrando una confianza fundamental en la solidez histórica de las tradiciones cristianas.

---

[8] Sobre la relación de Cullmann con K. L. Schmidt, uno de los fundadores de la *historia de las formas*, cf. el discurso que Cullmann le dedicó en el momento de su entierro: *In Memoriam*: TZ 12 (1956) 1-9 (=*Vorträge*, 675-683).

A su juicio, los evangelistas (sobre todo los sinópticos) ofrecen una imagen fiable de la vida y obra Jesús como Profeta del Reino y Mesías que sabe que debe sufrir para culminar su obra (descubriéndose a sí mismo como Siervo de Dios e Hijo de Hombre). La misma lectura de A. Schweitzer que a otros (sobre todo en línea bultmanniana) les llevó a desconfiar de casi toda la reconstrucción que el Nuevo Testamento ofrece del cristianismo primitivo, hizo que Cullmann sintiera confianza ante la solidez de la historia y del mensaje de Jesús, que no murió como un fracasado (en contra de lo que han pensado, de formas distintas, Schweitzer y Bultmann), sino esperando la llegada del reino de Dios, una llegada que ha sido confirmada en el culto y en la confesión de la iglesia primitiva.

– *Cullmann sigue pensando que podemos conocer la historia (y la teología) de la iglesia primitiva*. La escuela bultmanniana ha distinguido, de manera casi apriorista, dos iglesias: la de *Palestina* (centrada en Jesús profeta y en su esperanza del Reino futuro) y la *helenista* (que diviniza a Jesús como Kyrios). La continuidad del cristianismo estaría garantizada por el hecho de que el mensaje ético de Jesús (y de la iglesia palestina) pudo y debió traducirse en las formas sacrales del helenismo; pero se trató de dos iglesias distintas, con una separación esencial entre ellas, de manera que el cristianismo como religión sólo nació con el mito y culto de la iglesia helenista. Pues bien, en contra de ello, Cullmann está convencido de que esa división resulta inaceptable, por dos razones principales:

(a) Una parte considerable del judaísmo del tiempo de Jesús se hallaba helenizado, de manera que no es posible distinguir nítidamente entre una iglesia palestina (centrada en el mensaje moral del Jesús de la historia) y una iglesia helenista (centrada en el mito de Jesús). Es más, algunas de las primeras iglesias cristianas, vinculadas a la misión de Samaria y al evangelio posterior de Juan, han surgido y crecido a partir de un judaísmo heterodoxo (no rabínico) y han desarrollado desde el principio algunos elementos fundamentales de eso que ha solido llamarse iglesia helenista (que estaría en el fondo de Pablo y de su misión universal).

(b) La novedad fundamental del mensaje de Jesús y del cristianismo no ha estado en el mensaje moral de la iglesia palestina, ni en el mito de la helenista, sino en la nueva visión de la historia de la salvación, es decir, en la división del «tiempo» inaugurado por Jesús y ratificado por sus seguidores. Lo que Jesús ha proclamó y lo que vivió la Iglesia antigua fue ante todo una nueva experiencia del tiempo, centrado en la llegada del Reino de Dios, tal como se expresa en la Pascua: Se ha cumplido el «tiempo» llega el Reino. Ese tiempo de la acción de Dios se identifica con la obra de Jesús, y de un modo especial en su pascua.

Según Cullmann, estrictamente hablando, lo que muchos han llamado «helenización primitiva» del cristianismo no ha existido, pues el Nuevo Testamento ha seguido presentando la vida y mensaje de Jesús en claves auténticamente judías y mesiánicas: No se ha dejado influir por la concepción griega del tiempo, como eterno retorno, ni ha tomado la historia como pura apariencia, separada de la eternidad divina, sino que ha desarrollado una experiencia precisa y profunda de la historia de la salvación. Pero, al mismo tiempo, debemos resituar a Jesús en el espacio más extenso de los judaísmos de su tiempo, tal como están atestiguados por los apocalípticos y los sapienciales, por los esenios de Qumrán y otros grupos que no han sido incluidos, al menos plenamente, en un tipo de "ortodoxia rabínica", propia del judaísmo posterior.

En esa línea, Cullmann piensa que el Nuevo Testamento no ha entendido nunca a Jesús como entidad intermedia, como una hipóstasis sobrenatural (infradivina, pero sobrehumana) que sirve para poner en relación la eternidad de Dios con su misterio angélico y el tiempo de la tierra; Jesús no es una hipóstasis intermedia entre Dios y el mundo, sino que es Dios mismo revelado en el tiempo como acontecimiento salvador, dentro de la historia. Jesús no un Dios fuera de la historia, sino Dios en la historia.

Conforme a esa visión, las afirmaciones más profundas de Pablo o Juan, lo mismo que la carta a los Hebreos, siguen vinculadas a la concepción judía del tiempo. Por eso, la veneración de Jesús como Señor no puede interpretarse como signo de contaminación helenista (griega) del evangelio sino todo lo contrario, como expresión de la nueva experiencia salvadora de Jesús, en el centro de la historia de la salvación. La novedad del cristianismo está en el hecho de que ahora el mismo Jesús, hombre concreto de la tierra, viene a presentarse como presencia total y absoluta de Dios, es decir, como Dios hecho historia.

### b. Una historia interpretada. *Revelación de Dios en Jesús*

El descubrimiento del carácter divino de la realidad (de la historia concreta) de Jesús ha superado los esquemas mentales y sacrales del helenismo, situándonos precisamente allí donde ha culminado la experiencia bíblica de Israel, cumpliéndose así el «testamento de Dios». Eso significa que tanto las afirmaciones paulinas sobre el Kyrios como el desarrollo joánico del Logos en Jn 1 han de entenderse sobre un fondo bíblico (judío) y no en línea helenista, aunque el helenismo pueda ofrecer y ofrezca ciertos paralelos. Allí donde el judaísmo, sin dejar de ser lo que es, supera los límites de la historia intramundana (intrajudía) y descubre en Jesús el principio divino de toda la historia (le confiesa Kyrios o Logos de Dios) nace el cristianismo. Desde ese fondo se puede afirmar que Jesús mismo es el Logos de Dios, su presencia activa en el tiempo:

> Dado que el *Logos* es Dios en cuanto se revela, *comunicándose en su acción*; y dado que el NT no tiene más objeto que esta acción, todo razonamiento abstracto sobre las *naturalezas* del Cristo no es sólo empeño vano sino que va en contra de los hechos: en virtud de su propia naturaleza, sólo podemos hablar del *Logos* cuando hablamos de la acción de Dios. Sobre el *ser* del *Logos* sólo puede decirse aquello que hallamos en el prólogo: *En el principio estaba con Dios, y él era Dios*. El mismo prólogo pasa rápidamente a la *acción* del Logos: *todas las cosas fueron hechas por él*. Dios se revela a sí mismo primeramente en la creación[9].

---

[9] *Christologie* 273; cf. *Cristología*, 306.

Jesús no es intermedio entre Dios y los hombres, como intentará decir en el siglo IV d. C. el arrianismo, aplicando de manera lógica una visión griega de la realidad, sino Dios mismo hecho Palabra y presencia radical entre los hombres. En esa línea, el evangelio de Juan no ha elaborado una doctrina ontológica (filosófica) sobre la naturaleza de Dios o de Cristo, pues entre Dios y los humanos no existe ningún tipo de continuidad, no existen mediadores cósmicos o angélicos. El Nuevo Testamento afirma así una verdad o confesión paradójica: el mismo Jesús de la historia terrena ha sido (y sigue siendo en el misterio de la Iglesia) el revelador total de Dios, Dios mismo en cuanto se revela. Por eso le podemos llamar Logos.

Según Cullmann, toda afirmación sobre el carácter divino de Jesús en cuanto «naturaleza» abstracta nos acabaría llevando al gnosticismo y destruiría la paradoja histórica de la confesión cristiana. Ciertamente, pueden trazarse paralelos y comparaciones, pues los títulos que emplea el NT (Hombre primigenio, Hijo de Dios, Logos...) han sido utilizados por pensadores y devotos de entonces (judíos y griegos). Pero en el NT esos títulos, sólo adquieren sentido y resultan significativos en la medida en que expresan la paradoja del Dios que se ha revelado totalmente en Jesús de Nazaret, en el centro de un tiempo que se encuentra determinado por su vida y presencia, conforme al ritmo de despliegue y repliegue ya indicado.

Si Dios se ha revelado en la vida de Jesús de manera que se ha hecho patente en él la plenitud de su *doxa* divina (Jn 1, 14ss), es necesario que Jesús aparezca ya como revelación de Dios para los hombres. Esto significa que Jesús es Dios, es decir, es Dios revelándose a sí mismo. Por eso, Jesús está con Dios desde el principio, de manera que siempre que pensamos en Dios debemos pensar igualmente en Cristo. Dado que *Logos* es Dios en cuanto se revela, *comunicándose en su acción*; y dado que el NT no tiene más objeto que esta acción, todo razonamiento abstracto sobre las *naturalezas* del Cristo no es sólo empeño vano, sino que va en contra de los hechos[10].

---
[10] *Christologie* 274; cf. *Cristología*, 307.

Conforme a la visión de Cullmann, la Biblia no razona, ni demuestra, sino que hace algo más hondo: La Biblia ha presentado a Jesús como revelación total de Dios en el centro de la historia, de esa forma ha dado testimonio de la acción de Dios, de un Dios que ha de ser divino para revelarse en Jesús como lo hace (para que veamos en él su divinidad). Dios no pierde su divinidad al expresarse en Jesús, sino que la ratifica y revela de un modo histórico, en el tiempo de los hombres. En esa línea debemos añadir que sólo podemos conocer a Dios en la medida en que se expresa o se revela por medio de la historia que se centra en Cristo, pues como seres humanos, lo único que podemos conocer de verdad (desde nuestra identidad histórica) es la historia que somos. En ese sentido se identifican teología y cristología, el tiempo de Dios y el tiempo de la historia de la salvación.

Sólo puede haber *teología* (doctrina sobre Dios) en la medida en que ese Dios se ha revelado en Cristo dentro de la historia (y como historia); por eso, hablar de Dios significa contar la historia de Jesús, tal como está preparada en el AT y expandida por la Iglesia, en un camino que se abre a la escatología. Por eso, no se puede abandonar la historia para conocer a Cristo ontológicamente, como "esencia divina", sino que sólo le podemos conocer en una historia que se abre al futuro (parusía), definiendo y transformando el presente de los hombres, desde la experiencia pascual. Pero, al mismo tiempo, debemos añadir que sólo puede haber *cristología* estrictamente dicha (doctrina sobre Jesús como salvador de los humanos) en la medida en que ese Jesús viene a mostrarse como revelación de Dios; por eso, hablar de Jesús significa estar contando la historia de Dios.

Se ha dicho que el ser de Dios se identifica sólo con su proceso o camino de realización interna, en un perspectiva intra-trinitaria, fuera de la historia: *Dios sería proceso de vida interior* que culmina y se expresa y se encierra en su misterio inmanente, de forma que la historia de los hombres (y del mismo Cristo encarnado) es algo posterior y en el fondo secundario. Pues bien, en contra de eso, *Cullmann* ha evitado toda forma de «especulación» intradivina, de una Trinidad Inmanente, cerrada en sí misma, fuera de la historia de su revelación.

De un modo consecuente, Cullmann no ha querido hablar de un proceso interno de Dios (cerrado en sí mismo), ni de un encuentro trinitario puramente intra-divino (del amor personal del Padre hacia el Hijo y viceversa, como expresión de comunión inmanente), sino de la comunicación histórica de Dios Padre con Jesús, y de su despliegue y revelación por el Espíritu Santo. En ese sentido, él asume (al menos implícitamente y de un modo radical) la fórmula de K. Rahner cuando identifica la trinidad económica con la inmanente, pero insistiendo siempre en la prioridad (al menos metodológica) de la "trinidad económica", es decir, en la realidad del Dios de la "economía", que es la historia de la salvación. Por fidelidad a su «funcionalismo» bíblico y para mantener la identidad entre el Dios transcendente y la revelación histórica de Jesús, Cullmann afirma que la «historia inmanente» de Dios se identifica con su «economía salvadora», que es la única de la que podemos hablar. Del Dios "simplemente en sí", fuera de su revelación en Jesús no podemos decir nada (cf. Jn 1, 18).

Desde ese fondo se ha dicho que Cullmann ha corrido el riesgo de caer en una especie de modalismo trinitario práctico (histórico): las llamadas «personas» de la Trinidad serían «modos» o momentos de su revelación en la historia (sin realidad en sí). En esa línea, Dios y Jesús deberían presentarse como modos, formas de hablar de la única realidad sagrada. *Dios* es la fuente y meta de Jesús; es el sentido y fuerza del que brota su revelación. Por su parte, *Jesús* es el mismo Dios en cuanto se está revelando. Ambos son distintos si los tomamos en sentido separado, en los extremos de la historia de la salvación (donde encontramos sólo a Dios como plenitud); por eso puede hablarse de Dios como raíz y meta antes y después del proceso histórico de Jesús. Pero ambos son, al mismo tiempo idénticos, pues *Dios* es aquel que se revela en Jesús y *Jesús* es el mismo Dios en cuanto se revela.

Aquí nos deja Cullmann, aquí culmina y se expresa, con toda claridad, en fuerte paradoja, su confesión cristiana y reflexión teológica. No ha querido dar un paso adelante en clave dogmática (en la línea de Agustín o de Tomás de Aquino, de Hegel o K. Barth y K. Rahner) pues le parece que ello hubiera implicado una recaída en las especulaciones inútiles y engañosas sobre naturalezas y personas. Ciertamente, esas «especulaciones» tienen sus riesgos; pero muchos pensamos que ellas resultan necesarias y se encuentran implicadas en el mismo discurso bíblico que nos invita a precisar la relación entre Dios y Jesús, reflexionando así sobre el Dios que es en sí (es divino) revelándose en la vida de Jesús y en el conjunto de la historia de la salvación[11].

Según Cullmann, la última «palabra» de Dios es la historia de la salvación, tal como se centra en Cristo, de tal forma que fuera de ella no podemos hablar de Dios; no se puede hablar del "Dios que es", sino sólo del "Dios que actúa". De todas formas, queramos o no confesarlo, eso implica que la historia o economía de la salvación tiene un carácter «divino», como el mismo Cullmann ha confesado al hablar de la «divinidad» de Jesús. Que yo sepa, Cullmann no ha querido reflexionar críticamente sobre las implicaciones de su tesis teológica (el Dios cristiano es el Dios de la historia de la salvación). Pero esa tesis implica (incluye) una profunda teología, que debería desarrollarse de un modo mucho más preciso.

Basten estas observaciones para recordar que la obra de Cullmann se eleva ante nosotros como uno de los monumentos fundamentales de la cristología (y teología) contemporánea. Será bueno que el lector se acerque a ella sin prevenciones, con el convencimiento de que podrá encontrar una respuesta a muchos de sus más hondos problemas teológicos.

---

[11] He desarrollado de forma esquemática esas relaciones, desde las diversas perspectivas de la teología contemporánea (postcullmanniana) en *Dios como Espíritu y Persona*, Sec. Trinitario, Salamanca 1989.

# 6. Una obra abierta, la historia continúa

El capítulo anterior ha presentado los temas básicos de la *Cristología del NT* de O. Cullmann, analizando cada uno de sus títulos, organizados y divididos desde una perspectiva de historia de la salvación. Pues bien, ahora he querido mostrar que se trata de una obra abierta, que puede y debe ser actualizada, no sólo a partir de las cosas nuevas que sabemos sobre la historia de Jesús, sino también desde las nuevas perspectivas que ofrece nuestro tiempo, después que ha pasado más de medio siglo desde la publicación de la obra.

## 1. Problemas pendientes, una reflexión que sigue

No han existido, que yo sepa, verdaderos discípulos de Cullmann, es decir, continuadores críticos de su obra, a pesar del poderoso influjo que ejerció en su tiempo, entre el 1960 y el 1980, cuando yo escribí mi primera obra de cristología (*Los Orígenes de Jesús*, Sígueme, Salamanca 1976) retomando y recreando algunas de sus tesis (reelaboradas en otro plano en mi *Historia de Jesús*, Verbo Divino, Estella 2013). A pesar de ello, en la línea de segunda mi cristología (*Éste es el Hombre. Manual de Cristología*, Sec. Trinitario, Salamanca 1997), pienso que debemos retomar la obra de Cullmann, para así poner de relieve sus «lagunas», es decir, los temas que siguen abiertos, a fin de replantearlos, de manera que su impulso teológico siga estando vivo.

En ese sentido quiero afirmar que la *Cristología* de Cullmann sigue siendo una obra actual y viva. No es libro de museo para especialistas o amantes del pasado, sino texto de trabajo para estudiantes y teólogos que quieren retomar el hilo de su discurso cristológico allí donde él lo dejó, en el mismo centro de la fuente y disputa cristológica del siglo XX.

*a) Seis huecos, seis caminos*

No presentamos sus huecos o lagunas como crítica, pues ello iría en contra del respeto que se debe a una obra escrita hace más de *cincuenta* años, sino por respeto y honestidad, para que no se engañe el estudioso, buscando en Cullmann cosas que él no pudo haber dicho en su tiempo, y también para valorar y recrear sus grandes aportaciones. Se trata de una obra rica en datos y reflexiones, muchas de las cuales no han sido superadas todavía. Pero ella no puede responder a ciertos temas que han sido estudiados con mucho más rigor en los años siguientes (desde 1957 hasta la actualidad). Éstos me parecen los huecos o lagunas más significativas de su obra:

1. *Estudio del contexto judío.* Cullmann proviene de la filología y conoce bien la historia de las religiones. Pocos como él habían estudiado el trasfondo israelita del mensaje y de la vida de Jesús, con el surgimiento de la Iglesia. Su conocimiento de Filón y Flavio Josefo, con los textos recién descubiertos de Qumrán y los primeros brotes herméticos y gnósticos resulta admirable y le ha servido para situar mejor no sólo a Jesús, sino a toda la iglesia primitiva.

A pesar de ello, su aportación debe ser retomada y recreada en este campo, tanto en el plano de datos (nuestro conocimiento de ese tiempo es mucho más extenso) como en plano de interpretaciones desde el judaísmo o cristianismo. Quizá el mayor avance objetivo en el estudio de Jesús desde 1957 viene dado por el interés renovado en el conocimiento del judaísmo. Podemos decir que los nuevos descubrimientos y trabajos confirman la intuición de fondo de Cullmann (la diversidad del judaísmo del tiempo de Jesús), ampliándola de un modo extraordinario. Debe superarse una visión simplista de la oposición entre judaísmo palestino y helenista. Sólo en el fondo de diversidad de «judaísmos» puede entenderse la aportación de Jesús, que supera un tipo de «norma rabínica», imperante después (desde el siglo III d.c.), siendo en otro sentido el más judío de todos los profetas y maestros judíos de su tiempo[1].

2. *Jesús de la historia*. Cullmann ha hecho un esfuerzo extraordinario por superar la desconfianza de Bultmann y sus primeros discípulos ante la historia de Jesús, situándose pronto al lado del mismo E. Käsemann que desde 1953[2] buscaba un *nuevo acceso* exegético, histórico y teológico a la historia de Jesús. Sabemos hoy que Cullmann tenía razón, en contra de aquellos que entonces le criticaron de ingenuo o neo-ortodoxo.

Tenía razón Cullmann, pero algunos de sus presupuestos resultan por lo menos, problemáticos. Parece difícil aceptar su visión de Jesús como Siervo de Yahvé que se descubre llamado directamente al sufrimiento por el Reino; en esa línea resulta, por lo menos, aventurada su forma de entender el sacrificio expiatorio de Jesús (en línea que parece más protestante que neotestamentaria). Por eso hace falta un estudio más profundo en este campo.

Cullmann se inscribe en la línea de aquello que J. M. Robinson titulaba programáticamente *A New Quest of the Historical*

---

[1] Sólo un conocimiento profundo del judaísmo de su tiempo nos permite situar y entender la vida y obra de Jesús. Para profundizar en la línea de Cullmann es importante la nueva edición de E. Schürer, *Historia del pueblo judío en tiempos de Jesús*, Cristiandad, Madrid 1985, además de nuevos trabajos como los de M. Hengel, *Judentum und Hellenismus*, WUNT 10, Tübingen 1973, y E. P. Sanders, *Judaism. Practice and Belief. 63BCE - 66CE*, SCM, London 1992. Sobre el judaísmo en general y sobre los textos de Qumrán, tan valorados por Cullmann en su estudio de Jesús, cf. J. H. Charlesworth, *Jesus within Judaism*, Doubleday, New York 1988; Id. (ed.), *Jesus and the Dead Sea Scrolls*, Doubleday, New York 1992; H. Stegemann, *Los esenios, Qumrán, Juan Bautista y Jesús*, Trotta, Madrid 1996, además de la fina edición de textos que ha preparado F. García M., *Textos de Qumrán*, Trotta, Madrid 1994. Nuevo, pero no contrario, respecto a Cullmann es el método de la antropología social y cultural en el estudio del trasfondo judío y del surgimiento cristiano (cf. J. Elliot, *Social-Scientifical Criticism*, SPCK, London 1993) y también el más fuerte interés por el diálogo judeo-cristiano (cf. J. Neusner, *Judaism in the Matrix of Christianity*, Fortress, Philadelphia 1986). Cullmann nos situaba en buen camino, aunque debemos seguir avanzando.

[2] Su famosa conferencia ante los antiguos alumnos de Marburgo (de Bultmann), pronunciada el 30.10.1953, ha sido publicada en *Ensayos exegéticos*, Sígueme, Salamanca 1978, 159-189.

*Jesus* (SBT 25, SCM, London 1959, cf. 41, 103), es decir, una nueva búsqueda del Jesús histórico, después de la etapa crítica fundada en los trabajos de Schweitzer y Bultmann. Su intuición era buena, aunque después se ha producido eso que algunos han llamado la *novísima o (tercera) búsqueda*, reseñada entre otros por B. Witherington III, *The Jesus Quest. The Third Search for the Jew of Nazareth*, Paternoster, Carlisle 1995. En ese contexto se sitúa la obra de Cullmann con una aportación que es muy significativa: Frente a muchos autores más recientes que parecen quedarse en la superficie, en línea sociológica, estudiando el mensaje de Jesús desde parámetros externos, Cullmann ha estudiado la figura de Jesús, en plano antropológico y teológico, desde una perspectiva de historia de la salvación[3].

3. *La política de Jesús*. Convencido de la necesidad de luchar contra la gnosis, para así centrar el proyecto de Jesús en su visión de la historia, Cullmann ha corrido el riesgo de caer en sus mismos presupuestos, dejándose arrastrar por algunas de sus limitaciones: Ha estudiado con finura la conciencia y mensaje doctrinal (religioso) de Jesús, pero ha dejado en penumbra algunos de los aspectos más concretos de su crítica social, vinculados a su compromiso liberador, a su opción por los marginados, tal como lo muestran algunos de sus gestos más significativos, como la comida compartida, la opción por los marginados, el rechazo del sistema sacrificial del templo (con todas sus consecuencias sociales, no solo religiosas) y el enfrentamiento con la autoridad judía y romana.

En esa línea, el concepto de política de Cullmann resulta quizá menos apropiado para entender la novedad de Jesús y el mensaje del Nuevo Testamento. Por eso, sus trabajos (por otra parte tan

---

[3] Los autores más representativos de esta tercera búsqueda han fijado la identidad de Jesús (como Filósofo itinerante [cínico], Profeta escatológico, Profeta del cambio social o Mesías judío marginal) después de haber estudiado bien su trasfondo judío. Cf. J. D. Crossan, *Jesús. Vida de un campesino judío*, Crítica, Barcelona 1994; E. P. Sanders, *Jesus and Judaism*, SCM, London 1995; J. P. Meier, *A Marginal Jew* I-IV, Doubleday, New York 1991ss.; N. T. Wright, *The NT End the People of God* I-II, SPCK, London 1996. He ofrecido una vision general del tema en *Historia de Jesús*, Verbo Divino, Estella 2013.

certeros e influyentes) sobre *El estado en el NT* y sobre *Jesús y los revolucionarios de su tiempo*, lo mismo que las aplicaciones políticas de la *Cristología*, necesitan ser recreados, viniendo a situarse en un contexto social y religioso diferente. Lógicamente, la búsqueda más reciente ha replanteado el tema de la política de Jesús, entendida en un sentido mesiánico (de transformación social), en el centro de su mensaje y de su compromiso mesiánico. Así lo vio hace años G. Theissen, en una serie de trabajos reunidos en *Estudios de sociología del cristianismo primitivo*, Sígueme, Salamanca 1985, y así lo sigue viendo ahora, con A. Merz, *Der historische Jesus*, Vandenhoeck, Göttingen 1996 (trad. castellana, *El Jesús histórico*, Sígueme, Salamanca 1997). Resulta necesaria una visión más fina del significado de la «política», y de su relación con la historia, para iluminar el proyecto teológico de Cullmann, recreando así un motivo básico de la historia de la salvación[4].

*4. La experiencia pascual.* Cullmann ha pasado quizá demasiado rápidamente de la conciencia de Jesús como «siervo de Yahvé» (como víctima sacrificial, es decir, como aquel que ha de dar la vida como expiación) a su presencia gloriosa como Kyrios en la celebración de la Iglesia. A su juicio, Jesús mismo habría definido de antemano el sentido de su muerte, al presentarse como Siervo sufriente de Dios y como Hijo de Hombre que debe dar la vida por los otros. De esa forma, Cullmann ha podido iluminar algunos rasgos de la

---

[4] En ese contexto han de ser revisadas algunas de las tesis de Cullmann sobre los celotas (o revolucionarios) en la historia de Jesús y sobre su visión de la política. Ha destacado el aspecto más rigurosamente político de Jesús, situándolo en perspectiva celotista S. G. F. Brandon, *Jesus and the Zealots*, Manchester UP 1967. Sin llegar a ese extremo, destacan su conexión social, en línea política, de formas diversas, varias obras nuevas, como R. A. Horsley, *Jesus and the spiral of violence*, Harper, San Francisco CA 1987, y R. D. Kaylor, *Jesus the Prophet. His vision of the Kingdom of Earth*, J. Knox, Louisville KY 1994. En una línea convergente, pero en perspectiva de compromiso cristiano (eclesial y social) en favor de la liberación histórica de los oprimidos, han interpretado a Jesús algunas de las aportaciones más significativas que se sitúan cerca de la teología de la liberación: L. Boff, *Jesucristo Liberador*, en Id., *Jesucristo y la liberación del hombre*, Cristiandad, Madrid 1981; J. I. González Faus, *La humanidad nueva. Ensayo de Cristología*, Eapsa, Madrid 1974; J. Sobrino, *Jesucristo liberador*, Trotta, Madrid 1961. Sin duda alguna, en una nueva versión de su obra, Cullmann debería haber dialogado con trabajos como estos.

conciencia histórica de Jesús (en contra de la visión dominante de este tiempo), pero ha corrido el riesgo de devaluar el escándalo histórico de su muerte y la novedad de su pascua, como elementos determinantes de la experiencia cristiana.

A pesar de ello, la forma en que Cullmann ha estudiado los temas de la conciencia mesiánica de Jesús parece insuficiente. Da la impresión de que su Jesús conoce todo de antemano, lo tiene todo resuelto desde el tiempo de su vida terrena, de manera que corre el riesgo de aparecer como un actor que representa un papel que ya conoce, no como una persona que busca su camino en medio de la conflictividad del mundo, entregando su vida en manos del misterio de Dios en quien confía, sin saber de antemano cómo va a responderle. Ciertamente, la novedad cristiana se funda en la experiencia de la resurrección de un crucificado, de manera que sólo tras su resurrección se puede afirmar que Jesús «conoce» plenamente el plan de Dios. Pero antes de su muerte, Jesús no puede conocer de antemano (desde fuera) lo que será el sentido de su trayectoria. Da la impresión de que, a pesar de su intento de fidelidad histórica, Cullmann no ha sido capaz de comprender y exponer los elementos básicos de la trayectoria histórica de Jesús[5].

*5. Cristología de los libros y autores del NT.* Cullmann ha vinculado la *unidad cristológica* del NT (todos sus testimonios resultan convergentes) con la *pluralidad primera* de los cuatro tiempos

---

[5] Una parte considerable de la cristología de los últimos decenios ha estudiado la relación entre la muerte de Jesús y la experiencia pascual de la Iglesia. Entre los autores más significativos sigue estando J. Moltmann, *Teología de la Esperanza* (1966), Sígueme, Salamanca 1968, obra expandida y aplicada después en una serie de trabajos programáticos de cristología: *El Dios crucificado*, Sígueme, Salamanca 1975; *El camino de Jesucristo*, Sígueme, Salamanca 1993. Cullmann se sitúa en una línea convergente, y así ofrece un intento de reinterpretar la historia pascual cristiana en clave apocalíptica y mesiánica, abierta al problema de la justicia social. También va en la línea de Cullmann el libro básico de W. Pannenberg, *Fundamentos de Cristología* (1964), Sígueme, Salamanca 1974; a su juicio, la novedad cristiana consiste en el hecho de que la resurrección escatológica (final) del Cristo se ha realizado dentro de la historia, iniciando así una visión nueva del tiempo. Tanto Moltmann como Pannenberg han iniciado su andadura teológica desde un lugar cercano a Cullmann. Por eso, una lectura actual de su *Cristología* debería trazarse en diálogo con ellos.

cristológicos (pasado histórico, futuro, presente, preexistencia), que delimitan los diversos planos de la obra de Jesús, y la *pluralidad segunda* de los diez títulos (Profeta, Siervo, Señor, Hijo de Hombre...), que expresan y definen su función mesiánica. El método es bueno, pero puede resultar genérico y abstracto, pues se desliga (nos desliga) del contexto inmediato de los libros y autores de NT, que son los únicos que ofrecen el testimonio real de Jesucristo en el Nuevo Testamento.

Quizá Cullmann no ha valorado suficientemente la teología de cada uno de los sinópticos, ni ha sabido (o querido) elaborar las grandes líneas cristológicas de Juan o Pablo. Ciertamente, los títulos ayudan a entender al Cristo de forma que se puede elaborar una cristología en esa línea. Pero la objetividad teológica que Cullmann busca a través de ellos, oponiéndose al Cristo existencial de Bultmann y al filosófico de la dogmática antigua, resulta difícil de lograrse y mantenerse. Tal como él los estudia, los títulos siguen siendo reconstrucciones exegéticas, frente a la «objetividad» teológica y literaria del mensaje de cada autor (libro) del NT y frente a la fe de la Iglesia. Posiblemente, la cristología de los títulos resulta necesaria, pero no puede convertirse en motivo central y dominante de la investigación histórica y teológica[6].

---

[6] Por los años en que Cullmann preparaba su obra comenzó a extenderse en la exégesis del NT el método llamado de la *historia de la redacción*, completando y en parte sustituyendo al de la historia de las formas. *Antes*, las diversas unidades (perícopas) de los evangelios podían verse por separado, recibiendo su unidad teológica desde un título o motivo cristológico determinado. Con ese presupuesto había escrito Cullmann su Cristología, aislando las diversas «formas» o unidades evangélicas. *Ahora*, desde la perspectiva de la unidad redaccional (literaria y teológica) de los textos, esa división en perícopas (unidades cortadas) resulta menos significativa. Por eso, las nuevas cristologías se precisan y dividen según libros o autores bíblicos. A modo de ejemplo, cf. R. Pregeant, *Christology beyond Dogma. Matthew's Christ in Process Hemeneutic*, Fortress, Philadelphia 1979; W. H. Kelber, *Mark's story of Jesus*, Fortress, Philadelphia 1979; J.-N. Aletti, *El arte de contar a Jesucristo. Lectura narrativa del Evangelio de Lucas*, Sígueme, Salamanca 1992. En esa línea se situaba ya R. Schnackenburg, *Cristología del NT* (1970), en MS III, 1, 245-416; cf. también A. Amato, *Gesù il Signore. Saggio di Cristologia*, EDB, Bologna 1991. En esa línea, parece que el modelo de Cullmann debe completarse y reinterpretarse desde el estudio concreto de la cristología de cada uno de los evangelios.

6. *Dogmática eclesial*. Cullmann ha querido elaborar la cristología original con los símbolos propios del NT (los títulos), para superar de esa manera los «conceptos» filosóficos que se han introducido más tarde en la cristología de la Iglesia. Ciertamente, él no se opone a la fe de Nicea y Calcedonia, pero rechaza de plano sus formulaciones conceptuales, determinadas por un tipo de lenguaje no bíblico, donde las palabras esenciales son *naturaleza* y *persona* y donde el «tiempo» que se emplea es de tipo griego (eternidad de Dios y de su Hijo divino), no el de la historia bíblica de la salvación.

Cullmann tiene razón al presentar su protesta antihelénica, pero posiblemente se equivoca al condenar toda especulación filosófica como contraria al evangelio. Sus condenas reiteradas y masivas de los «conceptos y naturalezas» resultan, al menos, ingenuas, si es que no se matizan con muchísimo cuidado; la dogmática de la Iglesia posterior, incluso allí donde utiliza conceptos que parecen más filosóficos (helenistas) no intenta ir en contra de los testimonios del Nuevo Testamento, sino que quiere entenderlos desde las nuevas perspectivas conceptuales de su tiempo[7].

---

[7] He citado ya, al hablar de la política y la pascua, algunas de las cristologías más significativas, escritas tras Cullmann (Moltmann y Pannenberg…). Entre las españolas podemos recordar (en plano dogmático) a O. González de C., *Jesús de Nazaret. Aproximación a la Cristología*, BAC, Madrid 1975, fiel al dato bíblico, preocupada por traducir la experiencia de Jesús en un lenguaje relacional (personalista) de encuentro del ser humano con Dios; así responde a Cullmann (supera el conceptualismo ontológico) sin caer en su funcionalismo positivista. En esa misma línea se sitúan tres cristologías católicas muy significativas de los últimos años. (a) E. Schillebeeckx, *Jesús. La Historia de un Viviente*, Cristiandad, Madrid 1981, reasume con gran hondura el camino de la historia de Jesús, interpretando su vida como parábola de Dios. (b) B. Sesboüe, *Jesucristo, el único mediador* I-II, Sec. Trinitario, Salamanca 1990/3, quiere superar el esquema sacrificial de una teología en la que Dios parece exigir la muerte de Jesús. Por eso, escribe de Jesús narrando su historia, desde el AT; frente a la cristología de los títulos (Cullmann), tenemos aquí una cristología narrativa, fiel a la historia de Jesús. (c) J. Moingt, *El hombre que venía de Dios* I-II, DDB, Bilbao 1995, autor de la cristología quizá más significativa de los últimos 25 años, avanza en la línea de los anteriores. En la primera parte de su obra desmonta (sin duda, de acuerdo con Cullmann) un tipo de cristología ontológica que acaba olvidando la historia de Jesús; en la segunda crea de nuevo la cristología, pero de una forma narrativa, contando otra vez y recreando los momentos fundamentales de la vida de Jesús a quien acaba presentando en relación de encuentro con Dios. Sus conclusiones

Estas son, a nuestro juicio, las seis *lagunas* fundamentales de la cristología de Cullmann. Sólo conociéndolas, y aceptándolas en lo que tienen de inevitable, podremos valorar las aportaciones de su obra, dentro del nuevo contexto teológico, que es, sin duda, muy distinto del antiguo. No estamos en 1957, sino en el año 2013. Hoy sabemos más cosas que entonces (tenemos más datos), pero en algunos aspectos hemos retrocedido. Que yo sepa, no ha surgido desde 1957 ninguna obra de *Cristología* general del NT con tanta envergadura y pretensiones exegético-teológicas. Por eso, tenemos que leerle todavía, para retomar sus temas allí donde él los había dejado, con su misma pasión religiosa, ecuménica y cultural con que él la construía.

Cullmann analizó con pasión la vida y obra de Jesús, poniéndola en el centro de la gran pregunta por el sentido de la vida. La estudió con la precisión (neutralidad) del buen filólogo e historiador; pero, al mismo tiempo, la analizó y presentó con la fidelidad del buen creyente. A pesar de que no quiso ser un teólogo teórico, Cullmann situó su obra en la línea de cruce y fecundación entre exégesis bíblica y la reflexión dogmática. Por eso, ella sigue siendo plenamente actual, pues nos permite comprender mejor lo que se ha pensado y dicho en la cristología de los últimos decenios.

### b) Presencia de Dios, representante de la humanidad

Bultmann se había esforzado por mostrar el sentido y valor de Cristo para cada uno de los creyentes, como expresión definitiva de la presencia de Dios, dejando en un segundo plano (o negando) la historia de la salvación, con la experiencia social y la apertura cósmica del hombre. Cullmann, en cambio, ha puesto de relieve el sentido y presencia de Cristo en la historia de la salvación, en sentido cósmico y social; a su juicio, el cristianismo no es un fenómeno interior, sino un acontecimiento público, fundado en la presencia del Logos de Dios, a quien se puede concebir como «Dios externo» (partiendo de una lectura Jn 1, 1-8).

---

resultan paradójicamente muy cercanas a las de Cullmann (a quien no cita), aunque acentúa más el aspecto personal de la relación de Jesús con Dios.

Dado que el Logos es el Dios que se revela y comunica, como Dios que actúa, todo especular abstracto sobre las naturalezas de Cristo es no sólo empeño vano, sino también la negativa a tomar en cuenta el hecho de que en virtud de su propia naturaleza no podemos referirnos al Logos si no lo vemos a manera de actuar divino. Sobre el ser del Logos no se puede decir más que aquello que se encuentra en el Prólogo: «Estaba en Dios ya en el principio, y era Dios». Nada puede añadirse. El mismo prólogo pasa rápidamente a la acción del Logos: «Todas las cosas fueron hechas por él»[8].

Recordemos que este "logos" no se entiende en sentido filosófico (en la línea platónica o estoica), sino en sentido israelita, como signo y realidad de la revelación de Dios (de su Palabra creadora, de su voluntad histórica). Jesús no es una especie de «intermedio» ontológico que tiene, al mismo tiempo, la esencia de Dios y de los hombres, ni es tampoco la expresión más alta de la autenticidad de la existencia, sino centro y compendio (encarnación) de la presencia activa de Dios en la historia de los hombres. Toda la realidad de Jesús como Logos se manifiesta como acción; su importancia consiste en revelarnos el misterio de Dios Padre:

> El punto de partida (de san Juan) no es otro que la convicción, específicamente cristiana, de que la vida terrena y humana de Jesús es el centro de la revelación divina. Jesús vive el Verbo de Dios a la vez que lo anuncia; él mismo es la palabra de Dios... Si Dios se reveló en la vida de Jesús de tal manera que la plenitud de su *doxa* divina se hizo en él patente (Jn 1, 14ss) es menester que Jesús fuera la revelación de Dios a los hombres. Por eso es Dios, Dios que se revela; por eso estuvo con Dios desde el principio[9].

Esta visión de Cullmann puede compararse a la de Bultmann, con quien tiene muchos puntos de contacto, pero también una di-

---

[8] Cf. *Christologie*, 273; *Cristologia*, 306. Cfr. L. Bini, *L'Intervento*, 168ss. J. Frisque, O. *Cullmann*, 79ss; L. Malevez, *Functional Christology in the N. T.*, en *A. Theology reader*, Mc. Millan, 1966, N. York, 130ss; J. Silvestre Arrieta, *La Iglesia*, 160ss; D. M. Wallace, *Heilsgeschichte, Kenosis und Chalcedon*, en F. Christ, *Oikonomia*, pág. 248ss.
[9] *Christologie*, 274; *Cristología*, 307.

ferencia fundamental. Ninguno de los dos toma el "logos" de Cristo en sentido ontológico, como expresión de su ser. Pero sus aproximaciones (fundándose ambas en una visión "protestante" del cristianismo) resultan muy distintas:

– *Según Bultmann,* toda la realidad de Jesús se reduce a estar siendo palabra de Dios, pero en sentido existencial, en su diálogo profundo con el creyente, en línea de interioridad. Él es Verbo que expresa la Vida de Dios y nos invita a realizar un cambio radical si es que intentamos recibirla; es la misma vida de los hombres hecha expresión de la palabra de Dios, de manera que todo su «ser» parece reducirse al cambio que produce en la existencia de los hombres.

– *Cullmann* en cambio destaca la historia de Jesús en cuanto tal, no sólo lo que dice y hace en cada hombre, sino lo que es y hace en la historia universal de la humanidad. Jesús no es una «esencia nueva», en un plano ontológico, como han pensado los teólogos más influidos por un tipo de pensamiento griego; él es más bien el centro y compendio de la acción histórica de Dios, que comienza desde la misma creación y se abre desde Israel y por la Iglesia hacia el futuro de la culminación definitiva de la historia[10].

En ese sentido, cuando Cullmann escribe su obra clave, que sigue siendo la base de toda su cristología (*Cristo y el Tiempo*, 1946), no está hablando de dos «cosas», por un lado *Cristo* y por otro *el tiempo*, sino de una sola realidad, porque Cristo mismo es el «tiempo» de la salvación, que se condensa en él, viniendo desde atrás, por Israel, y abriéndose hacia delante, por la Iglesia, hasta la resurrección final. Parafraseando la obra clave de M. Heidegger (*Sein und Zeit*, Ser y tiempo, 1927), que también ha sido fundamental para la comprensión del pensamiento de Bultmann, Cullmann ha podido afirmar que Cristo es el verdadero «tiempo de Dios», es decir, el tiempo de la historia de la salvación.

---

[10] Bultmann admite *el hecho* de Cristo, pero no quiere hablar nunca de *los hechos* como serie históricamente ordenada. Cf. Cullmann, *Christologie*, 4, 316; *Cristología*, 18, 351. He desarrollado el tema en *El Pensamiento de R. Bultmann*, Clie, Terrasa, Madrid 2014.

No se puede hablar primero de tiempo (saber lo que es, definirlo), para aplicarlo después a Jesús, sino al contrario. Sólo conociendo a Jesús sabemos lo que es el tiempo, no en sentido puramente cronológico, sino en sentido humano, como revelación del Dios salvación. En ese sentido, comprender a Cristo significa situarlo en el centro del gran movimiento en el que Dios salva a los hombres a través de la historia; o, mejor dicho todavía, conocer lo que es el tiempo, el paso y camino de la vida, significa conocer y aceptar al Cristo, a quien podemos definir como tiempo de Dios.

Todo lo que existe, desde el principio del cosmos, constituye un camino que tiende a Cristo. Todo, hasta el fin de las cosas, es reflejo de su fuerza. Todo, y en especial el despliegue de la humanidad, viene a presentarse como «tiempo de Dios», pero no como palabra existencial aislada, dirigida a cada uno de los creyentes (aislado de los otros), sino como palabra que Dios dice (se dice) a lo largo del camino de la humanidad, centrada en la Cruz, que se abre a mi existencia (como dice Bultmann), pero abriéndose al conjunto de la humanidad, desde su principio hasta su meta. Desde esta perspectiva ha querido estudiar Cullmann los títulos de Jesús:

> Los mismos títulos que el Nuevo Testamento emplea para Cristo... están en función de su vida, de sus obras y su muerte; aluden a la experiencia de su fuerza presente en la comunidad de los discípulos...; por eso, los diversos títulos no pueden enlazarse si no se inscriben en la perspectiva de la historia salvadora[11].

---

[11] *Christologie*, 326-327; *Cristología*, 363-364 (trad. libre). Cf. *Christus*, 38-39; *Christ*, 16-17. En este contexto deberíamos destacar algunas diferencias de detalle. Bultmann no se atreve a mostrar –por lo menos con tanta fuerza– que *Cristo era Dios desde el principio*. Tampoco hablaría de este modo: «La distinción entre el Padre y el Hijo no se refiere a creación y redención; nos habla de Dios en cuanto podemos referirnos a Él sin tener en cuenta la revelación (Dios Padre), y de Dios en cuanto podemos referirnos a Él –en el Nuevo Testamento– como el revelado de hecho» (*Christologie*, 319; *Cristología*, 357). Según Cullmann, *podemos* hablar de Dios aún sin tener en cuenta la revelación (Dios Padre); pero siempre que hablamos *de hecho* del Dios revelado nos referimos a Cristo. Esta afirmación de Cullmann no está clara; ignoramos su trasfondo filosófico. Bultmann, desde luego, nunca puede hacerla.

Así se marca la figura de Cristo, tal como la presenta el Nuevo Testamento, desde la perspectiva de la historia de la salvación, abierta a la humanidad, y al mundo entero. Desde ese fondo podemos retomar los elementos anteriores de nuestra exposición, ofreciendo los tres momentos fundamentales del despliegue cristológico del NT según Cullmann:

– *Profeta de Dios.* El punto de partida es la vida humana de Jesús, una vida que es profunda y extraña a pesar de ser sencilla, casi simple. ¿Quién era ese hombre? Tal es la pregunta que debieron formular los que le vieron. La experiencia de su Vida tras la Cruz les convenció de que el hombre era el Mesías, preparado y anunciado desde siglos. Jesús, el Cristo, se mostraba como culmen de una larga historia.

– *Siervo y Mesías.* Penetrando en la figura de Jesús, le descubrimos como Siervo del Señor que ya ha venido, es aquel que volverá de nuevo como Mesías o Cristo, es decir, que vendrá como salvador definitivo. Sólo así puede cumplirse la esperanza de Israel y el camino de conjunto de la humanidad, entendida como gran camino y proyecto de esperanza. Jesús se expresa plenamente al presentarse como raíz, centro e impulso del proceso que tiende ya seguro hacia la meta.

– *Kyrios divino.* Ese mismo Cristo que ha cumplido las promesas y vendrá de nuevo, es, a la vez, el Señor que reina en el presente sobre el mundo, sobre todos y cada uno de los hombres. Por eso, los cristianos, le veneran como Kyrios (Señor) descubriendo en él la presencia de Dios, el sentido completo del Tiempo[12].

Este Cristo que vendrá (que es salvador futuro y Kyrios presente) no puede separarse, en modo alguno, del Jesús de Nazaret concreto. «Sin la obligada referencia a la persona y a la historia de Jesús nos deslizamos de manera directa al docetismo o sincretismo»[13]. El Jesús de la historia, el Cristo de la fe y el Señor

---

[12] *Christologie*, 327ss.; *Cristología*, 364ss. Sobre este problema sigue siendo válido el planteamiento de *Königsherrschaft*, de 1941; cfr. pág. 11ss.
[13] *Christologie*, 334; *Cristología*, 371.

del Cosmos (de la culminación de la historia salvadora) se encuentran vinculados, son uno, no se pueden escindir en modo alguno. «Toda cristología es, por lo tanto, historia salvadora y toda historia salvadora ha de llamarse, de verdad, cristología. Por eso, la formulación estrictamente cristocéntrica de las más antiguas confesiones de fe desconoce la distinción entre el Dios creador y el Cristo redentor; creación y redención no pueden separarse, siendo como son momentos del mostrarse de Dios a este mundo»[14]. Eso significa que no existe un «mundo aislado» (separado de la historia de la salvación). Cullmann nos sitúa, según eso ante un mundo antrópico (centrado en la historia de los hombres) y ante una historia humana que tiene sentido crístico (está centrada en el acontecimiento de Jesús de Nazaret, que es el Cristo).

La Cristología se fija de manera especial en el centro de la historia de la salvación, un centro que no puede situarse en el futuro, como quiso el judaísmo (y como había vuelto a destacar Schweitzer), un centro que no puede condensarse tampoco en el puro presente existencial del kerigma. Ese centro es un acontecimiento histórico del pasado, un suceso muy preciso de la historia humana, dentro del mundo. Se trata de la Pascua de Jesús, que es la victoria decisiva sobre todas las fuerzas del maligno, y que suscita las bases de la nueva existencia de los hombres, de la nueva realidad del cosmos. Siendo centro histórico, y por serlo, Cristo no puede quedarse nunca aislado. Su persona representa a cada uno de los hombres; su mensaje debe proclamarse a las naciones. Por eso, la cristología de Cullmann presenta tres aspectos esenciales: Sustitución, revelación y representación.

— *Como revelador y presencia de Dios*. El Nuevo Testamento le define como Palabra de Dios, es decir, como Dios haciéndose Palabra, presencia personal, entre los hombres. Jesús, por tanto, no es «otro» (frente a Dios), sino el mismo Dios que es Palabra en el tiempo, desde el principio de la creación hasta su meta. Cristo no es Dios porque se sitúa ante el Padre y dialoga con él, desde fue-

---

[14] *Christologie*, 336; *Cristología*, 374. Cfr. sobre este tema *Les premières confessions* (art.), págs. 31-42.

ra, sino porque es el mismo Padre hecho Palabra en la Historia, centro y sentido de la historia de los hombres. Continuando en esa línea, Cullmann sabe que la vida-presencia de Cristo, que es la Palabra de Dios, se expresa y expande en la vida de la Iglesia, que así aparece como lugar de su actuación mesiánica, a través de la palabra predicada y del sacramento celebrado, en el camino de los hombres.

– *Sustituto de la humanidad*. En ese sentido, Cristo sustituye y actualiza toda la historia de los hombres; en él se condensa y recibe su sentido el camino de la humanidad, la historia de cada uno de los hombres, unidos así en él y formando la «palabra universal» de Dios. La Iglesia ha descubierto y confesado que Cristo vive y muere por y para todos, acogiendo en su camino el camino de la humanidad: «... La idea de la sustitución constituye el principio a la luz del cual se desenvuelve toda la historia salvadora. Sin esta idea de la sustitución progresiva (minoría en el lugar de mayoría; individuo en el lugar de minoría) es imposible comprender el desarrollo de la historia del Nuevo Testamento que comienza en la misma creación»[15].

– *Representante de los hombres*. La historia de la humanidad se condensa y despliega por Jesús, que aparece como Uno (nuevo Adán, dice san Pablo: Rom 5; 1 Cor 15), siendo representante de todos. Así se presenta (y así le descubre la Iglesia) como el «Siervo» que sufre y que puede expiar con su muerte por todos, abriendo el camino que conduce al Padre. «La muerte expiatoria de Jesús no es sólo el centro de su vida terrena; es también el hecho medular de toda la historia salvadora que se extiende desde el génesis hasta la nueva creación del final de los tiempos... Jesús aparece como aquel que ha realizado en el momento decisivo la obra decisiva del designio salvador divino. El fundamento de toda la historia de la salvación encuentra aquí su expresión más clásica»[16].

---

[15] *Christologie*, 50; *Cristología*, 67. Cristo es *centro temporal* de la historia salvadora; nunca se le puede reducir a *centro metafísico*, en que se olvida el transcurso sucesivo de la historia. Confrontar *Christus*, 93; *Christ*, 64.
[16] *Christologie*, 79-80; *Cristología*, 99.

A partir de aquí se entiende el verdadero sacrificio de Jesús, que no puede entenderse como expresión de la ira de Dios, que descarga en él su agresividad, sino todo lo contrario, como signo y presencia del amor universal de Dios, que se expresa por él y se abre al conjunto de la humanidad, desde el principio al fin de la historia. Esta representación ha de entenderse como una forma de «presencia»: El mismo Jesús hombre (que es presencia total de Dios) viene a mostrarse así como presencia unificadora (integradora) de Dios para el conjunto de la humanidad, a través de los tiempos. Cristo no representa al conjunto de los hombres para negarles (identificarles) a todos, sino para ofrecer a cada uno su lugar en la historia. Cullmann nos sitúa de esa forma en el centro de una intensa problemática teológica que debe ser precisada con mucho cuidado, elaborando para ello un tipo de pensamiento que nos permita comprender mejor la experiencia cristiana. Cullmann ha abierto un camino que debe recorrerse y precisarse con cuidado[17].

### c) *Historia de la salvación y escándalo de Cristo*

Tanto Cullmann como Bultmann han puesto de relieve la novedad de la revelación y de la gracia de Jesús, que abre para los hombres un camino nuevo, algo que supera las posibilidades del hombre natural, le desarma y desconcierta porque y rompe sus esquemas previos. Pero, al mismo tiempo, ambos afirman que el hombre se encuentra de alguna forma "abierto" a la revelación de Dios en Cristo. Ambos entienden al hombre como "pregunta", pero lo hacen de manera distintas, en un caso en línea existencial, en el otro en línea de historia:

---

[17] La cristología de Cullmann es funcional. No estudia lo que Cristo podría haber sido, sino que señala su acción al situarla en el centro de una historia, pero sabiendo que en el fondo de ella se revela el mismo Dios (no podemos hablar de un Dios fuera de esa historia). Cullmann tiene razón al distinguir entre el *ser* y el *actuar*, pero quizá podría haber puesto de relieve la «trascendencia» de Dios, pero no fuera, sino en la misma historia. Cullmann está convencido de que el tiempo en Dios no es sencillamente el tiempo humano, pero añade que es inseparable de ese tiempo humano. Una respuesta de Cullmann a los críticos católicos sobre ese tema en *Vorträge*, 391-399.

– *Bultmann* sostiene que cada hombre en particular es pregunta, una llamada dirigida hacia Dios, en busca del sentido de la vida, de una hondura y plenitud que no se alcanza sobre el mundo. El hombre busca de hecho al "Dios de Cristo", y, sin embargo, cuando Cristo viene a responderle desborda y supera toda la problemática anterior del hombre, en plano existencial.

– *También Cullmann* afirma de algún modo que el hombre es pregunta, y que así se interroga por la meta de la historia, aunque estrictamente hablando no sabe lo que quiere, lo que pide, de manera que tiende a evadirse de sí mismo, de su historia, buscando su identidad en un plano abstracto, supratemporal (como hicieron los griegos).

En el fondo, los griegos buscaron la «salvación» huyendo del tiempo, evadiéndose así de su identidad real, para buscar una identidad ficticia, en una eternidad, más allá del tiempo. Pues bien, en contra de eso, los cristianos han descubierto por Jesús que no pueden evadirse de la historia, sino que deben encontrar su identidad en ella, a través de la misma muerte. Desde ese fondo se entiende el sentido de la Cruz (es decir, de la muerte de Jesús), como escándalo para la misma historia. Los cristianos no se evaden de la muerte del Mesías (que es escándalo para los judíos y necedad para los griegos: 1 Cor 1), sino que descubren en ella la presencia de Dios en la historia:

> Como a los testigos del Nuevo Testamento, también a nosotros se nos muestra la fe como un escándalo. El escándalo de que yo mismo no pueda ser origen de mi propia salvación se manifiesta de modo preciso en la historia salvadora... Se trata del escándalo de la Cruz... (que significa) mi propia incapacidad para salvarme. No es posible que apelando a mi propio acto de fe y a mi interna decisión yo pueda convertirme nuevamente en punto de partida del acontecer salvífico[18].

---

[18] *Heil*, 295-6; *La historia*, 362.

El escándalo del Nuevo Testamento se expresa ya en el hecho de que la salvación se realiza como historia, y no saliendo de ella y buscando un refugio en la eternidad. Más aún, el escándalo consiste en el hecho de que Dios no se revele en los grandes hechos triunfadores de la historia (victoria del Mesías, conquistas militares...), sino en la muerte del Mesías, del Hijo de David, a quien se le había destinado el reino sobre el mundo. No podemos demostrar con razones eruditas la importancia excepcional de aquellos años –del uno al treinta de nuestra era–. En línea externa, lo que allí sucede parece muy banal, sencillo y ordinario: La vida de un profeta judío, predicador del reino de Dios... Pues bien, en el fondo, esos datos vienen a revelarse como un hecho escandaloso: El predicador y portador del reino de Dios ha sido crucificado, y ha muerto fuera de la ciudad de Jerusalén, como un maldito; Dios, sin embargo, le ha resucitado, constituyéndole Mesías e Hijo de Dios, salvador definitivo (Rom 1, 3-4).

En este escándalo de la cruz puede centrarse y se centra la historia de Dios, la verdad del cristianismo. Por eso, en un sentido, el cristianismo sigue siendo una necedad y una locura, el escándalo supremo para aquellos que buscan el triunfo de Dios sobre la tierra. Bultmann había aceptado ese «escándalo», pero lo había interpretado de un modo «existencial», como expresión de una experiencia interior de presencia de Dios en el fracaso de la propia historia personal. Pues bien, Cullmann interpreta ese escándalo como expresión y centro de la historia de la humanidad, desde el principio y fin de los tiempos, como expresión y centro de la misma realidad del cosmos, que ha de entenderse así partiendo de la historia de la humanidad.

Hay también otros elementos menores en ese escándalo de Cristo, empezando por el lugar donde ha venido a desplegarse su historia: ¿Qué tenía de valor aquella tierra, perdida entre las tierras del mundo, olvidada de los hombres, fuera de los grandes imperios como Persia o Roma, y de los centros de cultura como Egipto o Grecia? Parece una locura pensar que en ella (entre Galilea y Jerusalén) pudo expresarse la presencia de Dios y realizarse el acontecimiento fundamental de la salvación de los hombres.

También resulta escandaloso pensar que la suerte de la humanidad se ha decidido ya, que el hecho salvador se ha realizado, que la batalla decisiva de la gran guerra de la humanidad se ha ganado ya. Externamente hablando seguimos todavía en guerra: Las fuerzas del mal siguen influyendo sobre el mundo, hay muerte y dolor, hay injusticia y angustia en la tierra; por eso, los judíos dicen que no ha llegado el Mesías... Pues bien, a pesar de eso, los cristianos afirman que la gran «batalla» de Dios contra los principios del mal ya se ha vencido. Muriendo por los hombres (y con los hombres), Cristo ha vencido al mal y a la muerte para siempre. Esto es sin duda un escándalo: ¿No es una presunción afirmar que estamos ya salvados en un mundo como este, en medio de una guerra como la que mantenía el mundo cuando Cullmann escribía su libro principal, *Cristo y el Tiempo*: 1939-1945? ¿No es locura afirmar que el mundo está salvado en este tiempo de gran crisis económica, con riesgo de un triunfo final de los poderes financieros, que se imponen sobre el mundo como en estos años 2012-2013?[19].

Para Bultmann el problema era menor, pues a su juicio esa batalla se realizaba y se ganaba sólo en la vida interior de cada creyente, mientras el mundo exterior podía seguir amenazado por la muerte. Para Cullmann, en cambio, el tema era mucho más difícil, pues él no hablaba de la historia interior de cada hombre, sino de la historia del conjunto de la humanidad, centrada en la Iglesia de Jesús. De todas formas, sabía distinguir dos niveles en la historia: La historia mundana, que sigue dominada por los poderes del mal y la historia de la salvación, que se ha introducido en esa historia mundana, para transformarla escatológicamente.

La presencia de la historia de la salvación en la historia del mundo está marcada por la «cruz». Así como Cristo murió (fue ajusticiado), así pueden morir (han de estar dispuestos a ello) también los cristianos, dando testimonio de la salvación de Dios en un mundo violento. La historia de la salvación sigue estando marcada por el escándalo de la cruz, por la llamada al testimonio (es decir, al martirio). En esa línea, Cullmann recuerda que la historia de la

---

[19] *Christus*, 118-119; *Christ*, 87-88.

salvación no es un acontecimiento político y social de poder, que pueda imponerse por sí mismo, sino presencia del Dios de Jesús, que dirige la historia a través de la Cruz. Al resaltar este escándalo, Cullmann reconoce que ninguna concepción humana, ninguna estructura puede reflejar lo que ha pasado y pasa en el mundo por medio de Cristo. En el centro de la historia se sitúa la Cruz, y Cruz implica la muerte de lo humano[20].

## 2. Excurso. Actualización temática

Como he venido mostrando, Cullmann elaboró su *Cristología* basándose en los títulos que el Nuevo Testamento aplica a Jesús. De esa forma se mantuvo en la línea de la primitiva confesión cristiana, expresada en el *Símbolo de los apóstoles* cuando dice... «y creo en Jesús-*Cristo*, su *Hijo*, nuestro *Señor*» (tres títulos distintos). En esa línea podemos añadir que al esquematizar su obra partiendo de los cuatro momentos de la historia de la salvación, Cullmann ha sido fiel a la inspiración *narrativa* del Credo: «que nació, padeció, resucitó, está sentado, vendrá...». De todas formas, su opción cristológica ha dejado más en la penumbra este segundo aspecto de historia «narrativa» de Jesús. Por eso, ella debe completarse.

Comenzaré ofreciendo una *bibliografía ampliada* que nos permite presentar algunas obras importantes que han surgido, tras Cullmann, para destacar así la importancia de sus afirmaciones. Después me detendré, siguiendo el orden de su obra, en cada uno de *los títulos que él ha estudiado*, actualizando tanto el tema como la bibliografía; en un breve apéndice final señalamos algunos *títulos que no entraron en su Cristología* y que en los decenios posteriores han sido objeto de estudio más extenso. No quiero criticar la Cristología de Cullmann ni elaborar aquí una nueva, sino sólo ofrecer un esquema general y una actualización bibliográfica, para aquellos lectores que quieran seguir estudiando estos temas.

---

[20] Bultmann deja al fin a los creyentes ante la Cruz de Jesús como único centro y signo del Dios cristiano. Cullmann, en cambio, valorando la Cruz, quiere entenderla desde el centro (y como centro) de la historia de la salvación.

## a) Los títulos de Cullmann, bibliografía comentada

En sí mismos, los *títulos cristológicos* han sido menos estudiados a partir de O. Cullmann, quizá por las dificultades que ellos implican, quizá porque suponen un conocimiento de conjunto del NT que resulta hoy difícil de alcanzar, dada la cantidad de material disponible. Por otra parte, el interés de los investigadores se ha movido en otras direcciones: análisis social y antropológico del judaísmo y de la iglesia primitiva, búsqueda del Jesús histórico, estudio literario (redaccional, narratológico, retórico) del NT, elaboración sistemática del mensaje y obra de Jesús, etc. A pesar de ello se han seguido escribiendo algunas obras significativas sobre el tema[21].

---

[21] Entre las obras dedicadas al estudio de los títulos cristológicos, escritas en parte como "respuesta" y crítica a Cullmann, pueden destacarse algunas más significativas, entre las que podemos citar las siguientes:

Hahn, F., *Christologische Hoheitstitel. Ihre Geschichte im frühen Christentum*, FRLANT, 83, Göttingen 1962. Obra concebida como «respuesta bultmanniana» a la cristología de Cullmann. Distingue en la iglesia antigua tres comunidades: palestina, judeo-helenista, pagano-helenista, destacando (en contra de Cullmann) el carácter creador de las comunidades helenistas. Destaca la tradición sinóptica, para pasar después a la paulina. Estudia estos títulos: *Hijo de hombre, Kyrios, Cristo, Sumo Sacerdote, Hijo de David, Hijo de Dios, Profeta escatológico*. Es la obra fundamental sobre el tema.

Kramer, W., *Christos, Kyrios, Gottessohn*, ATANT 44, Zürich 1963. Obra paralela a la de Hahn, más centrada en el paso de las tradiciones prepaulinas a las paulinas, en el comienzo de eso que pudiéramos llamar el "dogma" cristiano. No estudia la conciencia e historia de Jesús, sino que se centra en las tres visiones más antiguas sobre Jesús: como *Cristo* (en perspectiva de resurrección), *Kyrios* (*kyriología*, en clave de confesión de fe) e *Hijo de Dios* (*Hyiología*, en clave de adopción). La distinción de lo palestino y helenista no es muy fuerte.

Fuller, R. H., *Fundamentos de Cristología neotestamentaria* (1965), Cristiandad, Madrid 1979. Estudio diacrónico, en parte paralelo al de F. Hahn, notable por su esquematismo y su claridad; distingue trasfondo palestino, judeo-helenista y pagano-helenista, a partir del Jesús histórico, que aparece como punto de partida (no como ocasión) del despliegue cristológico de la Iglesia. Se fija en estos títulos fundamentales: *Mesías/Cristo, Hijo de Dios* (mesiánico y divino), *Hijo de David, Hijo de Hombre, Siervo, Profeta, Señor, Sabiduría, Logos, Primer hombre y Sacerdote*.

Longenecker, R. N., *The Christology of Early Jewish Christianity*, SBTh 17, SCM, London 1970. Supone, en una línea más cercana a la de Cullmann, que el judeocristianismo (Mt; Jn; 1–3 Jn; Heb; Sant; 1–2 Ped; Jud; Ap) ha crecido en relación con un judaísmo no ortodoxo (no canónico), vinculado desde el principio algún tipo de helenismo. Desde ese fondo ha estudiado varios «motivos» cristológicos (*Ángel, Pastor, Piedra*...) y otros títulos fundantes de origen judeocris-

Las obras citadas en la nota anterior son en general bastante antiguas, especialmente de los años que han seguido a la publicación del libro de Cullmann (entre el 1960 y el 1980). En ese con-

tiano: *Profeta, Mesías, Hijo de Hombre, Hijo de Dios, Siervo sufriente, Rey davídico, Sumo sacerdote, Señor, Dios, Salvador, Palabra.*

Duquoc, Ch., *Cristología* I-II (1972), Sígueme, Salamanca 1972. De corte bíblico-dogmático. En la primera parte estudia los títulos *Profeta, Siervo, Mediador* (*Hijo de Hombre, Sumo Sacerdote*), *Cristo* (*Verbo e Hijo de Dios*). En la segunda analiza el proceso cristológico: Pasión, Exaltación, Redención, Mesianismo, Parusía (y Revelación). De esa forma vincula (como Cullmann) los títulos con los diversos momentos de la "historia revelatoria" de Jesús. Es quizá la obra católica más significativa en esta línea.

Caba, J., *El Jesús de los evangelios*, BAC 392, Madrid 1977. Es también católico, más recopilador que investigador estricto. Analiza los tres títulos fundamentales de Jesús en la tradición evangélica: *Cristo, Hijo de Hombre, Hijo de Dios*. Los tres han sido utilizados por Jesús, recreados por la tradición antigua y reformulados por los evangelistas.

Moule, C. F. D., *The Origin of Christology*, Cambridge UP 1977. Obra maestra de sobriedad y mesura; se opone a la visión evolucionista de la escuela bultmanniana y coloca a Jesús en el principio de la cristología, apoyándose expresamente en Cullmann, a quien quiere de alguna forma seguir y matizar (págs. 1-10). Estudia los títulos de *Hijo de Hombre, Hijo de Dios, Cristo y Señor*, mostrando la continuidad entre la iglesia palestina y la helenista (págs. 11-46).

Dunn, J. D. G., *Christology in the Making. An Inquiry into the Origins of the Doctrine of the Incarnation*, SCM, London 1980. Analiza en plano histórico y teológico los títulos *Hijo de Dios, Hijo de Hombre, Último Adán, Espíritu o Ángel, Sabiduría y Palabra de Dios*. A través de ellos, y a lo ancho de las diversas concepciones cristológicas del NT, estudia la novedad cristiana de la idea de la encarnación. Es quizá el autor actual más interesado por los temas de fondo del pensamiento de Cullmann, incluso en su obra más reciente sobre el despliegue del cristianismo: *El Cristianismo en sus comienzos* I-II, Verbo Divino, Estella 2010-2012.

Guthrie, D., *NT Theology*, Inter-Varsity P., Leicester 1981, 219-341. Obra enciclopédica, de tradición protestante. Estudia los mismos títulos que Cullmann (*Mesías, Hijo de David, Siervo, Profeta, Hijo de Hombre, Señor, Hijo de Dios, Logos, Último Adán, Dios*) completándolos con un análisis temático de los acontecimientos cristológicos (nacimiento virginal, resurrección y ascensión).

Marshall, I. H., *The Origins of New Testament Christology*, Apollos, Leicester 1990. De línea tradicional, cercano a Cullmann. Piensa que los títulos cristológicos fundamentales derivan del mismo Jesús, aunque han sido reelaborados por la Iglesia. Desde este fondo estudia los siguientes: *Hijo de Hombre, Cristo, Señor e Hijo de Dios*.

Sabourin, L., *Los nombres y títulos de Cristo*, San Esteban, Salamanca 1965 (original francés: 1963). Estudio de conjunto, de tipo tradicional y genérico (de fondo católico), de treinta y tres títulos e imágenes cristológicas de Jesús. Distingue nombres de Jesús, títulos mesiánicos simples y comunitarios, títulos soteriológicos y cristológicos.

texto pueden citarse también los trabajos dedicados a los títulos de Jesús en algunos diccionarios y obras colectivas, como: TWNT (*Theologisches Wörterbuch zum NT* 1-10, Kohlhammer, Stuttgart 1933-1979), DTNT (*Diccionario Teológico del NT* I-IV, Sígueme, Salamanca 1980; trad. de L. Coenen (ed.), *Theologisches Begriffslexikon zum NT* I-II, Brockhaus, Wupertal 1969-1971), el DBS (*Supplément au Dictionaire de la Bible*, Letouzey et Anè, Paris 1957ss), el ABD (*Anchor Bible Dictionary* I-VI, Doubleday, New York 1992), y DJG [J. B. Green, S. McKnight, I. H. Marshall (ed.), *Dictionary of Jesus and the Gospels*, Inter-Varsity, Leicester 1992. Desde ese fondo vuelvo a presentar cada uno de los títulos, en el contexto de la nueva búsqueda exegética y teológica.

*1. Profeta.* El estudio que Cullmann dedicó a Jesús como profeta, situándolo en el trasfondo histórico y teológico de su tiempo, sigue siendo clave, por erudición y finura exegética. Casi todo lo que dice es aún actual y puede leerse con muchísimo provecho. Sin embargo, a modo de ampliación y precisión, pienso que deberían destacarse hoy mejor algunos rasgos, en especial la visión de Jesús como *profeta escatológico*, desde la perspectiva total de su mensaje y vida, en clave de compromiso por el Reino y de transformación social, cosa que Cullmann había dejado en la penumbra. En esta misma línea se debe destacar el aspecto literario de su mensaje y función profética, como ha visto J. L. Espinel, *La poesía de Jesús*, San Esteban, Salamanca 1986. Jesús es poeta por ser profeta; en esa perspectiva analiza los dichos profético-poéticos de Jesús, empezando en el AT y culminando en la vida de la Iglesia primitiva[22].

---

[22] *Sobre el profetismo en tiempos de Jesús*, cf. E. Cothenet, *Prophétisme*: DBS 8, 1222-1337; H. Krämer; R. Rendtorff; R. Meyer; G. Freidrich, *Profetês*: TWNT 6, 833-863; C. H. Preisker, *Profeta*: DTNT 3, 413-420. De un modo especial cf. D. E. Aune, *Prophecy in Early Christianity and the Ancient Mediterranean World*, Eerdmanns, Grand Rapids MI 1983, 81-246, donde puede encontrarse la bibliografía básica, entre la que destacamos D. Hill, *NT Prophecy*, J. Knox, Atlanta 1979. Pero más que el contexto profético importa la forma en que se debe entender a Jesús como profeta escatológico. En esa línea, cf. E. P. Sanders, *Jesus and Judaism*, SCM, London 1995, y también M. Casey, *From Jewish Prophet to Gentile God: The Origins and Development of NT Christology*, J. Knox, Louisville KY 1991. Ch. Perrot, *Jesús y la historia*, Cristiandad, Madrid 1982, 80-162, ha precisado el contexto judío de Jesús y su novedad profética. Con ciertas variantes, son muchos

*2. Siervo sufriente.* El capítulo que Cullmann dedica al *Siervo de Yahvé* constituye, a mi entender, el más valioso y frágil de su libro. Él mismo empieza destacando su valor, situando aquí, como buen exegeta y teólogo, el centro del enigma cristológico de Jesús, que no es Mesías por saber triunfar (venciendo a los demás por fuerza), sino dando la vida por los otros. Aprender a sufrir, es decir, convertir el sufrimiento en principio de transformación creadora y esperanza: esta es la tarea de la cristología. En ese sentido podemos seguir afirmando que Cullmann tenía razón: Él supo centrar el problema cristológico, centrándolo en su recto lugar. Pero debemos añadir, quizá, que sus interpretaciones resultan demasiado influenciadas por un tipo de *victimismo* (sufrimiento expiatorio) que no encuentra fundado en el NT (el sufrimiento no es para aplacar a un Dios airado). En este contexto es esencial el problema *teológico*, como ha mostrado B. Sesboüe, *Jesucristo, el único mediador* I, Sec. Trinitario, Salamanca 1990, al querer superar una cristología sacrificial en la que parece que Dios exige (necesita) el sufrimiento de los humanos para aplacarse. Hace tiempo analizó D. Sölle, *El Representante*, Aurora, Buenos Aires 1972, 24-25, el tipo de *representación sacrificial* que está en el fondo del pensamiento de Cullmann, mostrando sus limitaciones. Precisamente, para hacer justicia a su intuición de fondo, debemos superar la forma en que entiende el sufrimiento vicario, desde nuevas perspectivas de carácter social que pongan de relieve la solidaridad creadora (positiva) en el gesto de entrega de la vida por los demás[23].

---

los que han visto la tarea profética como punto de partida de la obra y conciencia de Jesús. Así J. P. Meier, *A Marginal Jew* I-IV, Doubleday, New York, 1991ss (en línea de profetismo mesiánico) y R. D. Kaylor, *Jesus al Prophet, His vision of the Kingdom of Earth*, J. Knox, Louisville KY 1994 (en línea de profetismo social). Visión de conjunto en G. Teissen y A. Merz, *Der historische Jesus*, Vandenhoeck, Göttingen 1996, 221-255.

[23] Este apartado de Cullmann sigue abierto, tanto en línea exegética como teológica. En línea exegética, cf. P. Grelot, *Les Poèmes du Serviteur: De la lecture critique à l'herméneutique*, LD 103, Paris 1981, actualizado en Id., *Serviteur*, DBS XII, 968-1016 (con amplia bibliografía), y H. Schürrmann, *¿Cómo entendió y vivió Jesús su muerte?*, Sígueme, Salamanca 1992. No parece necesario que Jesús se identificara a sí mismo con el Siervo de Yahvé, aunque es evidente que aceptó el destino del sufrimiento, como elemento de su misión en favor de los demás; sólo la Iglesia, tras la pascua, ha podido (y ha debido) interpretar su figura a la

3. *Sacerdote*. El tema de la misión sacerdotal de Jesús resulta muy importante para Cullmann, pues se encuentra vinculado a su manera de entender la entrega de Jesús como Siervo, en gesto sacrificial, a favor de los hombres, superando así (y sustituyendo) el templo de Jerusalén. De esa forma, sobre un mundo de violencia que los hombres resultan incapaces de aplacar, se eleva la figura de Jesús, el verdadero Sacerdote que les reconcilia con Dios. Por eso, a su juicio, en su raíz, el cristianismo es una religión sacerdotal, conforme a un tema en que pueden distinguirse varios niveles[24].

Sobre la base del texto de Cullmann deberían reinterpretarse los elementos «sacerdotales» del *Jesús histórico*. Quizá podría indicarse que Jesús se ha situado en una línea que, en algún sentido, resulta más cercana a la de algunos fariseos de su tiempo (que a la de los esenios): Rechaza o devalúa el sacerdocio como elemento separado y reintroduce todos los valores de lo sacerdotal en la vida del grupo mesiánico, de tal forma que la realidad concreta del templo y de los sacerdotes no es ya necesaria. Pero, a partir de aquí, las líneas se vuelven divergentes. Los *fariseos* traducen la experiencia sacerdotal en un tipo de vida regulada sacralmente por la ley, dentro de unas prácticas de fuerte exigencia de pureza. Por el contrario, *Jesús* elimina los elementos sacerdotales de tipo sacral, para introducir los ideales y funciones del sacerdocio dentro de su propia vida «mesiánica», en su gesto de curación de los enfermos y acogida de los

---

luz de la imagen del Siervo. En esa línea he querido evocar el camino mesiánico en *Vida y Pascua de Jesús*, Sígueme, Salamanca 1993, 313-324; *Antropología Bíblica*, Sígueme, Salamanca 1993, 339-442, e *Historia de Jesús*, Verbo Divino, Estella 2013. Es aquí donde el influjo luterano de su cristología resulta más fuerte, como podría quizá precisarse comparando su obra con M. Lienhard, *Au coeur de la foi de Luther: Jésus-Crist*, Desclée, Paris 1991.

[24] Podemos citar, por un lado, cierto *judaísmo contemporáneo* que había sacralizado la figura de un sacerdote «mesiánico», sea en la línea de Aarón, sea en la línea de Melquisedec. Cf. R. de Vaux, *Instituciones del AT* (1958), Herder, Barcelona 1958, 449-517; E. P. Sanders, *Judaism. Practice and Belief 63BCE - 66CE*, SCM, London 1992. Sobre el mesianismo sacerdotal, especialmente en Qumrán, cf. L. Delcor, *Melchizedek from Genesis to the Qumran Texts and the Epistle to the Hebrews*: JSJ 2 (1971)115-135; J. Gnilka, *Die Erwartung des messianischen Hohenpriesters in den Schriften von Qumran und im NT*: RQ 2 (1960) 359-426; A. Rodríguez C., *La figura de Melquisedec en la literatura targúmica*: EstBibl 37 (1978) 79-102; P. Sacchi, *L'Apocalittica giudaica e la sua storia*, Paideia, Brescia 1990, 199-219.

marginados. Conforme a ese esquema, en la vida de la comunidad cristiana ya no son necesarios sacerdotes especiales, de manera que el sacerdote sacral desaparece y sus funciones pierden sentido: su comunidad no necesita sacrificios animales, ni personas encargadas de la declaración sacerdotal de la pureza o del perdón sagrado[25].

*4. Mesías.* La visión de Cullmann me sigue ofreciendo muchos elementos valiosos. Sin embargo, su manera de entender la acción social y política debe ser reformulada, a partir de una visión integral de la política (que en aquel tiempo no estaba separa de la religión). En el fondo, Cullmann sigue siendo dualista; no ha logrado superar la visión de los dos planos (tiempo y eternidad) que definían el primer momento de su teología; su Cristo está en el tiempo, pero no penetra de verdad en la raíz de aquel tiempo humano, con sus preocupaciones sociales, su conflictividad económica, cultural, interpersonal. Su manera de entender el mesianismo de Jesús resulta en el fondo apolítica, como si proyectara sobre la sociedad judía del tiempo de Jesús unas nociones burguesas de nuestra sociedad, política y religión.

Su visión del mesianismo de Jesús sigue siendo importante por su manera de insistir en el carácter histórico de la propuesta de Jesús, que sigue abierta a la consumación escatológica (resurrección de todos los muertos). Pero hay que situarlo mejor en el trasfondo

---

[25] Sólo desde ese fondo de radical desacralización puede interpretarse el retorno del símbolo sacerdotal en algunos textos más vinculados al judeocristianismo, como pueden ser Heb, Jn, 1Ped y Ap. Cf. R. N. Longenecker, *The Christology of Early Jewish Christianity*, SBTh 17, SCM, London 1970, 113-119; A. Vanhoye, *Sacerdotes antiguos, sacerdote nuevo*, BEB 79, Sígueme, Salamanca 1992; P. Grelot, *El ministerio de la Nueva Alianza*, Herder, Barcelona 1969, 23-76; E. Schüssler F., *Priester für Gott*, Münster 1972; J. H. Elliot, *The Elect and the Holy. A exegetical examination of 1 Peter 2, 4-10 and the phrase «basileion hierateuma»*, Leyden 1966. Desde esta perspectiva se ha estudiado con detalle la relación de Jesús con el templo y los sacerdotes en el episodio de la «purificación» y en toda la historia de la pasión, tanto en clave histórica (E. P. Sanders, *Jesus and Judaism*, SCM, London 1985, 61-90; X. Pikaza, *El evangelio. Vida y pascua de Jesús*, Sígueme, Salamanca 198-242), como de análisis de la tradición (J. R. Donahue, *Are you the Christ? The Trial Narrative in the Gospel of Mark*, Scholars P., Missoula MO 1973; W. R. Telford, *The barren Temple and the withered tree*, JSOT, Sheffiled 1980).

dentro de una visión de conjunto de las esperanzas de Israel. Sólo de esa forma, situando a Jesús en su contexto histórico y social (con sus rasgos místicos y religiosos, con sus aspectos económicos e incluso políticos) podremos entender su mesianismo para no dar un salto desde la muerte de Jesús (con su experiencia pascual) a la resurrección del fin de los tiempos[26].

5. *Hijo de Hombre*. La posibilidad de que Jesús se presentara a sí mismo como Hijo de Hombre, y el sentido que ese nombre o título tenía en su doctrina (y en la comunidad primitiva) ha sido de los más discutidos tras Cullmann. Han sido bastantes los que, apoyados en la identidad, establecida también por Cullmann, entre *barnasha y hombre*, y partiendo del hecho de que la sección de las Parábolas de Enoc (donde se contienen los textos del Hijo del Hombre) no se han encontrado en Qumrán, suponen que el título en cuanto tal o no existe o ha sido creado por la Iglesia (cf. en esta línea G. Vermes, *Jesús, el judío*, Muschnik, Barcelona 1977). Pues bien, la hipótesis del origen pre- y/o extra-cristiano de las Parábolas de Henoc se está imponiendo de nuevo y con ello la posibilidad de que Jesús se haya identificado a sí mismo como Hijo de Hombre. Además del trabajo básico de C. Colpe, arriba citado, cf: J. J.

---

[26] Entre la bibliografía más reciente, cf. H. Cazelles, *El Mesías en la Biblia. Cristología del AT*, Herder, Barcelona 1981 (análisis histórico del mesianismo desde sus orígenes hasta la vuelta del exilio); J. D. Charlesworth (ed.), *The Messiah*, Fortress, Minneapolis 1992 (con una contribución muy significativa de J. D. G. Dunn); A. Díez Macho, *El Mesías anunciado y esperado. Perfil humano de Jesús*, Fe Católica, Madrid 1976 (buena información sobre el judaísmo; visión fundamentalista de Jesús); S. Sabugal, *Khristós. Investigación exegética sobre la cristología joanea*, Herder, Barcelona 1972 (panorama de la tradición judía y cristiana, con análisis de la teología de Juan); E. Schürer, *Historia del Pueblo Judío en Tiempos de Jesús. 175 a.C. – 135 d.C.*, Cristiandad, Madrid 1985, II, 631-715 (estudio general sobre los elementos y formas del mesianismo del tiempo); J. L- Sicre, *De David al Mesías. Textos básicos de la esperanza mesiánica*, EVD, Estella 1995 (síntesis del mesianismo en el AT y en el judaísmo tardío, hasta Qumrán). Entre los diccionarios y obras colectivas queremos destacar los trabajos de W. Grundmann y M. de Jonge (TWNT 9, 493-581; ABD I, 914-921), y el de L. W. Hurtado (DJG 106-117). Han puesto de relieve el aspecto mesiánico de la vida y obra de Jesús: M. Bockmuehl, *This Jesus: Martyr, Lord, Messiah*, Clark, Edinburgh 1994. Visión de conjunto: R. Penna, *I Ritratti originali di Gesù il Cristo*, San Paolo, Milano 1996.

Charlesworth, *Gesù nel Giudaismo del suo tempo*, Claudiana, Torino 1994, 53-65; N. T. Wright, *Jesus. And the victory of God* II, SPCK, London 1996, 510ss.

He estudiado con cierta detención el tema en *Hermanos de Jesús y servidores de los más pequeños. Mt 25, 31-46* (BEB 46), Sígueme, Salamanca 1974, 89-116, ofreciendo una visión de conjunto sobre las diversas interpretaciones del Hijo de Hombre en Dn 7, 1; Hen 37–71 y 4 Es 13, y elaborando una síntesis de las diversas perspectivas hermenéuticas en que ha sido interpretada la figura (como expresión de lo divino o de la humanidad original, como Mesías descendente o ascendente) y defendiendo el origen precristiano del símbolo. Allí destaco la identidad social del Hijo del Hombre con los necesitados, conforme a Mt 25, 31-46, mostrando que ella implica un compromiso en favor de los últimos del mundo. Pero el tema sigue abierto, tanto desde el sentido de la conciencia de Jesús como desde las implicaciones de su proyecto social[27].

6. *Señor.* La problemática planteada por Cullmann ha seguido estando en el centro de la discusión exegética y teológica de los años posteriores. Algunas de las obras citadas por él (especialmente las de Bultmann y Cerfaux) siguen teniendo actualidad. Para Cullmann, el «señorío» de Jesús se sitúa en un plano cultual, de veneración religiosa y parece separado de los elementos «materiales» de la

---

[27] Una primera aproximación en las obras de J. D. G. Dunn, R. H. Fuller, F. Hahn, R. N. Longenecker y C. F. D. Moule, citadas al comienzo de esta actualización. En línea crítica, de tipo bultmanniano, se ha seguido manteniendo (además de F. Hahn), H. E. Tödt, *Der Menschensohn in der synoprishen Ueberlieferung*, Mohn, Gütersloh 1959. En perspectiva de historia de las religiones, cf. F. H. Borsch, *The son of Man in Myth and History*, SCM, London 1967, y C. Colpe, *Huios tou Antrhopou*: TDNT 8, 400-478. Cf. también I. H. Marshall, *Son of Man*: DJG 775-781. Resulta novedoso frente a Cullmann el estudio detallado que ha venido a realizarse sobre el Hijo de Hombre en los grandes textos del NT. Cf. entre otros: M. Hooker, *The Son of Man in Mark*, London 1967; B. Lindars, *Jesus, Son of Man*, SPCK, London 1983; F. J. Moloney, *The johannine Son of Man*, LAS, Roma 1978; J. Mateos y F. Camacho, *El Hijo del Hombre. Hacia la plenitud huma*na, Almendro, Córdoba 1995. He planteado el tema en *El Evangelio. Vida y Pascua de Jesús*, Sígueme, Salamanca 1983, 393-428. Para una visión de conjunto, en línea que culmina en el Ap, cf. K. Wengst, *Pax Romana and the Peace of Jesus Christ*, SCM, London 1987.

vida económica y social. Desde esa perspectiva ha desarrollado su argumento de tipo histórico-filológico (sobre el origen palestino o helenista del título *Kyrios* aplicado a Jesús). Pues bien, más importante que eso es quizá el problema hermenéutico sobre el sentido total (de política humana y culto) que está al fondo del tema. Así podemos verlo, sobre todo, en referencia a Flp 2, 6-11.

Como he señalado, Cullmann destacaba el carácter sacral del *Kyrios* cristiano, incluso cuando contraponía su figura a la del emperador romano como Kyrios. Pienso que, sin devaluar ese ámbito cultual, debe destacarse el sentido más amplio (social, económico, cultural) del señorío bíblico, partiendo de la teología israelita y fundándose de un modo especial en la vida y mensaje de Jesús (su entrega por los marginados, su muerte y pascua). Desde esa perspectiva hay que ampliar, y en algún sentido invertir, el argumento de Cullmann: ciertamente, la iglesia palestina ha rendido culto a Jesús como *Marán* o *Kyrios*; pero debemos añadir que él no se ha convertido nunca en un puro *Kyrios helenista*, cerrado en el plano cultual. Jesús ha empezado y ha seguido siendo Señor en sentido total, siendo aquel que puede cambiar la vida de los humanos... En esta línea reinterpretamos el sentido político (social) de su señorío, como ha visto, por ejemplo, J. I. González Faus, *La Humanidad Nueva. Ensayo general de Cristología* I, Eapsa, Madrid 1974, 273-302.

7. *Salvador*. El vocabulario de la salvación ha sido mucho menos estudiado en la exégesis posterior a Cullmann. Entre los trabajos exegéticos, cf. W. Förster y G. Fohrer, *Sôter*: TDNT 7, 965-1024; E. M. B. Green, *The Meaning of Salvation*, Hodder, London 1965; W. Mundle y J. Schneider, *Redención*: DTNT 4, 54-68; I. H. Marshall, *Salvation*: DJG, 719-724. Pero el tema no es puramente exegético (en el sentido técnico del término), sino antropológico. Se trata de saber lo que significa la salvación en un contexto desacralizado como el nuestro. En esa línea, ese título ha sido poderosamente reinterpretado en los últimos decenios, partiendo de una hermenéutica social y sacral.

Es importante en esta línea B. Sesboüé, *Jesucristo, el único Mediador. Ensayo sobre la redención y la salvación* I-II, Sec.

Trinitario, Salamanca 1990-1991, que estudia el sentido de la salvación-redención desde una perspectiva no victimista y con una lectura nueva (narrativa) de la Biblia. Cf. también D. Sölle, *El Representante. Hacia una teología después de la «muerte de Dios»*, Aurora, Buenos Aires 1972, que sitúa la «mediación» salvadora de Jesús en un mundo donde Dios ha dejado de ser el punto de partida cultural indiscutido. El fondo y amplitud social (política, antropológica) de la salvación está en la base de las cristologías vinculadas a la hermenéutica de la liberación, del feminismo o de la no violencia; cf. J. Sobrino, *Jesucristo Liberador*, Trotta 1991; E. Schüssler F., *Jesus. Miriam's Child, Sophia's Prophet*, Continuum, New York 1995; J. Alison, *Cristología de la no violencia*, Sec. Trinitario, Salamanca 1996. Es evidente que en este campo la obra de Cullmann debería ser profundamente reinterpretada.

*8. Logos*. Sigue siendo básico el libro de C. H. Dodd (*Interpretación del Cuarto Evangelio*, Cristiandad, Madrid 1978) que Cullmann había tomado como base de gran parte de su desarrollo. Pero más importante que el tema de las fuentes (helenistas, gnósticas, sapienciales judía, puramente veterotestamentarias, cristianas...), se ha vuelto hoy el problema de su interpretación. En plano dogmático, cf. W. Pannenberg, *Fundamentos de Cristología*, Sígueme, Salamanca 1974, 196-226, con su crítica de la teología tradicional del Logos de Dios en perspectiva griega. Una nueva *teología de la palabra* ha vuelto a situarse en el centro de la atención social y religiosa de los exegetas. Frente a la *teología de la palabra existencial*, más intimista, propia de la escuela bultmanniana, se ha vuelto necesaria una *teología de la palabra social*, tanto en perspectiva filosófica (desde las nuevas teorías de la comunicación, vinculadas a los trabajos de J. Habermas y K. O. Apel), como en perspectiva literaria (una parte considerable de la exégesis reciente puede interpretarse como *hermenéutica dialogal de la palabra*).

Pienso que todavía es pronto para hacer un balance en este campo, pues los problemas exegéticos (sentido de la sabiduría-palabra), filosóficos (teoría comunicativa) y estrictamente teológicos (palabra personalizada o personal en Jesús, temática trinitaria) siguen estando abiertos. Por otra parte, en línea cristológica, el tema de la

Palabra se ha deslizado significativamente del ámbito del Logos más «conceptual» al de la visión sapiencial sostenida por el mismo Jesús de la historia, como indicaremos más adelante, en el pequeño apéndice que ofreceremos a los «nuevos títulos cristológicos»[28].

*9. Hijo de Dios.* La cristología «filial», vinculada a la visión de Dios como Abba ha seguido estando en el centro de la exégesis y teología de los últimos años, como han señalado algunos de los trabajos citados al comienzo de esta actualización. Estudio histórico de los textos en J. D. G. Dunn, F. Hahn, W. Krämer, R. N. Longenecker y C. F. D. Moule. Entre las obras de consulta, cf. E. Lohse, *Huios*: TDNT, 8, 478-489; J. Fossum, *Son of God*: ABD 6, 137-150; D. R. Bauer, *Son of God*: DJG 769-775. En esa misma línea pueden situarse W. Marchel, *Aba, Père!*, AnBib 19a, Roma 1971, y J. Schlosser, *El Dios de Jesús. Estudio exegético*, Sígueme, Salamanca 1995, que descubren a Jesús como Hijo desde su oración al Padre[29].

*10. Dios.* Cullmann ha planteado bien el tema desde un punto de vista de crítica textual y en esa misma línea se sitúan dos trabajos muy importantantes de R. E. Brown, *Jesús, Dios y hombre*, Sal Terrae, Santander 1973, 21-72; *An Introduction to the NT Chritology*, Paulist, New York 1944, apéndice 3, donde analiza y sitúa en su

---

[28] Entre los comentarios a Jn posteriores a la obra de Cullmann, cf. R. Schnackenburg, *El Evangelio según San Juan* I, Herder, Barcelona 1980, especialmente el *excursus* de págs. 296-308; R. R. Brown, *El Evangelio Según Juan*, Cristiandad, Madrid 1979; Ph. Perkins, *The gospel According to St. John*, Franciscan H., Chicago 1978. Son también significativas algunas obras de conjunto citadas al comienzo de esta actualización, cf. J. D. G. Dunn, *Christology in the Making*, SCM, London 1980, 213-250; A. Barucq (y otros), *Logos*: DBS 5, 425-479; T. H. Tobin, *Logos*, ABD 4, 348-356; D. H. Johnson, *Logos*: DJG 481-484. Cf. también I de la Potterie, *La Vérité dans Saint Jean*, AnBib 73, Roma 1977, 117-240.

[29] Sobre el surgimiento del título Hijo de Dios en la Iglesia primitiva, cf. M. Hengel, *Hijo de Dios*, Sígueme, Salamanca 1974. Son numerosos los estudios sobre el sentido del Hijo de Dios en los diversos autores del NT; cf. entre ellos: S. Kim, *Dhe Origins of Paul's Gospel*, Eerdmans, Gran Rapids MI 1982; J. D. Kingsbury, *The Christology of Mark's Gospel*, Fortress, Philadelphia 1983; R. Schnackenburg, *El Evangelio según San Juan* II, Herder, Barcelona 1980, 158ss (*excursus* sobre el Hijo en Juan). Han desarrollado el sentido de este título en línea de reflexión sistemática E. Schillebeeckx, *Jesús. Historia de un viviente*, Cristiandad, Madrid 1981, y O. González de C., *Jesús de Nazaret. Aproximación a la Cristología*, BAC, Madrid 1975, 96-114.

trasfondo histórico los textos del NT que llaman a Jesús *Dios*. Pero, como sabe Cullmann, más importante que el hecho de que el NT llame a Jesús *Dios* (en ciertos textos tardíos) es la forma de interpretar lo divino, sea en clave de *acción* (Jesús como acción de Dios en la historia), de *comunicación* (Jesús es Dios hecho palabra dentro de esa historia) o de *comunión* (Jesús es «partner» dialogal de Dios, en perspectiva que se abre a la visión posterior de la Trinidad).

Al introducir a Jesús en el ámbito de Dios no sólo se está reinterpretando la figura de *Jesús*, sino también la de Dios. Esto nos introduce en el centro de la hermenéutica cristológica, que es el centro de toda teología. Pero con ello salimos de algún modo del libro de Cullmann, para replantear el sentido de conjunto del misterio cristiano.

### b) *Otros títulos y/o símbolos cristológicos*

Los diez títulos de Jesús que Cullmann ha estudiado ofrecen una visión preciosa e insustituible de la «cristología canónica» del NT. Ellos destacan los elementos fundamentales de la visión de Jesús que la Iglesia cristiana ha desarrollado de un modo más directo. Sin embargo, el mismo NT ofrece, en su centro o en sus márgenes, otros títulos y signos distintos de Jesús que pueden ser recordados. Ellos han venido a convertirse en centro de una parte considerable de la investigación y discusión de los últimos decenios.

Podríamos incluir en esta lista otros títulos o temas como el de *Jesús orante* (hombre de Dios), destacando el rasgo más profundo de su apertura filial al Padre (como ha hecho Cullmann al tratar del Hijo) y poniendo, al mismo tiempo de relieve, los elementos experienciales de su plegaria, como ha hecho J. D. G. Dunn, *Jesús y el Espíritu*, Sec. Trinitario, Salamanca 1981, 31-60. El estudio de la «piedad» del judaísmo del Segundo Templo, con sus posibles iniciaciones místicas y la posibilidad de la existencia de una figura que podría llamarse «el segundo Dios» en el mismo templo de Jerusalén abre perspectivas hasta ahora desconocidas en la cristología del Nuevo Testamento, aunque quizá es demasiado pronto para valorarlas[30].

---

[30] En esa línea son significativas las obras de Margaret Barker (investigadora británica, de tradición metodista, nacida el año 1944), en una serie de libros dedi-

En la línea de la «piedad cristológica» es básica la aportación de L. W. Hurtado, *Señor Jesucristo. La devoción a Jesús en el cristianismo primitivo*, Sígueme, Salamanca 2008. También se podría poner de relieve el aspecto «celeste» de la cristología, presente allí donde Jesús viene a presentarse como un ángel o espíritu, como ha indicado el mismo J. D. G. Dunn, *Cristology in the making*, SCM, London 1980, 129-162. Pero, de forma conclusiva, sólo quiero referirme a los temas o títulos de Jesús *maestro* (filósofo cínico), *mago* (sanador) y *sabio* (encarnación de la Sabiduría de Dios), para acabar con una pequeña nota sobre Jesús como *Dios*[31].

*1. Maestro* (rabbi judío; filósofo cínico). Cullmann incluía la figura de Jesús como maestro (rabbi) dentro de su visión del Kyrios. En los últimos decenios, la importancia de esa figura ha crecido y ha tomado rasgos que antes resultaban insospechados. Se ha puesto de relieve la función de Jesús como *poeta* (creador de sentencias sapienciales, de palabras de juicio y de parábolas del Reino). Algunos le han tomado como un filósofo popular, cercano a los cínicos del mundo helenista, que habrían influido en Palestina[32].

---

cados a la mística del templo de Jerusalén, que aquí no puedo comentar, aunque estoy convencido de que O. Cullmann habría gozado con ellos: *The Gate of Heaven* (1991), *The Great Angel* (1992), *The Risen Lord* (1996), *The Great High Priest* (2003), *Temple Theology* (2004), *The Hidden Tradition of the Kingdom* (2007), *Temple Themes in Christian Worship* (2008), *Temple Mysticism* (2011).

[31] Para las reflexiones que siguen permito remitir a mi libro *La historia de Jesús*, Verbo Divino, Estella 2013. Entre las obras más significativas que han estudiado recientemente esos temas, además de la de J.D. G. Dunn, *El Cristianismo en sus comienzos* I-II Verbo Divino, Estella 2010-2012, cf. J. P. Meier, *Un judío marginal. Nueva visión del Jesús histórico* I-IV, Verbo Divino, Estella 1998-2009; E. P. Sanders, *Jesús y el judaísmo*, Trotta, Madrid 2004; G. Theissen y A. Merz, *El Jesús histórico*, Sígueme, Salamanca 1999; S. Vidal, *Los tres proyectos de Jesús y el cristianismo naciente* (BEB 110), Sígueme, Salamanca 2003; *Jesús el Galileo*, Sal Terrae, Santander 2006; N. T. Wright, *The NT and the Victory of the People of God* I, SPCK, London 1992; *Jesus and the victory of God* II, SPCK, London 1996; *La resurrección del Hijo de Dios*, Verbo Divino, Estella 2008.

[32] Desde esta perspectiva han entendido a Jesús algunas de las obras que han causado más impacto en los últimos años, partiendo sobre todo de los componentes del *Jesus Seminar* (cf. B. Witherington III, *The Jesus Quest. The Third Search for the Jew of Nazareth*, Paternoster, Carlisle 1005, 42-57). De un modo especial cf.: *Jesús. Vida de un campesino judío*, Crítica, Barcelona 1994; B. L. Mack, *El Evangelio perdido. El documento Q*, M. Roca, Barcelona 1994; F. G. Downing, *Christ and the*

Jesús aparece interpretado de esa forma como maestro de una sabiduría más bien heterodoxa, que se mantiene en los márgenes de Israel y su preocupación fundamental consiste en ofrecer una enseñanza paradójica a sus oyentes. A mi entender resulta problemático este modo de arrancar a Jesús de su fondo judío. Por otra parte, en este contexto resulta difícil de asumir y valorar el sentido de la muerte de Jesús, con la visión de sus Logia (dichos del Q) como originalmente no cristianos, pues en ellos no se encontraría una teología de la muerte de Jesús ni de su pascua. Es claro que estamos en las antípodas de Cullmann.

*2. Jesús, el mago o carismático.* En el esquema de Cullmann no cabía la visión de un *Jesús mago o carismático (hacedor de milagros)*, pues aunque el gesto (hacer milagros) aparece con frecuencia el título es desconocido o marginal. Pues bien, algunos de los libros más significativos sobre Jesús han insistido en este aspecto de su vida, desde perspectivas diferentes. Podemos distinguir tres líneas de interpretación carismática de Jesús:

– G. Vermes, *Jesús, el judío*, Muschnik, Barcelona 1982, situó a Jesús entre los galileos carismáticos de su tiempo, judíos hacedores de milagros, un poco heterodoxos en clave legal, justamente marginados por la tradición rabínica. Vermes se sitúa de esta forma en la línea de la vieja interpretación rabínica de Jesús, condenado por heterodoxo dentro de su pueblo.

– M. Smith, *Jesús, el mago*, Martínez Roca, Barcelona 1988, interpretó a Jesús como un galileo paganizado, exorcista bueno, que se creyó hijo de Dios por su capacidad de hacer milagros, subiendo a Jerusalén para ofrecer allí su «magia», siendo condenado por la autoridad sacral del pueblo. Smith es un representante típico de una exégesis agnóstica (no legal, no política) que interpreta a Jesús en línea de magia pre-racional.

– M. Borg, *Conflict, Holiness and Politics in the Teaching of Jesus*, Mellen, Lewiston NY 1984; Id., *Jesus in Contemporary Scholarship*,

---

*Cynics: Jesus and other radical preachers in First Century Tradition*, Academic Press, Scheffield 1998.

Trinity, Valley Forge PENN 1994, interpreta a Jesús desde dentro mismo de la tradición evangélica, poniendo de relieve el conflicto que sus milagros implican (expresan) en clave de pureza. La obra de Jesús rompe los modelos de pureza del sistema religioso dominante; por eso, sus milagros tienen un fuerte sentido político, de transformación social.

Cada uno de esos libros y posturas puede discutirse, pero es evidente que ellos han puesto de relieve un elemento esencial de la obra de Jesús que Cullmann no ha tocado en su cristología. Pienso, por eso, que en el futuro deberán tenerse en cuenta.

*3. Jesús el sabio, Sabiduría de Dios*. Cullmann ha tratado del tema al referirse a la Palabra, pero lo ha hecho de un modo demasiado «formal», centrándose sólo en el símbolo del Logos. En los últimos años se está poniendo de relieve una visión *sofiánica* de Jesús y de su obra, partiendo de su misma vida histórica: él se ha presentado a sí mismo como revelación o profeta de un Dios Sabiduría.

Las obras más significativas y leídas en esta línea son quizá las de E. Schüssler Fiorenza, *En memoria de Ella*, DDB, Bilbao 1989, 145-204; *Jesús: Miriam's Child, Sophia's Prophet*, Continuum, New York 1994, que piensa que Jesús ha superado la visión patriarcalista de Dios, presentándole como Sabiduría (más femenina que masculina). Como profeta de ese Dios se ha presentado Jesús a sí mismo como expresión de la Sabiduría, abierta a la liberación de todos, especialmente de mujeres y marginados.

Esta visión sapiencial de Jesús ha sido defendida en clave de neo-ortodoxia protestante por W. Witherington III, *The Christology of Jesus*, Fortress, Philadelphia 1984; *Jesus the Sage: The Pilgrimage of Wisdom*, Fortress, Minneapolis 1994. A su juicio, Jesús aparece de algún modo como profeta y mesías de Dios, pero su identidad fundamental viene expresada en términos de sabiduría: conoce el misterio de Dios y su Reino y lo hace presente en el mundo[33].

---

[33] Esta visión permite tender un puente entre el Jesús de la historia y la primera teología sapiencial de la Iglesia, que le interpreta como Sabiduría de Dios. Así lo han mostrado, entre otros, J. D. G. Dunn, *Christology in the making*, SCM, London 1980, 163-212, y P. Bonnard, *La Sagesse en Personne, annoncée et venue: Jésus*

*4. Conclusión.* Jesús, Hijo de Dios y/o ser divino. Como habíamos dicho en el *Prólogo*, el germen del proceso teológico de Cullmann se encuentra en la lectura de A. Schweitzer: quienes han desvirtuado la cristología han sido los filósofos y/o teólogos *antiguos* (proyectando sobre Jesús sus concepciones dogmáticas de naturalezas y personas) y los filósofos y/o pensadores religiosos *modernos* (que han interpretado su figura de forma liberal o existencial, según los casos). Frente a ellos ha elaborado Cullmann su «rein biblische Christologie», su *Cristología de la pura Biblia*, sin aditamentos filosóficos, sin dogmatismos eclesiales, sin deformaciones contemporáneas.

El lector de aquel *Prólogo* y de esta *Actualización* habrá notado que, a pesar de nuestro inmenso respeto por Cullmann, su propuesta nos parece equivocada y en el fondo imposible. Es *equivocada* porque lo que él llama «filosofía» se encuentra ya en la misma Biblia donde no hay sólo «datos» sino interpretaciones razonables y razonadas del misterio. Es *imposible* porque (quiera o no y a pesar de todas sus protestas) el mismo Cullmann está empleando una filosofía al esquematizar los títulos y momentos de la historia de la salvación.

Así lo muestra el estudio del último título: *Dios*. Con gran sobriedad exegética, Cullmann toma nota de los textos que llaman a Jesús *Theos* en el NT. Pero eso no basta. La confesión de fe y la búsqueda teológica más honda de la Iglesia han seguido preguntando: ¿Qué significa Jesús desde Dios? ¿Qué significa Dios desde Jesús? Estas preguntas marcan el límite de Cullmann y la necesidad de superarlo, en la línea de lo que he venido diciendo:

– *Límite*. Al cerrarse en el *funcionalismo* cristológico, Cullmann ha corrido el riesgo de convertir a Jesús en una pura función de Dios, en el *modo* temporal de su presencia. Antes de Jesús (de la creación cristiana) y después de Jesús (de la culminación escatológica), Dios existe en sí, pues Jesús no pertenece a su entraña «ontológica». De esa forma, Cullmann queda preso del gnosticismo que ha

---

*Christ*, LD 44, Cerf, Paris 1966. Parece evidente que a partir de aquí se abre un camino de fértil búsqueda e interpretación de la vida de Jesús.

querido superar: Cristo y el tiempo parecen haber sido un momento que pasa dentro de la realidad divina. A pesar de su intención y sus protestas, su Jesús sigue situándose en plano de Antiguo Testamento: un Profeta judío o musulmán más que Cristo cristiano.

– *Superación*. La Iglesia ha roto ese funcionalismo a través de su confesión creyente de Nicea y Calcedonia, afirmando que Jesús de Nazaret (un hombre de la historia) es el Hijo eterno de Dios. Esta expansión cristológica no es una recaída en la filosofía antigua o moderna, sino una palabra que brota de la misma experiencia radical cristiana, abierta al *gozo soteriológico* (quien ha muerto por nosotros es el mismo Hijo «eterno» de Dios) y a la *anchura dialogal trinitaria* (Jesús pertenece al diálogo eterno de Dios, en el Espíritu).

Lo que Cullmann dijo es bueno, sigue siendo necesario. Pero debe ser ampliado, sin miedo a la «buena ontología» (que brota del mismo misterio), como han mostrado muchos cristólogos de los últimos decenios, de K. Rahner a W. Pannenberg, de J. Moltmann a J. Moingt, por no citar a los hispanos. En esa línea he querido comenzar estudiando la historia de Jesús, en un libro cuyo título es ya programático: *La historia de Jesús*, Sígueme, Salamanca 2013.

# IV

# VIDA CRISTIANA
## SALVACIÓN COMO HISTORIA (1965)

He dedicado los capítulos anteriores a las dos primeras obras fundamentales de O. Cullmann, que se siguen publicando y comentado todavía: *Cristo y el Tiempo* (1946) y *Cristología del Nuevo Testamento* (1957). En este capítulo quiero comentar ahora algunos aspectos de su "teología práctica", partiendo de su tercera obra esencial, un libro de síntesis titulado: *Heil als Geschichte, Salvación como historia*, Mohr, Tübingen 1965, que culmina y cierra los veinticinco años de madurez de Cullmann (1940-1965), como indicare a lo largo de fondo de este capítulo[1].

Es una obra de controversia y reafirmación temática, escrita con gran erudición, que responde a las críticas y malentendidos que ha suscitado su pensamiento, en especial *Cristo y el Tiempo* y traza un panorama de las principales teologías (escatologías) cristianas de la primera mitad del siglo XX, desde A. Schweitzer a W. Pannenberg, pasando por C. H. Dodd y dialogando sobre todo con

---

[1] El título de de la traducción castellana (*La historia de la salvación*, Ed. 62, Barcelona 1967, no responde, por desgracia, al original). La obra no trata en general de la *Historia de la Salvación*, como supone el título la versión castellana, sino de *La Salvación como historia* (título alemán: *Heil als Geschichte. Heilsgeschichtliche Existenz im Neuen Testament*, es decir, *La salvación como historia. La existencia histórico-salvífica en el Nuevo Testamento*) o de la salvación en la historia, como precisa la versión inglesa (*Salvation in History*).

Bultmann y con algunos de sus discípulos o sucesores (E. Fuchs y E. Käsemann, E. Grässer y W. G. Kümmel). Así ofrece la culminación (y en algún sentido el límite) de sus aportaciones, mostrándonos la grandeza y las posibilidades de su proyecto teológico, tal como indicaremos en las reflexiones que siguen.

Es una obra de ratificación explícita y desarrollo de las implicaciones de sus obras anteriores: Cullmann responde de manera clara (siguiendo el mejor estilo de las disputas teológicas) a las críticas que le han dirigido, ofreciendo así un esquema de conjunto de la historia de la salvación y del conjunto de la teología bíblica, en clave no sólo teórica, sino práctica: De análisis de la vida cristiana. Sigue siendo una obra clave del pensamiento teológico y cristiano del siglo XX, pero debería quizá haber sido elaborada en un momento posterior, con más calma, en una línea menos polémica. Por eso no he querido ofrece un resumen de ella, sino resituar sus aportaciones desde una perspectiva posterior, y en parte convergente, es decir, en diálogo con otros autores y escuelas que se han ocupado de temas semejantes.

En un sentido, Cullmann ha sido un innovador, no sólo por su forma de situar la historia en el centro de la preocupación teológica, sino por su manera de entender la Biblia a partir de una visión de la realidad (de la salvación) como historia. Ha sido un teólogo importante, aunque no ha creado escuela, en sentido estricto, pero no ha estado solo. Hubo en su entorno, a mediados del siglo XX, diversos autores y tendencias de pensamiento cristiano que se interesaron con él y como él por el carácter histórico de la realidad, y de la tarea cristiana en la historia, entendida como lugar de la revelación de Dios y de la realización (salvación) del hombre.

En esa línea podemos afirmar que Cullmann ha sido (y sigue siendo) un pensador importante, que nos sitúa ante una temática de reflexión y compromiso cristiano, que aún no ha sido plenamente desarrollada[2]. En esa línea, su misma teología tiene ya un sentido

---

[2] En ese contexto podríamos citar algunas de las tesis doctorales que dirigió, centradas básicamente en la historia del cristianismo primitivo: R. Bloch, *Les Jui-*

práctico, no sólo por sus posibles aplicaciones posteriores, sino porque ella trata directamente de la "práctica cristiana" en la historia (en un plano individual y social), es decir, de la historia como expresión y consecuencia de la práctica cristiana.

A juicio de Cullmann, creer no es aceptar unas verdades, ni asumir de un modo intimista la Palabra que Dios ha dirigido y dirige a cada uno, sino asumir la tarea histórica de la salvación, comprometerse en ella de una forma activa. De la afirmación (Dios nos ha introducido en la historia salvadora de su Hijo) hay que pasar directamente al imperativo: Debemos comportarnos de manera adecuada, respondiendo al don de esa historia y actualizándola en nuestra vida. En esa línea, para asumir (entender y aplicar) el pensamiento práctico de Cullmann, tal como aparece expresado en esta última gran obra, quiero situarle en la línea de otros pensadores y teólogos, que se han ocupado también de la historia.

---

*fs dans le quatrième Evangile*, Bibliothèque des Sciences religieuses, Srassbourg 1951; M. Philonenko, *Les interpolations chrétiennes des Testaments des Douze patriarches*, EPHE, Paris 1955; P. Prigent, *Apocalypse XII: Histoire de l'exégèse*, Mohr, Tübingen 1968; A. Steiner, *La tentation de Jésus dans l'interprétation patristique de St. Justin à Origène*, Univ. Strassbourg 1961; R. Kasser, *Les versions coptes de l'Evangile de Jean*, Univ. Strasbourg 1965; A. Lemaire, *Les ministères aux origines de l'Eglise*, Cerf, Paris 1971.

# 7. Dios en la historia un camino de creación

Me ocuparé, según lo dicho, de los temas básicos de esta recopilación histórico-teológica (*Heil als Geschichte*, Salvación como historia, 1965), la última de las grande obras de O. Cullmann, en diálogo con otros pensadores y teólogos cristianos, interesados también por la acción del hombre en el mundo y por la historia. Dios ya no aparece aquí como aquel que lo ha hecho todo en el principio, ni como un poder interno, escondido en la conciencia de los hombres, sino como aquel actúa a través de la acción humana en la historia, colaborando con ellos en la historia.

Desde aquí se entiende el sentido de la acción humana, inserta en una historia en la que el mismo ser humano va trazando con su vida y compromiso el sentido de la realidad. Cullmann expresa así lo que pudiéramos presentar como equivalente del "imperativo categórico" de Kant, que era actuar al servicio de la especie humana, es decir, del conjunto de los hombres. Pues bien, aquí la "especia humana" se entiende forma histórica; por eso, el imperativo que brota del Dios de la creación y revelación es obrar respondiendo a la exigencia y tarea de la historia, colaborando así en el camino de la creación, que se sigue realizando, porque es creación en la historia.

De esa forma se vinculan el plano de la creación (que es el obrar de Dios en el principio) y el plano de la redención o culminación que es su obrar a lo largo de la historia, a través de (y en colaboración con) los hombres. Frente al paradigma estático que define la realidad por aquello que ha sido y será (siempre igual) eleva aquí Cullmann el paradigma histórico, que interpreta la realidad como un proceso activo en el que se inscribe la acción de los hombres, que colaboran así en la creación de Dios.

Cullmann ha sido un teólogo en el sentido estricto de la palabra. No le ha preocupado el estudio científico del mundo, ni la historia de la humanidad en general, sino el despliegue de la historia de la salvación, según la Biblia, en un contexto de tradición cristiana. Pero su obra no se entiende plenamente a no ser que la situemos en un contexto de histórica cósmica y de estudio del despliegue total de la humanidad, como indicaremos en las reflexiones que siguen, en diálogo con otros pensadores significativos del siglo XX.

Normalmente se ha solido separar la creación de Dios (que se expresaría en la naturaleza, es decir, en el cosmos) y la historia, que respondería al proyecto y acción de los hombres. Pues bien, Cullmann ha rechazado esa división, de tal forma que identifica (o al menos vincula) la acción creadora (natural) de Dios y la historia de los hombres. Pero antes de ocuparme ya en concreto de esos temas quiero presentar las últimas obras de Cullmann, con la problemática que ellas ofrecen. Después me ocuparé de la vinculación de su proyecto con otros proyectos filosófico-teológicos como los de Teilhard de Chardin y la Filosofía-Teología del proceso, que se han ocupado de temas convergentes.

## 1. Teología abierta, las últimas obras de Cullmann

En ese contexto, para situar mejor el tema (retomando la información bibliográfica del final del cap. 2) quiero situar la obra central de O. Cullmann (*Salvación como historia*, 1965), situándola en el contexto de otros libros y temas, que pudieran llamarse "menores", pero que son muy significativas pues han servido de guía para generaciones de estudiosos y cristianos que han querido fundamentar mejor su visión del evangelio en clave de historia y de colaboración del hombre en la tarea creadora y salvadora de Dios. Evoco aquí solamente algunas de ellas, de su edad madura (tras la publicación de *Cristo y el Tiempo*, 1946).

– 1952. *En la línea de Pedro, un proyecto ecuménico*. En este contexto se sitúa un libro importante, titulado *Petrus: Jünger, Apostel, Märtirer*: EVZ, Zürich 1952 (=*Saint Pierre, disciple, apôtre, mar-

*tyr*, Delachaux, Neuchâtel-Paris 1952. Traducción catalana: *Sant Pere. Deixeble, Apòstol, Màrtir*, Ed. 62, Barcelona 1967[1]). Este libro marca el comienzo del compromiso ecuménico de Cullmann, iniciado con el estudio de la figura y la función de Pedro en la Iglesia primitiva. Como buen protestante, él ha puesto siempre de relieve la aportación de Pablo y como historiador y teólogo ha destacado la aportación de la comunidad del Discípulo Amado; pero, como hombre de Iglesia, ha querido buscar la comunión entre las comunidades a partir del testimonio original de Pedro, el primero de los discípulos de Jesús, que realizó un servicio de unidad en el comienzo del cristianismo.

Algunos argumentos de Cullman parecen exegéticamente discutibles. Quizá el texto clave (Mt 16, 17-19) debería separarse del contexto anterior de Mc 8, de disputa mesiánica (con rechazo de Pedro), e interpretarse como recuerdo de una confesión de fe prepascual de Pedro en el mesianismo (¿un tipo de filiación divina?) de Jesús. Pero su tesis de fondo resulta innovadora, y está bien fundada, desde una perspectiva protestante: conforme a la voluntad (pre- o post-pascual) del mismo Jesús, Pedro ha realizado su función de primado en el principio de la Iglesia. La diferencia de Cullmann respecto a la tesis católica usual está en que Cullmann piensa que la función primada se ha cumplido y culminado en el mismo Pedro, sin pasar a la historia posterior de la Iglesia (que no necesita ya un tipo de Papa semejante a Pedro).

Aquí se sitúa el problema de fondo del ecumenismo: Cullmann supone que la tradición fundante de Pedro (y de la tradición apostólica) ha terminado con la muerte de los apóstoles; los católicos afirman (afirmamos) que esa tradición continúa a lo largo del tiempo de la Iglesia. Es evidente que el diálogo debe seguir abierto. En el fondo está el tema de la cooperación humana en la historia de la salvación: La unidad de la iglesias forma parte del despliegue de Dios en la historia, tal como culminará en la resurrección universal.

---

[1] No tengo constancia de que la castellana, anunciada por Península, Barcelona, haya llegado a realizarse.

– *1958-1986. Sigue el compromiso ecuménico.* Cullmann ha sido uno de los grandes promotores del movimiento por la unidad de las iglesias, en la segunda mitad del siglo XX, y sus trabajos siguen siendo muy importantes. El estudio de este tema exigiría una monografía completa, que desgraciadamente no puedo desarrollar, analizando las circunstancias especiales del tiempo de Cullmann y de la actualidad. Como he dicho, su interés por el tema empezó antes del Concilio Vaticano II, como muestra el trabajo ya citado (*Petrus. Jünger. Apostel. Märtyrer*) en el que aceptaba un tipo "primado" de Pedro al comienzo de la Iglesia, pero no en la Iglesia posterior. En esa línea se sitúa su segundo libro, dedicado a cuestiones prácticas de colaboración entre las iglesias: *Catholiques et protestants, un projet de solidarité chrétienne*, Delachaux, Neuchâtel 1958.

El compromiso ecuménico creció cuando Cullmann fue invitado como observador al Concilio (1962-1965), donde influyó mucho su visión de la teología como historia salutis. Su participación ha quedado documentada en *Rome nous interpelle. Le Concile vu par les observateurs luthériens II*, Delachaux, Neuchâtel 1965, cf. *El diálogo está abierto. Las tres primeras sesiones del Vaticano II*, Cultura Popular, Madrid 1967. El tema del diálogo ecuménico ha seguido estando en el centro de su interés, como muestran algunas de sus obras posteriores: *La Bible et le dialogue œcuménique (en colaboración con O. Karrer, católico)*, Salvator, Mulhouse 1967. Versión cast.: *La Biblia en el diálogo confesional*, Sígueme, Salamanca 1968. *Die œkumenische Aufgabe heute im Lichte der Kirchengeschichte: das Ineinander von Universalismus und Konzentration als œkumenisches Problem*, Discurso Rectoral, Helbing, Basel 1968. *L'Unité par la diversité: son fondement et le problème de sa réalisation*, Cerf, Paris 1986.

– *1956ss. Vida cristiana, plano individual y social.* Gran parte de la obra del último Cullmann está dedicada a los temas de la vida individual y social de los cristianos. En perspectiva social, su trabajo más significativo se titula *Der Staat im NT*, Mohr, Tübingen 1956 (versión cast. *El Estado en el NT*, Taurus, Madrid 1966). Esta obra, unida a otras posteriores, como *Jesús y los revolucionarios de su tiempo*, Studium, Madrid 1973, se sitúa en la línea protestante clásica de separación entre Iglesia (centrada en el culto) y Estado (ocupado de las cosas temporales). Ciertamente, Cullmann sabe que la Iglesia debe oponerse al estado satanizado, en gesto de resistencia martirial; pero ella no tiene una función social positiva o transformante en este mundo (en contra de lo que dirá más tarde la Teología Política y la Teología de la Liberación). En ese sentido, como seguiremos viendo, la visión de la política de Cullmann resulta, al menos, restrictiva.

La vida humana y su tarea histórica forma parte esencial de la historia de la salvación, en clave social y personal. La plenitud del hombre no se entiende como salida de la historia (en clave de inmortalidad del alma), sino como culminación de la misma historia, a través de la resurrección. En esa línea se entiende el compromiso humano, vinculado a la revelación de Dios en la historia de Cristo.

En perspectiva individual ha tenido gran eco un trabajo titulado *Unsterblichkeit der Seele oder Auferstehung der Toten*, Kreuz V. Stuttgart 1962 (versión cast. *La inmortalidad del alma o la resurrección de los cuerpos*, Studium, Madrid 1970). Conforme a su visión de la historia, Cullmann tiene que negar y niega la inmortalidad ontológica del alma, entendida de un modo individual. Fundamenta su visión en la antropología bíblica, que sería de tipo no dualista, en contra de la griega que distingue entre cuerpo mortal y alma inmortal. Por el contrario, en la línea de la historia de salvación, se entiende la resurrección como recreación de toda la persona. Este librito, exegéticamente discutible, ha tenido un influjo inmenso dentro de la antropología católica de los últimos decenios[2].

---

[2] Ésta ha sido quizá su obra más discutida. Cullmann se ha sentido sorprendido por el hecho de que la Biblia no admita la inmortalidad del alma, sino que proclame la resurrección de los muertos, pero que de hecho, después, desde muy pronto, los cristianos en general la hayan aceptado como un tipo de dogma. Para gran parte de los cristianos, el mensaje del cristianismo se centraría en la inmortalidad del alma, entendida casi como una realidad divina. Pues bien, Cullmann ha intentado superar esa visión, poniendo de relieve el carácter «histórico» de la salvación cristiana, centrada en la resurrección. Cf. P. F. L. Randrianame, *La vie après la mort, d'après Oscar Cullmann et Philippe Menoud*, F. Th. Protestant, Montpellier 1996.

– *1971-1975. Trabajos sobre la Biblia y vida cristiana*. En esos años se publicaron tanto en alemán como en francés y en otras lenguas una serie de trabajos reunidos, sobre temas de la Biblia, en torno al origen y culto de la Iglesia primitiva. Entre ellos se pueden citar, en lengua castellana, tres fundamentales: (a) *La fe y el culto en la Iglesia primitiva*, Studium, Madrid 1971, con trabajos publicados originalmente de 1941 a 1950; destacan los dedicados a las confesiones de fe y al culto cristiano. (b) *Del evangelio a la formación de la teología cristiana*, Sígueme, Salamanca 1972, con trabajos del año 1936 al 1965, entre ellos, dedicados a temas de culto y de vida cristiana. (c) *Estudios de teología bíblica*, Studium, Madrid 1973, con trabajos de 1963 a 1964, dedicados a temas de política y vida cristiana. Estos tres libros siguen ofreciendo una visión de conjunto esencial sobre tema de vida cristiana.

Uno de los centros de interés de Cullmann ha sido el estudio histórico y teológico de la comunidad de Juan, como aparece en varios de sus estudios menores (partiendo ya de su gran trabajo sobre las pseudoclementinas: *Le problème littéraire et historique du Roman Pseudoclémentin*, Alcan, Paris 1930). En esa línea, Cullmann ha dado una gran importancia a los diversos grupos de "heterodoxos" dentro del judaísmo, insistiendo en el influjo de los esenios y de los samaritanos en el cristianismo primitivo, como muestra en especial su trabajo sobre *Samarie et les origines chrétiennes*, Boccard, Paris 1974. Cf. también *Der johanneische Kreis*, Mohr, Tübingen 1975. Edición francesa: *Le milieu johannique: étude sur l'origine de l'Évangile de Jean: sa place dans le judaïsme tardif, dans le cercle des disciples de Jésus et dans le christianisme primitif*, Delachaux et Niestlé, Neuchatel 1976[3].

Éstas y otras obras del período anterior nos sitúan ante eso que he llamado la "teología práctica" de Cullmann. Frente al cristianismo existencial, separado de la historia, que R. Bultmann ha que-

---

[3] Al final del cap. 1 he citado y comentado su último libro: *La oración en el NT* (1994; versión cast. en Sígueme, Salamanca 1997. Es la última obra de Cullmann y recoge, en perspectiva histórica y exegética, el sentido y formas de la oración de Jesús y de los cristianos antiguos, reinterpretando el sentido profundo de la salvación como historia.

rido fundado en la teología de Pablo y de Juan, Cullmann ha insistido en el don y en la tarea de la historia de la salvación, en la que el hombre se introduce, con la que el hombre colabora de un modo activo. En ese fondo se inscriben las obras que acabo de evocar, en espacial las dedicadas al evangelio de Juan.

Ellas, y en especial su *Salvación como Historia* (1965), ofrecen su visión de la historia cristiana, que estudiaré primero en un sentido global (comparando su visión con la de otros autores convergentes), para insistir después en algunos rasgos de la vida del cristiano, en clave personal y eclesial, social y escatológica.

## 2. Una historia llena de la tarea de Dios

Como acabo de indicar, las últimas obras de Cullmann nos sitúan en el centro de eso que podemos llamar la "teología práctica", en la que se pone de relieve el compromiso del hombre con el despliegue de la realidad, entendida como historia. Cullmann se ha ocupado básicamente de esa teología desde la perspectiva de la historia bíblica de la salvación, tal como ha sido asumida y desplegada por las iglesias cristianas, empeñadas en ofrecer el testimonio de la acción y presencia de Cristo, tal como hemos visto al ocuparnos de su *Cristología del Nuevo Testamento*.

Cullmann es un teólogo bíblico, en sentido radical, su aportación a la teología y a la comprensión de la vida cristiana sólo se comprende si la situamos en el entorno o contexto de otros grandes pensadores cristianos de la primera mitad del siglo XX que se han ocupado también del sentido y tarea del hombre en la historia entendida en un sentido más amplio, como proceso universal, en una línea de evolución de la vida (Teilhard de Chardin) o de despliegue cósmico (Teología del proceso).

### a) *Historia y evolución. P. Teilhard de Chardin*

A diferencia de la primera mitad del siglo XX, más centrada en motivos de carácter idealista y existencial (representado en teología por R. Bultmann), en el campo teológico, la segunda mitad del siglo ha estado más interesada por el sentido y tarea de la humanidad (Iglesia) como historia. Entre la primera y la segunda mitad del siglo se ha dado un cambio de paradigma, bien representado por O. Cullmann (en contra de R. Bultmann): La vida ya no está determinada por lo que siempre ha sido (ontología clásica, platonismo cristiano), ni se puede entender sólo como respuesta de fe (existencial) a la Palabra de Dios (teología intimista), sino como tarea que los hombres han de asumir en un mundo que va cambiando, definiéndose a sí mismo.

En ese contexto, dentro de ese nuevo paradigma histórico que se ha desarrollado desde diversas perspectivas, he querido comparar a Cullmann con P. *Teilhard de Chardin*, aunque es católico, y después (de un modo más breve) con la *Process Theology* de USA (de tendencia más protestante). Empiezo con P.Teilhard de Chardin, pues su obra nos sirve para situar la historia de la salvación de Cullmann en el contexto más amplio de la historia de la vida, es decir, de la evolución y despliegue de la realidad, en un contexto donde la creación de Dios en su conjunto se entiende como historia

*P. Teilhard de Chardin* (1881-1955) proviene de la escolástica católica, que había sacralizado un tipo de «orden estable» de realidad, sin verdadera historia. En contra de eso, él quiso interpretar al hombre como ser histórico, llamado a realizarse a través de un proceso en el tiempo, dirigido por Dios. Era paleontólogo y teólogo, de la Compañía de Jesús. Publicó una serie de investigaciones y escritos teológicos que fueron juzgados con rigor y prohibidos por la jerarquía católica, porque defendían la evolución de la vida y parecían oponerse a la doctrina tradicional de la Iglesia, que defendía por entonces (a mediados del siglo XX) una concepción fijista de la realidad. Sus escritos son en gran parte anteriores, pero se conocen y expanden a mediados del siglo XX. Sus aportaciones fundamentales se condensan en tres puntos, que podrían y deberían compararse con las que ofrece O. Cullmann en su *Salvación como Historia*:

a. *Descubrimiento de la historia*. Antes vivíamos en un mundo estático, con ideas y esencias eternas, que serían como un reflejo de la eternidad divina. Pues bien, la hipótesis de la evolución nos invita a interpretar la realidad como "tiempo", es decir, como un proceso de realización: Todo lo que existe en el mundo conocido está inmerso en un proceso o, mejor dicho, es un proceso que puede encontrarse fundado en Dios y centrado en Cristo. A diferencia de una visión de la realidad centrada en esencias inmutables, Teilhard estaba convencido de que el pensamiento de la modernidad supone (afirma) que estamos inmersos en un mundo que se hace, de manera que nosotros mismos debemos hacernos en su proceso y desarrollo. Su perspectiva no es la de Cullmann (de tipo más bíblico, más centrado en la salvación del hombre), pero va en una línea convergente, pues concibe también el cristianismo como historia.

b. *Evolución universal.* Todo está en proceso, no sólo la vida, sino la materia y el mismo pensamiento humano, incluida la experiencia religiosa dentro de la cultura universal. Eso significa que no existe una religión «ya hecha y fijada», sino que el despliegue religioso forma parte de un camino cósmico, que culmina de algún modo en la historia de la libertad y del amor del hombre, que se encuentran vinculados al desarrollo de la conciencia humana. La evolución de la vida tiende hacia niveles de mayor complejidad y conciencia, en una línea que se centra en el despliegue del hombre entendido como libertad y comunión (comunicación). En ese contexto podía haber introducido Cullmann su visión de la historia bíblica (aunque, como hemos visto, él tiende a rechazar, como luterano, la aportación filosófica).

c. *Cristo, centro y punto Omega.* La experiencia cristiana se inscribe en ese proceso evolutivo, que ha de entenderse ya de un modo universal. Todas las religiones pueden vincularse (no negarse) de algún modo en Cristo, para iniciar un proceso de elevación humana y religiosa. En ese sentido, Teilhard pensaba que la creación y la evolución constituyen un camino de ascenso que ha venido a centrarse y culminar en la historia de Jesús, y de un modo especial en su resurrección, entendida como verdadera mutación antropológica, para abrirse así al futuro de la culminación escatológica. Desde la resurrección de Jesús todo tiende y se dirige, por presión pascual y por transformación humana, hacia el punto Omega que estará centrado en la resurrección universal de los muertos. En ese sentido, su visión de la realidad puede entenderse desde la perspectiva de la *Historia de la salvación* de O. Cullmann.

*d. Una moral histórica.* En ese contexto se entiende el sentido del despliegue de Dios y de la acción cristiana. Teilhard concibe a Cristo como punto central de la historia, y al mismo tiempo como signo y despliegue final de su movimiento (punto Omega, resurrección completa). La moral y la vida cristiana no se entiende, pues, como obediencia a unas leyes eternas de Dios, sino como compromiso de fidelidad a la historia, en el momento concreto en que vivimos, dentro de un proceso que está abierto por Cristo a la reconciliación fijan. En ese sentido, su propuesta puede y debe compararse con la de Cullmann, que también entiende a Cristo como centro y meta de la historia[4].

Una comparación más detallada con Teilhard de Chardin nos ayudaría a situar el pensamiento de Cullmann dentro de una visión unitaria de la historia cósmica, reinterpretando así la aportación de Jesús, y en especial, su misterio pascual en una perspectiva de conjunto del pensamiento humano. La obra de Teilhard habría ayudado a Cullmann para situar su historia de la salvación en el contexto universal de una historia de la creación entendida en claves de evolución "crística", es decir, centrada en Cristo.

En ese contexto podríamos haber estudiado el cambio de paradigma teológico, que está al fondo de gran parte del pensamiento cristiano del siglo XX, tal como se muestra, en clave católica en el Concilio Vaticano II (1962-1965), al que Cullmann asistió como observador significativo. Cullmann no ha sido un solitario, sino que

---

[4] Entre las obras de Teilhard de Chardin en castellano, cf. *El fenómeno humano*, Taurus, Madrid 1959; *El medio divino*, Taurus, Madrid 1960; *El grupo Zoológico Humano*, Taurus, Madrid 1964; *El futuro del hombre*, Taurus, Madrid 1964; *La Visión del Pasado*, Taurus, Madrid 1964. Entre las valoraciones de su pensamiento y proyecto teológico, cf. H. de Lubac: *El pensamiento religioso de Teilhard de Chardin*, Taurus, Madrid 1967; *La Oración de Teilhard de Chardin*, Estela, Barcelona 1969; A. Fierro, *El proyecto teológico de Teilhard de Chardin*, Sígueme, Salamanca 1971; F. Riaza, *Teilhard de Chardin y la evolución biológica*, Sígueme, Madrid 1968; J. de S. Lucas, *Teilhard de Chardin*, Atenas, Madrid 1996.

su pensamiento se sitúa y entiende en el contexto del cambio de paradigma que se realiza a mediados del siglo XX, con el despliegue de una visión histórica unitaria de la realidad (y de la misma religión, con el cristianismo).

Teilhard de Chardin tuvo que superar el paradigma ontológico de la escolástica tardía, que dominaba en los medios intelectuales católicos, y que defendía la identidad de las «esencias eternas», elaborando frente a eso una visión de la realidad como «historia», es decir, como despliegue creador (tanto de Dios como de los hombres) y como proceso de realización. No se trataba de un problema puramente teórico, sino que repercutía en la misma visión de las instituciones cristianas (en especial de la Iglesia), que dejaban de aparecer como inmutables (por voluntad de Dios), viniendo a presentarse como inmersas en la misma dinámica de transformación de la realidad.

En esa línea, el Concilio Vaticano II marca una línea esencial en el despliegue de la conciencia teológica de la Iglesia Católica, que pasa (al menos en plano general) de un paradigma estático y ontológico a un paradigma histórico y kerigmático del cristianismo. En ese fondo se sitúa la aportación esencial de Cullmann al diálogo ecuménico. En ese contexto, un acercamiento entre Teilhard y Cullmann hubiera sido fecundo, pues podía haber ayudado a plantear el tema de los cambios necesarios de las iglesias, aunque ambos se situaran en márgenes distintas del pensamiento científico y cristiano. Así veríamos que el tema de revelación cristiana como "historia de la salvación" no se desliga de la historia más amplia de la vida (y del mismo cosmos), sino que se inserta en ella.

En esa línea podría entenderse mejor la responsabilidad moral del hombre, que no se limita a "cuidar" una creación que ya existe, sino que está llamado a desarrollarla, al servicio de la obra de Dios y de la vida de los hombres, en el mismo mundo. Desde esa perspectiva ha de entenderse la aportación de Cullmann al ecumenismo y la inmensa importancia que su obra tuvo entre los católicos entre los años sesenta y ochenta del siglo XX. En perspectiva protestante el cambio era menos significativo, pues las diversas iglesias y comunidades nacidas de la Reforma habían tenido siempre una conciencia de la necesidad de unos cambios estructurales o personales para retomar el primer modelo de identidad cristiana. Por el contrario, la Iglesia Católica se había querido mantener inmutable, suponiendo que su estructura respondía a la voluntad «eterna» de Jesús. En ese contexto, las aportaciones de Cullmann ofrecieron desde el Vaticano II (1962-1965) la conciencia de que podían y debían realizarse unos cambios eclesiales, incluso en la Iglesia católica, para hacer así posible la Unidad de los cristianos.

La presencia de Cullmann en el Concilio Vaticano II (1962-1965) fue muy importante, y por esos años su figura vino a convertirse en referencia obligada entre los católicos, que tomaron su libro sobre Pedro (*Petrus. Jünger. Apostel. Märtyrer*, 1952) como obra de referencia en el diálogo entre las iglesias. Cullmann defendía una visión muy «católica» de Pedro, a quien presentaba como auténtico primado (por utilizar esa palabra), aunque añadía después que su función primada, unificadora, no pasó al Papa de Roma, sino al conjunto de las iglesias. En esa línea avanza su obra programática sobre el sentido de la tradición cristiana, marcando la vinculación y diferencia entre catolicismo y protestantismo: *La tradition. Problème exégétique, historique et théologique*, Delachaux, Neuchâtel 1953[5].

Esa visión no satisfacía a todos los católicos, pero abría un camino de diálogo, en el que el tema de la unidad concreta de las iglesias aparecía en el centro de la teología y de la vida de los cristianos. En esa línea, la presencia de Cullmann en el Concilio supuso (más allá de todas las posibles consecuencias prácticas) una afirmación de la necesidad de dialogar en el campo del ecumenismo, desde una perspectiva histórica, que podía y debía aplicarse a todas las iglesias, inmersas en una historia viva. Cullmann fue por esos años, entre el 1960 y 1970, el más conocido de todos los teólogos protestantes, un signo de la exigencia y tarea de la comunión entre las iglesias. Su vi-

---

[5] Como he dicho ya, Cullmann ponía por encima de las diferencias confesionales la solidaridad cristiana, en un nivel de fe y de compromiso de vida (de culto y de servicio): *Catholiques et protestants, un projet de solidarité chrétienne*, Delachaux, Neuchâtel 1958.

sión del Concilio ha quedado reflejada en *Rome nous interpelle. Le Concile vu par les observateurs luthériens II*, Delachaux, Neuchâtel 1965[6].

### b) Historia y despliegue de Dios. Teología del Proceso

Al lado de Theilhard de Chardin (y de la línea más ecuménica del pensamiento de Cullmann), y como un complemento a su proyecto teológico y social, podrían evocarse algunos rasgos de la filosofía y teología del proceso, elaborada de un modo particular en USA, desde una perspectiva más especulativa, como una visión de conjunto del sentido de Dios y de su relación con el mundo (es decir, con su despliegue en el conjunto de la creación).

Cullmann ha sido un exegeta, que ha querido describir los elementos básicos del mensaje bíblico con categoría que, a su juicio, han de brotar de la misma Biblia. En un sentido radical, él afirma que no le ha interesado el pensamiento, ni las ideas generales, sino sólo los hechos de la Biblia. Pero aquello que él ha descubierto y expuesto se halla cerca de algunos principios de los representantes de la «escuela del proceso», entre los cuales he querido destacar dos más significativos:

a. *A. N. Whitehead* (1861-1947), pensador inglés, hijo de un teólogo anglicano, ha elaborado quizá (con B. Russell) el sistema de pensamiento lógico más significativo e influyente del siglo XX: *Principia Matemática* I-III (Cambridge 1910-1913). Pero tras su jubilación, culminada su etapa más científica, trasladándose a USA, Whitehead desarrolló un sistema filosófico de tipo cósmico

---

[6] El Vaticano II fue para Cullmann un gran acontecimiento eclesial, como he destacado al comienzo de este capítulo, insistiendo en su aportación ecuménica. En esa línea se sitúan otros escritos, que se publicaron en diversas lenguas y fueron un lugar de referencia para el diálogo ecuménico. Además de los ya citados, cf. *Verdadero y falso ecumenismo después del Concilio* (1972), Studium, Madrid 1972; *Les voies de l'unité chrétienne*, Cerf, Paris 1992. A medida que fueron pasando los años, su actitud ante el ecumenismo se fue volviendo más "melancólica2, si es que puede emplearse esa palabra, pues las grandes propuestas de unidad en la diversidad, que Cullmann siguió defendiendo, no se concretaron después en la vida de las iglesias, que han seguido estando separadas.

idealista, en el que interpreta la realidad en su conjunto como gran proceso, en el que todo se mantiene en equilibrio, en medio de un cambio incesante. De esa forma introduce la historia de la realidad (proceso) dentro de una especie de misteriosa eternidad divina, que asume y supera el mismo proceso de la realidad.

En ese contexto interpreta a Dios como una especie de Primer Motor Inmóvil de Aristóteles, pero añadiendo que no está totalmente fuera del proceso de la realidad, de tal manera que se puede afirmar que él tiene una naturaleza doble. (a) *Una naturaleza primordial*, que es infinita, libre, completa y eterna. En ese nivel se sitúa la trascendencia de Dios, que parece situarse más allá de todos los cambios. (b) Y una *naturaleza consecuente*, inmersa en el fluir de los acontecimientos, es decir, en la cadena y entramado de sucesos que constituyen el conjunto de la realidad.

La relación de esos dos elementos resulta paradójica, de manera que se puede y debe hablar de un «proceso divino», que se identifica con la realidad del cosmos. El Dios primordial no es «omnipotente» en el sentido ontológico del término (como alguien que se mantiene fuera del proceso y que puede hacer de un modo arbitrario lo que él quiere), sino que su «potencia» se vincula con el mismo despliegue de la realidad, constituida por tensiones y elecciones en las que intervienen los hombres; en ese sentido, la historia de los hombres forma parte del mismo despliegue eterno de Dios.

Según eso, Dios está inmerso en el «proceso de la realidad», que así puede entenderse de algún modo como historia. Más aún, el mismo despliegue de la acción histórica de Dios depende de la respuesta de los hombres. Esta visión nos sitúa en el centro de una moralidad comprometida con la acción de la misma historia, aunque no queda la forma en que la acción de los hombres influye en el despliegue de Dios, ni queda clara la posibilidad de una visión de Cristo como centro y sentido del despliegue de la historia[7].

---

[7] Entre sus obras más significativas, cf. *Science and the Modern World* (1925); *Religion in the Making* (1926); *Adventures of Ideas* (1933); *Process and Reality* (1929); *Nature and Life* (1934); *Modes of Thought* (1938). Ellas han marcado gran parte de la teología protestante de USA en el último siglo.

*b. Ch. Hartshorne* (1897-2000), filósofo y teólogo cristiano, natural de USA, ha desarrollado su teología en la línea de la «process philosophy». A su juicio, Dios y el mundo se encuentran en una relación dinámica y cambiante, pues el mismo Dios tiene dos polos: (a) Un polo abstracto, formado por aquellos elementos que nunca varían (su auto-identidad y su trascendencia). (b) Un polo concreto, vinculado a su relación con el mundo, de forma que él mismo se despliega y cambia en relación con el mundo. A su juicio, no se puede hablar de una «creación a partir de la nada», sino más bien de una creación a partir de un tipo de «materia» eterna.

Ciertamente, Dios no se identifica sin más con el mundo, pues lo transciende, pero, al mismo tiempo, lo contiene, de manera que el mundo forma parte del despliegue de Dios (a través de un tipo de germinación materna). Eso significa que Dios se encuentra implicado en el proceso del mundo, y que el mundo se va desplegando desde el interior de la misma realidad divina. Según eso, el mismo Dios es capaz de transformarse, es decir, de cambiar para bien, pues, a fin de cuentas, el mundo divino (en Dios) está llamado a una culminación positiva en el amor, en una línea que está anunciada y anticipada por la resurrección de Jesús.

Lógicamente, este Dios que «ama» al mundo tiene que sufrir con el mundo, en un proceso de purificación. En ese sentido, el tiempo no es algo que está fuera de Dios, sino expresión de su presencia como historia. De un modo consecuente, la acción histórica de los hombres influye en el mismo despliegue de la realidad de Dios. Algunos teólogos del proceso han situado en ese fondo la acción redentora de Cristo, introduciendo una orientación, un sentido y una meta en la "historia de la realidad", pero pienso que no lo han hecho de un modo consecuente, de manera que su obra ha quedado parcialmente truncada[8].

---

[8] Cf. *The Divine Relativity: A Social Conception of God*, Yale University Press 1948; *Man's Vision of God and the Logic of Theism*, Archon, Hamden Conn 1964; *Reality as Social Process*, Hafner, New York 1971; *Aquinas to Whitehead: Seven Centuries of Metaphysics of Religion*, Marquette University P. 1976; *Omnipotence and Other Theological Mistakes*, State Univ., Albany1984.

Esta simple presentación muestra ya la gran distancia que existe entre el pensamiento de Cullmann y la Filosofía y Teología del proceso. A diferencia de Whitehead, el pensamiento de Cullmann proviene de la exégesis bíblica, no de una teoría filosófica de la realidad. Además, según Cullmann, el Dios de la Biblia no aparece un principio cósmico-mental, sino aquel que actúa en la historia, en diálogo con los hombres, que le responden y que influyen en el mismo despliegue de la acción divina. Por otra parte, la historia se centra y culmina en Cristo, de manera que no se puede partir de unos principios generales de tipo filosófico, sino de los datos concretos de la experiencia histórica de la Biblia, tal como se centra para los cristianos en la vida, muerte, resurrección y venida final de Cristo.

A diferencia de Hartshorne, Cullmann no tiene interés en mostrar la separación teórica, ni la implicación general entre el Dios en sí y el Dios que se revela (o crea y se encarna), sino que sólo habla del Dios que se revela en la historia, según la Escritura cristiana, en la historia de Jesús, que es centro y culminación del tiempo. La diferencia fundamental está en que filósofos y teólogos del proceso han querido entrar en la intimidad de Dios, evocando su proceso o despliegue interior, en una línea que Cullmann habría rechazado, comparándola a la visión de los docetas antiguos, pues a él no le interesaba el proceso en Dios, sino la historia de la salvación concreta de los hombres, tal como ha sido realizada en Cristo, y abierta a la culminación escatológica, a través de la misión de la Iglesia en el mundo.

Filósofos y teólogos del proceso son ante todo pensadores que vienen de la "gran filosofía", proponiendo temas que son básicamente teóricos; además, da la impresión de que ellos hablan de un proceso de la realidad, pero casi sin personas (es decir, sin sujetos). Cullmann, en cambio, quiere ofrecer un análisis concreto de la revelación bíblica, centrada en Jesús, y se interesa ante todo por las personas, que son las portadoras del proceso. En último término, lo que le importa es la salvación de las personas, en clave de fe, asumiendo el compromiso y tarea de la historia, centrada de un modo concreto en Cristo y abierta su resurrección real (que va unida a la resurrección de todos los salvados, en la culminación del tiempo).

A pesar de ello, un diálogo entre Cullmann y los pensadores de la filosofía y teología del «proceso» habría sido y sigue siendo importante no sólo para fijar mejor las posturas de unos y de otros, sino también para entender el sentido de la teología de la historia de la salvación, vinculándola al misterio de Dios. Es aquí donde está la gran diferencia: Cullmann piensa que el tema de la teología no es una posible especulación sobre el despliegue divino (ni en línea gnóstica antigua, ni en línea moderna de proceso), sino la confesión de su presencia en la historia de los hombres.

Ciertamente, Cullmann no está aislado en su rechazo, pues son muchas las críticas que la teología confesional (católica y protestante) ha elevado en contra de la visión de Whitehead y Hartshorne: Se ha dicho que niegan la trascendencia de Dios y su realidad «inmanente» o trinitaria (a su juicio no se puede hablar de tres «personas»); también se ha podido afirmar que rechazan el carácter divino específico (único) de Jesús, situándose en la línea de los ebionitas o arrianos (que ven a Jesús sólo como un hombre más perfecto que otros); finalmente, han podido decir que uno y otro niegan el carácter histórico del cristianismo, pues lo que sucede (el proceso) pertenece a la misma identidad de Dios, como despliegue necesario de su esencia[9].

Sea como fuere, tanto los teóricos del pensamiento del proceso, como Teilhard de Chardin, han influido poderosamente en la teología cristiana. Ellos son un ejemplo de eso que pudiéramos llamar los nuevos estímulos de un pensamiento cristiano, que interpreta la realidad en forma de proceso histórico, superando el fijismo de las esencias inmutables de la escolástica, el subjetivismo de Bultmann y el positivismo bíblico de gran parte de los exegetas cristianos.

Tanto P. *Teilhard de Chardin* como los pensadores de la *Process Theology* han desarrollado una visión importante del tiempo (historia cósmica, historia humana), entendido como expresión y/o presencia, revelación de Dios. En todos esos casos nos hallamos ante

---

[9] W. A. Beardslee, *Process Thought On the Borders Between Hermeneutics and Theology*: Process Studies 19 (1990) 220-234, supone que los problemas planteados en teología desde una perspectiva de tiempo e historia se pueden plantear mejor desde la Teología del Proceso que desde el pensamiento de Cullmann.

respuestas distintas a los mismos estímulos de Cullmann, de manera que ellos nos habrían ayudado a situarle y entenderle mejor dentro del pensamiento del siglo XX.

## 3. Comparación con G. Theissen, una tarea hermenéutica

Hubiera sido interesante situar el pensamiento de Cullmann, de un modo más preciso, en el trasfondo de la cosmovisión de Theilhard de Chardin o de la Teología del Proceso. Sin embargo, por cercanía intelectual y por riqueza teológica, he querido compararle de manera más extensa con Gerd Theissen, quizá el teólogo evangélico más representativo del último tercio del siglo XX y del primer decenio del siglo XXI, que ha seguido avanzando en una línea en parte paralela, desarrollando, de manera más «científica» (en diálogo con la ciencia) algunos temas que se encuentran también en Cullmann, enriquecidos desde una perspectiva sociológica y antropológica.

La obra de Theissen nos ayudará a situar los temas básicos de la historia de la salvación en contexto más amplio de exégesis y, en especial, de antropología, con un lenguaje actualizado, en diálogo más intenso con la historia de la cultura y con la sociología. Veremos así, con su ayuda, que la propuesta de Cullmann puede y debe ser actualizada de un modo riguroso, sin perder su singularidad.

*a) Un programa de conjunto*

Gerd Theissen (*1943), pertenece a la Iglesia Evangélica alemana, y empezó enseñando en Copenhague. Desde 1980 es profesor de Nuevo Testamento en la Universidad de Heidelberg. Le han interesado los problemas teóricos (de tipo filosófico-teológico y científico) y las cuestiones de análisis práctico de la Biblia, vinculadas con las ciencias humanas, como muestran sus dos primeros libros: uno sobre la *Carta a los Hebreos* (*Untersuchengen sum Hebräerbrief*, Mohn, Gütersloh 1969) y otro sobre *Las historias de milagros en el Cristianismo primitivo* (*Urchristliche Wundergeschichten*, Mohn, Gütersloh 1974).

Cuatro son, a mi entender, los campos más novedosos de su investigación, que siguen influyendo de manera fuerte sobre otros autores y escuelas, a un lado y otro del Atlántico. Su obra nos permite situar el proyecto teológico de Cullmann en un contexto más amplio de estudio y comprensión de la realidad. Aquí no he querido ocuparme del pensamiento de G. Theissen en sí mismo, lo que exigiría un estudio más directo de su pensamiento, sino que le presento como encuadre general para situar y actualizar la obra de Cullmann.

*1. Hermenéutica sociológica.* Al comienzo de los años setenta, cuando Theissen comenzó a publicar sus trabajos sobre el trasfondo social del Nuevo Testamento, el estudio de la Biblia se encontraba todavía dominado por un tipo de hermenéutica existencial, cultivada por los seguidores de R. Bultmann, y por modelos de interpretación marxista de la historia, empleados por católicos y protestantes, aunque la obra de Cullmann (*Salvación como historia*, 1965) tenía también mucho influjo Pues bien, Theissen fue de los primeros en introducir en este campo de la historia unos análisis de tipo social más ajustados a los materiales y exigencias del Nuevo Testamento, iniciando un movimiento que se ha extendido y ampliado luego de tal forma que domina gran parte de la exégesis actual, especialmente en los países de tradición anglosajona, pero también en los nuestros, de cultura más latina.

De esa manera, su obra puede servirnos para situar y ampliar el campo de estudio de Cullmann, cuyo pensamiento se había desarrollado básicamente en diálogo (y confrontación) con R. Bultmann, desde la perspectiva de la «historia de las formas» y sobre todo en disputa con un tipo de exégesis existencial, centrada en el valor de la palabra de Dios como respuesta a los problemas de la persona humana. Sin negar ese aspecto existencial, si la teología de la Historia de la Salvación (propia de O. Cullmann) quiere seguir avanzando y ocupar un lugar entre las disciplinas teológicas, deberá dialogar de un modo intenso con la sociología, es decir, con el carácter comunitario de la revelación bíblica[10].

---

[10] Theissen recogió sus trabajos sobre esa temática en *Sociología del Movimiento de Jesús* (1977), Sal Terrae, Santander 1979, y en *Estudios de sociología del Cristianismo Primitivo* (1979), Sígueme, Salamanca 1986.

2. *Hermenéutica psicológico-antropológica.* La teología de la Historia de la Salvación no puede entenderse ni desarrollarse a no ser en un contexto en el que se estudien las claves antropológicas de la realidad, porque (siendo expresión de la presencia de Dios), la religión constituye una forma de respuesta específica del hombre a la llamada de la realidad. Ciertamente, ella puede ponerse al servicio de los poderes dominantes y de la opresión, pero aparece también como protesta liberadora y signo de la autonomía radical del ser humano. Sobre esa línea avanza la fe cristiana, expresada ejemplarmente por Pablo, que ha desarrollado su experiencia radical de gratuidad, superando los poderes de una ley sacro-social y la amenaza de violencia que parecen destruir al ser humano o impedirle la vida en libertad.

Theissen ha querido recuperar el aspecto antropológico de la exégesis (es decir, del conocimiento de la Biblia), pero no en un sentido existencial intimista y antimundano, como en la hermenéutica de Bultmann, sino en apertura al conjunto de la realidad social (utilizando para ello una nueva hermenéutica, que asuma los valores de la historia de las formas, pero que pueda ir más allá, descubriendo los aspectos radicales de la sociedad cristiana). Theissen ha querido superar, al mismo tiempo, los riesgos de una lectura materialista (marxista o no marxista) de la realidad, pues la historia de la Biblia se halla necesariamente vinculada a la creatividad y compromiso histórico.

Sus trabajos exegéticos recuperan elementos importantes de la historia bíblica y asumen también principios y temas de una antropología muy precisa de la libertad, entendida como lugar de la revelación de Dios en Cristo y experiencia radical de transformación humana, en línea de autonomía personal, dentro de la historia. Sus aportaciones pueden y deben servir para recrear la teología de la historia de la salvación de Cullmann, desde una vertiente antropológica. Sólo situada en un contexto más preciso de estudio de la antropología y de sus implicaciones psicológicas podrá actualizarse la teología de la historia de la salvación de O. Cullmann[11].

---

[11] Entre los trabajos de Theissen en esta línea, cf. *Argumente für einen kritischen Glauben*, Kaiser, München 1978, y, sobre todo, *Psychologische Aspekte paulinischer Theologie*, Vandenhoeck, Göttingen 1983.

*3. Hermenéutica histórico-crítica de Jesús y del cristianismo primitivo.* En este campo ha desarrollado Theissen sus investigaciones más conocidas y extensas, comenzando por su historia novelada de Jesús (*La sombra del Galileo. Las investigaciones históricas sobre Jesús traducidas a un relato*, Sígueme, Salamanca 1988), y siguiendo por sus estudios detallados y precisos (casi preciosistas) sobre la tradición sinóptica: cf. *Colorido local y contexto histórico en los evangelios* (1989), Sígueme, Salamanca 1997; *El Jesús Histórico*, en colaboración con A. Merz (1996), Sígueme, Salamanca 2000; *A Theory of Primitive Christian Religión*, SCM, London 1999, y *The Religion of the Earliest Churches*, Fortress, Philadelphia 1999.

Estos trabajos le han permitido situar la «historia de Jesús» en un contexto temporal más preciso que el de Cullmann. Ciertamente, ni Theissen, ni otros autores que han estudiado en estos últimos años la historia de Jesús (cf. J. D. Crossan, J. P. Meier y J. D. G. Dunn), han respondido a la problemática exegético-teológica planteada en su tiempo por Cullmann. Pero ellos ofrecen nuevas perspectivas que sirven para situar su propuesta de Historia de la Salvación dentro del contexto más preciso del estudio de la historia de Jesús. Desde ese fondo pueden y deben precisarse los elementos básicos de la propuesta de Cullmann.

*4. Hermenéutica integradora, filosófico-científica.* Cullmann había sido reacio al estudio filosófico-científico de los supuestos (o implicaciones) de su visión de la historia. Dentro de una tradición clásica del protestantismo, él había querido limitarse a la «pura exégesis», queriendo presentar sólo los «hechos bíblicos», desde su perspectiva natural que es la historia. Pero, como vengo diciendo, no se puede hablar de una presentación «neutral» de los textos, sin trasfondo teórico, es decir, sin un tipo de «interpretación»; en ese sentido es donde puede tener más influjo la propuesta hermenéutica de Theissen, que dialoga expresamente con las ciencias y la misma filosofía.

En esa línea de Cullmann (en *Cristo y el Tiempo* y de un modo especial en *La salvación como historia*), G. Theissen ha querido organizar e interpretar el conjunto de la Biblia en *La fe bíblica*.

*Perspectiva evolucionista* (1984), Verbo Divino, Estella 2002, donde recoge y repiensa los aspectos anteriores de la exégesis (sociología, sicología, historia), integrándolos en una comprensión de conjunto de la realidad cósmica y humana, interpretado como historia. Asume como hipótesis la teoría científica de la evolución y la interpreta de manera filosófico-teológica, presentándola como trasfondo abarcador de una lectura unitaria de la Biblia[12].

G. Theissen ha situado en estos cuatro espacios el estudio de la Biblia y de la historia humana, interpretando la fe en perspectiva histórica (evolucionista), respondiendo a la temática de la última gran obra de Cullmann: *La salvación como Historia. La salvación como historia. La existencia histórico-salvífica en el Nuevo Testamento* (1965). Los presupuestos de su trabajo y los resultados de su in-

---

[12] En otro plano, la investigación más significativa de Theissen es *Erleben und Verhalten der ersten Christen. Eine Psychologie des Urchristentums*, Gütersloher V., Gütersloh 2007, donde recoge y sistematiza los rasgos principales del cristianismo, en seis perspectivas. (1) *Alma y cuerpo* (*Seele und Leib*) no son dimensiones ontológicas de la realidad (como supo ya Cullmann), sino momentos del despliegue humano; pero la experiencia de un alma (un yo interno) que no esté manejado de fuera, constituye un elemento esencial del cristianismo. (2) *Experiencia y vivencia* (*Erfahrung und Erleben*). En ese contexto se sitúa la visión del Espíritu Santo, que se manifiesta en visiones y emociones, oraciones extáticas y milagros. Más que la experiencia en sí (*Erfahrung*), lo que define al cristianismo es un tipo de vivencia personal (Ereleben), que se expresa en la conversión y en la fe, que es poder de transformación vital y de vinculación del hombre a lo divino. (3) *Mito y sabiduría* (*Mythos und Weisheit*). El cristianismo ha nacido en un mundo que concedía gran poder a los diversos espíritus (ángeles, demonios). Superando ese fondo mítico, los cristianos han elaborado una forma de sabiduría que les permite situarse de un modo autónomo ante Dios, ante el mundo y ante su propia realidad, elaborando así una visión nueva de la historia. (4) *Rito y comunidad* (*Ritus und Gemeinschaft*). Theissen recupera un elemento cúltico de la fe, que Cullmann había destacado, en contra de algunos protestantes que querrían una religión sin ritos, insistiendo en la importancia del bautismo, la cena del Señor y los ministerios de la comunidad. (5) *Ethos y praxis* (*Ethos und Praxis*). El cristianismo es un *ethos* básico (vinculado al amor, como fuente de acción), pero debe expresarse en una *praxis*, es decir, en una conducta correspondiente, como Cullmann ha puesto de relieve. (6) *Mística y gnosis* (*Mystik und Gnosis*). El cristianismo es una experiencia mística esencial, pero ella puede desvirtuarse si se convierte en gnosis, como había puesto de relieve Cullmann. Estos seis niveles son básicos para el estudio del cristianismo; pero, significativamente, G. Theissen ha vuelto a dejar en un segundo plano el tema de la historia, que era fundamental en su trabajo de 1984 (*La Fe Bíblica*) y que nos servirá de referencia para avanzar en la línea de Cullmann.

vestigación son distintos de los que había ofrecido O. Cullmann medio siglo atrás, pero sirven de ayuda no sólo para situar su propuesta de *La Salvación como Historia*, sino para ampliarla y actualizarla, como seguiremos haciendo. No es que haya una historia de la salvación, si no que la misma salvación es "historia" (de manera que no se da ni existe fuera de ella).

*b) Fe bíblica y evolución*

O. Cullmann no ha querido presentar su propuesta en el contexto de una teoría general de la evolución biológica e histórica, como habría hecho Teilhard de Chardin o la *Process Theology*, porque su visión quería permanecer en un plano puramente bíblico, en clave de teología positiva, aunque afirmaba que *la salvación ha de entenderse y vivirse como historia* (*Heil als Geschichte*). Él no lo ha hecho, pero otros han debido hacerlo, y entre ellos se sitúa G. Theissen, que no cita su obra principal, aunque la conoce (alude, en cambio, a *Jesús y los revolucionarios* en pág. 163). Desde esa perspectiva, para situar la propuesta de Cullmann en un contexto más actual, quiero recoger, de un modo sintético, los diez niveles que implica su estudio de la Historia de la Salvación.

En este contexto he querido acudir a una de las obras fundamentales de G. Theissen, titulada *La fe bíblica. Perspectiva evolucionista*, 1984, pero no para estudiarla en sí misma, sino para situar y entender mejor el proyecto de O. Cullmann, dentro de una visión de conjunto de la teología actual. A juicio de Cullmann, la misma Salvación es Historia (una historia que nos sitúa dentro del plan de Dios, tal como se ha desarrollado en Cristo). Pues bien, para G. Theissen, la fe (es decir, la acogida humana de la salvación) sólo se entiende en perspectiva evolucionista, en un contexto muy preciso de historia. Desde ese fondo se pueden evocar y comprender los diez niveles del conocimiento, tal como culmina en la fe (Theissen), es decir, en la salvación (Cullmann).

*1. Realidad originaria, naturaleza.* A diferencia de Bultmann, Cullmann estaba muy interesado por el estudio de la realidad cósmica que, a su juicio, debía integrarse en una visión de la historia. En esa misma línea, G. Theissen no empieza hablando del Dios cristiano (aunque supone que su «signo» debe mantenerse), sino de la realidad, es decir, de aquello que existe, que no es sólo el hombre, sino el mundo (que para un creyente es creación de Dios).

En ese sentido, el mundo es la *Realidad en sí* (que podríamos poner con mayúscula), como fondo del que todo brota, centro al que todo ha de ajustarse, fin o meta a la que tiende el conjunto de las realidades de la naturaleza y de la historia cultural del hombre. En sí misma, esa Realidad resulta desconocida: es como una especie de postulado del que brotan y al que tienden las restantes realidades que nosotros vamos conociendo y configurando con nuestra actuación. Las tradiciones religiosas han tendido a darle el nombre de Dios o lo divino, aunque en un primer momento no podamos decir cómo es (trascendente o inmanente al mundo, unitario o múltiple) y como actúa o se revela (influye) sobre los humanos.

Pues bien, dentro del mundo pueden y deben estudiarse las *realidades concretas* (con minúscula), que constituyen el conjunto de los procesos de la naturaleza cósmica, de la vida en su nivel biológico y de la cultura humana. Theissen supone que estas realidades, tal como son conocidas por el hombre, han de entenderse en su nivel como independientes, valiosas en sí mismas. Pero, en otra perspectiva, ellas reciben su sentido del origen del que brotan, de la meta a la que intentan ajustarse, que es la Realidad en sí. Todavía no sabemos si esa Realidad de fondo es historia, como dirá Cullmann al situarla después en el fondo de la Historia de la Salvación; pero es evidente que el Dios que conocemos sólo puede ser conocido a través de la economía histórica de la salvación.

*2. Ser humano, viviente histórico.* Tanto Cullmann como Theissen saben que el hombre es un viviente especial que supera el nivel de un tipo de naturaleza donde todo parece programado, dentro de un proceso de movimientos, dirigidos, al parecer, por el azar y la necesidad. En un primer momento, el hombre se sitúa y realiza en un nivel propio, de cultura, definido por el conocimiento simbólico de las diversas realidades y por su transmisión o comunicación social a través del lenguaje. Por medio de su conocimiento cultural (y de la transmisión cultural de ese conocimiento), el hombre emerge de un modo significativo y simbólico, sobre el conjunto de las realidades concretas que forman la naturaleza, distinguiéndose de ellas y organizándolas de un modo significativo en un proceso histórico.

En esa línea (antes de interpretarse como realidad sagrada, revelación de Dios) la historia aparece como expresión de la vida y del conocimiento humano, con sus aspectos cognitivos y afectivos, intelectuales y prácticos, que se pueden codificar y transmitir por el lenguaje, creando así una tradición cultural. Según eso, el hombre no se sitúa ante la Realidad (ante el posible Dios) como naturaleza, al modo de las restantes realidades, sino como historia, como viviente que se descubre llamado por la Realidad y que es capaz de responder (adaptarse) a su llamada, en un proceso de conocimiento y acción en el que decide y define el sentido de su vida, superando el plano de la pura lucha selectiva por la supervivencia de la naturaleza.

El modo concreto de ser de los hombres es «historia», un proceso en el que ellos mismos se sitúan de un modo cognitivo y afectivo ante la realidad, a través de una serie de conocimientos y de prácticas que codifican culturalmente y a las generaciones siguientes. Eso significa que los hombres no están simplemente definidos por componentes biológicos (fijados y transmitidos por su genoma), sino más bien por una cultura histórica, que ellos codifican en su lenguaje y transmiten a las nuevas generaciones. En perspectiva cósmica o biológica, la cultura puede parecer una «superestructura» accidental; pero, mirada en su hondura real, ella constituye la identidad específica de los seres humanos como hacedores de historia. Sólo en este contexto se puede entender e interpretar la visión histórica de Cullmann.

*3. Religión y ciencia* son formas culturales e históricas de adaptación cognitiva y práctica a la Realidad. Ellas superan el plano puramente físico/biológico de la naturaleza (no se transmiten por el genoma), situando y definiendo al hombre en un plano de historia; así aparecen como dos formas complejas y distintas de comprensión cultural de la realidad, que se transmiten y propagan por herencia histórica. Ambas se encuentran vinculadas desde el principio de la historia humana (desde que sabemos que el hombre es hombre), no de un modo diacrónico (primero sería la ciencia, luego la religión), sino sincrónico, al mismo tiempo.

La *ciencia* se centra más en realidades concretas e intenta conocerlas y adaptarse a ellas, a través de un proceso de tanteo-error, sustituyendo las hipótesis antiguas por nuevas hipótesis, capaces de responder mejor a la riqueza de la realidades, para responder con fidelidad creciente a las exigencias de la misma Realidad en sí, que se va manifestando en cada una de las cosas y los acontecimientos. Por eso, la ciencia nunca acaba de saber lo que pretende, pues busca siempre un mejor conocimiento, en línea de apertura ilimitada hacia su último sentido. Ciertamente, la historia de la ciencia es importante, pero no ofrece al hombre una respuesta que sacie su deseo de conocimiento radical de la Realidad.

La *religión* se sitúa ante la Realidad en sí y descubre (o quiere descubrir) el último sentido del hombre, de un modo personal (existencial), más allá de los diversos momentos y exigencias de la naturaleza y la cultura científica, para así captar mejor los rasgos básicos de la Vida divina (originaria) y la forma en que el hombre puede responder a ella a través del compromiso de su vida. Ciertamente, la religión tiene un aspecto personal e intransferible (como supo Cullmann), pero ella es, al mismo tiempo, un momento de la evolución y despliegue cultural de los hombres: Ella forma parte de la experiencia humana, concretada en una determinada comunidad. Ni ciencia ni religión ofrecen una respuesta total a los problemas y exigencias de las diversas realidades y de la Realidad en sí; por eso, aunque a veces parecen excluirse, es bueno que asuman y recorran juntas el mismo camino de despliegue histórico de la humanidad. La obra de Cullmann ha de situarse, por lo tanto, en un contexto de diálogo con la historia de las religiones y con el despliegue de la ciencia.

*4. Ciencia y evolución.* La ciencia avanza históricamente por hipótesis que tienen valor en la medida en que sirven para responder a la llamada de la Realidad, de manera que deben ser renovadas y sustituidas por otras que expresan mejor el sentido de las diversas realidades, en apertura constante hacia la Realidad abarcadora. Pues bien, en el fondo de ese proceso de cambio de hipótesis, la ciencia ha venido desarrollando una especie de teoría básica, de tipo unitario, en la que pueden vincularse todos los niveles de la realidad, una hipótesis concreta actualmente en una *teoría general de la evolución*, que nos permite organizar los aspectos y momentos de la realidad en un proceso o despliegue de conjunto, donde pueden y deben distinguirse dos aspectos principales, de naturaleza y cultura.

*La evolución de la naturaleza (prehumana)* se realiza de un modo objetivo (sin auto-conocimiento), a través de procesos de mutación, selección y adaptación que condenan a muerte a los vivientes menos aptos o más disfuncionales. Eso significa que los elementos o vivientes triunfadores se han desarrollado o existen a costa de los perdedores: la vida se alimenta de la muerte. En este contexto es difícil hablar de un «progreso», en el sentido humano, pero es evidente que se ha dado un desarrollo de la vida, en formas cada vez más complejas, como había puesto de relieve Teilhard de Chardin, en un sentido antropocéntrico.

*La evolución cultural, propia de la humanidad*, puede realizarse de manera subjetiva, programada por los mismos hombres. Sólo en este contexto podemos hablar de historia propia. Los hombres no se desarrollan en un plano biológico (el genoma parece estable), sino a través de cambios culturales, que ellos mismos transmiten a través de una cultura, por medio de un lenguaje y de técnicas de aprendizaje. Ciertamente, la evolución cultural ha tenido y tiene elementos violentos, que se expresan por guerras y la supresión de los grupos culturales menos capaces de resistir a la presión del ambiente (de los dominantes). Pero, en sentido estricto, esa evolución puede hacerse de forma «no violenta», con la aportación de los que parecen condenados a ser perdedores.

En ese contexto ha situado Cullmann (al menos implícitamente) la «evolución» o despliegue de la experiencia religiosa de la humanidad, que se va condensando en un pueblo (Israel) y dentro de ese pueblo en un «resto» (es decir, en un grupo de elegidos) y, de un modo especial, en Jesús, el "elegido" (es decir, el sacrificado: Siervo de Yahvé), el perdedor supremo a quien asesinan los representantes del sistema triunfante. Ciertamente, él no puede ni quiere "demostrar" el valor de su propuesta, sino acoger y entender los datos fundamentales de la revelación bíblica. Pero ello significa que debe situarlos en el contexto de la "evolución" o despliegue de la realidad y de la historia humana.

5. *Religión y evolución*. En contra del esquema de sustitución de A. Comte y de otros investigados de los siglos XIX y XX (incluidos los marxistas), para quienes la religión forma parte de una etapa cultural ya muerta, que debe ser abandonada y suplantada por la ética, tanto Cullmann como Theissen suponen que religión y ciencia (la cultura en general) no se suceden y sustituyen (de manera que con el avance de la ciencia desaparece la religión), sino que se complementan y avanzan unidas. Así lo muestra ya el hecho de que las grandes religiones y los procesos de racionalidad filosófico-científica recibieron su impulso mayor en un mismo tiempo y lugar (el tiempo-eje, en torno al siglo VII-IV a.C.), de China y la India, pasando por Persia, hasta Israel y Grecia[13].

Las religiones ofrecen un conocimiento simbólico y una adaptación práctica del hombre al conjunto de la Realidad, a pesar de que pueda haber en ellas elementos que son menos apropiados. De manera normal, ellas han ido cambiando, desde un politeísmo, que sacralizaba diversas entidades o principios enfrentados entre sí (lucha entre dioses), hasta un monoteísmo que expresa la unidad y sentido básico del proceso del mundo y de la historia en términos de creación y adaptación a la Realidad fundamental, entendida de forma positiva y unitaria (como Dios).

Cullmann y Theissen se muestran respetuosos con todas las religiones, especialmente con las orientales (el budismo), destacando la necesidad de un diálogo entre ellas, pero insisten en la singularidad de la religión bíblica, al menos en nuestro contexto. Cien-

---

[13] Cf. K. Jaspers, *Sobre el origen y meta de la historia* (1949), Revista de Occidente, Madrid 1953.

cia occidental y fe bíblica constituirían, a su juicio, dos momentos complementarios de una misma gran búsqueda del hombre por adaptarse al sentido básico de la Realidad, superando así los principios de una selección dura, en la que triunfan las formas de vida más violentas.

*6. Mutación y selección.* Estos términos expresan los momentos y el contenido básico de la teoría de la evolución, que Theissen ha aplicado al despliegue de la realidad y a la experiencia religiosa (y bíblica). Desde una perspectiva científica, esos momentos evocan un proceso que se desarrolla siguiendo un esquema de *tanteo-error*, de manera que no podemos proyectar sobre ellos ningún principio superior, sino entender su juego de azar (y de necesidad). A ese nivel, la evolución carece de «sentido» histórico unitario, de manera que no se puede hablar en ella de ningún principio, desarrollo y meta; no podemos decir de dónde viene la realidad cósmica, ni hacia dónde se dirige (no sabemos si existe un final positivo o si todo termina en un tipo de vacío). Cullmann no se ha interesado por este nivel de «historia natural», aunque no tendría dificultad en admitir un tipo de evolución natural; pero, en el fondo de ella, al situarse en un plano de revelación bíblica, él ha visto la mano de Dios en el despliegue de la historia humana, tal como se entiende desde la experiencia de Israel y desde la fe en Jesucristo.

En esa línea, en un sentido, se puede hablar *mutación*, es decir, de un cambio intenso en el despliegue de la historia. Pues bien, a juicio de Cullmann, la historia bíblica del Antiguo Testamento formaría una especie de *gran mutación*, un cambio intenso en la visión de Dios y de la realidad humano. Más aún, esa mutación israelita, ratificada y culminada por Jesús, se habría estabilizado y extendido a través de una *selección*, entendida en forma de expansión positiva de esa experiencia, que puede y debe tomarse como búsqueda de una meta futura de plenitud, que Cullmann identifica con la resurrección final de los muertos.

*7. Israel, monoteísmo y mesianismo.* En este contexto se pueden situar las dos grandes novedades de Israel, tanto Theissen como Cullmann han puesto de relieve. Ellas nos sitúan ante la historia concreta de la revelación de Dios, a quien debemos entender como Dios único (monoteísmo) y fundador del único destino salvador de la humanidad (mesianismo).

– *Monoteísmo*, es decir, la afirmación de que la Realidad fundante (Dios) es solamente Una. Eso significa que, por encima de las luchas entre los diversos pueblos, simbolizados por sus dioses particulares, existe una fuente única de realidad, que se expresa en un Dios infinito, que tiene riqueza de su ser suficiente para fundar no sólo la naturaleza, sino la misma historia de los diversos pueblos de la humanidad. Lógicamente, la unidad y trascendencia de Dios se encuentra vinculada al rechazo de las imágenes sagradas, que sirven para evocar realidades concretas, que encierran al hombre dentro de unos límites parciales. Cullmann supone así que la unidad de la historia de la salvación ha de entenderse como signo y consecuencia de la revelación del único Dios

– *Mesianismo*. El monoteísmo teológico (adoración de un solo Dios) impulsa y promueve un camino único de diálogo y pacificación universal (bíblicamente, la apertura de Israel al conjunto de las naciones). Eso significa que la humanidad es una historia con fin bueno, un proceso que tiende a la pacificación universal, es decir, al gran *Shalom*. Los israelitas han sido los grandes descubridores de la historia humana, entendida a partir de la presencia de Dios que guía a su pueblo (Israel) y al conjunto de los pueblos de la tierra hacia una meta de salvación universal (o de condena para los que no aceptan la ley de Dios, es decir, un tipo de moralidad). En principio, desde una perspectiva cristiana, la visión de la humanidad como historia (e historia única) ha tenido una raíz israelita, que se ha ido expresando a través de la ley de la sustitución: un pueblo (Israel) entre todos los pueblos, unos profetas o «resto» en lugar de Israel, pero siempre al servicio de la humanidad abierta a la culminación escatológica.

8. *Jesús de Nazaret, la encarnación de Dios*. Theissen ha interpretado a Jesús como un israelita radical, que ha resuelto de un modo intenso (con su mensaje y su vida) las tensiones propias del monoteísmo y mesianismo israelita. Jesús ha sido, a su juicio, *profeta apocalíptico y maestro de sabiduría*, alguien que ha transformado la dureza

cortante del juicio de Dios (la amenaza final de destrucción, a la que alude todavía Juan Bautista) en experiencia de gratuidad y nuevo nacimiento. Jesús ha sido también *poeta-profeta* que ha proclamado la irrupción del reino de Dios, y *mártir* que ha dado testimonio de ese Reino con su propia vida. En este contexto su visión puede vincularse a la de Cullmann, aunque resulta históricamente más precisa.

Avanzando en esa línea, en una perspectiva que Cullmann habría aceptado básicamente, Theissen ha vinculado el mensaje de Jesús sobre Dios (Padre universal), con su visión del cumplimiento de la historia, es decir, con la llegada del Reino (el futuro de la humanidad). De esa forma ha condensado los dos elementos fundamentales de la visión israelita: 1. Hay un único Dios, que vence a los poderes satánicos que tenían al hombre sometido a su destino, mostrándose así, en su verdad, como divino. 2. Por obra de Dios, recibe su sentido y va a cumplirse (culminar) la historia de los hombres, con la llegada del Reino (nueva humanidad).

La confesión del único Dios (monoteísmo fundante, centrado en Dios Padre) se vincula así con la certeza de la llegada de su Reino (plenitud y culminación futura de la historia) que se «adelanta» en la vida y mensaje de Jesús, a quien podemos entender como la «mutación» definitiva, que marca no sólo el sentido de Israel y de la humanidad, sino del mismo cosmos. Por su anuncio de Reino, por su gesto de apertura hacia los expulsados e impuros de la sociedad sagrada israelita, por la amenaza que su anuncio suponía para el orden político de Roma, Jesús apareció como impulso y centro definitivo de la historia, de manera que podemos entenderle como *mutación final*, no de tipo biológico (por evolución natural), sino de tipo humano y religioso. En ese sentido, los cristianos afirman que Jesús es el «Hijo de Dios», aquel en quien se expresa ya en plenitud la Realidad en sí (Dios).

La cristología no se puede entender por tanto en clave ontológica (como hicieron los dogmas de la Iglesia antigua, con las dos «naturalezas» de Jesús, divina y humana: Calcedonia, año 451), sino en clave histórica. Siendo un hombre de la historia, Jesús constituye la culminación del despliegue de Dios, apareciendo así como centro y sentido de la historia de la humanidad, en la que Dios ha venido a revelarse. En ese sentido se entiende el título y la aportación básica de la última gran obra de Cullmann: *Heil als Geschichte*, es decir, *La Salvación como Historia*. No es que la salvación tenga una historia, sino que la misma salvación es "historia", despliegue de Dios, proceso de realización del hombre.

*9. Espíritu de Jesús e Iglesia*. Éste es el tema final del libro de Theissen (*La fe bíblica*) y de la última obra clave de Cullmann (*Heil als Geschichte*, La Salvación como historia), que tiene, como hemos visto ya un subtítulo muy significativo: *Heilgeschichtliche Existenz im Neuen Testament* (La existencia histórico-salvífica en el NT). La salvación tiene, según eso, un elemento personal, pero ella ha de entenderse desde la perspectiva de una historia en la que Dios se revela a sí mismo y los hombres despliegan el camino de su humanidad (en contra del "riesgo" de Bultmann, que parecía separar la experiencia existencial cristiana de toda historia objetiva).

En ese sentido podemos afirmar, conforme a la visión de Cullmann, que Jesús ha sido una «mutación providencial» o, quizá mejor, la mutación definitiva (anhelada pero nueva, esperada pero sorprendente) de la historia humana, de manera que en ella culmina todo lo anterior y comienza el nuevo despliegue de la realidad como historia escatológica de salvación. Por eso él ha podido suscitar dentro de la historia una forma de existencia distinta, en gratuidad y apertura a todos los hombres, superando los principios de la «carne», propios de una selección dura, que triunfa en formas de rechazo y expulsión violenta de los otros (de los vencidos). Esa «mutación» de Jesús hace posible un proceso de «selección y ampliación eclesial», que se abre hacia el futuro de la nueva humanidad.

En este contexto se sitúa la doctrina del Espíritu Santo, que se opone y supera el nivel de la carne (*sarx*), que actúa en la selección y triunfo de los que oprimen con su poder a los menos poderosos. En contra de eso, el Espíritu (*Pneuma*) de Jesús suscita una conducta pro-social, centrada en el amor y abierta en gratuidad a todos, para así crear una nueva humanidad reconciliada. En esa línea, tanto Theissen como Cullmann fundamental y trazan la paradoja de la Iglesia, que acoge y expande hasta el fin de los tiempos la gran "paradoja" de la salvación histórica de Cristo.

Ciertamente, en un sentido, el «cuerpo mesiánico» de Jesús, formado por aquellos que reciben su Espíritu, no puede identificarse sin más con las estructuras de la Iglesia, que, como todas las instituciones del mundo, han de actuar de manera programada, conforme a unos principios que pueden regularse con independencia de la vida de los hombres. Pero, al mismo tiempo, la Iglesia debe simbolizar, expresar y potenciar la unión de todos los hombres, en un camino que se abre hacia la resurrección universal.

Ésta es la paradoja, éste el destino de la comunidad creyente. *Por una part*e, es necesaria la Iglesia para mantener el recuerdo de Jesús, para que algunos hombres y mujeres acepten su Espíritu y puedan así transformarse y comunicarse de un modo gratuito, formando la comunión de los que dan testimonio de Jesús. *Por otra parte*, en cuanto institución, la Iglesia es incapaz de asumir y expresar de un modo pleno (institucional y social) el Espíritu de Cristo, pues ese Espíritu desborda, por su gratuidad, todos los esquemas e instituciones del mundo.

A partir de aquí se entiende la diferencia básica entre católicos y protestantes, como he puesto de relieve en el apartado anterior (hablando de Teilhard de Chardin). Para los católicos, las estructuras de la Iglesia tienden a concebirse como expresión y consecuencia de la misma revelación de Dios, vinculando así la Biblia (donde se incluye el «primado» de Pedro) con la tradición posterior. Por el contrario, en línea protestante, Cullmann distingue el tiempo constituyente del Nuevo Testamento (Iglesia apostólica) y el tiempo posterior de las iglesias. A su juicio, el conjunto de las iglesias no tiene «obligación» de aceptar el primado de Pedro (que, además, es propio de una tradición, no del conjunto del NT) ni la estructura posterior de la Iglesia católica, que es válida siempre que no quiera imponerse sobre el conjunto de las iglesias[14].

---

[14] En la línea de Cullmann se sitúa, desde un punto de vista católico, el libro programático de K. Rahner, *Cambio estructural de la Iglesia (1972)*, Cristiandad, *Ma-*

*10. Conclusión: Dentro de un mundo amenazado de violencia.* Los apartados anteriores han condensado, desde la perspectiva de G. Theissen, los temas básicos de la *Salvación histórica*, tal como Cullmann la había planteado a mediados del siglo XX (evolución o proceso de la realidad, Dios de Israel, Cristo Mesías como centro del tiempo, Espíritu en la Iglesia). Tanto en la época de Cullmann (1946) como en la de Theissen (1983) la historia del mundo (y en especial la de occidente) se hallaba amenazada por la lucha entre diversos sistemas políticos y por un tipo de vida contrario al evangelio.

En contra de la visión optimista de autores como K. Rahner o Teilhard de Chardin, que parecían proyectar sobre el futuro cósmico y, en especial, sobre la historia de los hombres un tipo de esperanza escatológica cristiana de plenitud, Cullmann y Theissen reflejan una «reserva evangélica» de tipo escatológico, que desconfía sanamente de los pretendidos valores de la cultura moderna: No podemos afirmar que nuestra historia de progreso material y el triunfo de un sistema financiero capitalista nos lleve hacia un futuro de concordia, sino que puede llevarnos a la locura de la última guerra o la opresión mundial generalizada.

En esa línea, oponiéndose a la visión de aquellos que tenderían a sacralizar el orden económico y social de la actualidad, en línea neo-capitalista[15], ambos dirían que la historia no culmina en un tipo de sistema liberal, extendido a todo el mundo, sino que se sigue abriendo hacia nuevas formas de posible vinculación humana y, sobre todo, a la culminación escatológica. Pues bien, a pesar de la dureza de la selección animal que proviene de nuestras raíces biológicas y, sobre todo, a pesar de la violencia cultural que hemos venido desarrollando, nosotros podemos y debemos confesar, en perspectiva de fe, que, en un sentido, la historia, ha culminado en Jesucristo (a quien Cullmann llamaba el Centro de la Historia),

---

*drid 1974*, donde propone también un tipo de «unidad en la diversidad» entre las Iglesias. Ése es un tema que sigue estando teológicamente abierto en las iglesias, aunque por ahora la Iglesia católica (y otras iglesias) no hayan dado pasos concretos en esa dirección.

[15] Como hace por ejemplo F. Fukuyama un su libro programático: *El fin de la Historia y el último hombre*, 1992.

pero, al mismo tiempo, en otro sentido, ella se abre a la culminación escatológica del mismo Cristo, que aparece así como fuente y principio de la resurrección de los muertos.

En concreto, como resumen de todo lo anterior, podríamos decir que los principios de *la evolución biológica* aplicados a la historia humana actúan a través del dominio del más fuerte y pueden conducirnos a la destrucción no sólo de los débiles y marginados de la sociedad (como está sucediendo ahora, año 2013), sino de la humanidad en su conjunto: Los modelos actuales de evolución, que se reflejan sobre todo en los sistemas estatales, económicos y políticos, pueden conducirnos a la destrucción de la humanidad sobre el mundo. En ese contexto recibe su sentido, y muestra su potencial de renovación, la novedad de Jesús, a quien los cristianos conciben como «mutación» básica de la historia y promesa de salvación, no en línea de violencia estructural, sino de transformación real (individual y social) de las personas.

### c) Una lectura integral de la Biblia, el hombre como historia

En este contexto de diálogo con G. Theissen (adelantando de algún modo las conclusiones del libro) quiero situar la obra de Cullmann, y su proyecto de estudio de la Biblia en el contexto de la vida de la Iglesia y de la cultura de la modernidad, en perspectiva de historia[16]. Ciertamente, O. Cullmann ha querido practicar una exégesis científica, cuidadosa en el estudio de los hechos (y no sólo de las palabras, como ha tendido realizar la exégesis de Bultmann). Pero, al mismo tiempo, él ha desarrollado una intensa exégesis

---

[16] De esa forma, al menos de hecho, O. Cullmann nos permite superar un tipo de exégesis especializada, que parece incapaz de plantear los grandes temas de la vida y de la historia. (a) Gran parte de *la exégesis «científica»* ha caído en la especialización lingüística, formal, en el sentido estrecho, olvidando el contenido y mensaje de los textos. Sin duda, los estudios de lingüística o antropología son necesarios, pero es más urgente que al fondo de ellos venga a desvelarse la «palabra». (b) Por otro lado, *la exégesis no científica* se limita a sobrevolar sobre los textos, manteniéndose en un nivel de generalidades y proyectando en ellos algo que el exegeta o su comunidad cultural o religiosa ya sabían o creían saber de antemano, sin dejarse transformar por la «palabra».

filosófico-teológica. No se ha limitado a proyectar su visión sobre los textos, sino que ha dialogado con ellos, tensamente, utilizando los métodos mejores del conocimiento, interpretando así la misma salvación como historia (*Heil als Geschichte*). La salvación no consiste en abandonar la historia para introducirse en la eternidad, sino en penetrar en el sentido más hondo y verdadero de la misma historia. Éstos son los elementos de su salvación "histórica":

*1. No se puede separar salvación e historia,* pues la fe (experiencia de salvación) está vinculada al "conocimiento profundo de unos acontecimientos salvadores" (y en último término a la persona de Jesús), no en un plano teórico, sino vital. Eso significa que el "sentido salvador" de los hechos (captado por la fe) se encuentra vinculado a la realidad fáctica de la historia (es decir, a la vida y muerte de Jesús). Eso significa que tiene que haber una "exégesis histórica", que busque y despliegue el sentido de los hechos, es decir, de los acontecimientos de la salvación, tal como se encuentran narrados por la Biblia. Pero, en un sentido profundo, esa exégesis histórica (científica) ha de abrirse a la interpretación más profunda de los hechos como "salvadores", en la línea de eso que he llamado la "hermenéutica teísta de la historia" (cap. 2, apartado 4 a).

Eso significa que tiene que haber una lectura científica de la historia, es decir, de los acontecimientos narrados por la Biblia, tal como culminan en la vida y en la muerte de Jesús. Si se niega ese nivel, si se rechaza el hecho histórico (si se pudiera decir que Israel no existió, ni existió Jesús y fue crucificado), no se puede hablar de salvación. La salvación se da en la historia, pero no entendida en el puro nivel "científico" de los hechos, sino en la interpretación profunda (creyente) de esos hechos. En ese sentido, el conocimiento "científico" de los hechos es imprescindible, pero no es suficiente, pues ha de abrirse a la interpretación creyente. Pero esa interpretación no puede cerrarse en sí misma y separarse del estudio paciente de los textos (aunque es posible que algunos fundamentalistas, amigos de rápidos dogmas y enemigos del incesante y curioso estudio de la ciencia, se sientan molestos por ello).

2. *Cultura y religión*. Tanto Cullmann como Theissen suponen que el surgimiento y lectura cristiana (creyente) de la Biblia forman parte de la historia cultural de la humanidad, en contra de los posibles riesgos de una religión que interpreta la verdad como huída de la historia (ciertos tipos de budismo) o que se toma a sí misma como expresión definitiva de una verdad absoluta, por encima de la historia. No existen para los cristianos dos verdades, una científica y otra religiosa, sino una única verdad que se busca y valora desde distintas perspectivas, sobrepasándolas siempre.

En su proceso de búsqueda de la verdad, el hombre sigue inmerso en la historia, no sólo por estrategia o método, sino porque la misma salvación es "historia" mirada en su profundidad, como revelación de Dios y como sentido profundo de la vida de los hombres. Por su parte, la Biblia y las iglesias (igual que la ciencia) forman parte del proceso de la historia de la humanidad; en ese sentido, la historia sagrada (atestiguada por la Biblia) debe inscribirse dentro de la gran historia de la humanidad, que para los creyentes es signo y presencia de la realidad de Dios, tal como se centra en Jesucristo.

3. *Hay una sola Verdad radical*, aunque ella puede expresarse de diversas maneras. Es, por un lado, una «verdad humana», que se manifiesta a lo largo de la historia. Es, al mismo tiempo, en otra dimensión, una «verdad revelada», que puede expresarse para los creyentes cristianos, a través de la Biblia, tal como se escucha y acoge en las iglesias; ésa es la verdad más profunda de la historia, tal como se revela en Jesucristo, centro de la historia y promesa de su culminación. Avanzando en esa línea, Cullmann supone que el mensaje de la Biblia no se puede expresar ni vivir plenamente sólo en coordenadas sociales (es decir, como historia política), pues lo que ella ofrece forma parte de una experiencia interior gratuita y trascendente, que sobrepasa el nivel de la pura historia social (política) entendida como lucha de poder.

Ese descubrimiento de la Verdad Radical no implica abandonar la historia, para situarse en otro nivel de realidad (ontológico, existencial...), sino descubrir y desvelar el sentido más hondo de la historia, que para los cristianos se despliega y realiza en Jesús, de un modo personal y social. Aquí está, para muchos católicos, el punto crítico (el más valioso y el más problemático) de la propuesta de Cullmann, que les parece quizá demasiado cerrada en un tipo de individualismo fideísta. Los católicos afirman que la historia tiene un elemento (y contenido) social muy importante, que se pone de relieve en el hecho de que no existe salvación «individual», pues la misma plenitud histórica se expresa en forma de resurrección de todos los muertos, como hecho social y cósmico.

*4. Dios se encarna en la historia, es decir, se hace historia.* No se puede hablar por tanto de dos niveles paralelos, como si la historia "profana" (política, económica) fuera una cosa y la historia "religiosa" fuera otra distinta. En esa línea, en algunos momentos, pudiera decirse que Cullmann afirma que existe una separación entre un cristianismo trascendente, cuyo modelo es el mártir (que renuncia a los poderes de violencia, sacrificando su propia vida), y una sociedad civil donde parece que esos valores y modelos resultan inviables. De esa forma tiende a reproducir una visión agustiniana de *las dos ciudades*: *la del mundo*, dominada por principios de selección dura; *la del reino de Dios*, formada por individuos liberados. Pero de hecho él sabe y dice en toda su obra que la interpretación creyente de los hechos no puede aislarse de los hechos en cuanto tales (es decir, no se podría hablar de Jesús como Salvador si no se pudiera admitir su existencia histórica, con su muerte concreta a favor del Reino de Dios).

De todas formas, pienso que en este campo Cullmann debería haber puesto más de relieve la vinculación social de los creyentes y su influjo en la vida social (e incluso en la política), tal como ha destacado, en sus diversas formas, a partir de finales de los años sesenta del siglo XX, una teología más vinculada a las tareas de la transformación social y de la liberación. La historia de la salación (es decir, la salvación como historia) no es una "cosa nueva" que se suma a la historia profana, sino la misma historia profana (personal y social) vista en su profundidad.

*5. Apocalíptica y comunión.* Asumiendo y desbordando la propuesta de Cullmann, podemos definir el cristianismo como mutación comunitaria de la vida humana. Allí donde muchos esperaban un Reino, expresado quizá en formas de revancha y solución apocalíptica, el mismo Jesús y sus discípulos fueron de hecho abriendo un movimiento o comunión (Iglesia) de vida para todos, superando toda lógica de revancha. Esta ha sido la experiencia clave de la vida y muerte de Jesús, que he presentado antes como «mutación antropológica», expandida por «selección creyente» en la Iglesia.

Cullmann sabe que el cristiano es (con Jesús) aquel que es capaz de «regalar» su misma vida (en gesto de expiación creadora, como el Siervo de Dios, no por castigo de Dios ni por masoquismo), a fin de que otros puedan vivir, invirtiendo así el proceso de la selección dura, que consiste en ser y hacerse a costa de los otros. Pues bien, Jesús ha dado su vida por los hombres, anunciando la llegada del Reino de Dios y creando así la iglesia (experiencia de comunión gozosa, en libertad), que puede definirse como «Cuerpo de Cristo», es decir, como *experiencia de comunicación* o vida compartida, a lo largo de un proceso histórico de realización de las personas, partiendo del mismo Jesús. Frente a la ontología del «ser en sí» (que sigue actuando en la selección biológica) emerge de esta forma la más honda metafísica de la comunión, que consiste en ser desde y con (para) los otros. En esta línea se puede y se debe avanzar desde los principios de la teología de Cullmann.

*6. Pascua de Jesús y resurrección final de los creyentes.* Resucitar significa comenzar a vivir en los demás, desde un Dios que es vida compartida y que así acoge en su infinita riqueza la vida de aquellos que mueren regalando lo que son y perdiendo gratuitamente su vida por los otros. En esta línea, pienso que Cullmann podría haber planteado mejor su propuesta partiendo de la teología trinitaria clásica de la Iglesia antigua, que define a las «personas» divinas a partir de la *perikôresis*, entendida en el doble sentido de tender (bailar) en corro (de *khoreuô*), y de habitar una en la otra (de *khôreô*). En ese contexto la misma realidad de Dios aparece como movimiento.

Así podemos afirmar, apoyándonos en los textos del Nuevo Testamento, que Jesús ha resucitado *en Dios*, empezando a existir, al mismo tiempo, de una forma nueva y ya definitiva, en aquellos por quienes ha muerto y que le encuentran (descubren) vivo por la muerte. Precisamente porque ha dado su vida resucita, existe en forma nueva por y con aquellos a quienes se ha dado. De esa forma, Jesús sigue viviendo en aquellos que acogen su palabra y se constituyen por él y como él en cuerpo mesiánico. Da la impresión de que Cullmann sigue separando amor mutuo (convivencia interhumana) y amor de Dios de manera que, al final del proyecto teológico, tiende a dejar al margen los grandes temas de la comunión y salvación en la historia, para centrarse en la esperanza de la resurrección final, cuando los salvados compartan la «corporalidad resucitada» de Jesús.

*7. Identidad de Dios, trascendencia y revelación.* Cullmann sabe que Dios, la Realidad en sí, es aquella plenitud infinita de la que brotan todos los procesos de la vida, interpretada en forma de justicia cósmica, biológica, humana. Es más, Cullmann supone que ese Dios (Realidad en sí) se expresa y existe dándose a sí mismo, en un proceso histórico que, a través del ser humano, centrado en Cristo, tiende a la culminación definitiva de la resurrección final, que es la meta de la historia.

En un sentido profundo, podemos afirmar que ese Dios se introduce en el mismo despliegue de la historia (en la que con Theissen he distinguido tres momentos: mutación, selección y culminación), de manera que en él vivimos, nos movemos y existimos (cf. Hch 17, 28), con tal intensidad que casi somos capaces de palparle en el proceso de la historia, aunque siempre en fe (nunca por demostración de filosofía o ciencia). En ese sentido debemos afirmar que Dios mismo es (se ha hecho) historia, al encarnarse en Jesús, de manera que la historia de los hombres forma parte de la misma historia de Dios. De todas formas, en un sentido, ese Dios de Cullmann parece acabar siendo una especie de extranjero universal. Se ha encarnado en Jesús y sigue guiando la historia, pero da la impresión de que no ha entrado realmente en ella.

Con esta evocación de Theissen, a quien he comparado constantemente con Cullmann, he introducido ya el tema de la «vida cristiana», que no puede entenderse desde una formulación genérica de la «ley» (de unas leyes eternas que vendrían a imponerse por igual sobre todos los hombres), sino desde el despliegue y tarea de la historia de la salvación. Se tratará, por tanto, de una moral situada en la historia, que se extiende desde la Pascua de Jesús a la resurrección final.

## 8. Dios en la vida cristiana: don, tarea, esperanza

Partiendo de lo anterior, podemos hablar de una «moral histórica» cristiana, es decir, de una respuesta del hombre al «don» de Dios que es la historia de la salvación o, mejor dicho, "la salvación como historia" en la que estamos insertos, como Iglesia y como individuos, a través de un camino social e individual, sacramental y existencial, por el que asumimos la tarea de Dios (de Jesús, Hijo de Dios) como creyentes. En ese sentido podemos hablar de la presencia de Dios en la vida cristiana, entiendo en ese contexto la moral como historia.

La historia no es algo hecho (como las ideas eternas o unas leyes que se impondrían desde arriba), sino un proceso de realización donde el mismo Dios nos introduce, para que así podamos realizarnos nosotros mismos y ser aquello que podemos ser, en la medida en que nos hacemos (y hacemos la historia), comprometiéndonos con la presencia y acción de Dios. En esa línea, como he dicho, el subtítulo del última gran libro de Cullmann (*Heil als Geschichte, Salvación como historia*), ofrece el programa de su teología práctica: *La existencia histórico-salvífica en el Nuevo Testamento* (*Heilsgeschichtliche Existenz im Neuen Testament*).

La historia no viene a nosotros de fuera, pues nosotros mismos somos historia, de manera que la «hacemos» (nos hacemos) en la medida en que nos introducimos en ella, compartiendo la obra de Dios (colaborando con él) por nuestra propia vida, en un plano individual (por la fe de cada creyente) y comunitario (a través de la Iglesia). Desde un punto de vista católico, puede dar la impresión de que tanto Cullmann (como Theissen, con quien le he vinculado) tiene menos en cuenta los valores y exigencias de una eclesiología real de comunión, pues destacan más el aspecto individual (personal) de la fe y del compromiso cristiano. Pero ambos, cada uno a su manera, han querido superar un individualismo fiducial (desvinculado de toda relación con la comunidad), lo mismo que un tipo de imposición sacral, desligada de la vida concreta de los individuos (un riesgo más común en la Iglesia católica). Ambos asumen las exigencias sociales y cultuales (morales) de la vida cristiana, que Cullmann entiende, ante todo, como «historia de salvación», por la que el creyente supera el riesgo de perder su identidad y futuro ante el impacto de los poderes del mundo, como iremos mostrando de un modo esquemático.

En este momento, la interpretación que Cullmann ofrece de la Biblia deja el nivel de la reflexión universitaria, para presentarse como una guía de vida eclesial y personal, fundada en el don y la tarea de la historia de la salvación. Inmersos en el despliegue del Dios que se revela de forma plena en Cristo, los cristianos están llamados a expresar en su vida, por medio del Espíritu, la "mutación", es decir, la gran transformación salvadora de Cristo. Quien así entienda la Biblia y sienta como propia la gracia y tarea de vivir en comunión cristiana, creando una Iglesia de liberados mesiánicos en medio de este mundo, habrá interpretado bien la inquietante y bellísima tarea que propone Cullmann, como indicaré evocando algunas claves y elementos de la vida cristiana.

## 1. Claves de la vida cristiana

Volvamos a Bultmann, con quien habíamos empezado comparando a Cullmann, para situar así su visión de la Iglesia y la vida cristiana, desde una perspectiva protestante (luterana), en diálogo con la gran tradición cristiana (y de un modo especial con la católica). Bultmann no daba mucha importancia al hecho histórico de Cristo en sí (es decir, a su historia concreta), pues, a su juicio, tal hecho resulta menos importante y no podemos conocerlo, a no ser por su influjo en los hombres. Ciertamente, Jesús existió, y proclamó un mensaje especial, dentro del entorno judío de Galilea y Jerusalén, en el primer tercio del siglo I d.c. Pero el verdadero Cristo salvador no es un hombre del pasado, sino una Palabra actual, una llamada que nos invita a responder, una fuerza que nos impulsa a realizarnos.

Bultmann interpreta a Cristo como voz de Dios que llama, impulsa y enriquece a cada creyente, sacándole de algún modo de la historia; a su juicio, no se puede hablar de "salvación como historia", pues ella es siempre una experiencia existencial[1]. Pues bien, en contra de eso, como he venido destacando, Cullmann entiende la salvación como historia centrada en Cristo.

### a) Salvación en Cristo, realidad de la historia

En esa línea, distanciándose progresivamente de Bultmann, Cullmann ha destacado la importancia del «hecho» de Jesús, es decir, de su historia pasada, que es imprescindible para fundar su influjo posterior en la Iglesia y en el conjunto de los cristianos, hasta el momento final (resurrección de los muertos). De esa forma destaca la importancia del acontecimiento de Jesús, en sí mismo, pues sólo así puede tener influjo y ser salvador para los hombres:

> Ciertamente (los primeros discípulos) lograron una nueva comprensión de su existencia, como afirma Bultmann...; pero la lograron solamente porque fueron influidos por los hechos que observaron en forma de testigos –vida y apariciones de Jesús–; por ellos alcanzaron la certeza de haber sido trasladados en verdad al tiempo nuevo[2].

Bultmann dejaba en un segundo plano el acontecimiento de Cristo (Palabra de Dios), para insistir en su influencia en los creyentes (Iglesia), interpretando a Jesús como Palabra más que como acontecimiento real, con su propia identidad, expresa en su vida, muerte y resurrección. Cullmann, en cambio, insiste en la historia

---

[1] Así lo he puesto de relieve en *El Pensamiento de R. Bultmann*, Clie, Terrasa 2014, que servirá de referencia para todo lo que sigue.
[2] *Vorträge*, 135-136.

real (objetiva y externa) de Jesús, y la distingue del influjo que ella ejerce sobre el hombre que la acepta y se deja cambiar por ella.

Cullmann piensa que la realidad original la constituyen los sucesos de la historia salvadora, unos sucesos que existen en sí, que se han dado en el pasado (desde la creación hasta la muerte de Jesús), pero que siguen todavía abiertos, pues el proceso de la salvación no ha culminado todavía (no ha llegado la resurrección de todos los muertos). En esos sucesos de la historia (con un principio, un centro y una meta final) debe insertarse la vida de los creyentes, fundados en Jesús.

Los hombres no se definen simplemente por su "alma" o su "conciencia" (en una línea platónica, retomada incluso por Descartes y por Bultmann), sino como viviente temporales, llamados a la comunión en un contexto muy preciso de historia, centrada en la pascua de Jesús, para culminar en la resurrección de los muertos. Sólo al insertarnos en los acontecimientos salvadores alcanzamos nuestra identidad, podemos realizarnos como humanos y conseguir la salvación, que no consiste en salir de la historia, sino en introducirnos bien en con ella (tal como se expresa y centra en Jesús).

Por eso, la realidad humana no está formada por dos niveles ontológicos (espíritu y materia, cuerpo e interioridad mental), sino que se define como proceso histórico en la línea del tiempo social y personal (dentro de un mundo que también es tiempo). Existe, por tanto, una realidad histórica «externa» (anterior a mi propia vida), que se expresa en unos hechos que se van jalonando como proceso de salvación, en la que «yo», como individuo, puedo y debo insertarme, de manera que la historia pasada no es algo «objetivo» (frente a mí, fuera de mí), sino que se actualiza y forma parte de mi propia realidad. Ciertamente, en un sentido, los hechos salvadores del pasado están fuera de mí (son antes que yo), pero, a fin de que tengan carácter salvador han de aplicarse a mi vida (nuestra vida), de manera que yo debo hacerlos míos.

Cullmann ha superado así (desde su visión de la realidad como historia) la oposición que ha marcado el pensamiento de occidente entre alma y cuerpo, espíritu y materia, objeto y sujeto... La realidad no es oposición ontológica de planos o niveles de realidad, sino un proceso histórico, que va situando a cada hombre en su lugar, y que le define en un espacio y tiempo determinado. Desde ese fondo pueden distinguirse varios momentos, conforme al esquema que sigue:

– *Iglesia, espacio de salvación*. La realidad original no es un «mundo objetivo» (materia física) que se opone a los hombres, ni los hombres como simples almas (sujetos, espíritus...), sino una historia en la que emergen los hombres, como producidos por (y creadores de) ella, dentro de un mundo que así podemos entender también en clave histórica. Pues bien, esa historia universal se centra y recibe su sentido para los cristianos, según el testimonio de la Biblia, en el despliegue de Israel y, de un modo especial, en Jesús, cuyo influjo se expresa y concentra, sobre todo, en la vida de la Iglesia, que es la comunidad de aquellos que creen y aceptan en su vida el impacto de su entrega salvadora.

– *Fe, experiencia histórica*. Por fe, es decir, por descubrimiento y entrega personal, cada creyente se incluye en esa historia de la salvación, asumiéndola como propia y definiéndose por ella. Frente al conocimiento objetivo, que mide y calcula, situándose ante las cosas (fuera de ellas), la fe viene a definirse como experiencia de participación personal en la historia de la salvación. En ese sentido, la fe no consiste en aceptar unas verdades (creer unos dogmas), sino en acoger de forma personal, dentro de la comunidad creyente, una historia universal de salvación, testimoniada por la Biblia y centrada en la historia de la entrega (mensaje, muerte y pascua) de Jesús. Sólo por fe se «salva» el hombre, es decir, se inserta en el despliegue de la historia de la salvación.

– *Sacramentos de la Iglesia*. La fe no es un sentimiento puramente interior (existencial), sino que se concreta y expresa (se visibiliza y celebra) a través del culto sacramental (bautismo, eucaristía...), constituido por unos gestos a través de los cuales la comunidad creyente ratifica y actualiza el pasado de Jesús (su muerte salvadora, su pascua), anunciando y anticipando el futuro, que es la resurrección plena de Jesús en todos los creyentes. Sin esta visibilización sacramental, la fe del cristiano puede convertirse en un puro sentimiento individual, separado de la historia.

*Compromiso personal y eclesial.* La misma fe, que se celebra en los sacramentos, se actualiza y confirma en la vida de los creyentes, que han de expresar y ratificar en su conducta (especialmente en el amor mutuo) la verdad y sentido de aquello en lo que creen. Los creyentes despliegan su vida en un contexto nuevo de salvación, fundado en la historia de Jesús; por eso, de un modo consecuente, ellos deben actuar también de forma nueva, respondiendo al impacto de Jesús en su vida, para expresar de esa manera su mensaje y su forma de vida, en un plano individual y comunitario.

*Dentro de una sociedad que tiene su propia autonomía (Estado).* En sentido radical, los creyentes de Jesús no pertenecen ya a las estructuras de este mundo, pues están liberados (salvados) para el reino de Dios, teniendo así que vivir para el amor, como muestran los sacramentos y la moral de la Iglesia. En ese sentido, los cristianos están «ya» salvados, pero el despliegue de su salvación «todavía no» ha culminado (no ha llegado aún la resurrección final). Por eso, ellos siguen viviendo en este mundo, integrados en las estructuras políticas (racionales) de la sociedad, y así forman parte del Estado, con los problemas éticos que ello implica.

## b) *Historia de la salvación, Iglesia en la historia*

La historia de la salvación, iniciada en el Antiguo Testamento y centrada (realizada básicamente) en Jesucristo, se explicita y expande en la Iglesia, que es la comunidad de aquellos que creen en él, que quieren responder a su palabra, y esperan la resurrección final (la venida de Jesús). En un sentido, la Iglesia es una realidad provisional, que ha tenido un principio y se dirige hacia su meta: Se arraiga en el pasado de Israel, se centra en la muerte de Cristo y culminará en el despliegue total de su pascua (en la resurrección de los muertos). En ese contexto se entiende la importancia de la Iglesia: Cristo reina en ella y por su medio se actualiza (anticipa) la esperanza de la resurrección final, cuando el mismo Cristo culmine su obra[3].

La Iglesia vive así descentrada o, mejor dicho, centrada en dos puntos (como una elipse), entre el futuro esperado de la resurrección y el pasado acontecido y creído de Cristo. El impulso decisivo se identifica con la Pascua de Cristo; fundándose en ella, los primeros cristianos tuvieron la viva certeza en la victoria final. La batalla decisiva está ganada (Cristo ha resucitado); la suerte ya está echada, se cumplirá del todo lo empezado, es decir, lo esperado y ya iniciado (llegará la resurrección final):

> Según el judaísmo la historia de Israel recibe su luz del porvenir, del Mesías que se acerca... Todo se mira desde un punto de vista estrictamente escatológico, es decir, futuro. Por el contrario, el cristianismo ilumina la historia de Israel a partir de un centro nuevo... desde el Cristo crucificado[4].

Con Cristo comienza la nueva división del tiempo. Los creyentes no están ya perdidos en un «ahora» supratemporal (que les saca de la historia), sino que están fundados en la Pascua de Jesús, con quien se identifican, siendo y haciéndose historia. El pasado tiene así para ellos un valor fundamental, celebrado en la Eucaristía y centrado en Cristo, presencia suprema de Dios entre los hombres. Entre ese centro del pasado (pascua de Cristo) y el futuro pleno (resurrección) se mueve y avanza la elipse de la historia de la salvación, la historia de la Iglesia, cuyo oficio es situar a los hombres ante el tiempo escatológico, ya comenzado.

La novedad del Nuevo Testamento no se encuentra en la escatología, sino en lo que yo llamo la tensión entre lo ya cumplido

---

[3] Entre la bibliografía que Cullmann ha dedicado a la Iglesia, cf. *Les premières confessions* (1939); *Königsherrschaft*, 1941; *Petrus, Jünger. Apostel. Märtyrer* (1952); *Ecriture et Tradition*: Dieu Vivant 23 (1953) 45-69. Cf. en especial *Vorträge*, 469ss. *Christus*, 87 92; *Christ*, 60-63. Sobre la eclesiología de Cullmann, cf. J. Silvestre Arrieta, *La Iglesia del intervalo*, Comillas, 1959. Cfr. RET 24 (1964) 137-156; A. Briva, *El tiempo de la Iglesia según O. Cullmann*, San Paciano, Barcelona; J. Frisque, O. *Cullmann*, 157ss., 243ss.

[4] *Christus*, 91-92; *Christ*, 63.

y aquello que no se ha cumplido todavía, entre el presente y el futuro. Toda la teología del Nuevo Testamento, lo mismo que el anuncio de Jesús, está girando en torno a esta tensión[5].

En esa tensión del tiempo cristiano (entre el pasado de Jesús y el futuro de su vuelta) se expande la vida de la Iglesia y de los creyentes en ella. Por fundarse en el *ya* de Jesús, la Iglesia nos ofrece la presencia y salvación del Cristo que ha venido. Por tender al *todavía no* del día escatológico nos mantiene sin cesar en la esperanza. El presente de la Iglesia lo forma el tiempo extendido entre la batalla decisiva (muerte de Cristo) y el día final de la victoria (su venida escatológica). Esa tensión constituye el misterio y centro del Nuevo Testamento[6]. Vista de ese modo la Iglesia ofrece dos notas fundamentales: Es el lugar donde Cristo está reinando y en el que transmite su mensaje de esperanza, en espera de su venida final.

– *La Iglesia es el lugar donde Cristo está reinando ya*, pero ella no se identifica con el Reino que «todavía no» ha llegado, sino que lo anuncia y anticipa, con sus sacramentos y con la forma de vida de los creyentes. En ese sentido, siendo principio y fin del cosmos, Cristo es también soberano de la Iglesia: Ha venido en humildad (como Siervo de Yahvé) y volverá de nuevo (como Hijo de Hombre glorioso); pero, al mismo tiempo (en este tiempo), él reina ya oculto en este mundo, pues los poderes del mal han sido vencidos, y él lo dirige todo hacia la culminación escatológica.

– *La Iglesia anuncia y expresa la buena noticia del Reino*. Cristo reina ocultamente en ella, y lo hace de un modo especial a través de la Palabra que se anuncia y se acoge con fe. Jesús no extiende su reinado a través del dinero o de la administración política o de la victoria militar (como los estados e instituciones de poder del mundo), sino por medio de la Palabra que se proclama en su nombre, de tal forma que él mismo actúa como Palabra (es decir, como acontecimiento que se dice y proclama). En ese sentido, Jesús ejerce su dominio a través de la predicación del Evangelio. Allí donde se

---

[5] *Heil*, 153; *La historia*, 193.
[6] *Christus*, 135-139; *Christ*, 103-106.

anuncia el Mensaje está la Iglesia, allí actualiza el plan de Dios, allí se espera la venida final del Cristo salvador.

Igual que la de Bultmann y Barth (sus autores de referencia), la eclesiología de Cullmann se centra en la Palabra. Pero hay una diferencia: Bultmann entiende esa Palabra (y la misma Iglesia) en sentido existencial (casi intimista), y Barth como juicio trascendente de Dios sobre la historia. En contra de eso, Cullmann entiende la Palabra (que es Jesús) como fundamento y poder de la historia, que sigue dirigiéndose hacia su culminación de una forma comunitaria, de manera que podemos hablar de una Iglesia encarnada en la historia, como prolongación del mismo Jesús. Por eso, allí donde afirmamos que la salvación es historia podemos afirmar que ella es Iglesia. Allí donde Jn 1, 14 afirma que «la Palabra se hizo carne», Cullmann puede añadir que se hizo y sigue siendo historia en la Iglesia. No hay primero historia y luego Palabra, sino Palabra que es (se hace) historia.

En esa línea, estrictamente hablando, la Iglesia es la comunidad de aquellos que acogen la Palabra de (que es) Jesús y que así quieren responder a ella, actualizando con su vida la historia de Jesús. De esa forma, la Iglesia aparece como Palabra de Dios hecha historia, comunión de creyentes en camino hacia la culminación escatológica. Aquí se centran todas las notas de la Iglesia, como presencia y expansión de Jesús resucitado, abriendo un camino de salvación. En esta línea, Cullmann es muy protestante, siendo radicalmente cristiano (y católico, en el sentido original del término, pues concibe a la Iglesia como comunidad donde la palabra de Dios se hace historia, es decir, comunicación personal, abierta a todos los pueblos.

Antes de Jesús, en Israel, la Palabra se condensaba en un pueblo, no lograba abrirse y crear comunicación entre todos los hombres y mujeres de la tierra, a pesar de tener un carácter profético de promesa universal. Pues bien, tras haber culminado y centrarse en Jesús, esa Palabra puede abrirse y se abre de hecho, en este mismo tiempo de la historia (como historia), a todos los hombres y mujeres, como fuente de comunión en el amor.

Jesús aparece así como Palabra encarnada y extendida en la historia, Palabra que sólo puede aceptarse y creerse en «fe», es decir, en forma de confianza y entrega personal. Antes, en otros contextos, los hombres y mujeres se han vinculado por medios de tipo biológico y por afectos y desafectos familiares y sociales, a lo largo de una historia marcada por enfrentamientos y violencias del conjunto. Pues bien, a partir de Jesús, ellos pueden vincularse por la misma Palabra proclamada, que ellos acogen y comparten, siendo de esa forma comunión e historia, comunidad de creyentes y camino que conduce a la resurrección final[7].

### c) *Palabra en la Iglesia, culto cristiano*

Esta fe en la Palabra que se hace historia se encuentra para Cullmann esencialmente vinculada al despliegue de la historia de la salvación, que, condensada en Cristo, se abre por él a todos los hombres y mujeres del mundo, hasta el fin (resurrección de los muertos). Así lo anunciaba ya Heb 11, 1 al decir que la fe es la «substancia» (presencia anticipada) de las cosas que se esperan, Palabra hecha carne en la historia de los hombres (historia de Dios). Entendida así, la fe tiene un componente existencial (marca la vida de cada creyente) y un componente social, siendo esencialmente historia:

---

[7] *Christus*, 139, 145ss.; *Christ*, 106, 111ss.; *Königsherrschaft*, 13ss.; *Heil*, 282ss.; *La historia*, 345-347; *Urchristentum*, 34-36; *Ecriture et Tradition*: Dieu Vivant 23 (1953) 55ss. Por lo que tienen de positivo, Cullmann respeta todas las confesiones cristianas. Pero, al mismo tiempo, por el hecho de que ellas van en contra de la unidad que el Señor ha deseado, intenta superarlas (*Heil*, 287; *La historia*, 352). No podemos aducir aquí todo el trabajo ecuménico de Cullmann, ni citamos sus publicaciones relativas a este tema.

Los católicos han estudiado con agrado la postura de Cullmann, por el interés que ella muestra por el valor objetivo que concede a los hechos salvadores, por su forma de entender los sacramentos, y por su visión de Pedro. Hay, sin embargo, una diferencia. Cullmann insiste en el valor de la Iglesia primitiva, con la función de Pedro y la tradición apostólica; pero añade que esos «signos» no perviven de igual forma en el despliegue posterior de la Iglesia; en esa línea, él no acepta como normativo (para todas las iglesias) el papado actual, ni el magisterio infalible de la tradición católica, como he puesto de relieve al principio de este capítulo, tras haber presentado a Cullmann en el contexto de Teilhard de Chardin.

Por nacer en un pueblo, pertenezco de manera natural, a su propia y peculiar historia; de igual manera, y por nacer, yo pertenezco a la especial historia salvadora en la que Dios actúa de manera singular por medio de su Cristo, dirigiendo desde allí la historia entera. Llego a la fe cuando me siento de verdad sobrecogido...; no puedo hacer más que advertir que pertenezco a la historia salvadora, queriendo incorporarme voluntariamente a ella[8].

Por fe nos unimos no sólo al Dios que ha creado el mundo «en el principio», sino que nos vinculamos de un modo especial al Cristo que está presente e influye poderosamente en este tiempo cristiano de la Iglesia, en el intervalo que separa la primera y la segunda venida de Jesús. La fe vincula los diversos momentos de la historia de la salvación y los aplica a la existencia de cada creyente, a quien ofrece la conciencia de haber sido elegido por Dios, a través de Cristo.

La certeza de estar elegidos implica la convicción de participar activamente en la historia que ha sido fundada aun antes de la misma creación del mundo y se mantiene más allá de sus fronteras temporales[9].

Como elegido de Dios, el creyente sabe que está situado y camina entre la resurrección (ya cumplida) de Jesús y su parusía (aún esperada, con la resurrección de los muertos). En ese sentido, el «cumplimiento» de la fe no está ligado a la aceptación de unos mandamientos generales (leyes de carácter intemporal, que valdrían para ratificar el valor de la naturaleza humana), sino a la aceptación de la historia de Dios en la vida de los hombres. Eso significa que no existe una «moral genérica» (válida para siempre), sino que la moral cristiana es esencialmente histórica[10].

---

[8] *Heil*, 285, 298; *La historia*, 350, 364.
[9] *Christus*, 198; *Christ*, 158.
[10] *Heil*, 300, *La historia*, 367ss; 201; *Christ*, 162. Cullmann cree que la historia salvadora, rectamente interpretada, no se opone al valor existencial de la fe, pues ella «deja todo el espacio necesario para la libre decisión» del creyente. «La Biblia deja de ser letra muerta precisamente cuando nos sentimos directamente vincu-

Así lo confirma el sentido y tarea de los *sacramentos*, a los que ya me he referido. Según Bultmann, los sacramentos eran sólo un signo de la Palabra aceptada y acogida por los creyentes; no tenían valor fuera del «mensaje». Cullmann, en cambio, los entiende como signo y presencia de la historia de la salvación: Son un recuerdo del pasado de Cristo (de su Pascua) y un anticipo de su venida futura, expresando y ratificando, al mismo tiempo, su presencia en la Iglesia. Según eso, el año litúrgico con sus fiestas, con los sacramentos y el culto cristiano, revive y actualiza la historia de la salvación, marcando así el sentido propio de la vida cristiana, entendida como respuesta al don de Dios, que se expresa (encarna) en la historia de la salvación:

> El culto divino del que habla la Escritura es siempre una forma de actualizar el pasado y de anticipar el futuro. Así pasaba ya entre los judíos. Pero como la historia salvífica del Nuevo Testamento se caracteriza esencialmente por la tensión entre el ya y el todavía no, entre el cumplimiento del pasado y la esperanza de la meta, así también la correspondencia entre el tema de la historia salvadora y su realización en el culto divino es perfecta dentro del ámbito de la comunidad cristiana[11].

El lugar donde el culto se realiza de forma más clara e intensa es la cena eucarística. Éste es el sacramento característico de Jesús, pues el mismo Señor, muerto y resucitado, se acerca a los hombres en el pan y vino de la Iglesia. Esta celebración es el centro del misterio cristiano, que nos une al Señor Resucitado, dándonos fuerza para mantenerse en la espera, como lo muestra la oración «Mara-

---

lados con aquellos grandes acontecimientos que en ella se presentan y que están sintetizados en el Cristo...». Teniendo esto en cuenta, el individuo puede llegar a su existencia auténtica (cf. *Heil*, VI-VII; *La historia*, 8-9). La decisión existencial es buena y necesaria, pero tiene que fundarse en la historia salvadora (*Heil*, 103; *La historia*, 132-133). Bultmann insiste en la *decisión existencial* del creyente (cf. Bultmann, *Exegética*, 361.366ss.), pero corre el riesgo de olvidar que esa decisión sólo puede entenderse como *respuesta humana* a los hechos de la historia de la salvación. Cf. Frisque, *O. Cullmann*, 209ss.

[11] *Heil*, 290; *La historia*, 255. Cf. *Urchristentum*, 36.

natha», «Apresúrate Señor Jesús»[12]. Ciertamente, el bautismo ha sido y sigue siendo el signo de la nueva pertenencia eclesial, sustituyendo a la circuncisión (que se limitaba a los varones israelitas), pero el signo distintivo de la primera comunidad cristiana es el culto eucarístico, donde la lectura y proclamación de la Palabra se expande en la comida eucarística, que es presencia de Jesús y anuncio de su venida escatológica[13].

## 2. Elementos de la salvación

He presentado algunas claves de la vida cristiana (acontecimiento de Cristo, Iglesia, sacramentos). Desde ese fondo quiero recoger y exponer algunos elementos de la salvación, empezando por el compromiso de la acción de los cristianos, evocando después su relación con el Estado y la esperanza de la plenitud escatológica. Ellos nos sitúan ante la tarea concreta de los cristianos en la historia.

*a) Acción del cristiano, una moral histórica*

Ha quedado clara la prioridad de la «fe», entendida como aceptación plena de la acción salvadora de Dios en la historia, por medio de Jesús. Pues bien, como expresión y expansión de esa fe ha destacado Cullmann la importancia de las obras, que derivan precisamente de esa fe y la expresan (la despliegan) en la historia.

---

[12] Según Cullmann, la Eucaristía cristiana ha integrado dos temas principales: 1) Es continuación de las comidas de los discípulos con el Señor resucitado, que está presente en ellos no sólo como pan, sino en la misma reunión litúrgica. 2) Pablo ha unido la Eucaristía con la muerte del Señor, indicando que el lugar de su presencia son las especies del pan y vino. Cf. *Vorträge*, 512ss., 517ss.; *Urchristentum*, 18-22, 28ss. Gran parte del catolicismo actual acepta esa visión de Cullmann, a diferencia de A. Ambrosiano, *L'Eucaristía nell'Esegesi di O. Cullmann*, M. D'Auria, Napoli 1956.

[13] En contra de la práctica habitual de las iglesias evangélicas, Cullmann unifica el culto de la palabra y el culto de la cena, pues estuvieron unidos al principio y así deberían estarlo todavía. Cf. *Urchristentum*, 32-34. Cullmann ha vinculado la eucaristía con la historia de la salvación. Quizá podría haber insistido también en la presencia comunitaria de Jesús, mostrando así que el sacramento es ámbito de encuentro de Cristo con los hombres, y de los hombres entre sí.

La moral cristiana se funda por tanto en el don de la historia de la salvación, que se aplica y encarna en la vida de los creyentes. No se funda, por tanto, en una visión abstracta de la naturaleza humana, ni se expresa a través de unas leyes genéricas que valen por igual para todos los tiempos, sino que ella deriva de la presencia de Dios en la historia. Por eso, ella tiene un carácter esencialmente dinámico. No quiere presentar unos principios generales que se deban mantener siempre idénticos; no rinde culto a la ley como si fuera la expresión del ser natural de los hombres y las cosas. El actuar de manera adecuada significa para ella introducirse en el momento presente de la historia y comportarse de acuerdo a su exigencia.

Ésta es una ética de la decisión activa, que se funda en la fe, y de ella deriva, introduciendo a cada creyente en el despliegue de la historia salvadora. Es una ética personal, pero no subjetiva (en el sentido subjetivista del término), pues ella se decide y define desde los principios de la historia de la salvación, cuyas líneas radicales ha de actualizar en su vida cada uno de los creyentes. La decisión personal que se funda en la inclusión del hombre en la historia salvadora no puede reducirse a una mera exigencia subjetiva, sino que debe ampliarse y precisarse, en formas de actuación concretas, que tienen un sentido personal y social, en un camino que está básicamente marcado por el despliegue de la Biblia, en al Antiguo y Nuevo Testamento[14].

La decisión no puede fundarse en el vacío; la historia salvadora le ofrece el carácter concreto que exige todo pensamiento existencial, y hace que deje de ser un simple decidir por decidirse. La decisión por Cristo no es un vago decidirse por aquello que no puedo disponer, decisión que me saca del mundo y me lleva a lo que puede llamarse totalmente distinto; la decisión por Cristo me introduce en un marco muy concreto, determinado por el pasado y futuro de la historia salvadora,

---

[14] En este sentido, Cullmann cree que se puede hablar de un contacto entre su teología y el pensamiento existencial de Bultmann (cf. *Heil*, 303-304; *La historia*, 373), aunque insiste en la necesidad de superar lo que él llama el *nihilismo antinomístico* de Bultmann (Cf. *Heil*, 304-5; *La historia*, 373-374).

marco que me obliga a cumplir una misión moral muy concreta cuyas líneas directrices vienen indicadas en la Biblia[15].

Cullmann mantiene el carácter dinámico de la "ley", es decir, de la norma de vida cristiana, tal como ha sido formulada por Jesús e interpretada de un modo especial por San Pablo, en un sentido que no es meramente intimista, sino que implica una fuerte comunión interhumana: La historia salvadora va avanzando y las normas éticas deben adaptarse a los signos del tiempo, pero siempre partiendo del testimonio básico de la Escritura, como indicó Jesús en el Sermón de la Montaña al hablar de mandamientos antiguos y de sus nuevos mandamientos.

Pero el centro y sentido de esta moral no está en la ley, pues ella está fundada en el don histórico de Dios, que nos ha ofrecido su Palabra en Jesús. Entendida así, la moral cristiana se funda en el acontecimiento de Jesús (en su vida, muerte y resurrección), y signo y consecuencia de su gracia, pero ella puede y debe expresarse en unas normas concretas, que marcan el carácter de la historia. No basta con tener que «decidirse» en cada instante, en sentido existencial (como tiende a suponer R. Bultmann), sino que es necesario precisar el sentido de esa afirmación, en la línea del mensaje de Jesús, como ha puesto de relieve todo el Nuevo Testamento.

En esa línea, la caridad, que es principio originario de la ética del Nuevo Testamento, debe mantenerse siempre por encima de la Ley. Pero se trata de una caridad que, al adaptarse a cada uno de los tiempos de la historia, se expresa a través de unas normas que el cristiano deberá cumplir en el momento concreto de su vida. San Pablo no quiso eliminar la ley, sino que la subordinó al espíritu (es decir, a la fe en el Cristo y a su presencia en la vida de los fieles). Pierden su valor las leyes que se quieren mantener como absolutas, de un modo universal, por encima de la vida de los creyentes. Cesan las normas ya pasadas del Antiguo Testamento. Pero el cristiano, que vive en el espíritu, descubre la nueva ley de vida de Jesús, y sabe que depende del espíritu el cumplirla; no son ya sus fuerzas las que actúan, es la gracia que recibe del Eterno por el Cristo.

---

[15] *Heil*, 305; *La historia*, 374.

Esas normas de vida no son «absolutas», en el sentido de intemporales, como si estuvieran fuera de la historia de la salvación, ni tienen un carácter meramente objetivo (como imposición que viene de lo externo), sino que tienen un valor «histórico» que no puede entenderse de manera puramente subjetiva. La historia de la salvación, es decir, el don de Dios en Cristo, suscita un tipo de fidelidad personal y de comunión eclesial (social) que ha de expresarse a través de unas obras de fidelidad y de servicio humano. Ciertamente, el amor es el principio del que nacen todas las obras. Pero ese mismo amor (expresado históricamente en Cristo) ha de concretarse en unas normas o leyes que marcan el justo actuar de los hombres, situándonos incluso ante los deberes que marca el Estado a sus ciudadanos[16].

## b) *Cristianismo y Estado. Una moral política*

Desde el ideal ético del Evangelio, Cullmann plantea el complicado problema de las relaciones entre Cristianismo y Estado, es decir, entre historia de la salvación e historia profana. Era en aquel tiempo, cuando Cullmann publicó su libro sobre el Estado (*Der Staat im NT*, 1955), un tema urgente, vinculado todavía a la última gran guerra (1939-1945), con los problemas suscitados por el nacionalismo alemán y por las pretensiones revolucionarias del marxismo.

---

[16] *Heil*, 308ss.; *La historia*, 378ss. Cullmann puede correr el peligro de ver en la ley algo que viene a imponerse desde fuera, exigencia externa a la que debo someterme. La gran tarea consiste, a mi juicio, en superar el peligro de *subjetivismo* de Bultmann, sin caer en el riesgo *objetivista* de Cullmann. El animal no tiene leyes, no elige, sigue siempre las líneas que le traza su exigencia interna. Por el contrario, el hombre que carece de exigencias interiores infalibles tiene que darse a sí mismo unas normas de conducta.

Pensemos en la ley de tipo religioso. Para el no cristiano (judío) la ley es ideal hacia el que tiendo; hay un interno desequilibrio entre aquello que es (pecado) y aquello que debiera ser (gracia divina). Creemos que en el cristianismo el desequilibrio fundamental se rompe: somos *ya* lo que debemos ser (tenemos a Cristo); estar siendo lo que somos (obrar de acuerdo con la gracia) es nuestra ley, nuestra exigencia. Es algo externo (viene de Cristo); es algo interno (tenemos a Cristo en nosotros).

En ese contexto, fundándose en la visión luterana (y en el fondo agustiniana) de los "dos reino", Cullmann insistió en la importancia social del Estado. Hoy (2013), tras menos de sesenta años, el tema parece haber cambiado de forma radical, pues los estados ya no son protagonistas indiscutibles de la historia, sino que parecen haber caído en manos de un poder económico super-estatal que los maneja. Teniendo eso en cuenta queremos leer y valorar las aportaciones de Cullmann:

– *El Antiguo Testamento* entendió la victoria del reino de Dios como instauración de un «Estado concreto» (israelita), al menos en algunos momentos de su desarrollo. Las fuerzas del mal, simbolizadas por naciones o estados animales (Dn 7), serán destruidas cuando venga y reine el Hijo del Hombre, trayendo el imperio de los justos. Las dos fuerzas –animales/imperios del, y reino del Hijo del Hombre– parecen situarse, al menos en principio, sobre el mismo plano. En ese sentido, el triunfo del reino de Dios puede implicar una lucha contra los poderes imperiales (sirio o romano), de manera que la comunidad creyente puede y debe implicarse en una lucha militar contra los estados opresores.

– *Novedad cristiana*. En tiempo de Jesús había una postura semejante, defendida por los «zelotes», quienes suponían que el reino de Dios llega con la fuerza de las armas y, por eso, se sentían impulsados a luchar para instaurarlo (cf. *Jesús y los revolucionarios de su tiempo*, 1970). Pero Jesús, y el Nuevo Testamento en su conjunto, han tomado una postura distinta, no violenta, oponiéndose a la lucha militar contra los estados (incluso contra los opresores) y rechazando el establecimiento político (violento) de un Estado que sea signo y presencia de Dios. De esa manera, los cristianos no identifican la llegada del Reino de Dios con la instauración de un poder político en la tierra.

Según eso, el cristianismo habría distinguido dos poderes: El Estado político (que emplea la violencia «legal» para instaurarse y dominar) y el Reino de Dios, que no emplea ningún tipo de violencia. De un modo consecuente, esos poderes se sitúan en dos planos distintos, de manera que no pueden identificarse, pero tampoco pueden oponerse, ni luchar en un nivel, uno contra el otro, sino que pueden coexistir. 1) En el plano externo continúan todavía los "estados" de este mundo (con su propia legalidad), los imperios de la tierra. 2) Los creyentes se sitúan en un plano de poder más alto, como testigos y promotores de una victoria distinta, que no se expresa de forma política, sino a través de la resurrección de los muertos.

El cristianismo promete la paz y armonía universal para el fin de los tiempos, cuando reine solamente Dios, de manera que entonces no habrá estados políticos como los actuales, ni esclavos ni libres, ni siervos ni señores, pues habrán cesado las condiciones de este mundo, las oposiciones políticas y sociales entre los hombres. Cullmann afirma que ese cambio no podrá alcanzarse por la victoria de unos, ni siquiera de los buenos, sino por obra del Cristo que, en su gracia, eleva y ofrece la salvación final a todos (buenos y malos, judíos y gentiles).

Esa meta será el culmen de la historia en la que estamos actualmente insertos; ella se manifestará al fin de los tiempos, pero influye desde ahora en lo que somos. Ciertamente, no ha llegado todavía la resurrección, de manera que continuamos en camino, bajo las viejas condiciones de la vida, en una tierra donde sigue habiendo dominio de unos y sumisión de otros, en un mundo en que se enfrentan imperios y personas, sociedades y sistemas. Cullmann ha caracterizado la vida de los cristianos como tensión entre el «ya» (estamos salvados) y el «todavía no» (no ha culminado la salvación).

– *Cristo reina «ya»*. Por eso, los creyentes viven internamente liberados, animados internamente por la gracia de su Espíritu, que les salva y les conduce a la meta de la reconciliación completa. Esa libertad les concede una autonomía interna, de tal forma que nada ni nadie puede entrar en su conciencia y dominarles allí, diciendo lo que han de aceptar y creer: Nadie puede exigirles obediencia absoluta, ni obligarles a obrar en contra de sus convicciones. Eso significa para el creyente, que el Estado y las restantes realidades o poderes de este mundo carecen ya de valor divino, no pueden imponerse como realidad sagrada. Estado y poderes del mundo sólo pueden actuar en el nivel externo, no llegan a la conciencia de los fieles.

## 2. Elementos de la salvación | 277

– *Pero todavía no se ha expresado totalmente*, de manera que los creyentes siguen viviendo todavía bajo los límites y medios de este mundo viejo aun a sabiendas de que no son absolutos. Por eso las viejas estructuras de este mundo, y en especial el poder del Estado político, siguen teniendo un valor (aunque sólo sea relativo). El Estado no es una realidad sagrada, no puede divinizarse ni exigir culto o reverencia (como lo había exigido el Estado Nazi en Alemania), pero tiene su importancia. Nadie, en ningún momento, puede hacer del Estado un «absoluto», exigiendo reverencia. Ni el estado alemán ni el francés son sagrados, ni tampoco los estados comunistas. Ciertamente, tienen un valor, mientras no se cumpla la promesa de Jesús, pero no pueden tomarse como definitivos, sagrados[17].

En ese contexto han de entenderse las tentaciones de Jesús (Mt 4, 4-11; Lc 4, 1-13; Mc 1, 12-13) en las que Jesús rechaza el poder económico y el dominio del Estado como medio de actuación mesiánica. La toma del poder del Estado (con el poder económico del pan-dinero o el poder "religioso" del milagro) sería un gesto satánico, no mesiánico. Por eso, Jesús no acepta la propuesta de Satán, porque su Reino (el reino de Dios) no puede identificarse con un Estado de este mundo.

Desde ese fondo se entiende la actitud de Jesús ante los «zelotes», defensores de la guerra santa en contra del poder romano. Él debió suscitar sus simpatías; más aún, su paso por Galilea y Jerusalén encendió entusiasmos políticos, de manera que algunos de sus discípulos eran, o habían sido, celotas (luchadores al servicio de la libertad del pueblo judío, en contra de Roma). Más aún, es probable que el mismo Jesús se hubiera fijado en los valores humanos de algunos de esos luchadores poco conformistas, recibiéndolos entre sus discípulos (Simón el "cananeo", Judas, quizá Pedro…). Sin embargo, su consigna y meta era distinta: No trataba de fundar un nuevo imperio militar o religioso; no intentaba derrotar las águilas romanas, para crear otro tipo de Estado político, sino que anunciaba y preparaba con su vida el reino de Dios.

---

[17] Cf. *Der Staat*, 53. Cf. también *Vorträge*, 292ss.

Jesús fundó un Reino distinto, de carácter personal, que se expresa en la fe y actúa en la conciencia de los creyentes, que se sienten ciudadanos de una humanidad distinta, en gesto de libertad profunda y de solidaridad gratuita. Significativamente, el mismo Jesús, mensajero de ese Reino «humano» (mesiánico), que se expresa y expande sin un Estado político (sin armas, ni toma de poder), fue juzgado y condenado por aquellos que tenían los poderes sociales y religiosos, por los delegados del Imperio de Roma y del templo de Jerusalén.

Jesús no instituyó un Estado político, por eso, sus seguidores no pueden absolutizar ningún tipo de Estado, como indicaba ya su respuesta a las tentaciones satánicas y su actitud ante los celotas. En esa línea, pero con matices algo distintos, resuelven el tema los diversos estratos del Nuevo Testamento, entre ellos el Apocalipsis, escrito bajo la poderosa impresión de un choque entre Roma y la Iglesia, donde el profeta indica que los cristianos deben mantenerse firmes contra el Estado romano que aparece en Ap 13 como bestia satánica, sometida al Dragón, que surge del fondo del caos (en la línea de Dn 7), pero no con medios militares y políticos, sino a través de una resistencia testimonial, que se expresa y concreta en el martirio.

El Apocalipsis nos pone ante un Estado que quiere poderes absolutos y que, al hacerlo, se enfrenta con el reino de Jesús, viniendo a presentarse como Bestia satánica. El mal del Estado está en desbordar sus límites, queriendo exigir aquello que sólo Dios puede exigir a los hombres (a los creyentes). En tiempos del NT ese poder era el Imperio de Roma. En estos tiempos será un Estado que quiera un control absoluto sobre las conciencias o personas (un Estado dictatorial, racista...). Tan pronto como un Estado ocupa así el lugar de Cristo se vuelve satánico. En esa línea, Cullmann cree que el Estado realiza una función social (y cultural) que es positiva, pero debe mantenerse dentro de sus límites, sin divinizarse a sí mismo.

En esa línea, Pablo pide a los cristianos (1 Cor, 6, 1ss) que, en cuanto creyentes, superen el plano y los medio de juicio del Estado, de manera que no le rechazan de un modo militar, pero que tampoco quieran someterse al juicio (control) de sus poderes. Por eso, si surgen entre ellos disensiones y discordias deberán solucionarlas dentro de la misma Iglesia, pues su justicia y hermandad han de hallarse por encima de todo lo que puedan ofrecer los tribunales del Estado. Según eso, Pablo no condena el orden del Estado, pero lo toma como una realidad subordinada. Los cristianos que buscan ya el Reino verdadero no pueden quedar sometidos a las normas limitadas, imperfectas, caducas de este mundo viejo[18].

Jesús y el Nuevo Testamento acepten, en su plano, la realidad y función del Estado. Ciertamente, ellos han condenando los intentos de dominio de un Estado absoluto que tiene pretensiones mesiánicas o quiere ser el juez definitivo sobre las conciencias. Pero, al mismo tiempo, ellos han admitido las competencias, limitadas pero verdaderas, del Estado sobre todos sus súbditos y, en especial, sobre los cristianos. En ese contexto se entiende la sentencia de Jesús: Dad al César lo que es del César y a Dios lo que es de Dios (Mc 12, 17 y par.). Ella no quiere trazar un paralelo entre Dios y el César, pues se mueven en planos muy distintos: De Dios es lo que existe en cielo y tierra; al César se le debe solamente el dinero (denario del tributo). Por eso, el cristiano debe un «tributo» al Estado (debe contribuir a su mantenimiento y al despliegue de su función), pero sabe que hay cosas que pertenecen a Dios y sólo a él pueden darse.

La tarea del Estado aparece de forma aún más clara en Rom 13, 1ss. «Cada uno se someta a los poderes superiores; no hay poder que de Dios no proceda, y los que existen han sido fundados por Él». Cullmann advierte que este pasaje ha sido muchas veces mal utilizado: Cada vez que un Estado absoluto pide obediencia "absoluta" a los súbditos cristianos a partir de este pasaje falsea su sentido. Pablo sabe que el Estado tiene un valor (en su plano), pero

---

[18] *Der Staat*, 5ss.; *Jesus und die R.*, 14ss.; *Vorträge*, 294ss. Cullmann analiza en *Der Staat*, 53-62 el sentido y función de la *segunda bestia* (Ap 13, 11ss.), que habla en nombre del Estado, precisando los puntos de contacto entre el imperio romano y los modernos estados absolutos, reflexionando también sobre el valor del número 666 (el César es Dios).

no se guía por principios cristianos, ni responde al Evangelio: En vez de amar y perdonar como han de hacer los cristianos (cf. Rom 12, 14ss.), el Estado actúa en un plano de venganza, utilizando la violencia y el castigo (Rom 13, 4.7). A pesar de ello, Pablo piensa que el Estado se incluye en el orden de Dios para este mundo, de forma que, mientras espera el nuevo reino de Dios, el cristiano debe someterse a los poderes del Estado (a no ser que vayan en contra del Evangelio)[19].

Cullmann no dice si los cristianos pueden colaborar en el cambio de estructuras o formas de gobierno de un Estado, ni a favor ni en contra de los movimientos revolucionarios, sino sólo que el Estado como tal, de un modo u otro, forma parte del orden que Dios ha establecido. Ciertamente, el cristiano vive ya, como creyente, en un Reino más alto (en esperanza), pero como miembro de un Estado de este mundo antiguo, sigue sometido a los poderes de la carne, encerrado en el pecado. Por eso él presenta la postura del cristiano ante el Estado de un modo dialéctico. Hay que aceptar el Estado, pues forma parte del orden de Dios. Hay que mantenerse vigilantes, no sea que el Estado se extralimite, se eleve contra Dios y nos exija algo que es pecado[20].

El cristiano debe aceptar al Estado, aunque sea un estado pagano, siempre que no pida cosas que son contrarias al evangelio. En esa línea, Cullmann añade que el Estado como tal nunca puede llamarse cristiano, porque es algo que pasa, con la misma figura de este mundo. Las leyes del Estado se sitúan en la línea de la ira y del castigo, del dominio y de la fuerza. A pesar de ello, el cristiano debe aceptarlas... como acepta otras normas de este mundo, mientras se dirige hacia la resurrección final. Pero allí donde el Estado se toma como un dios y quiere someterlo todo, el cristiano no puede compartir su injusticia, ni obedecer sus leyes[21].

---

[19] *Der Staat*, 40-41.
[20] *Der Staat*, 40ss.
[21] Esta presentación del Estado es en principio buena, aunque podría precisarse de los *poderes* (*exousiai*) de Rom 13, 1, como «espíritus del cosmos», sometidos por Cristo (y el hecho de que todo Rom 13, 1-7 parece una "glosa" posterior,

Mirada desde la perspectiva actual (tras los aportes de una Teología Política más comprometida con el cambio de la historia), esta visión de Cullmann parece restrictiva. Da la impresión de que él supone que existe un "Estado en sí", con sus funciones ya determinadas, y que los cristianos deben aceptarlo. No ha planteado el tema positivo del posible "cambio del Estado", desde una perspectiva cristiana de libertad y de liberación. En esa línea, su propuesta teológica ha quedado "truncada" y debería ser recreada, en diálogo (por ejemplo) con la Teología de la Liberación, en un tiempo en que estamos descubriendo con más nitidez los poderes satánicos de un tipo de economía que destruye a las personas (año 2013). No se trata sólo de mantener al Estado en sus "límites", como quería Cullmann, sino de poder transformarlo en línea de justicia, creando quizá formas nuevas de economía y administración, al servicio de la justicia. Sea como fuere, en esta línea, el pensamiento histórico Cullmann abre un fecundo campo de reflexión para la teología cristiana posterior.

*c) Meta de la salvación: cumplimiento, no salida de la historia*

Conforme a una visión platónica del tiempo no se puede hablar de una meta a la que pueda tender la vida de los hombres,

---

que interpreta de forma parcial y partidista la tradición original de Pablo). Cf. *Christus*, 174ss.; *Christ*, 137ss.; *Der Staat*, 37ss. y 68ss. El judaísmo precristiano había elaborado una compleja teoría sobre ángeles o espíritus, que regían los destinos de imperios y naciones, manteniendo sometidos a los hombres y a los pueblos. Pablo dice que Cristo ha venido a liberarnos de esas fuerzas: Ha destruido su poder, las ha vencido (Flp 2, 10; 1 Cor 2, 8; 1 Cor 6, 3, etc.). Sin embargo, mientras sigue el mundo, vencidas y todo, esas fuerzas poseen cierto mando, y actúan como servidoras de Dios, aunque pueden volverse satánicas y ocupar el lugar divino (de manera que debemos oponernos a ellas. Sobre esos poderes, cf. W. Wink, *Naming the Powers*, Fortress, Philadelphia 1984: *Unmasking the Powers*, Fortress, Philadelphia 1986; *Engaging the Powers*, Fortress, Minneapolis 1992; *The Powers That Be*, Doubleday, New York 1998. Este tema del cristiano y la política ha sido reelaborado de forma poderosa tras Cullmann, en perspectiva protestante y católica, y de un modo especial por la Teología de la Liberación. Es evidente que sus análisis han de ser precisados, como he puesto de relieve en *Violencia y religión en la historia de occidente*, Tirant, Valencia 2005, y en *La historia de Jesús*, Verbo Divino, Estella 2013.

pues no existe propiamente historia ni futuro. Por un lado, todo se mantiene inmerso en el ciclo del eterno retorno de la naturaleza. Por otro lado, el alma inmortal puede librarse del cuerpo (de los ciclos del mundo) tras su muerte: Si al llegar la muerte se encuentra internamente libre, si está purificada, ella podrá permanecer para siempre en lo divino, perfecta en sí misma y eterna, contemplando la verdad suprema[22].

*a) Visión cristiana del tiempo.* El cristianismo no ha sido en su principio, ni puede ser hoy (ni en el futuro), un platonismo para el pueblo, como afirmaba F. Nietzsche (Prólogo a *Más allá del bien y del mal,* 1886), sino una experiencia y tarea histórica. No es un platonismo, pues no saca al hombre de la historia, para liberarle de un modo ideal en lo eterno. Pero tampoco es una confesión del eterno retorno del poder en la historia, como quería el mismo Nietzsche, sino un compromiso salvador por (y en) la historia.

Cullmann nos sitúa de esa forma ante la tarea de la historia, que se abre (como historia, no por encima o fuera de ella) hacia la culminación escatológica. El creyente sabe que el «justo» vivirá tras la muerte, no porque tenga un alma inmortal, sino por la gracia y vida que recibe por Jesús, pues resucita con él, al fin de los tiempos. Esa resurrección supone el cambio radical del cosmos, la nueva creatura. Por eso sólo podrá acontecer cuando llegue la meta de la historia, no para negarla, sino para culminarla. Al afirmar que los hombres resucitan sólo «como historia» (por la historia, en su culminación), Cullmann ha puesto todo el peso de su argumento en la fidelidad a la misma historia.

— *El hombre no es inmortal por esencia.* Por eso, la vida en el tiempo no es un «paso pasajero», un «tiempo menor», que debe superarse alcanzando la liberación definitiva (saliendo de la historia). Por su parte, muerte no puede tomarse como liberación del alma inmortal, que sale del tiempo para descubrir su realidad eterna, sino que expresa la dureza y exigencia del tiempo para los hombres. Al sentirla cerca, los hombres se angustian, pues tienen miedo de per-

---

[22] *Unsterblichkeit,* 23ss.; *Vorträge,* 403ss.

der la vida. La muerte es poderosa y sólo Dios puede vencerla, pero no sacando a los hombres de la historia, sino haciendo que la historia (el mismo tiempo, el cuerpo) culmine en la resurrección.

– *Los hombres no tienen esencia doble (alma y cuerpo),* en la línea en que parece haberse situado el platonismo. El Nuevo Testamento sólo conoce al hombre como unidad radical: Todo el hombre está perdido, en pecado y muerte; el hombre entero recibe la corona de la vida. Por eso ya no sirve la vieja distinción que separa, de modo ontológico, el alma (inmortal) del cuerpo (corruptible), sino que debemos distinguir entre el hombre carnal que habita en el plano del pecado y sufre la condena de la muerte, y el hombre espiritual que ha recibido de Cristo la vida que no acaba. Viviendo en un nivel de «carne», el hombre puede morir y destruirse para siempre, sin resurrección personal. Pero viviendo un nivel de «espíritu» (impulsado por la gracia de Dios), el hombre puede «resucitar» de un modo personal, con los demás vivientes, en la culminación de la historia.

– *A través de su entrega hasta la muerte, por su fidelidad a Dios, Jesús ha vencido a la muerte.* En ese contexto se sitúa su función de Siervo de Dios y Sacerdote, que muere por lo demás (por el Reino de Dios), de un modo total, en su dimensión visible e invisible, interna y externa, en cuerpo y alma (por utilizar el lenguaje tradicional de la escolástica), introduciéndose de esa manera en la historia fuerte y conflictiva de los hombres. Pues bien, de esa manera ha obtenido por Dios una vida que es superior a la muerte, y Dios le ha resucitado, iniciando en él la transformación (culminación) de la historia o, mejor dicho, introduciendo su historia divina de vida en la historia de muerte de los hombres, para así transformarla. No existe, pues, inmortalidad del alma (por su naturaleza, el hombre es mortal, no es Dios eterno), pero puede haber y hay, por gracia de Dios, resurrección de los muertos[23].

Esta resurrección no es una experiencia puramente existencial, como suponía Bultmann y otros muchos cristianos de tendencia

---

[23] *Unsterblischkeit,* 20-21, 24, 28-29, 36-38.

más cercana a la gnosis, que no admiten un tipo de resurrección social y cósmica, al fin de los tiempos. En contra de eso, Cullmann concibe la historia de una forma temporal y social. Por eso, la resurrección no puede ser solamente un acontecimiento interior, sino una recreación social y total de la misma vida. En esa línea, la resurrección «intra-histórica» de Jesús, debe expresarse y culminar en la resurrección final de todos los muertos en Cristo, en la culminación de los tiempos (esto es, como fin de la misma historia).

— *Bultmann supone que la resurrección es un acontecimiento personal*, una experiencia que se produce ya en la vida de los creyentes, en este mundo. ¿Cómo vivirán ellos tras la muerte corporal? Bultmann no puede responder, pues hacerlo sería caer (a su juicio) en un objetivismo, situándose más allá de los límites del auténtico contacto existencial cristiano. Conocemos la vida eterna que Cristo nos ha dado; la conocemos y la tenemos ya, por gracia, en este mundo. ¿Qué vendrá después? No sabemos. Sólo podemos afirmar que hay Dios, y que en él (por la Palabra y en ella) viven los creyentes, que han sido ya transformados en este mundo, sabiendo que su vida no cesará, pues viven ya en un nivel de salvación definitiva[24].

— *Cullmann interpreta la resurrección desde su visión de la historia*. A través de la muerte, los creyentes no dejan el tiempo, para introducirse en la eternidad divina, sino que se abren por (tras) la muerte, unidos a Jesús, hacia la plenitud final del tiempo, tendiendo así a la culminación de la historia, que está vinculada a la pascua del mismo Jesús. La resurrección será el cumplimiento definitivo del «ya» de la salvación. Por eso (a diferencia de lo que sucede en Jesús, de quien se puede afirmar que ha resucitado «ya», de un modo misterioso, como anticipo del fin de los tiempos), los creyentes (los salvados) que mueren en Cristo no resucitan tras la muerte, sino que lo harán al final de los tiempos.

---

[24] La salvación (resurrección) ha comenzado ya, de manera que no es necesaria, ni posible, una segunda venida de Cristo, pues él está ya presente en los que creen, como han afirmado Pablo y Juan en el Nuevo Testamento. En ese sentido, la «Segunda Venida» de Jesús, de forma gloriosa, como juez final, no es más que una imagen que sirve para expresar la venida incesante de Cristo que no deja de estar en los creyentes.

*b) Final del tiempo. Una resurrección cósmica.* En un sentido, Cullmann sabe que la resurrección ha comenzado a expresarse (a realizarse) *ya* por Cristo en la vida de los creyentes, pero sólo de un modo interior y cúltico, en medio de la lucha de la vida: Siguiendo en este mundo, los creyentes anticipan y celebra ya la resurrección de la vida, entendida como culminación de la historia (no como salida de ella). En esa línea, la verdadera resurrección de los muertos sólo acontecerá, como saben los credos de la Iglesia más antigua, al fin de los tiempos.

Según eso, hasta la resurrección final, los mismos creyentes muertos continúan en estado de esperanza, en una historia que no ha culminado y que lo hará solamente cuando se realice la «resurrección de la carne» (vinculada a la encarnación de Jesús). Sólo cuando los muertos resuciten habrá resurrección plena, habrá salvación completa, llegará la culminación:

> Esto significa que la transformación del cuerpo (resurrección) no se realiza inmediatamente tras la muerte individual. También aquí debemos procurar no acomodarnos a las concepciones griegas[25].

Hasta la Resurrección final, los muertos siguen inmersos en un tipo de muerte. No es que vuelvan a la nada para ser recreados el día último, sino que tienen un tipo de «vida expectante», vinculada a la totalidad del cosmos, esperando la manifestación final de los hijos de Dios (cf. Rom 13), en una especie de "purgatorio", pero no entendido en forma de castigo, sino de transformación abierta (dirigida) a la culminación escatológica. No conocemos en detalle lo que implica esa situación (un «estado intermedio» entre este mundo y el Reino final), pero pueden iluminarla ciertas imágenes del Antiguo Testamento donde se afirma que los muertos se mantienen como en un *sheol*, a lo largo de un tiempo de espera, hasta la intervención final de Dios.

---

[25] *Unsterblichkeit*, 53, Cullmann cree que la fuerza del Espíritu prepara ya en este mundo los cuerpos de los creyentes y los va transformando, poniendo en camino hacia la resurrección. Cfr. *Vorträge*, 407-411. Cf. *Christus*, 56ss., 70; *Christ*, 32ss., 36.

En ese sentido, simbólicamente, según Cullmann, los que han muerto en Cristo viven, de manera que podemos situarlos en el seno de Abraham (cf. Lc 16, 22-23) o bajo el altar de Jesús, protegidos por su entrega salvadora, hasta que llegue el final de los tiempos (cf. Ap 6, 9-11). Éstas no son más que imágenes, pues el NT no ha querido decirnos nada sobre el tema en un sentido doctrinal abstracto; pero ellas muestran que los difuntos descansan en la paz de Dios, en gesto de confianza abierto hacia la plenitud de la historia, pues Cristo ha vencido a la muerte, y en esa línea se dice que duermen, llenos del Espíritu, hasta que el mismo Cristo les despierte, para la resurrección final, como ha creído y confesado la Iglesia antigua (cf. Juan XXII, 1316-1324), hasta que Benedicto XII (1324-1342) decretó que las «almas» de los justos muertos gozaban ya de la visión beatífica, antes de la resurrección final. Éste ha sido pues un tema discutido en las iglesias[26].

Es normal que Cullmann, que se opone a la visión del alma como «eterna» y del tiempo como estado inferior de la existencia, afirme que sólo puede existir salvación verdadera para los cristianos cuando el tiempo llegue a su final, con la resurrección de los muertos en Cristo y el cumplimiento de la historia. A pesar de ello, el sabe y confiesa que la muerte no puede ser para los justos un tiempo de abandono y lejanía, de soledad y llanto, hasta la resurrección final. Según eso, él afirma que ellos pueden recibir el nombre de felices, aunque todavía no haya culminado su historia, no hayan resucitado. La muerte no les separa de Dios, porque están ya con Cristo.

Los que han muerto en Cristo mantienen el don de Dios, pero se encuentran todavía en estado de esperanza, no viven en plenitud, pues la historia de la salvación no ha culminado todavía. Son de algún modo felices, y sin embargo, viven de un modo incompleto. Les falta el cuerpo, son seres que no han culminado su camino. Cuando el NT dice que los muertos duermen parece indicar que poseen una conciencia del tiempo distinta de la nuestra; su sueño

---

[26] Para una visión «católica» del tema, cf. J. *Ratzinger, Escatología, Herder*, Barcelona 1984.

## 2. Elementos de la salvación | 287

podría ser expresión de una esperanza más profunda y verdadera que la vida de vigilia de los hombres de este mundo.

Nosotros esperamos, y esperan los muertos. Ciertamente, el ritmo de espera es distinto para ellos y nosotros y pudiera suceder que de ese modo su tiempo intermedio se hiciera más corto[27].

Conforme a la dinámica de la historia de la salvación, el camino de la humanidad (de toda la creación) culminará en la segunda venida del Señor, cuando el mundo sea plenamente redimido y se cumpla en el mundo la "historia de Dios", es decir, su designio salvador. La salvación no consiste, por tanto, en salir de la historia y llegar a la eternidad más alta, sino en cumplir y culminar el proceso de la encarnación de Dios en la historia. La misma creación queda así asumida y cumplida (culminada) en la resurrección:

> Según el Nuevo Testamento, todo está incluido en el proceso creador (salvador) del que Cristo es la fuerza impelente y el centro. Todo, creación, redención y esperanza de los hombres... se funda en la muerte de Cristo. El cumplimiento (definitivo) implica el nacimiento de un cielo nuevo y de una nueva tierra (2 Pe 3, 13). Por eso, Cristo debe volver sobre la tierra. El acontecimiento definitivo se realizará sobre la tierra, como sucedió por vez primera en tiempo de Poncio Pilato; la misma materia será entonces recreada[28].

En ese contexto solemos hablar de una «vuelta» de Jesús, aunque sólo el evangelio de Juan dice que él volverá (Jn 14, 18; cf. Ap 22, 12). Pero lo que importa no es el término (vuelta, segunda venida), sino la certeza de la culminación de la obra de Cristo, cuya fuerza y poder se harán visibles en el mismo plano externo del cosmos:

> El acontecimiento final consiste auténticamente en esto: El cosmos será recreado; cambiará de modo pleno el marco externo de este mundo... Todo el cosmos tiene que ser recreado y lo será por medio del poder de la resurrección, por la fuerza

---

[27] *Unsterblichkeit*, 62. *Vorträge*, 386ss.
[28] *Vorträge*, 384-5.

creadora del espíritu. Entonces la fuerza enemiga –el pecado y la muerte– no será solamente vencida o atada; dejará de existir, nunca más se hará presente...[29].

Conforme a la visión de Bultmann, la segunda venida de Cristo (con la transformación del cosmos) era un signo externo que debía interpretarse en sentido interior, espiritual. Cullmann, en cambio, está convencido de la culminación física y social (histórica y cósmica) de la obra de Jesús. Su teología no es simplemente espiritual, sino abierta a la transformación del mismo mundo, que recibirá por Cristo una nueva forma de ser, definida por la resurrección del mismo cuerpo:

> No se ha realizado la transformación del cuerpo porque todavía no ha llegado la nueva creación del cosmos. La nueva corporalidad incorruptible es tan necesaria como la redención de todo el cosmos, liberado de la corrupción, del pecado y de la muerte... Nosotros no seremos liberados del cuerpo, sino del poder mortal de la carne... Por eso, los apocalipsis judeo-cristianos, sitúan en primer plano la transformación cósmica[30].

La resurrección del cuerpo constituye un elemento clave de la nueva creación del mundo. Por eso, la esperanza cristiana no se centra sólo en la suerte de cada hombre, sino en la meta de toda la humanidad, de la creación en su conjunto. La resurrección tiene, por tanto, un aspecto cosmológico (es decir, afecta al mundo entero); pero se dirige, sobre todo, a la vida de los hombres, que son el centro de la creación (el sentido y realidad más honda del mismo mundo). Se vinculan así los diversos niveles de la realidad (cósmico, humano, religioso...), centrándose en Cristo resucitado en la acción del Espíritu de Dios que llena el mundo y lo transforma. El hombre será así, por fin, centro y sentido de todo el cosmos, conforme a la dinámica de Cristo, el primero de los vivientes, primogénito de los muertos.

---

[29] *Vorträge*, 463.
[30] *Vorträge*, 464.

Jesucristo convertirá nuestro cuerpo de bajeza en el cuerpo de su propia gloria... Los primeros cristianos representaban esa gloria como una suerte de materia luminosa; pero eso era sólo una imagen imperfecta. Nuestra lengua no puede expresar (lo que seremos) con palabra alguna[31].

Éstos son algunos rasgos básicos de la resurrección, entendida como plenitud de la historia de la salvación. En ese contexto queremos indicar, ante todo, que Cullmann ha destacado algunos aspectos auténticamente cristianos de la escatología: Distingue entre la simple inmortalidad y la nueva vida –resurrección– que ofrece Cristo; señala que la gloria no existe para el hombre individual, aislado de los otros, sino que implica una nueva sociedad, una «iglesia» nueva. Finalmente, Cullmann acentúa el valor y la importancia de las bases cósmicas del hombre; por eso habla de la transformación del mundo. De esta forma resuelve algunos puntos oscuros de la Escolástica medieval que, a partir de Benedicto XII, hablaba de una visión beatífica de las almas, sin necesidad de resurrección de los cuerpos, y del mismo Bultmann (que ponía de relieve el sentido existencial de la resurrección, sin transformación final del cosmos y de la historia de los hombres).

Sin embargo, la misma propuesta de Cullmann deja abiertos algunos interrogantes, sobre todo en su forma de entender al hombre. La escolástica medieval tendía a separar alma y cuerpo y por eso podía hablar de una glorificación (visión beatífica) de las almas salvadas, tras la muerte, antes de la resurrección final del cuerpo. Bultmann, por su parte, afirmaba que el creyente vive ya de un modo anticipado en la gloria de la resurrección, de un modo existencial (en una línea que Cullmann tiende a comparar a la gnosis, pues deja a un lado al cuerpo material).

Pues bien, en contra de esas visiones que pueden ser más lógicas en un sentido teórico (el dualismo medieval entre alma y cuerpo, el existencialismo intimista de Bultmann), Cullmann aboga por la unidad físico-anímica del hombre (de manera que no

---

[31] *Unsterblichkeit*, 51.

puede haber salvación sin un tipo de resurrección) y por la culminación histórico-comunitaria de la vida humana. A su juicio, no hay hombre sin expresión comunitaria (no tiene sentido hablar de una resurrección puramente individual) y sin inmersión histórica (no puede haber resurrección de un hombre sin resurrección de toda la historia).

El hombre sólo encuentra y despliega su identidad en cuanto asume el pasado y anticipa el futuro. Eso significa que no puede haber salvación (plenitud) humana sin resurrección total de la historia. Eso significa que el «alma» (es decir, la identidad de la persona cristiana) tiene una dimensión cósmica e histórica. Con la «resurrección de los muertos» resucita en mí todo el pasado de la historia que de alguna forma ha culminado en mi vida. No puede haber resurrección verdadera sin vinculación a todo el cosmos, al desarrollo de la historia entera.

Al presentar de esa manera el tema de la culminación del cosmos y de la historia, Cullmann nos sitúa ante unos temas que habían sido planteados también, desde perspectivas distintas, por autores como Teilhard de Chardin y los filósofo-teólogos de la teoría del «proceso», de los que he tratado al comienzo de este capítulo. Nos sitúa también ante temas que han sido evocados después por G. Theissen, en otra perspectiva. Se trata de temas que han sido menos estudiados entre los teólogos europeos, quizá demasiado centrados en el aspecto existencial y/o meramente político de la fe, pero que siguen siendo fundamentales para entender el cristianismo.

En esa línea, la aportación de O. Cullmann sigue siendo grande (y merece ser retomada en nuestro tiempo), pero quedan pendientes o menos claros otros temas como: ¿Cuál es el valor ontológico del hombre que ha muerto y pervive como en un sueño, que entidad tiene, cómo puede entenderse su "purgatorio" o prueba hasta que llegue la salvación definitiva? ¿Qué es en el fondo el cuerpo, es sólo una especie de «Palabra» encarnada de Dios, como en Cristo, o tiene una entidad real fuera de la Palabra? ¿Cómo se distingue el cuerpo-vida individual de la vida social y cósmica?

¿Qué tienen de cuerpo los «muertos» en Cristo antes de la resurrección final? ¿Puede hablarse en ese «tiempo intermedio» de una especie de corporalidad distinta? Es evidente que la propuesta de Cullmann, que por otra parte es muy sugestiva (muy cercana a la Biblia), plantea preguntas y abre caminos de reflexión que deberán seguirse recorriendo[32].

---

[32] Para un estudio de la propuesta de Cullmann, cf. J. Körner, *Eschatologie*, 66ss (se refiere a un *hegelianismo* de Cullmann); K. G. Steck, *Die Idee der Heilsgeschichte. Hofmann. Schlatter. Cullmann*, Zöllikon V., Zürich 1959 (Cullmann hipertrofia la historia); E. Schweizer, Recensión en ThLZ 92 (1967) 904ss; L. Bini, *L'Intervento*, 185, 208, 255, 301ss; J. Frisque, *O. Cullmann*, 215, 232ss.

# V

# UNA PUERTA ABIERTA
## HERMENÉUTICA E HISTORIA

He venido desarrollando algunos aspectos fundamentales del proyecto teológico de Cullmann, a partir de su vida (cap 1). Me he fijado de un modo especial en sus tres libros fundamentales: *Cristo y el Tiempo* (cap. 2), *Cristología del NT* (cap. 3) y *La salvación como historia* (cap. 4), y de esa forma he presentado su visión del tiempo (historia de la salvación), su cristología y su experiencia de la vida cristiana, culminando en la escatología. Con eso podría haber terminado mi libro sobre su figura y pensamiento. Pero he querido añadir un capítulo final sobre la exégesis bíblica, retomando y concluyendo los motivos básicos del capítulo primero, dejando así una puerta abierta para el estudio y desarrollo posterior de su proyecto.

En esa línea recojo y sistematizo lo que he venido diciendo, para ofrecer una visión sintética de su trayectoria, que, en contra de su aparente deseo (no quería ser filósofo, sino simple lector de la Biblia), he querido presentar como una hermenéutica teológica, en el sentido fuerte del término. He venido hablando (cap. 2, apartado 4) de una hermenéutica teísta de la historia, como si la historia fuera lo primero y Dios su principio de comprensión. Ahora invierto y completo la fórmula, hablando de una hermenéutica histórica de Dios, colocando a Dios en el principio, para entender la historia como su expansión y comprensión.

Esta parte servirá de conclusión y compendio del libro, y la divide en dos capítulos. (a) Vuelvo a situarme allí donde había comenzado el libro, *releyendo el intento teológico de Cullmann a la luz de Bultmann*, a quien él quiso retomar, responder y superar, tanto en un nivel de exégesis como de comprensión de la realidad (a través de una hermenéutica histórica). En ese contexto me ocupo de los diversos niveles del pensamiento de Cullmann, desde una perspectiva de exégesis, filosofía y teología. (b) En un segundo momento, a modo de culminación teórica de todo lo anterior, he querido trazar *un triángulo hermenéutico,* comparando y completando las visiones de Barth, Bultmann y Cullmann, a fin de que esta libro pueda presentarse como una visión de conjunto (y una recreación) de la teología protestante (cristiana) del siglo XX.

# 9. Volver al principio, en diálogo con Bultmann

El primer trabajo publicado de Cullmann, que sólo contaba entonces veintitrés años, estuvo dedicado al estudio de la tradición evangélica (*Les récentes études sur la formation de la tradition évangélique*, 1925), dominada por la figura de Bultmann, con quien él siguió dialogando con pasión, antes y después del año 1946, cuando publicó su obra clave (*Cristo y el tiempo*), presentando su alternativa a la visión existencial del cristianismo.

Por eso, a fin de comprender su pensamiento, he querido destacar su fuerte diálogo con Bultmann (y también con K. Barth). Pienso que, en general, los discípulos de Bultmann (y gran parte de las obras académicas sobre la historia de la exégesis y la teología en el siglo XX) han silenciado ese debate, como si Cullmann no hubiera sido un adversario digno, como si el diálogo con él fuera secundario, como si el estudio del evangelio (la salvación) como historia no mereciera la pena. En contra de eso, pienso que fue una gran disputa, que merece recogerse y recordarse con cuidado. Sigue siendo importante el tema de la transcendencia de Dios (Barth) y su experiencia en la vida de los hombres (Bultmann). Pero hoy sabemos que el tema central, quizá el más importante de la teología del futuro, es la historia (no el mito, ni el dogma intemporal)[1].

---

[1] Retomo así y planteo en otra perspectiva los temas básicos del proyecto teológico de Bultmann, tal como los he desarrollado en *El Pensamiento de R. Bultmann*, Clie, Terrasa 2014, obra que puede (debe) leerse como un complemento de ésta.

## 1. El logos de la historia

En un momento clave de su elaboración teológica, al enfrentarse con un tipo de judaísmo centrado en la ley "que se hace" y con un helenismo de la sabiduría, san Pablo ha interpretado la nueva experiencia cristiana a partir del *logos de la Cruz* (1 Cor 1, 18-25), entendido como expresión de auténtica sabiduría y fuerza creadora de Dios. En esa línea pienso que debemos entender el proyecto de Cullmann como intento de entender y expresar (explicitar) el "logos" de la historia, entendida como acontecimiento y palabra.

Debemos recordar que según la Biblia, el "logos" es "dabar", palabra-acción, es decir, acontecimiento con sentido y consecuencias para los creyentes. En ese sentido lo ha entendido Cullmann como historia, como una línea de acontecimientos-personas que marcan y posibilitan el sentido de la vida específicamente humana para los hombres y mujeres, ofreciéndoles un espacio y camino de salvación. Cullmann ha distinguido en esa línea la historia del mito, insistiendo en la necesidad de una hermenéutica específica de la historia.

### a) Historia frente a mito

Como reacción frente a un idealismo anterior (que convertía a Jesús en puro signo del avance moral de la humanidad) y frente a un objetivismo (que parecía buscar a Dios en sí, fuera de su influjo en la vida de los hombres), Bultmann había querido expresar su lectura de la Biblia y su propio pensamiento en claves de experiencia existencial, esto es, desde el reflejo de la Palabra de Jesús en la vida humana. Ciertamente, él quería poner de relieve el aporte novedoso del evangelio, destacando así el «escándalo de la Cruz», pero lo situaba en un nivel existencial.

Pues bien, O. Cullmann, discípulo aventajado, respondió al desafío de Bultmann y quiso situar a Jesús en un nivel básico de historia (que incluye el aspecto existencial, pero lo desborda). En ese sentido, él afirma que sólo se puede hablar de una "existencia auténtica" (en la línea de Bultmann) allí donde la historia ofrece unas condiciones en las que pueda desarrollarse la existencia (de un modo auténtico, libre, creador). En esa misma línea, él añade que sólo se puede hablar de "libertad" (de vida auténtica) allí donde surgen y se ofrecen una condiciones históricas que la hagan posible (como ha sabido y ha dicho después la "teología de la liberación"). En este contexto ha replanteado el tema del mito y de la desmitologización, oponiéndose a Bultmann:

– Para *Bultmann* el escándalo se centra y despliega en la Palabra de la Cruz de Jesús, entendida como juicio de Dios y como llamada a la autenticidad. Dios mismo se revela y expresa a través de esa palabra, haciéndonos capaces de superar un tipo de vida alienada (objetivada) en el mundo, para descubrir nuestra verdad, es decir, nuestra existencia auténtica. Al ofrecernos su mensaje por Jesús, que es su Palabra, Dios se manifiesta en su verdad como divino, revelando y potenciando nuestra verdad existencial, escatológica (es decir, definitiva, sobre el puro tiempo de este mundo).

Éste es el contenido de la Biblia, que sólo puede entenderse como Palabra dirigida a los creyentes. Todos los restantes datos, con los hechos que pasaron o vendrán a realizarse, los antiguos simbolismos sobre el origen y la meta de las cosas, son simple mito, entorno que sirve para resaltar el mensaje de la Palabra de la Cruz de Cristo. La Biblia queda de esa forma despojada de su contenido objetivista (cósmico) y de su componente histórico, para convertirse en puro «libro existencial», una especie de texto de autoayuda salvadora. Da la impresión de que las "condiciones" históricas no importan; cada hombre o mujer se encuentra aislado, separado ante el misterio.

– Para *Cullmann* el escándalo de la Biblia se centra también en la Palabra de la Cruz, pero entendida en forma histórica, es decir, vinculada no sólo a los creyentes que la acogen, sino a la vida de Jesús, con sus raíces en el tiempo de Israel y su expansión en el futuro de la Iglesia (hasta la resurrección final de los muertos). La Biblia no implica (o suscita) un simple escándalo existencial, como en Bultmann (un cambio interior, en los creyentes), sino que supone que hay un escándalo o crisis anterior, que se vincula con la misma historia humana, centrada para los creyentes en la Cruz de Jesús, como cumplimiento paradójico pero real de la experiencia israelita.

Allí donde parecía que el Mesías debería triunfar y dominar a los adversarios, Cristo, enviado de Dios, fue externamente vencido y crucificado por los poderes dominantes (sacerdotes de Jerusalén, gobernador romano). En ese escándalo se centra la historia de la salvación, la locura de la Cruz donde los hombres descubren que no pueden salvarse por sí mismos, pero que Dios les salva en Cristo, al aceptar su muerte y al resucitarle, para iniciar así la etapa final de la historia, en un mundo en el importa mucho el contexto histórico y social. No se puede hablar de salvación fuera de la historia, es decir, fuera del contexto social, no sólo en línea de Antiguo, sino también de Nuevo Testamento. La salvación no es una simple experiencia individual, existencial, sino que está vinculada con un despliegue histórico de la vida, de la humanidad.

Ciertamente, también Cullmann afirmaba que la Biblia contiene textos «míticos» o, quizá mejor, simbólicos, que no deben entenderse de un modo literal, ni tampoco de manera simplemente existencial (como quería Bultmann), pero ellos deben ser entendidos y asumidos como expresión del origen y meta de la historia, superando el nivel de un racionalismo existencial. El tema primero de la Biblia no es mi identidad existencial, sino la historia real de la salvación, iniciada de un modo positivo en el Antiguo Testamento, y centrada de una forma real en Cristo. En esa línea, en el comienzo y meta de esa historia presenta la Biblia unos textos y signos de carácter mítico (simbólico), que sirven para encuadrar y simbolizar la hondura y sentido de la historia de la salvación o, mejor dicho, de la Salvación entendida como Historia (no para negarla, sino para hacerla posible).

Según eso, cuando un texto de la Biblia se refiere a temas o signos que no pueden controlarse (precisarse) por la ciencia, Cullmann prefiere hablar de «profecía»; le parece mejor esa palabra; no le gusta hablar de «mito», pues dar la impresión de que se trata de una mentira o un engaño. En sentido general, la profecía expresa una visión creyente del sentido y transcurso de la historia, que no va en contra de la ciencia, pero la desborda. Algunos de sus momentos los puede constatar la ciencia (como diversos aspectos de la historia terrena de Israel y de la vida Jesús), pero los que marcan la trama y dirección de la Biblia escapan a sus posibilidades y no pueden comprenderse en ese plano (aquellos que tienen un sentido específicamente salvador)[2].

En sentido radical, toda la Biblia es profecía, pues habla de las etapas de la historia de la salvación, es decir, de la salvación como sentido y realidad profunda de la historia. El principio y el fin del mundo no aparecen en ella como objeto de un pensar filosófico; tampoco se pueden reducir a un dato existencial. Principio y fin del mundo son los límites –encuadre– de la historia, y reciben su sentido desde el centro que es el Cristo, no para disolverse en el puro valor de la existencia (como mito, en la línea de Bultmann), sino para expresar la amplitud y hondura de la misma historia:

> No es la historia la que debe disolverse en mito; es el mito el que está puesto al servicio de la historia... Los relatos que hablan del origen y fin de la historia, es decir, de la protohistoria y de la consumación apocalíptica, constan de mitos... Se trata de temas míticos integrados en la nueva perspectiva de la historia... Los primeros cristianos han desmitologizado ya fundamentalmente los mitos al integrarlos en la historia salvadora. No lo han hecho porque quieren asumir de esa manera la verdad sin tiempo de los mitos, sino porque pretenden más bien, ponerlos en relación con los hechos de la historia de Cristo. Los mitos están, por así decirlo, historizados, dejando de ser mito... Formando un conjunto con hechos históricamente controlables sirven para señalar el curso de la historia salvadora[3].

Para Bultmann todo aquello que actúa de forma objetiva, sin traducirse de forma directa en la vida de los hombres, es mito, y por eso ha de ser actualizado «desmitologizado», es decir, interpretado de manera existencial. Para Cullmann, mito sería aquello que no está incluido en el transcurso de la historia salvadora; por eso los

---

[2] *Christus*, 97-100; *Christ*, 68ss; *La creazione nel NT*: Protestantesimo 20 (1965) 193ss. Cf. L. Bini, *L'Intervento*, 191ss; J. Frisque, *O. Cullmann*, 57ss.
[3] *Vorträge*, 137-138. Cf. *Christus*, 99-100; *Christ*, 70-72.

relatos bíblicos sobre el origen y meta de la historia no son mito, pues pueden y deben ser «historizados», es decir, interpretados como entorno de esa historia. Una labor de ese tipo (de hermenéutica de la historia) la realizaron ya los antiguos autores sagrados, poniendo los mitos al servicio del despliegue de la salvación. En ese sentido, la Biblia ha querido reinterpretar los mitos de las religiones de su entorno, poniéndolos al servicio de la historia de la salvación[4].

*Bultmann* interpreta el mito de manera existencial, en función de los problemas interiores de los hombres; por eso, le bastaba con que el hombre o mujer, como individuo, pudiera acoger y entender la "palabra", de un modo que en el fondo resultaba aislado, cada hombre o mujer por sí mismo, separada de los otros; daba la impresión de que sólo le importaba "borrar o destruir" la nube que impide que unos hombres o mujeres puedan entenderse bien a sí mismos, desde la soledad de su propia existencia.

---

[4] Según Cullmann, los mitos se centran en el «eterno retorno»: Las realidades del mundo, sometidas a ciclos sin fin, repiten y expresan una forma de realidad superior, siempre idéntica a sí misma. El modelo del mito sería una especie de «temporalidad circular» de lo divino que se revela en el giro incesante de las cosas, sometidas de esa forma al destino. Pues bien, en contra de ese esquema, la Biblia interpreta la realidad como creación e historia, donde nada se repite, sino que todo sucede una vez, trazando un camino que lleva de la creación, por Israel (por Jesús) hacia la culminación del tiempo, en una especie de línea recta, de tipo histórico. (a) *La historia es lugar de manifestación del Dios*, que dirige los acontecimientos de la vida humana, influyendo en ellos de un modo preciso, en línea de salvación. (b) *En el centro de esa historia* han visto los judíos una alianza entre Dios y el pueblo; los cristianos, en cambio, han situado a Jesucristo. (c) *La Biblia presenta de manera simbólica el origen de la humanidad*, como supone su visión de un paraíso original (Gen 2-3) y las historias posteriores, que tratan del origen de la violencia y del surgimiento de las grandes instituciones sociales (Gen 1-11). Miradas desde fuera, esas «historias» parecen puramente míticas, pero la Biblia las ha introducido en una visión unitaria del tiempo, con su principio, su centro y su meta. (d) *También es simbólico el final de la historia*, tanto en la profecía clásica (reconciliación de humanos y animales, pacificación del cosmos: Is 2; 9, etc.) como (y sobre todo) en los textos apocalípticos (Dn, Ap) y en el mismo mensaje de Jesús (¡llega el reino de Dios!), y en la predicación de la Iglesia (cuando anuncia la resurrección de los muertos). Sobre ese telón simbólico de fondo (gran lucha final y reconciliación, victoria de Dios, mundo nuevo) se entiende e interpreta el proceso de la historia.

*Cullmann*, en cambio, entiende el mito de manera profética, vinculado al sentido de la historia. Así, leída en su conjunto, en sentido estricto, la Biblia no contiene mitos, aunque los utilice, porque los recrea, al servicio de la historia de la salvación. El argumento de la Biblia no son mitos, sino historia (narración de unos hechos) y profecía (una interpretación de esos hechos, desde el origen y fin de la historia, que han de entenderse desde Jesucristo). El verdadero problema es aquello que impide que la historia sea "espacio y tiempo de salvación".

Bultmann y Cullmann han escogido un «centro» (un punto de apoyo) para entender el mensaje de la Biblia, y en especial del Nuevo Testamento: (1) La salvación de mi existencia, es decir, la experiencia de una vida auténtica, en soledad, cada hombre o mujer en sí mismo (Bultmann); (2) la salvación como historia, o, mejor dicho, el despliegue de una historia en la pueda darse libertad y vida auténtica, una historia en la que cada hombre puede vivir de una manera liberada (Cullmann). Desde ese centro interpretan e integran el resto de la Biblia, a través de una analítica existencial o del conocimiento unitario de la historia[5].

Esa diversidad de perspectivas se traduce, por ejemplo, en la forma de entender y explicar el evangelio de Juan. (a) *Bultmann* sostiene que Juan ha desmitologizado el mensaje de Jesús y la confesión pascual de la Iglesia, centrándolo en la Palabra (de Jesús y de la Iglesia), que es signo y anuncio de la nueva realidad existencial, como verdad que nos libera del pecado y de la muerte. Juan no alude apenas al Antiguo Testamento; tampoco habla de un futuro temporal, pues la salvación se encuentra ya en el presente de los hombres que escuchan y responden al Evangelio. (b) *Cullmann*, en cambio, afirma que el evangelio de Juan (que, por otra parte, tiene semejanzas con la gnosis) ha entendido e interpretado a Jesús desde el contexto de la historia de la salvación, es decir, partiendo de la "encarnación" del Logos, que es la historia de Dios:

---

[5] Bultmann cree continuar la obra de Juan y Pablo. Cullmann se sabe en la línea de Lucas y en general de todo el Nuevo Testamento. Los dos estudian la Biblia; los dos la interpretan. Cf. Cullmann, *Heil*, 117-130; *La historia*, 153-167.

Juan ha escrito su obra de manera que aparezca clara la unión del Jesús de la historia con el Cristo. Pero Cristo es mediador de todo el plan de salvación divino, en el pasado, el presente y el futuro. Al presentar el corto espacio de tiempo en que Jesús se movió sobre la tierra se pretende mostrar la relación de aquel suceso, tan preciso, con el plan de salvación divina que se extiende por toda la amplitud del tiempo[6].

Cullmann supone que el punto de partida y la línea directriz que unifica el evangelio de Juan es el intento de vincular la vida de Jesús con los hechos, anteriores y siguientes, de la historia de la salvación. El evangelio de san Juan es a la vez historia y símbolo. Es historia, y narra aquello que ha sucedido en Jesús. Es símbolo, pues ella se está refiriendo sin cesar al pasado de Israel, al presente de la Iglesia y al futuro escatológico. Bultmann y Cullmann parten, según eso, de presupuestos distintos y desarrollan así unas líneas hermenéuticas propias de cada uno.

La verdadera realidad es para Bultmann la existencia humana, en sentido individual: Cada ser humano, como expresión y presencia de Dios que se revela en Jesús. Para Cullmann, en cambio, la realidad central es la historia de la salvación, que el mismo evangelio de Juan ha querido contar acudiendo para ello a la ayuda de símbolos de su tiempo:«Por eso es falsa la oposición antitética que postulan siempre de nuevo los comentarios al hablar de una interpretación histórica y simbólica de las narraciones de Juan. No existe tal alternativa; no se puede decir que unos relatos sean sólo la expresión de un hecho histórico mientras que otros se refieren meramente a una realidad teológica o mística»[7].

---

[6] *Urchristentum*, 39.

[7] *Vorträge*, 177. Según Cullmann, cuando san Juan compara un hecho de la vida de Jesús con una realidad eclesial no lo hace para trazar *profecías ex evento*, sino para indicar la implicación que existe entre la vida de Jesús y el presente de la Iglesia, como momentos de una misma historia salvadora (*Vorträge*, 178). Así lo muestra el abundante empleo de palabras de doble sentido, aplicadas a la vida de Jesús y a su presencia en la Iglesia (*Ibid.*, 179-185). Ellas «demuestran el esfuerzo del evangelista por señalar que un suceso real, único e histórico, de la vida de Jesús se refiere al desarrollo histórico salvífico (eclesial) de esa vida. De esa manera quieren despertar en el lector la comprensión de una visión conjunta en que

*b) Hermenéutica histórica*

Bultmann y Cullmann quieren ser fieles al mensaje del Nuevo Testamento; ambos se fundan en los mismos datos, beben de las mismas fuentes, pero se sitúan en perspectivas distintas y llegan a conclusiones diferentes. 1) *Bultmann* se apoya en Pablo y en Juan y, en general, en los escritos más cercanos a una visión gnóstica del cristianismo, para insistir así en la necesidad de una hermenéutica existencial del mensaje cristiano, separándolo casi del AT (que sería en el fondo mítico), con todo lo que implica de historia social, pues sólo le importa su "historicidad", su existencia personal auténtica. 2) *Cullmann*, en cambio, sin negar el valor histórico del evangelio de Juan, empezaría centrándose en textos que reflejan mejor la tradición apocalíptica del judaísmo, con su deseo de justicia y de transformación social, insistiendo en aquellos escritos del NT que interpretan la acción de Cristo como historia.

Esto nos sitúa ante una "discusión hermenéutica", que tiene elementos de crítica literaria (de exégesis concreta de los textos bíblicos), pero que nos sitúa ante el hecho de unos mismos textos (como el evangelio de Juan) puede interpretarse desde perspectivas (o «filosofías») distintas. Así lo admite *Bultmann* expresamente, cuando afirma que en su obra han influido presupuestos de tipo filosófico, entre los que destaca un pensamiento existencial, que le ayuda a interpretar la problemática del hombre abierto a Dios según la Biblia. *Cullmann*, en cambio, es más reticente en ese campo, afirmando que quiere mantenerse fiel a una exégesis

---

se integren el pasado, el presente y el futuro» (*Ibid.*, 185-186). Juan nos obliga a *decidirnos*, integrándonos en el plan de salvación que abarca espacio y tiempo, unidos en forma histórica (*Heil*, 247ss; *La historia*, 300ss.). Jesús aparece como el centro del acontecer salvífico, arraigado en el principio de Israel, de la humanidad y del mismo cosmos (cf. Jn 1, 1-18). Ciertamente, Juan subraya la presencia salvadora de Jesús en el tiempo de la Iglesia, pero le sigue abriendo a la plenitud escatológica (cfr. *Heil*, 265ss; *La historia*, 320ss.). Cf. *Le milieu johannique: étude sur l'origine de l'Évangile de Jean: sa place dans le judaïsme tardif, dans le cercle des disciples de Jésus et dans le christianisme primitif*, Delachaux et Niestlé, Neuchatel 1976. Lamentablemente, Cullmann no llegó a culminar el comentario al Evangelio de Juan que estaba preparando.

«neutral», atenta a los puros datos, sin un tipo de influjo filosófico puramente existencial, para descubrir y exponer su sentido como historia; en esa línea, él insiste en una hermenéutica social; a su juicio, autenticidad existencial resulta inseparable de un contexto de "maduración" histórica.

Ambos quieren respetar y valorar el sentido de la Cruz de Cristo, y el mensaje de conjunto de la Biblia, pero lo hacen desde contextos distintos. *Bultmann* supone que la Cruz pone a cada hombre ante el destino de su muerte, teniendo que decidirse, a solas, ante Dios y ante sí mismo, sin Antiguo Testamento ni futuro escatológico, en el momento supremo de la decisión ante Dios, desde sí mismo. Por el contrario, para *Cullmann* la Cruz ha de entenderse en el conjunto de la historia, desde el principio de los tiempos, y hasta el fin de los tiempos. Comprender la Cruz es acoger y asumir todo el transcurso de la historia. Por eso, la exégesis bíblica, es decir, la interpretación de su mensaje implica una visión de conjunto de toda la historia. Ciertamente, la Cruz de Jesús se convierte en "mensaje" o palabra, como sabe 1 Cor 1, 18-25, pero es una palabra vinculada al despliegue de conjunto de la historia[8].

La historia no está hecha de datos aislados, pero tampoco es una pura interpretación (una vivencia existencial); ella marca el despliegue de conjunto de la vida humana, un espacio y tiempo en el que recibe su sentido (y es posible) la vida de los hombres. En esa línea, Cullmann quiere "comprender" la historia, descubrir su ritmo, transformarla por dentro, para que pueda descubrirse (y ser) espacio y tiempo de vida auténtica para los hombres.

– *La historia no está hecha sólo de datos*. El exegeta sólo puede observar lo que hay y presentarlo de un modo inteligible si es que él mismo ha comenzado entendiendo los datos (situándolos en un contexto hermenéutico). Entender la historia no es, simplemente, recoger datos puros (hechos en sí), sino asimilarlos, ponerlos en un orden y explicarlos, es decir, interpretarlos desde una perspectiva humana. En este contexto no se puede hablar de una visión feno-

---

[8] Cf. *Christus*, 23; *Christ*, 12.

menológica pura, sin interpretación, pues toda lectura de la realidad es ya una «visión interpretada» (*Theoriebeladen*, cargada de teoría).

No existen datos puro, sino datos entendidos y acogidos de un modo unitario, formando un espacio de vida en el que los hombres y mujeres puedan trazar su camino, encontrar un sentido. Lógicamente, toda «exégesis» implica una interpretación: Saber lo que dice la Escritura, introducirla en nuestra forma de pensar, en nuestro mundo, es decir, en nuestra propia "tradición", como ha puesto de relieve la teología católica[9].

– *No hay primero datos puros y después interpretación de datos*, sino que la interpretación está marcando la manera de leer y de entender los datos de la historia. El exegeta no puede limitarse a señalar las veces que aparece una palabra o sus diversas acepciones, como haría un ordenador (computadora), sino que «lee» entendiendo e interpretando lo que lee (*quidquid recipitur ad modum recipientis recipitur*: Todo se recibe al modo del receptor).

Da la impresión de que Bultmann olvida el contexto social y temporal, para que cada hombre se sitúe sin más ante la "palabra", en sentido existencial (como si no hubiera más tiempo ni espacio que el tiempo y espacio de mi respuesta, de mi autenticidad personal o mi "caída" en el tiempo-espacio de la muerte). Pues bien, en contra de eso, Cullmann sabe que mi respuesta existencial sólo es posible allí donde me sitúo en el buen lugar de la historia de la salvación[10].

---

[9] Cullmann trató de este problema en *La tradition. Problème exégétique, historique et théologique*, Delachaux, Neuchâtel 1953, planteando unas cuestiones que se sitúan en el mismo centro del diálogo interconfesional. No hay lectura bíblica sin "tradición", es decir, sin entorno interpretativo histórico, vinculado en concreto a la comunidad (iglesia) y a la situación concreta de cada lector (de cada creyente), como ha puesto de relieve H. Gadamer (cf. *Verdad y Método*, Sígueme, Salamanca 2002 y 2012).

[10] A. Amor Ruibal, *Problemas fundamentales de la filosofía y el dogma* I-X, Santiago de Compostela 1914-1936, decía ya que todo pensamiento parte de unas «nociones» previas (presupuestos, postulados) que enmarcan y definen lo leído. La teología escolástica utilizaba, en principio, unos modos de pensar (sistemas) ajenos al cristianismo –Platón, Aristóteles–. Por el contrario, Amor Ruibal (lo mismo que hará Cullmann) intentará descubrir las «nociones» (es decir,

Bultmann nos sitúa ante una *hermenéutica existencial y teísta de la Biblia*, tal como se centra en el acontecimiento de la Cruz, interpretado y expuesto por Pablo y Juan, los grande "teólogos" del Nuevo Testamento, sin tiempo anterior (sin pasado), ni futuro (sin un después), cada uno ante sí mismo y ante Dios, como nuevo Melquisedec, es decir, como auténtico Cristo, sin más genealogía que su propia vida (Hbr 7, 3).

En contra de eso, Cullmann nos sitúa ante una *hermenéutica teísta de la historia,* entendida en forma temporal y social. Nadie está a solas ante Dios, fuera del tiempo y del espacio, sino que viene con su historia y su entorno social. Ciertamente, cada uno puede y debe ser él mismo, ante Dios, en gesto de fe, es decir, en decisión creyente; pero sólo puede elevarse así y decir su Palabra (decirse a sí mismo) si escucha la voz de Dios que le llega como poder de salvación a largo y a lo ancho de la historia.

Cullmann integra e interpreta las palabras y los hechos de la Biblia, descubriéndolos organizándolos de un modo histórico, a partir de Jesús, a quien presenta como centro del tiempo (tal como he puesto de relieve en capo. En esa línea, los antiguos exegetas (desde los Padres de la Iglesia) habían entendido la Biblia como *Historia Salutis*, historia de la salvación, sabiendo que ella (la misma historia) se encuentra vinculada con la "alegoría" (sentido teológico), la tropología (sentido moral) y la anagogía (o sentido escatológico). Eso significa que la historia no es una simple descripción de datos (de hechos), sino que en su fondo se incluye un sentido profundo de tipo teológico (apertura a Dios), moral (de autenticidad y plenitud humana) y escatológico (de culminación del tiempo)[11].

---

los modelos básicos) de experiencia y pensamiento de la Biblia, que serían de tipo histórico.

[11] El tema ha sido planteado de manera clásica por H. de Lubac, *Exégèse médiévale. Les quatre sens de l'Ecriture* I-IV (Aubier, Paris 1961/1964). Conforme a la visión de los Padres de la Iglesia y de los primeros teólogos medievales, la Escritura ha de entenderse como obra histórica viva, que se va gestando y desplegando a medida en que va siendo leída y acogida, de un modo literal (histórico), simbólico (teológico), moral y místico (escatológico). En esa línea, Cullmann retoma y actualiza una tradición antigua de la Iglesia, pero intenta organizarla de una forma nueva, como estamos viendo.

## 2. Creer es ya interpretar

Cullmann propone una lectura bíblica que parece muy sencilla (va contando los hechos...), pero que resulta honda y precisa, pues contiene una interpretación creyente de su contenido y mensaje, partiendo de los acontecimientos fundantes de la historia de la salvación. Todos saben que la Biblia es un libro que incluye numerosos textos históricos, tanto en el Antiguo Testamento (sobre todo en los llamados «profetas primeros» o libros históricos estrictos), como en el Nuevo Testamento (donde destacan los evangelios). Pero una lectura unitaria de la Biblia como libro centrado en el despliegue de una historia de salvación (y de la salvación como historia), constituye un presupuesto creyente (de fe) y una tarea exegética muy significativa, que no todos los lectores aceptan (pues hay en la Biblia otros muchos elementos jurídicos y místicos, teológicos y existenciales que podrían valorarse de otra forma).

De un modo consecuente, Cullmann ha desarrollado una hermenéutica creyente de los acontecimientos y de los "personajes" principales del relato bíblico, que le ha permitido entender la Biblia y la Salvación cristiana como "historia", no como verdad ontológica (en la línea de la dogmática antigua), ni como simple experiencia existencial (en la línea de Bultmann). Ciertamente, el elemento ontológico y el existencial tienen un sentido, pero deben entenderse a partir del "centro histórico" de la Biblia y de la Salvación cristiana, entendida como un relato de la obra de Dios entre (para y con) los hombres. Así lo ha puesto de relieve Cullmann, elaborando unos presupuestos hermenéuticos que siguen siendo básicos para entender la Biblia (y el conjunto de la realidad), en sentido individual y social, diacrónico y sincrónico, desde una perspectiva de fe, partiendo de los acontecimientos de la salvación[12].

---

[12] A partir de la obra de O. Cullmann y del Vaticano II (1962-1965) se publicaron, sobre todo en el ámbito católico, cientos de libros sobre la Biblia (y la Teología) como historia de la salvación. El más significativo sigue siendo MS (J. Feiner y M. Löhrer (eds.), *Mysterium Salutis. Manual de Teología como historia de la salvación* I-V, Cristiandad, Madrid 1969-1984), trabajo enciclopédico, publicado al mismo tiempo en varios idiomas, como manual de teología católica, en línea ecuménica. En tono ya menor, cf. J. M. Sánchez Caro, *Eucaristía e historia*

Cullmann ha ofrecido así una lectura de conjunto de la Biblia, en una perspectiva que podría llamarse «canónica», aunque es mejor llamarle «creyente». En ese sentido, el «canon de fe la Biblia y del cristianismo no son unos dogmas "ontológicos" (sobre la naturaleza de Cristo), ni una experiencia existencial, sino el despliegue unitario de una historia que los creyentes interpretan, acogen de un modo personal y comunitario (como Iglesia), tal como he puesto de relieve en cap. 3-4 de este libro (estudiando *Cristo y el tiempo*, obra de 1946).

En esa línea, Cullmann se inclina por un tipo de realismo histórico muy significativo e influyente: Acepta los datos históricos tal como han sido transmitidos por la narración creyente de la misma Biblia (en el Antiguo y Nuevo Testamento) como expresión de una realidad que viene de Dios y que está fuera de mi subjetividad (antes de ella), pero que la fundamenta y posibilita. De esa forma, en cuanto creyente, yo no existo sólo por mi mismo ante Dios, sino como "momento" de una "historia", en un determinado contexto social. Únicamente en ese espacio social y en ese continuo histórico puedo encontrar a Dios, vinculado siempre a todos los que me han hecho y me acompañan en la vida[13].

---

*de la salvación*, BAC, Madrid 1983; A. Díez Macho, *Historia de la salvación. Una iniciación a la lectura de la Biblia*, Apostolado de la Prensa, Madrid 1968; J. Daniélou, *Historia de la salvación y liturgia*, Sígueme, Salamanca 1967; E. Jiménez, *Historia de la Salvación: historia de amor de Dios al hombre*, Edibesa, Madrid 2007; S. Croatto, *Historia de salvación: la experiencia religiosa del pueblo de Dios*, Verbo Divino, Estella 2010; L. Rubio, *El misterio de Cristo en la historia de la salvación*, Sígueme, Salamanca 1998.

[13] La Biblia sólo puede entenderse si responde a nuestras preguntas, pues los hombres somos esencialmente una pregunta. No tenemos de antemano las respuestas, sino que interrogamos y buscamos. Sólo por eso, si estamos internamente abiertos (y según la pregunta que tengamos) podemos escuchar la Palabra. Pero, al mismo tiempo, las palabras de la Biblia enriquecen y cambian nuestras preguntas. Por eso, en toda exégesis se unen la influencia de la Biblia y la estructura del pensar humano que la acepta y comprende: Leyendo la Biblia trasvasamos sin cesar en nuestras mentes y palabras aquello que han pensado y transmitido los hombres que escribieron el Nuevo Testamento. Ellos mismos interpretaron la «Palabra»; a través de los conceptos de esos libros, nuevamente interpretados por mí mismo, tengo que llegar hasta la misma «gran Palabra», dejarme dominar, sobrecoger por ella... Así lo han hecho, con método y fortunas diversas, Cullmann y

*a) Leer la historia, un gran relato*

Desde la perspectiva anterior quiero *trazar*, en rápido esbozo, unas líneas de valoración del intento teológico de Cullmann. Repetiré para ello, de un modo unitario, algunas observaciones que he venido haciendo ya sobre su proyecto exegético y teológico, comparando de nuevo su postura con la de Bultmann, para así poder de relieve los diversos niveles de lectura de la Biblia, que pueden entenderse como niveles de la misma realidad, entendida como historia.

*a. Bultmann* supone que el hombre se encuentra abierto a lo divino (desde su propia realidad existencial), y presenta la Palabra del Señor como respuesta, paradójica, dialéctica, a la llamada que el mismo Dios dirige a cada uno, directamente, por Cristo, partiendo de ese fondo de apertura previa. Su visión ofrece grandes valores, pero incluye también puntos oscuros, pues olvida o deja en un segundo plano el tema del mundo, de la sociedad y de la historia (como he puesto de relieve en *El Pensamiento de R. Bultmann*, Clie, Terrasa 2014). La Biblia no es, por tanto, un relato de salvación, sino una Palabra dirigida de un modo existencial, a cada creyente:

– *Sin mundo.* En contra del neokantismo y de otras filosofías de la pura inmanencia, Bultmann ha querido destacar la alteridad de Dios, y su influjo en la vida del hombre (al que libera de su angustia y de su falta de autenticidad); pero lo ha hecho separándole del mundo, como si el hombre fuera un ser independiente, con valor sólo en sí mismo. A su juicio, cuando llega la palabra de Dios en la Cruz desaparece el mundo, todo se oscurece, sólo queda la Palabra, allí donde todo se borra y perece.

– *Sin sociedad, a solas.* En segundo lugar, Bultmann parece que prescinde del valor (elemento) social del hombre, para destacar, de manera casi hipertrófica la experiencia y tarea individual de cada individuo (de cada creyente, abierto por su fe al misterio de Dios, como si estuviera separado de los otros. Da la impresión de que

---

Bultmann. Escuchando las palabras del Nuevo Testamento ha pretendido llegar a la Palabra y presentarla con palabras y conceptos de su tiempo.

cada hombre es la totalidad del «universo», todo su mundo, su única sociedad, sin padre ni madre, sin hermanos, como Melquisedec (Hbr 7, 3). Yo y Dios, sin nadie más, en absoluta soledad, en compañía total, como si cada "alma" fuera todo Dios.

– *Sin historia.* Bultmann ha insistido en la mediación de Cristo, Señor crucificado, pero le ha separado de la historia de la salvación (y en especial del Antiguo Testamento), como si sólo él, Cristo, fuera la Palabra de Dios, sin historia mesiánica anterior (sin Israel), sin esperanza mesiánica posterior (sin verdadero futuro!. De esa manera, cada hombre emerge a solas ante Dios, como expresión de la totalidad del universo y de la historia, cada uno por Cristo Palabra ante el Dios que le habla, sin auténtico pasado, sin verdadero futuro, en manos de la palabra que le llama y llamándole le hace vivir de manera auténtica.

*b. Cullmann* sabe, como buen protestante, que cada cristiano está de pie, ante la Cruz de Jesús. Pero sabe también que no está a solas, sino con otros, con la "generalogía" de los israelitas que le han precedido, con la comunidad de aquellos que le acompañan en la vida, esperando la culminación de la historia. Cullmann sabe que cada hombre o mujer (cada creyente) resume y condensa en su vida la vida de toda la historia de la humanidad, de un modo concreto, tal como ha sido entendida y presentada por la narración salvadora de la Biblia. Por eso es lógico que acentúe el valor de la historia, del cosmos y la sociedad humana. En este fondo se entienden sus dos granes presupuestos:

– *La Biblia, un libro narrativo, salvación como historia.* El hombre no es existencia pura, un ser aislado, ante sí mismo y ante Dios, sino que forma parte de un proceso humano, que no es algo exterior, sino un componente esencial de su vida. Cada individuo forma parte de una línea de humanidad que le transciende y fundamenta, pues empieza en el principio de los tiempos y se extiende hasta la meta final (resurrección de los muertos). Por eso, en la definición de cada ser humano entra el despliegue de la historia, con la realidad de los demás (de los antepasados y compañeros, en la fe y la vida), pues ellos forman forman parte de su propia vida.

Por eso, la Biblia tiene que ser ante todo un libro narrativo, el testimonio de una historia de la salvación. En esa línea, salvarse no es nunca escaparse del tiempo (para negar la historia), sino adentrarse en la verdad (realidad) de la historia, pudiendo alcanzar así la culminación de cada uno, dentro de la culminación de todos, que se define por Jesús como resurrección de los muertos. Los hombres se "salvan" (despliegan su realidad) en la medida en que se integran en el despliegue salvador de la historia, centrada en la pascua de Jesús (como he destacado en cap. 2).

– *Mundo*. Cullmann introduce la historia en la naturaleza (mundo), de manera que su pensamiento puede interpretarse como teología cósmica, en sentido de origen (nacemos del mundo), de realidad actual (somos mundo, cuerpo) y de culminación futura (resurrección de los muertos). En ese sentido, junto a la "historia" puede hablarse de una "geografía de la salvación", pues el cosmos entero, desde la creación original hasta los nuevos cielos y la tierra nueva, no es sólo una especie de entorno de la historia salvadora, sino parte integrante de ella.

Que yo sepa, Cullmann no ha desarrollado este aspecto cósmico (como Teilhard de Chardin, cf lo que he dicho en cap. 7), pero lo ha integrado en su forma de entender y de asumir la historia, que no es solamente del hombre, sino también del cosmos. En ese sentido, el mundo no es "naturaleza" (algo que existe en sí mismo, de un modo intemporal), sino un acontecimiento, es obra de Dios, vinculada a la historia de la salvación de los hombres. Por eso, la biblia, de Gn 1 a Ap 22, no razona sobre el ser del mundo, sino que cuentan su historia.

En ese sentido puede y debe hablarse de *historia y geografía* de la salvación, en línea diacrónica y sincrónica, ambas implicadas. Ciertamente, cada ser humano es autónomo, como ha puesto de relieve Bultmann, pero, al mismo tiempo, forma parte de una historia que se realiza en comunión con los demás, de tal forma que cada uno es él mismo siendo en y con los otros. Cullmann no ha desarrollado temáticamente esta dimensión comunitaria de la vida y de la historia humana, pero ella está presente en todo su proyecto teológico.

El hombre es parte de una historia (y de una comunidad), pero las trasciende, siendo individuo concreto, persona capaz de culminar en la resurrección con Cristo, o de perderse (dejando que su vida se destruya). El hombre es mundo, pero, a su vez, es más que mundo, pues se encuentra abierto hacia la trascendencia de Dios. En resumen, el hombre es finito, historia, mundo, pero, al mismo tiempo, tiene algo de infinito; cada uno de los hombres es un centro que no puede comprenderse a no ser en el encuentro inmediato con lo eterno.

Hay una tradición protestante que «protesta» contra el influjo de la filosofía (de la escolástica de tradición griega) en la teología y en la vida de la Iglesia, siguiendo en eso a Lutero. Esa actitud es buena y necesaria, como reacción frente al influjo externo de un tipo de filosofía, pero no puede tomarse en sentido absoluto, pues nos llevaría a un tipo de literalismo poco fecundo, y además incontrolado, y además, como acabo de indicar en el apartado anterior, no es posible una lectura y comprensión sin presupuestos.

Por otra parte, de manera significativa, los grandes pensadores protestantes, sobre todo los filósofos, han vinculado filosofía y exégesis bíblica. Una parte considerable de la filosofía alemana (y anglosajona), hasta el siglo XX, ha sido una interpretación filosófica de la Biblia. Desde ese fondo se plantea el problema de la exégesis de Cullmann, cuando integra los diversos momentos de la experiencia bíblica como historia de la salvación, definiendo así la historia como gran relato de la salvación. En ese sentido para entender el argumento de la Biblia hay que interpretarla de un modo unitario, elaborando así lo que he llamado una "hermenéutica histórica" de la realidad (tal como ha sido propuesta por la comunidad de los creyentes).

*b. Interpretación teísta, la historia de Dios.*

Cullmann afirma que ha querido escuchar lo que dice la Escritura, con precisión del científico que mira, observa, y con la austeridad y "suspensión de juicio" (*epokhê*) del fenomenólogo que toma nota de las aportaciones de la Biblia, sin influir en ellas. Pero, como he puesto de relieve en el apartado anterior, cuando escuchamos lo que dice la Escritura estamos proyectando en ella nuestra perspectiva: Seleccionamos, valoramos y ordenamos aquello que miramos. Es más, los datos aislados, separados no tienen sentido inteligible; hemos de verlos en conjunto, desde una perspectiva en la que se implican, recibiendo así sentido.

La exégesis no puede limitarse a repetir lo que dice el texto, sino que lo interpreta y lo recrea, como ha destacado el mismo Cullmann, poniendo de relieve los aspectos principales de la historia de la salvación e interpretando a partir de ellos el conjunto de la Biblia. Evidentemente, Cullmann ha puesto de relieve algunos datos fundamentales de la historia de la Biblia, pero los ha seleccionado y ordenado en un conjunto que se puede llamar «histórico/canónico» en el sentido fuerte del término, entendiendo así la salvación como historia[14].

La Biblia ofrece ante todo el testimonio de fe de unos hombres del pasado, que están convencidos de su unión con Dios, y piensan que Dios mismo dirige su historia. Por eso, ella no transmite una fe genérica, sino una historia de fe o, mejor dicho, una fe que reconoce y acepta el sentido salvador de unos hechos, que no aparecen como aislados, sino que forman una «historia de salvación» o, mejor dicho, que son la misma salvación. De esa forma vincula el sentido y despliegue de los hechos (de la historia de la salvación) y la experiencia y afirmación de fe de los creyentes, tal como ha sido expresada en la Biblia y acogida por la fe de la comunidad cristiana.

En ese contexto se puede hablar de una lectura de la biblia que sea científica (con los métodos de la ciencia histórico-crítica), hermenéutica (es decir, comprensiva, interpretada) y finalmente creyente (allí donde la acojo como voz de Dios, que me llaman,

---

[14] Sería conveniente comparar la exégesis de Cullmann con la propuesta de lectura canónica de la Biblia, desarrollada por B. S. Childs, *Teología bíblica del Antiguo y del Nuevo Testamento. Reflexión teológica sobre la Biblia cristiana*, BEB, Sígueme, Salamanca 2012, 134, y A. T. Sanders, *Torah and Canon: Introduction*, Fortress, Philadelphia 1972.

nos llama, a la vida). Ciertamente, la exégesis cristiana se sitúa en dos planos: 1. Utiliza, en el nivel humano, los medios que la crítica científica le ofrece, en un nivel de historia de análisis literario. 2. Como palabra revelada, la Biblia ha de escucharse en el nivel de la creencia y decisión interna; es voz de salvación para los hombres. Pues bien, esta división en dos planos (ciencia y fe) es buena pero resulta insuficiente.

De la crítica científica no se puede pasar directamente al nivel de la fe. Hay un intermedio «hermenéutico», de tipo filosófico, en sentido extenso de la palabra, un intermedio que está marcado por el hombre que pregunta por Dios y por su vida, superando el nivel puramente objetivo de los hechos. Esa mediación del hombre y su pregunta se sitúa y nos sitúa en un plano hermenéutico, que aparece así como presupuesto de la escucha reverente de la Biblia como palabra cristiana, como revelación de Dios. Teniendo eso en cuenta, una exégesis completa, consciente de su fuerza y su exigencia tiene que fundarse en tres pilares[15]:

– *Ciencia, un meta-relato*. La exégesis es científica porque utiliza los métodos de análisis de la crítica literaria, de la historia social, de la psicología etc. La Biblia es un libro "humano", y a ese nivel ha de ser analizada y estudiada. No es un "Corán" que ha "bajado" ya hecho y perfecto del cielo, sino que (surgiendo por voluntad de Dios, como afirman los creyentes) es un texto ha surgido de la historia de los hombres y dentro de esa historia ha de estudiarse, con todos los medios que emplea la ciencia (es un texto que nace de la historia y hace historia). En este nivel se sitúa ya, según Cullmann, la exigencia de leer la Biblia como libro narrativo; sus restantes aspectos (legal, poético, profético…) se integran dentro de la unidad

---

[15] A. Bea (LTK, II, 435ss.) distingue dos niveles: el *humano* en el que la Biblia se estudia de acuerdo a la exigencia de la crítica, y el del *plano divino* que exige una escucha reverente, dirigida por la tradición de la Iglesia. De un modo semejante, R. Pesch habla de dos niveles de interpretación de la Biblia: el de la ciencia y el de la fe; cf. *Exegese als Wissenschaft*: Stimmen der Zeit 179 (1967) 433-435. También H. Zimmermann distingue entre ciencia y fe: cf. *Neutestamentliche Methodenlehre*, Kath. Bibelwerk, Stuttgart 1967, 260. Completando esa división quiero distinguir aquí tres planos.

narrativa del conjunto, en que la Biblia se define como gran "metarelato" de una historia de la salvación.

– *Nivel cultural, la singularidad de la historia*. Pero la Biblia es un libro de hondo contenido antropológico, no un conjunto de "hechos en sí", sino de hechos "interpretados", que sólo pueden entenderse en un determinado contexto interpretativo, personal y social, que ha de estar vinculado a la historia. Todavía no estamos en un nivel de fe, sino en un plano de "comprensión" humana, como sucede con otros libros y textos importantes de la historia de la cultura, que pueden ser los Vedas de la India, o los grandes libros de la literatura y la filosofía griega. Pero ya en este plano hay una diferencia. Otros grandes textos culturales (de la India, de China o de Grecia…) se sitúan en un plano distinto, de carácter mítico, metafísico o filosófico. Pues bien, la Biblia es el único libro estrictamente histórico de la gran cultura de los pueblos clásicos; no expone mitos de dioses, ni ofrece una sabiduría general de la vida, sino que da testimonio de la historia "teológica" del pueblo de Israel (y de Jesús, según el NT)[16].

– *Nivel creyente, hermenéutica teísta de la historia*. Es evidente que la Biblia contiene y transmite un mensaje humano (la tradición histórica del pueblo Judío (AT), tal como ha sido codificada por los cristianos, uniendo el Antiguo y el Nuevo Testamento). La Biblia ofrece el testimonio de una historia muy especial, pero no todos la entienden como historia definitiva de la salvación (mensaje de Dios que se encarna y revela en esa misma historia). Eso lo hacen sólo los creyentes, es decir, los cristianos, en un plano de fe, interpretando la Biblia de un modo "teísta" (como relato de la obra y presencia de Dios entre los hombres). Esta hermenéutica histórica y teísta de la Biblia no es un simple dato fenomenológico o filosófico, sino una opción creyente.

En esa última línea, los cristianos interpretan la Biblia como el libro de la historia de Dios con los hombres. No es una simple

---

[16] La crítica científica y la fe cristiana se vinculan a través de la pregunta antropológica, es decir, desde la perspectiva del hombre que se descubre abierto a la Palabra capaz de escuchar una posible revelación de Dios.

historia de hombre, un relato de las cosas que algunos hombres más o menos famosos hicieron o creyeron hacer, sino el testimonio de aquello que ha realizado y está realizando el mismo Dios a favor (en medio) de los hombres. En esa línea, la Biblia sólo se puede entender en perspectiva creyentes partiendo de su gran protagonista, que es el mismo Dios, que ha querido expresar su voluntad y realizar su obra a través de los hombres.

Ésta es una interpretación creyente y teísta de la Biblia. Es *creyente* porque el lector acepta la Biblia como libro de su vida, como fundamento de su conducta. Es interpretación *teísta*, porque el creyente descubre y confiesa que es Dios el agente y autor, aquel que se va expresando a sí mismo a través de los hechos de la Biblia, interpretados por los creyentes. Pero creer no es olvidar la ciencia, ni dejar a un lado la pregunta antropológica o histórica, sino descubrir la Biblia como expresión de una presencia histórica de Dios, como he puesto de relieve en cap. 3[17].

En ese sentido, la Biblia sólo se entiende en su raíz como "palabra de salvación en la historia" a través de una "hermenéutica histórica" de tipo integral. Esa hermenéutica nos sitúa ante un tipo de opción de fe, que no es la "filosofía helenista" (buscar el contenido eterno de la revelación), ni la puramente existencial (descubrir lo que me dicen interiormente los textos). La hermenéutica cristiana es aquella que nos permite descubrir el sentido más profundo de la Biblia, como texto clave de la salvación histórica de Dios, como mensaje de Salvación en la historia[18].

---

[17] En la variedad de tendencias del Nuevo Testamento, el exegeta ha de buscar la unidad de la revelación, que para Cullmann sólo puede entenderse y realizarse en forma histórica. La exégesis comienza siendo científica, y ya en ese plano tiene que poner de relieve el método y contenido histórico del argumento de la Biblia. En ese sentido he venido hablando de una "hermenéutica histórica" de la Biblia, poniendo de relieve su aspecto narrativo. Lógicamente, la teología de la Biblia (y del cristianismo) ha de tener un "sentido narrativo" (no dogmático, en un plano intemporal; ni puramente intimista, en sentido existencial). Por eso, si quieren comprender el argumento de la Biblia, los exegetas y teólogos deben situarse en un nivel de apertura histórica. Cf. H. Schlier, *Biblische und dogmatische Theologie*, en *Besinnung auf das N. Testament*, Herder, Freiburg 1964, 25ss.

[18] *Los filósofos griegos* dejaron constancia de la impresión que les causaba el orden y armonía de este cosmos. Desde ese fondo adaptaron sus palabras, forjaron sus

En esa línea, el conjunto de la Biblia (y en especial el Nuevo Testamento) no elabora un sistema filosófico abstracto (de tipo helenista), ni aparece como un simple libro "existencial" (que habla al hombre en su intimidad). La Biblia, entendida de un modo unitario, como Palabra de Dios, es un libro histórico: Describe la acción de Dios en la historia (es decir, la salvación como historia), de manera que sólo históricamente puede comprenderse[19].

### c. *Tiempo de la salvación, tiempo de Dios*

Ciertamente, como buen luterano, Cullmann ha sido enemigo de un tipo de filosofía «escolástica» que, a su juicio, pondría en riesgo la autonomía de la fe, convirtiéndola en objeto del puro pensamiento humano. Pero al mismo tiempo, como venimos indicando, su teología hubiera sido imposible sin un tipo de pensamiento filosófico, sin una comprensión (hermenéutica) del hombre como ser histórico, como abierto a los hechos, dentro de una historia, y como responsable de su propia vida. El mismo Cullmann, que no quiere dejarse influir por un tipo de filosofía que determinaría desde fuera el mensaje bíblico, reconoce la utilidad del método fenomenológico, que le permite captar la realidad en cuanto tal, es decir, como historia. Desde esa perspectiva quiero evocar algunos de sus «presupuestos» filosóficos[20].

---

conceptos y nos ofrecieron un ejemplo de comprensión del mundo. Por el contrario, los *autores del Nuevo Testamento* transmitieron el impacto que les produjo la figura de Jesús, sus hechos y palabras, su muerte y su presencia tras la muerte. Para ello emplearon unos conceptos y signos tomados del Antiguo Testamento, y forjaron además otros nuevos, adaptados al mismo Jesús. En esa línea se sitúa su aportación a la cultura, a la que ofrecieron una comprensión histórica de la realidad.

[19] Los griegos desarrollaron una visión supra-temporal de la realidad, ofreciendo así una lectura "ontológica" del mundo, entendido en general como revelación de lo divino, en línea de sabiduría. Pues bien, dando un paso más, los cristianos afirman que esa realidad cósmica forma parte de la revelación "histórica" de Dios, tal como se ha centrado en Cristo. Sólo una hermenéutica histórica nos permite entender y actualizar el sentido histórico del mundo.

[20] Cf. L. Bini, *L'Intervento*, 49-52: El *anti-filosofismo* de Cullmann comporta un preciso punto de partida filosófico. Cf. Frisque, *O. Cullmann*, 78.

*1. Exégesis bíblica una forma de acoger y de entender la historia.* Cullmann se ha ocupado del tiempo, pero no en sí (en general), sino en cuanto está vinculado al despliegue de la creación de Dios y de la salvación de los hombres. Sabe que el tiempo no es una cosa «objetiva», ni es una forma simplemente subjetiva de observar el mundo, sino el orden (ritmo) sucesivo de los acontecimientos, mirados desde una perspectiva humana.

– *En contra de R. Bultmann* y de una teología puramente existencial, Cullmann supone que el tiempo de la historia de la salvación tiene realidad autónoma, no es un puro sentimiento existencial. Ciertamente, no es una «cosa» (un objeto, como las realidades físicas), pero tampoco es una pura vivencia interior, sino que expresa el ritmo de la revelación de Dios y del despliegue de la vida de los hombres. Tiempo es la forma específica de ser de los hombres, en un mundo en movimiento.

– *En contra del puro trascendentalismo platónico*, el tiempo no es una «sombra» de la realidad auténtica (eterna), sino la misma realidad en cuanto se va desplegando. En esa línea, en contra del mito del eterno retorno, el tiempo no es un ciclo indefinido de cambios, sino que tiene una dirección horizontal, de manera que se va desplegando, de modo sucesivo, conforme a un orden que, en perspectiva bíblica, se extiende desde la creación a la culminación escatológica.

En ese sentido, conforme a la visión de Cullmann, se puede afirmar que el tiempo cristiano (humano, en general) surge en el lugar donde se cruzan dos líneas, una horizontal y otra vertical. En sentido horizontal, el tiempo es una línea que nos lleva de los padres a los hijos, del pasado hacia el futuro; en esa línea se sitúan los antiguos episodios de Israel, la venida de Cristo, el avance de la Iglesia hasta la culminación escatológica. En sentido vertical, el tiempo está marcado por la presencia de Dios, que se va expresando a lo largo del desarrollo de la historia, y que para los cristianos se manifiesta en Jesús, que es presencia total (plena) de Dios, en el centro de la historia de los hombres.

Sólo teniendo en cuenta ambos aspectos se puede comprender la salvación como historia. Por un lado, hay un avance temporal, un proceso sucesivo, desde la creación hasta la escatología, pasando por Cristo. Por otro hay una presencia superior, un contacto con Dios que se expresa en cada uno de los momentos de la historia. En un determinado momento, podría parecer que Cullmann deja en un segundo plano ese aspecto vertical, diciendo que todo es «pura sucesión», desde que surgieron (fueron creadas) las cosas, hasta la culminación, cuando venga el nuevo cielo y la tierra nueva; nada, ni Dios mismo, estaría fuera de ese hacer. Pero, en otra perspectiva, Cullmann manifiesta una intensa reserva teológica, afirmando que Dios no es puro tiempo, aunque sólo puede ser conocido en el tiempo, es decir, en la historia.

Desde ese fondo han de entenderse (y superarse) las dos acusaciones que se han dirigido a su proyecto teológico. 1. Algunos han dicho que es un *positivista*, pues se limita a constatar los hechos positivos, anotando los diversos momentos del proceso bíblico, pero sin unirlos de manera inteligible. 2. Otros, en cambio, le han llamado *hegeliano*, como si al final sólo le interesara el conjunto del proceso, la «idea» (divina) que vincula los acontecimientos de la historia, negando así la independencia de cada uno de ellos[21].

Pues bien, Cullmann no ha sido positivista ni hegeliano en el sentido normal de esas palabras, pues valora los acontecimientos como tales, en su unidad (como camino de salvación), y sabe, al mismo tiempo, que Dios se mantiene por encima o, quizá mejor, antes y después del proceso que nosotros conocemos, y que va de la creación a la resurrección final. De todas formas, la postura de Cullmann no resulta a veces del todo clara, quizá por su misma «reserva creyente»: No quiere crear un sistema, sino describir con fidelidad el despliegue de la historia de la salvación. Pienso que en esa línea su camino teológico puede y debe ser todavía más desarrollado[22].

---

[21] Cf. J. Frisque, *O. Cullmann*, 231-233; J. Körner, *Eschatologie*, 66ss; K. G. Steck, *Die Idee der Heilsgeschichte, Hofmann. Schlatter. Cullmann*, Zollikon, Zürich, 1959 43ss. L. Bini, *L'Intervento*, 75ss.

[22] En esa línea debe precisarse el sentido de Dios, que no es sólo el que dirige y realiza los hechos salvadores, sino aquel que se revela en ellos como pasado,

Desde ese fondo ha de entenderse la tarea de la exégesis bíblica, que empieza situándose ante el texto externo (estudia diversos manuscritos y ediciones, compulsa variantes...), para escuchar al mismo tiempo su mensaje, pero no como palabra del pasado o como verdad inmutable, sino como acción y palabra que actúa en el presente, transformando la vida de los hombres (introduciéndoles en la historia de la salvación). En ese sentido, la Biblia aparece como libro-guía de la salvación histórica de los hombres (creyentes), no como teoría sobre Dios. En ese sentido, los diversos planos de la exégesis han de estar al servicio de la comprensión y realización de la historia de la salvación, que se sigue realizando en el mundo a través de la iglesia[23].

Como he puesto de relieve, Cullmann provenía de la teología liberal, anclada en el neokantismo idealista, que interpretaba la historia como un desarrollo moral, de tipo progresivo, que avanza desde el mito y la ignorancia hacia el verdadero conocimiento liberador. Pues bien, penetrando en las raíces del mensaje bíblico y en diálogo con los grandes representantes de la teología protestante (Schleiermacher, W. Herrmann, R. Bultmann), Cullmann descubrió que el mensaje de la Biblia tiene un contenido histórico en el sentido fuerte de la palabra, porque Dios se expresa (y el hombre despliega su realidad) a lo largo de un camino concreto centrado en hechos históricos, que van marcando la identidad del hombre.

---

presente y futuro. Ciertamente, debemos incluir a Cristo en la historia del tiempo, pero no podemos reducirlo a puro tránsito temporal, sino verlo como presencia de la Realidad en sí, que funda todo tiempo (y lo transciende, en línea de meta historia). Quizá Cullmann no ha logrado distinguir bien los dos aspectos de Cristo, la historia (trascurso lineal) y la meta-historia (como unidad del proceso, fundado en Dios). Cf. L. Bini, *L'Intervento*, 168ss; J. Frisque, *O. Cullmann*, 79ss; J. L. Leuba, *La tâche actuelle de la Théologie protestante*: VC 12 (1958) 64ss. Volveremos al tema en la segunda parte de este capítulo, al tratar del triángulo dialéctico.

[23] Éstos son los cuatro momentos de la ciencia exegética: 1. Crítica textual; 2. Crítica literaria; 3. Historia de las formas (o tradiciones); 4. Historia de la redacción. Cf. H. Zimmermann, *Neutestamentliche Methodenlehre*, Kath. Bibelwerk, 1967, Stuttgart (versión. esp.: *Métodos exegéticos del NT*, BAC, Madrid 1969), y K. Koch, *Was ist Fonngeschichte. Neue Wege der Bibelexegese*, Neukirchener V., Neukirchen 1964.

El hombre no es un ser que está ya hecho, una esencia eterna e inmutable (como pensaban los griegos); tampoco es una pura experiencia existencial (como parece haber pensado Bultmann), sino que es un viviente histórico, que se va haciendo a sí mismo a lo largo de la historia. Pues bien, ha sido precisamente la Biblia la que ha descubierto y desarrollado esta esencia y tarea histórica del hombre. En ese sentido no se puede afirmar que la salvación esté en "la Biblia en sí" (fuera del tiempo, como podría ser el Corán de los musulmanes), sino en la Biblia tal como se expresa y acoge, se despliega y entiende en la vida (historia) de los hombres. Ciertamente, ella ofrece el testimonio de unos «datos», es decir, unos acontecimientos (creación, camino israelita, pascua de Jesús...); pero esos datos sólo son salvadores en la medida en que nosotros podemos (debemos) insertar en ellos nuestra vida, en la medida en que responden a lo que de algún modo estábamos buscando.

En otras palabras, la Biblia nos muestra que somos historia abierta a la salvación. Pero sólo puede hacerlo porque en algún sentido lo éramos ya. Eso significa que el mensaje de la Biblia tiene que conectar con eso que pudiéramos llamar el «a priori histórico» de la vida humana. Sólo como seres potencialmente históricos (en búsqueda de salvación) podemos escuchar el mensaje de la Biblia, que no es un libro de meditación interior, ni de mística trascendentalista, sino un testimonio de la revelación histórica de Dios. En ese sentido, la verdadera exégesis bíblica parte del supuesto de que somos seres históricos (capaces de entender la realidad como proceso de realización en el tiempo). Pero, en otro sentido, sólo el despliegue y desarrollo del mensaje de la Biblia nos permite conocer plenamente lo que significa e implica la historia[24].

*2. La Biblia, el tiempo de Dios.* Por un lado, Cullmann supone que el hombre es capaz de intuir (captar) la profunda realidad de

---

[24] Usando de forma aproximada un término de ciencia, diríamos que el *a priori* es una especie de *hipótesis*; comienza siendo, de algún modo, el resultado de observaciones previas; se convierte en punto de partida de observaciones posteriores; y tiene que ser siempre como una conclusión o resultado de todo aquello que vayamos precisando y conociendo; cuando hay un dato en contra, la hipótesis (a priori) se destruye (o tiene que ser reformada, o, mejor, interpretada).

la historia de la salvación. Por otra parte afirma que la historia bíblica le influye y enriquece, ofreciéndole un camino de salvación que antes él no conocía. En ese contexto, *Bultmann* tendía a pensar que las formas de expresión de la experiencia bíblica deben «desmitologizarse», para que podamos entenderlas en sentido existencial. Pues bien, en contra de eso, *Cullmann* afirma que en el centro de la Biblia se despliega una intensa experiencia histórica; en esa línea, frente a la interpretación existencial, él ha puesto de relieve la necesidad de desarrollar una interpretación histórica del conjunto de la Biblia.

*Bultmann* pensaba que la Biblia ha de entenderse en sentido existencial (como palabra dirigida a mi vida interior). Pues bien, sin negar ese plano, *Cullmann* añade que el argumento de la Biblia es una historia y que sólo en sentido histórico puede comprenderse como salvación, y así añade que los creyentes tienen (tenemos, desarrollamos) una especie de «intuición histórica»: Sentimos lo que sentimos (y nos descubrimos como nos descubrimos, en un contexto personal, e incluso religioso) porque formamos parte de una tradición histórica de conocimiento y experiencia. Ciertamente, conocemos por identificación interna (por un tipo de intuición existencial), pero también (al mismo tiempo) por intuición histórica, es decir, por inmersión dentro de una tradición cultural, social y de experiencia.

Todo conocer es intuición, por ser contacto inmediato con aquello que nosotros somos, pero no sólo como individuos, sino dentro de una historia de la que formamos parte, pues sólo histórica y comunitariamente conocemos. Pues bien, ese conocimiento, siendo intuitivo (inmersivo) se realiza y expresa a través de unos conceptos, de manera que sin ellos no podemos llegar a precisar la realidad, simbolizarla y expresarla, dentro de un determinado espacio histórico. No hay intuición sin concepto; no hay concepto que no lleve a intuir la realidad. En esa línea, debemos avanzar y decir que hay una intuición y un conocimiento histórico de la realidad, que supera el nivel del mito.

En este contexto debemos añadir que el mito no es la objetivación simplista de una realidad existencial (puramente interna, subjetiva), sino un modo simbólico de expresar una experiencia histórica y social. El mito, como todo lenguaje, debe ser interpretado, es decir, ha de ser escuchado y leído en su contexto: Ha de entenderse teniendo en cuenta el plano de expresión en el que están situadas sus palabras. Pues bien, lo que importa no es una desmitologización, pues no se trata de anular el mito, ni de convertirlo en un puro reflejo de mi vida existencial, sino de entenderlo como entorno y sentido de una historia salvadora.

Siguiendo en esa línea debemos añadir que la historia no utiliza ya básicamente mitos, sino un lenguaje narrativo, que sirve para expresar, transmitir y compartir su sentido. Pues bien, en el comienzo y al fin de su despliegue (al hablar de los orígenes/creación y la meta/culminación), la narración bíblica apela de un modo especial a un lenguaje simbólico, que puede llamarse mítico. En ese contexto, el mito tiene un significado (su modo de entender la realidad) y un significante (las imágenes por medio de las cuales se expresa esa misma realidad). Lógicamente debemos hablar de una «hermenéutica de los mitos», es decir, de una traducción histórica de su significado (sin quedarnos en el puro lenguaje externo de los significantes).

La exégesis bíblica aparece así como un proceso de interpretación histórica de los grandes relatos bíblicos (es decir, de la historia bíblica), desde el principio (creación) hasta la meta (resurrección final). La misma Biblia ha realizado ya esa interpretación, presentando su argumento central como historia. En ese contexto podemos distinguir dos tipos de mito. 1. El mito griego (tal como lo expone Platón en sus diálogos) no se opone a los conceptos, sino que dice de forma pregnante y simbólica aquello que no puede traducirse nunca de manera puramente racional. 2. El mito de la Biblia (es decir, su lenguaje simbólico más hondo) no se opone a la historia, sino que quiere exponer en forma simbólica aquello que no se puede exponer con una pura narración de los hechos pasados, presentes o futuros.

Tomada a su conjunto, la Biblia emplea elementos de expresión mítica (simbólica), para hablar del comienzo y final (y del sentido profundo de la historia). Pero, al hacerlo, no pretende dejar de ser historia, sino mostrar el sentido más profundo de la historia, que es la "esencia" de la revelación de Dios y de la vida (salvación) de los hombres. Otros mitos, como los griegos, no pretenden expresar la historia (pues no existe para ellos historia verdadera), sino un tipo de verdad intemporal. Por el contrario, los grandes «mitos» de la Biblia, entre los cuales podemos citar la «parábola» de las ovejas y las cabras, con la que se expone el sentido del juicio final (Mt 25, 31-46), están al servicio de la comprensión histórica de la salvación humana[25].

*d. Excurso. Espacio y tiempo, cosmos e historia.*

En el sentido anterior podemos hablar de un "espacio y tiempo de Dios", que no han de entenderse en sentido objetivo (como realidades en sí mismas), sino como elementos de la revelación de Dios y de la salvación de los hombres, en perspectiva de historia. De esa forma, Cullmann va en contra de las «críticas» de Kant, que niegan la existencia de espacio-tiempo real y lo interpretan como una función de la percepción humana, es decir, como una condición subjetiva del conocimiento de la realidad. Situándose en una línea de fondo kantiano, *Bultmann* había sacado la conclusión de que sólo existe una salvación subjetiva (existencial), sin espacio ni tiempo. Pues bien, en contra de eso, rechazando en el fondo la crítica kantiana, *Cullmann* supone que existe un espacio-tiempo objetivo y real de salvación:

– *Cullmann ha dado menos importancia el contexto "espacial"*. No se ha elaborado, que yo sepa, tras las críticas kantianas, una teología del espacio (de la geografía) de la salvación. En el momento actual de la ciencia y del pensamiento parece más difícil hablar de un espacio-mundo de salvación y de un cielo o un infierno como luga-

---

[25] Visto en general, el problema puede parecer sencillo. Lo difícil, sin embargo, es entrar en los detalles. Por ejemplo, pensemos en el simbolismo mítico de la historia de los Magos: ¿implica el hecho histórico? El problema más difícil se condensa en torno a la *historia* del nacimiento (Encarnación) y de la muerte (Resurrección) de Cristo. Quizá no pueda pretenderse una certeza absoluta en todos los rasgos de ese aspecto de la vida de Jesús.

res objetivos, de manera que muchos tienden a entenderlos como expresión de un estado inespacial (espiritual) de las almas de los muertos; sólo al final del mundo se podría postular la creación de un nuevo tipo de espacio de los salvados (¿y de los condenados?). Es como si el "espacio" (entendido de forma cartesiana, en un plano científico) fuera ajeno a la verdad del hombre, a su salvación. De todas maneras sigue abierto el tema de la "corporalidad mesiánica" (la iglesia, cuerpo de Cristo), entendida en sentido cósmico, como nueva creación.

– *Cullmann ha dado más importancia al tiempo de salvación.* En esa línea se podría decir que los "griegos" han insistido más en el espacio (son los inventores de la geometría y de la ciencia), mientras que los judíos se han fijado más en el tiempo (son los inventores de la historia). El mismo *Bultmann*, que no admite un espacio salvador, admite y desarrolla un tipo de tiempo de salvación, pero vinculado a la propia decisión existencial; en ese sentido puede hablar de temporalidad más que de tiempo. *Cullmann*, en cambio, no se contenta con hablar de la historicidad personal, sino que admite un tiempo humano de salvación vinculado a la historia de la humanidad, tal como expresa en Israel y se centra en Cristo; en esa línea, él defiende un "tiempo de salvación", por encima de los límites que ha establecido la crítica kantiana.

Éste es un tema que sigue básicamente abierto, y aunque no sea éste el momento de elaborarlo (pues exigiría un estudio mucho más detenido) pienso que podemos y debemos ofrecer algunas reflexiones al respecto. (a) Así podríamos decir que el espacio es el signo básico de nuestra propia corporalidad, en apertura a los demás. El cuerpo como espacio no es simplemente un lugar objetivo donde el hombre está inmerso, sino la extensión del ser humano, su estar siendo como mundo. (b) El tiempo, por su parte, es la abertura de la misma realidad que existe solamente en el proceso del hacerse. Según esto, el hombre vive distendido en dos direcciones. Sincrónicamente, se encuentra abierto al mundo como mundo; diacrónicamente, existe en el hacerse. De un modo tanteante, podemos seguir pensando sobre el tema:

– *Espacio de salvación*. En un primer momento, podemos hablar de un espacio cósmico, evocado de algún modo por la ciencia, un espacio que se puede evocar por medio de fórmulas difíciles y números inmensamente grandes (mundos estelares) o muy pequeños (espacios subatómicos). En un sentido más profundo podemos evocar un espacio de convivencia interhumana, como ámbito de encuentro social. Por medio el cuerpo, que le vincula con el infinito del átomo y la estrella, el hombre está volcado también hacia los hombres; ellos son la plenitud de su propio ser humano, son entorno que alimenta, hace posible nuestra vida y la transciende.

En un sentido aún más alto podemos hablar del "espacio de Cristo", es decir, de su "cuerpo", entendido como signo y lugar de su presencia entre los hombres. Éste es el cuerpo mesiánico de Dios, que se hace presente entre los hombres, abriendo en ellos una más profunda dimensión de vida. No es un espacio científico; no es un entorno simplemente humano: Es un ámbito de encuentro de los hombres en Dios y con Dios, por medio de Cristo. Éste es el espacio de la salvación, como meta culmen de todos los espacios del hombre. Es la nueva hondura de la realidad humana, que se expresa como vinculación de amor (es decir, como Iglesia). Este espacio de salvación no es otro mundo, sino más bien la dimensión de profundidad de todos los aspectos del mundo en que nosotros nos movemos[26].

Los creyentes participan, por la fe, de esa nueva dimensión social (comunitaria) de la existencia (en un plano de salvación), aunque no puedan comprenderla todavía, pues no han sido transformados por la fuerza de vida que se esconde y actúa a través de la muerte y pascua de Cristo. Los que duermen en Cristo habitan ya más plenamente en ese espacio; no han salido del mundo, se mue-

---

[26] El espacio de convivencia humana se precisa en forma de amor y de lenguaje, de interés común y desarrollo propio. Se trata de un entorno que yo mismo estoy abriendo al amar a los otros y darme al vivir para ellos. El espacio, en sus diversas dimensiones, no es objetivo ni subjetivo; es mío, soy yo mismo que me abro; está por encima de mí, siendo el entorno en el que puedo existir y desarrollarme. El espacio de salvación es un *ámbito nuevo*, distinto de aquellos que existen en el mundo, pero, al mismo tiempo, es la hondura y plenitud de todos esos ámbitos. Se trata del *mundo nuevo* que se forma en torno al Cristo resucitado.

ven en la misma dimensión original (cristiana) de ese mundo, pero habitan por Cristo en las raíces de la vida. Por eso, no podemos «verles» todavía, pero sabemos que existen, en medio de nosotros, pero en otra dimensión. A medida que la Iglesia *avanza* hacia su meta se va formando ese espacio, fundado en el Cristo que ha vencido a los poderes de la muerte. Se trata de un ámbito real, como entorno de la vida de los hombres, abertura del ser, expresión de aquello que somos (por la fe) y seremos (en visión abierta). Este espacio de salvación, que Pablo define como «cuerpo de Cristo», es la transparencia de la vida pascual de Dios[27].

– *Tiempo de salvación*. De este tiempo de salvación hemos venido hablando a lo largo de este libro, pues es aquí donde Cullmann ha ofrecido su mayor aportación a la teología (es decir, al pensamiento cristiano), distinguiendo dos planos. (a) En un plano el tiempo se abre y nos abre sin cesar hacia un pasado de muerte, individual y social. Las sociedades se pierden en el paso del tiempo (el pasado), de manera que sólo queda su recuerdo en la vida de los hombres que les siguen. Algunos añaden que la misma sociedad humana en su conjunto tiene los días ya contados sobre una tierra que camina hacia la muerte, hacia el puro olvido cósmico (cuando la tierra deje de ser un espacio habitable para los hombres). (b) Pues bien, en contra de eso, Cullmann ha destacado que, siguiendo a Jesús, los cristianos afirman que la vida de los hombres no acaba en su muerte, sino que se abre por Cristo a la resurrección. Así entendido, el tiempo cristiano no es algo que se añade desde fuera de las cosas, sino la dimensión profunda de la realidad, abierta por Cristo y en Cristo hacia la resurrección futura.

---

[27] El *espacio de salvación* es el ámbito de corporalidad de nuestra fe, la expansión del ser humano que se funda en la fuerza unificante de Cristo; por medio suyo estaremos en contacto con los otros hombres, estaremos en contacto –sobre todo– con Dios mismo y con su Hijo. ¿Cómo será la corporalidad de ese ámbito? ¿Cómo está siendo ahora? No sabemos. Sólo podemos decir que el hombre no estará encerrado en sí mismo, sino abierto, plenamente abierto hacia los otros. El *campo de abertura* será la plenitud de lo que en signo lejano es abertura en los átomos y estrellas. Nuestro cuerpo viejo, que puede parecernos cerrazón, opacidad y cárcel, será entonces lugar de encuentro reverente y puro. Todo está centrado, traspasado por el Cristo, cuyo *cuerpo* o nuevo cosmos (fundado en la Resurrección) será el ámbito de ser de todos los humanos.

Éste ha sido el argumento básico de este libro, la mayor aportación de Cullmann a la "historia" del pensamiento cristiano. Es un tema que deberíamos replantear ahora, a partir de los argumentos anteriores, retomando y desarrollando las ideas básicas del libro central de Cullmann (*Cristo y el Tiempo,* 1946), que he interpretado como "hermenéutica teísta de la historia" (cap. 2, apartado 4). Invirtiendo y completando ese título puedo hablar ahora de una "hermenéutica histórica de Dios", es decir, de una interpretación de Dios a partir de la historia, entendida como su revelación. Con esto podría iniciar una nueva investigación, pero con ello iría más allá de mi intento en este libro, que ha sido simplemente el de presentar *el pensamiento de O. Cullmann.* En esa línea podría cerrar aquí este libro, pero he querido añadir sólo una reflexión final sobre el trasfondo hermenéutico de su teología, es decir, de su visión de dios, en diálogo con Barth y Bultmann, que han sido quizá los mayores testigos del pensamiento cristiano del siglo XX.

# 10. Conclusión.
# Historia, hermenéutica de Dios

Retomando el argumento de conjunto de este libro, he querido reformular de un modo conclusivo sus tesis fundamentales, situándola en la línea (y en contra) de la tradición kantiana, que ha sido dominante, en especial en los círculos del protestantismo alemán, que ha querido entender a Dios partiendo de la idea o de la interioridad humana. Pues bien, para superar esa visión, quiero pasar del plano de la "crítica" (que era dominante en Kant) a la hermenéutica, es decir, a la interpretación de fondo y lo haré comparando y completando la visión de Cullmann con la Bultmann y Barth, como he venido haciendo en este libro. En ese sentido hablaré de la historia como hermenéutica de Dios[1].

## 1. Un problema de interpretación. Tres maestros de la teología

Kant había interpretado el conocimiento en la acción del cognoscente (pues no conocemos lo externo, que no influye en nosotros, sino sólo nuestro propio conocimiento): Precisando los distintos caracteres de la mente, el hombre puede saber «a priori» el sentido de aquello que conoce. El objeto en sí era una «equis»; mirado en su realidad particular (puramente objetiva) no podía influirnos, no podíamos conocerlo. Pues bien, desde el desarrollo de

---

[1] Hay otros pensadores que podríamos haber tomado también como referencia (P. Tillich y D. Bonhöffer, K. Rahner y P. Florensky...), pero, en la línea de este libro (y de mi libro sobre *El pensamiento de R. Bultmann*, Clie, Terrasa 2014), he querido fijarme en estos tres.

la fenomenología, a principios del siglo XX, se ha venido insistiendo en la necesidad de aceptar y valorar la realidad externa, es decir, los fenómenos, que, según Cullmann, sobre todo de tipo histórico, pues la verdadera tierra y patria humana es la historia.

Pero no he querido tratar de Cullmann por aislado, sino comparándole con otros dos autores protestantes (K. Barth, R. Bultmann), que resumen las mejores intuiciones del cristianismo del siglo XX. Ellos enmarcan tres extremos o ángulos de eso que he venido llamando el triángulo exegético o, mejor dicho, hermenéutico[2]. De esa forma he debido plantear un tema *filosófico*, estudiando los planos del saber humano. Pero ésta es, al mismo tiempo,, una cuestión *teológica*, pues muestra, de algún modo, el lazo de unión entre Dios y el mundo por medio de Cristo; pero, al mismo tiempo, y esto es quizá lo más significativo, éste es un tema que está relacionado profundamente con la *exégesis o lectura de la Biblia*, como es normal en la tradición protestante (evangélica) del cristianismo. Su pregunta se puede formular de esta manera: ¿Cuál es el lenguaje en que nos habla la Escritura? ¿De qué modo podemos entenderlo?

### a) *Karl Barth, Dios como sujeto trascendental*[3]

En torno a la propuesta de K. Barth se realizó, en los años 20 del siglo pasado, la mayor revolución teológica (pro-

---

[2] Retomo y reelaboro en este línea un tema que venga desarrollando desde hace ya tiempo, como anuncié y desarrollé por primera vez en un trabajo titulado: *El triángulo exegético: Barth, Bultmann y Cullmann*: Estudios Bíblicos 31 (1972) 83-104. Para una buena visión general del sentido e importancia de la hermenéutica en la exégesis y teología protestante, cf. J. Robinson, *Hermeneutic since Barth*, págs. 1-71, en J. Robinson y J. B. Cobb, *The new Hermeneutic*, Harper, New York 1964. Cuando hablamos de liberalismo o exégesis liberal nos referimos, sobre todo, a la exégesis y teología más científica del mundo cultural germano a finales del siglo XIX y principios del XX.

[3] Me he querido centrar básicamente en K. Barth, *Der Römerbrief*, 11919 y 21922; R Bultmann, *Ein Versuch, ihn zu verstehen. Christus und Adam nach Röm 5*, EVZ, Zürich 1952; K. Barth, *La Theologie Protestante au XIX Siècle*, Labor et Fides, 1969 Genève.

testante al menos) de los últimos tiempos. Frente al viejo cristianismo liberal y su manera de entender el ser divino como simple «hondura de lo humano», Barth quiso destacar la independencia y el valor primario de Dios y de su obra salvadora.

El liberalismo del siglo XIX, influido por un idealismo latente, había interpretado las palabras de la Biblia de un modo humanista: No hay revelación de Dios, sino todo lo que sabemos y podemos (y en especial la religión, con el cristianismo) puede reducirse al hombre que a lo largo de los siglos de una historia ascendente había ido encontrando sus raíces religiosas, descubriendo el secreto de la hondura divina de su alma, tal como lo indicaría la Biblia.

Volvamos al principio, precisemos desde el fondo el tema. La tendencia liberal ponía las palabras de la Biblia en un trasfondo de simple evolución humana. En esa evolución, que el historiador de la cultura puede describir de una forma técnica, se encuentra el secreto, simbólico y grandioso, de la Biblia: el hombre alcanza su madurez y aprende –por medio de Jesús y de san Pablo– a verse de verdad en lo profundo de su alma.

En esa línea, el liberalismo era ante todo un método hermenéutico, apoyado en un trasfondo filosófico (panteísmo evolutivo más o menos claro) y en una actitud general de optimismo, de progreso humano que encuentra su expresión más alta en Jesucristo. Partiendo de ese presupuesto, la escuela liberal supo aplicar a la Biblia, perfeccionándolo de forma extrema, un método científico, un tipo de crítica literal e histórica[4].

La crítica histórico-literaria descubre los matices de los libros santos, ordena sus partes de acuerdo con el tiempo en

---

[4] Sobre el optimismo del siglo pasado, cf. E. Brunner, *Das ewige als zukunit und Gegenwart*, Siebenstern, München 1965, espc. págs. 15-25. Esta unión de la crítica científica con unos presupuestos hermenéuticos de tipo idealista y «antidogmático» es lo que ha mantenido en guardia a la Iglesia Católica. Cf. H. Schlier, *Biblische Theologie des N. T.*, LTK II, 448. Actualmente se ve claro que se puede utilizar la exégesis científica sin miedo de resultar antidogmático.

que fueron redactadas, y logra precisar las diversas dependencias literarias. Pues bien, esa crítica histórico-literaria, unida a un pensamiento idealista, había podido afirmar que el mensaje de la Biblia formaba parte de una larga evolución que lleva desde el hombre primitivo, que no sabe penetrar en los secretos de su alma, hasta el mismo Cristo, que ha descubierto y proclamado los misterios del ser humano (que es divino). Esta compenetración del método científico con el trasfondo hermenéutico idealista es lo que ha dado al liberalismo del siglo XIX su aspecto decisivo, aquellos rasgos que podían parecer eternos.

Esta exégesis, literaria y filosófica, tanto más influyente cuanto menos discutida, es la que ofrecía unidad a todo el pensamiento liberal, que el siglo XX heredaba del XIX, en actitud de plena confianza ante la razón. Sin embargo, en los mismos años de cambio de siglo (hacia el 1900) aparecieron los primeros problemas: La exégesis científica, con J. Weiss y con A. Schweitzer, descubría el carácter apocalíptico, no humanista sino escatológico, del mensaje de Jesús de Galilea, que no quería instaurar aquí un mundo mejor, sino promover la llegada del Reino de Dios, superando así el mal de este mundo. De esa forma se rompía el «pacto» entre idealismo humanista y ciencia bíblica[5].

Este carácter apocalíptico (no-humanista) no cuadraba con el conjunto del sistema liberal; los moldes filosóficos debían cambiar y sustituirse si querían responder a los nuevos datos de la exégesis. Años más tarde (tras el 1920), la Escuela de las Formas mostró que el centro del Nuevo Testamento era el Mensaje de la primitiva comunidad y no las palabras del Jesús viviente histórico; así parecía que la Iglesia primi-

---

[5] Sería muy complicado, y fuera de lugar, el recoger el influjo de las posturas de J. Weiss (*Die Predigt Jesu vom Reiche Gottes*, 1892) y de A. Schweitzer (*Geschichte der Leben-Jesu-Forschung*, 1913) en la teología protestante de este siglo. Un punto de vista, polémico pero valioso, lo presenta O. Cullmann en sus críticas a la «escatología consecuente». Cf. *Vorträge und Aufsätze*, Mohr, Tübingen 1966, 305-466.

tiva tenía más importancia que el mismo Jesús. Finalmente, la ruptura de los viejos ideales progresistas con la Gran Guerra (1914-1918) y la inquietud general que ello suscitó en los medios cultos, habían mostrado que el hombre no puede «ser divino», ni la historia podía tomarse sin más como un progreso permanente del «espíritu».

En este ambiente se sitúa la protesta revolucionaria de K. Barth, que apela a Dios como principio de todo conocimiento: No podemos entender a Dios como expresión de la mente humana, sino todo lo contrario: Es Dios que se revela, de manera que sólo así podemos conocerle. Ya en el prefacio a la primera edición de la Carta a los Romanos (1919), habiendo afirmado que el método de la crítica histórica tiene indudables valores y derechos, añadía que sólo podemos conocer a Dios porque él ha querido revelarse.

La crítica histórico-literaria, de tipo científico, sólo es capaz de captar aquello que los hombres "ponen" en la Biblia. Pero la verdad más honda de la Biblia sólo se entiende como Palabra de Dios, porque él ha querido revelarse y porque los hombres le acogen y escuchan, le obedecen. En esa línea, entender la Biblia significa dejarse impactar por su verdad, acoger su mensaje como Palabra de Dios, a quien debemos entender y acoger como sujeto trascendental y originario, aquel que habla desde sí mismo.

Desde ese fondo, Barth insiste en la necesidad de una lectura «creyente» de la Biblia, dejando que ella diga su Palabra, no aquello que nosotros queremos escuchar, sino aquello que Dios mismo nos dice, porque quiere, desde su propia transcendencia. Desde ese fondo él ha querido escuchar y exponer el mensaje de san Pablo, reviviendo para el hombre del siglo XX sus palabras acerca de la ira del Señor y de su luz que alumbra en las tinieblas. En esa línea, su primera gran obra (*Comentario a Romanos*, [1]1919, [2]1922) se comprendió muy pronto como un manifiesto en favor de una auténtica lectura «teológica» de la Biblia.

Así puede hablarse del «método exegético barthiano», que pretende transcender los datos filológico-históricos, llegando a la intención teológica profunda de la Biblia. Ese método se había practicado siempre en trabajos de tipo filosófico, empeñados en presentar –recrear– un pensamiento antiguo, como había hecho Miguel de Unamuno, en su intento de llegar al «alma» del Quijote[6]. ¿Por qué no utilizarlo al situarse ante la Biblia? Ese método comienza exigiendo un esfuerzo de fidelidad ante el pasado histórico (toma la Biblia como libro antiguo), pero, al mismo tiempo, implica un máximo respeto ante la Palabra Divina de la Biblia, que Barth interpreta de un modo "dialéctico", como revelación del Dios trascendente.

Entender la Sagrada Escritura significa escuchar lo que ella dice, para «repensar lo que ella piensa», sin quedar prendido en los métodos de la historia literaria. Se trata, ante todo, de un gesto de «obediencia», es decir, de escucha: Se trata de acoger lo que la Biblia dice; sólo así podré pensar después en lo que ella piensa y actuarlo cada día. De esa forma ha comenzado la revolución teológica del mundo protestante de este siglo.

Estas tesis de Barth parecían necesarias, como contrapeso a la tendencia anterior (de tipo liberal, que interpretaba todo como expresión del espíritu humano). Por eso mismo, fueron saludadas con euforia de tal modo que, cosa increíble en aquel tiempo, gran parte del mundo teológico germano, acabada la Primera Guerra Mundial, despertó pensando a la manera dialéctica barthiana, entre el año 1920 y 1930 del siglo pasado. Sin embargo, los mismos compañeros de Barth, los que formaron con él la llamada «escuela dialéctica» (que opone y vincula a Dios con el hombre, a través de la revelación), mos-

---

[6] Cf. O. Cullmann, *Die Problemaiik der exegetischen Methode K. Barths* (1928), en *Vorträge und Autsätze*, Mohr, Tübingen 1966, 95ss. Para la comparación con Unamuno, pág. 97. Aplicación semejante en el prólogo de K. Barth, *Romerbrief*, 21922, pág. xv.

traron que a la Palabra de Dios que se revela y habla, siendo distinta, hay que unirle, de algún modo, la «escucha» del hombre que espera en sus palabras, las acepta y hace suyas. De esa forma, E. Brunner, F. Gogarten y, en especial, R. Bultmann, se fueron desvinculando de la «radicalidad» de Barth por sostener que el hombre es, de algún modo, interlocutor y punto de referencia necesario para interpretar la Palabra de Dios.

*b) R. Bultmann, relectura existencial*

Es quizá, con K. Barth, el teólogo evangélico más significativo del siglo XX, y ha insistido en la necesidad de «interpretar» la palabra de Dios en clave humana, es decir, existencial, insistiendo así en lo que podemos llamar la «encarnación dialogal» del mensaje. Bultmann acentúa la importancia que poseen para el hombre –para mi existencia– las palabras de la Biblia. De ese modo traza una nueva «línea hermenéutica»: No basta con ser fiel a los elementos distintivos de la Biblia, como Palabra de Dios, sino que para entenderla es necesario aplicarla a nuestra propia vida humana. A no ser que penetre en nuestra vida y la transforme, la Palabra de Dios continúa siendo totalmente incomprensible.

Bultmann comienza señalando que la historia de la Biblia es como símbolo, un tipo de transparencia, a través de la cual el hombre puede descubrir la fuerza eterna del Dios que se revela. Pero hay más que eso. El hombre y Dios no se pueden presentar como estratos paralelos. Dios se muestra cuando actúa sobre mí, es decir, en la medida en que penetra en mi vida y la transforma. Sólo si acojo la palabra y la «entiendo» humanamente (¡no puedo hacerlo de otra forma!) podré entender la Biblia, podré lograr que ella se vuelva Palabra. En esa línea, cuando hablamos de la gracia de Dios no estamos diciendo que su esencia es «eternamente» gratuita, decimos que Dios «me» da su gracia y que yo vivo según ella[7].

---

[7] Cf. Bultmann, *Ueber das Problem einer theologischen Exegese des NT*: Zwischen den Zeiten 3 (1925) 334-357; *Die Bedeutung der·«dialektischen Theologie» jür die*

Bultmann, que era, ya entonces, uno de los mayores representantes de la crítica literaria (había publicado el año 1921 su *Historia de la Tradición sinóptica*), concentra su esfuerzo en superar la objetividad de una ciencia que separa las cosas de mi vida y las coloca frente a mí, como si la ciencia fuera un simple ejercicio de «objetivación». Frente a las ciencias físicas, que pueden colocar las cosas ante nosotros, fuera de nuestra vida, para estudiarlas en sí mismas, emergen las «ciencias hermenéuticas», para las cuales conocer es interpretar. Así sucede en la lectura de la Biblia: Sólo puedo conocerla en la medida en que dejo que ella se introduzca en mi vida. Por eso, la lectura de la Biblia constituye un «encuentro» entre la Palabra del Dios que me habla y mi propia existencia que le responde. Jesús se convierte de ese modo en fuerza de Dios que me llama, palabra que me invita a situarme en el instante escatológico: Dios que actúa en el mundo y quiere salvarme.

Bultmann desarrolla su nueva hermenéutica entre el 1925-1930, y lo hace, de un modo especial, en diálogo con M. Heidegger, el gran filósofo existencialista. Ambos enseñan en Marburgo; ambos se encuentran, descubren sus puntos de contacto y durante un tiempo se enriquecen mutuamente. La hermenéutica de Bultmann, que había ya empezado a ser existencial, lo será de forma más precisa. Toda su obra aparecerá como un intento de comprender humanamente el sentido de la fe cristiana, entendida como fuente de trasformación personal.

Según eso, para entender lo que nos dice Dios en la Escritura necesitamos «comprendernos» a nosotros mismos, pues sólo aquello que responde a mi exigencia interna puede hablarme, tendrá para mí un sentido. En ese contexto, Bultmann afirma que toda la vida humana se concentra en la pregunta que interroga por su sentido y por su vida. El hombre pregunta por la Vida, al ver que su camino se dirige hacia la

---

*neutestamentliche Wissenschaft* (1928), en *Glauben und Verstehen* I, 117. Cf. H. Bouillard, *Dialektische Theologie*, LTK, III, 334-339, y *Karl Barth*, Aubier, Lyon-Fourviere 1957, 206ss.

muerte; pregunta por la Felicidad, porque se siente inmerso en la angustia del mundo que es nada; pregunta por el Bien al saberse impotencia y pecado[8].

Estas preguntas las analiza Bultmann con la ayuda de las categorías «existenciarias» del hombre (Da-Sein) que Heidegger ha llegado a precisar en «Ser y Tiempo» (1927). Toda la obra de Heidegger se condensa para Bultmann en el estudio de la realidad del hombre como ser que se interroga sobre sí mismo, desde una situación de muerte, dominado por la angustia. Filosóficamente, como sabe y dice el mismo Heidegger, la pregunta del hombre no tiene respuesta.

En ese contexto, Bultmann no puede admitir que la obra de Heideger («Ser y Tiempo») pueda tener una segunda parte filosófica donde se describa el «Ser» del que el hombre es pastor y vigía. No hay respuesta humana a la pregunta de Ser y Tiempo, no hay solución filosófica para el hombre. Eso significa que el hombre tiene preguntas que él no puede responder. El cristianismo, en cambio, sabe que hay una respuesta: No la ha dado el hombre, sino Dios por medio de Cristo. Heidegger supone así que la respuesta a las preguntas existenciales del hombre (dominado por la angustia de la muerte), es decir, la verdadera «segunda parte» de Ser y Tiempo, puede darse sólo por gracia de Dios y se ha dado de hecho en la Biblia, por medio de Cristo.

Entender la Escritura significa, por lo tanto, escucharla como respuesta al existir humano que es camino dirigido siempre hacia aquello que internamente le desborda. Por eso, la Revelación no consiste en «palabras eternas»; se reduce a la «Palabra», el Cristo que me llama y es, al mismo tiempo, el hecho redentor: el Cristo que me salva, al liberarme del interrogar sin respuesta, pura muerte, que yo era.

---

[8] He desarrollado extensamente el tema en *El Pensamiento de R. Bultmann*, Clie, Terrasa 2014. Cf. R. Bultmann, *Die Frage der Naturlichen Offenbarung* (1941), en *Glauben und verstehen* II, 79-104; *Das Problem der Hermeneutik* (1950), en *Glauben und Verstehen* IV, págs. 231ss, y *Zur Frage einer «Philosophischen Theologie»*, en *Glauben urd Verstehen* IV, 104-106.

La obra de Bultmann pretende ser fiel al intento original barthiano: Dios es diferente de todo lo conocido y lo desconocido, está fuera de los hombres y no puede confundirse con la simple hondura del Espíritu. Pero, al mismo tiempo, para acoger y entender a Dios, hay que unir su lejanía con la cercanía de la vida y pregunta de los hombres. Para ello hace falta establecer, paradójicamente, un diálogo que ligue a lo eterno con el tiempo. El estudio de la existencia nos ofrece un medio: Dios, siendo distinto, es palabra que me llama y que conduce a su plena, auténtica meta, mi existencia.

La revolución hermenéutica de Bultmann ha tenido, también, una importancia decisiva. Terminada la segunda guerra, y una vez apagada la novedad liberadora del barthismo, gran parte de la cultura protestante germana empezó a pensar en forma existencial. Sin embargo, esa propuesta suscitó también críticas muy duras, entre las que he querido destacar la de O. Cullmann[9].

### c) *Óscar Cullmann, prioridad de la historia*

Como he venido señalando desde el principio de este libro, Cullmann empezó estudiando la Biblia con métodos científicos, y ha sido receptivo a las propuestas de Barth y Bultmann. Pero llegó a la conclusión de que, de acuerdo el mensaje y argumento central de la Biblia condensa en unos hechos salvadores, que tienen un valor objetivo, por encima de una lectura puramente existencial de su sentido. El argumento de la Biblia no es simplemente «Dios habla» (como suponía Barth), ni tampoco «el hombre acoge la Palabra» (Bultmann), sino en una serie de hechos que deben entenderse de

---

[9] Los presupuestos kantianos impiden a Bultmann trazar un contacto que ligue Dios y el mundo; Bultmann procede, filosóficamente, de la «Escuela de Marburgo», y concibe la ciencia a manera de pura objetivación, en la que no conocemos las cosas, sino las formas de la mente. Por eso no es posible llegar hasta Dios desde este mundo. El hombre está siempre aislado, solitario; los conceptos que tiene de Dios no dejan de ser ídolos. Solamente superando su trasfondo kantiano pudiera haber tenido pleno éxito la «revolución teológica» de Bultmann.

un modo histórico, pues en ellos se expresa Dios y se realiza la existencia verdadera de los hombres[10].

En un primer momento él había admitido la verdad radical de la exégesis supra-histórica de Barth: transcendiendo las bases históricas y literarias hace falta alcanzar el sentido profundo, las realidades metafísicas, las verdades absolutas que pretende transmitir la Biblia, como Palabra de Dios. Sin embargo, ya en sus escritos más antiguos (de 1925 a 1928), él había añadido que para alcanzar ese estrato superior de la palabra de la Biblia (entendida casi de un modo platónico) debemos superar un dualismo neokantiano que está en el fondo del pensamiento de Barth; debemos romper la pared que muchos teólogos han alzado entre el entender (filosofía, conceptos) y la creencia (realidad de la fe).

Con la ayuda de la «escuela fenomenológica» (E. Husserl), Cullmann afirmaba que se puede hablar de una especie de intuición histórica, que nos permite descubrir la palabra (la acción) de Dios en los hechos de la historia, entendidos de forma sincrónica (desde una comunidad creyente) y diacrónica, a lo largo de un tiempo que se extiende desde la creación hasta la culminación escatológica, centrándose en Cristo, que la palabra central de Dios. Para encontrar a Dios, la teología no tiene que abandonar la historia, sino penetrar en su verdad más profunda, pues en esa misma verdad de la historia se halla Dios. En ese sentido podemos y debemos hablar de una hermenéutica o interpretación histórica de Dios.

Avanzando en esa línea, Cullmann dirá pronto que no puede hablarse de un plano de verdad transcendente, separada de este mundo, una verdad que existe en sí (como hecho absoluto) y que después se expresa, de un modo accidental, en los hechos de la historia, sino que la verdad más honda de

---

[10] Cf. J. Frisque, *Oscar Cullmann*, Tournai, Casterman 1960, págs. 23-42, y L. Bini, *L'intervento di Oscar Cullmann nella discussione bultmanniana*, Gregoriana, Roma 1961, 12-48.

Dios, su esencia inmanente (para hablar de un lenguaje consagrado en la teología trinitaria) se identifica con su "economía", es decir, con su revelación histórica. La misma historia, en su verdad, viene a mostrarse ahora para Cullmann como realidad y contenido (hermenéutica) de Dios.

No podemos hablar de Dios-en-Sí (no nos importa); sólo podemos hablar de Dios-en-la-Historia, una historia que viene a mostrarse ahora como salvadora, Historia de la Salvación, que es el argumento y contenido de la Biblia. Sólo en ella (en la hondura de la Biblia, que es la Historia de la Salvación) podremos descubrir a Dios y conocerle, conociendo, al mismo tiempo, a los hombres. La historia, entendida como proceso de salvación, según la Biblia es, por tanto, la revelación de Dios y es el despliegue y sentido de la creación (de la verdad humana).

Esta postura de Cullmann implica un doble presupuesto hermenéutico en la lectura de la Biblia. (a) En contra de Barth y de Bultmann, Cullmann afirma que lo importante no son las posibles verdades eternas, ni la plenitud existencial del hombre. El principio y fundamento son los hechos históricos objetivos, por medio de los cuales Dios nos ofrece su salvación, o, mejor dicho, es Salvación para los hombres. (b) Los hombres somos capaces de conocer los hechos objetivos de la historia de la salvación, unos hechos que no son simplemente subjetivos (como podía suponer la teología neo-kantiana), sino que tienen entidad en sí mismos, como actuación y presencia de Dios entre los hombres.

En ese contexto, Cullmann afirma que, ante todo, es necesario «escuchar» lo que dicen los textos, para entender y acoger los hechos salvadores que ellos narran. Hay que escuchar la Biblia como Palabra que nos llega de fuera, pero no como palabra existencial (mera inflexión en aquello que nosotros somos), sino como palabra fáctica, como eso que podríamos llamar «palabra-hecho». En contra del presupuesto existencial (de Bultmann), que afirma que escuchamos solamente aquello que responde a la pregunta que es nuestra existencia, Cullmann sostiene que hace falta, ante todo, crear en nosotros un silencio, oír de manera obediente lo que dicen los textos de la Biblia, acogiendo de esa forma los «hechos» de su historia.

La realidad objetiva que la Biblia ha querido presentar ante mis ojos y ofrecerme como vida salvadora no consiste en una nueva comprensión del cosmos. El mundo, como tal, parece girar en ciclos eternos carentes de meta; en realidad se dirige hacia la muerte y nos angustia. La Biblia afirma, sin embargo, que hay una historia en la que los hombres se encuentran implicados, una historia que les hace ser lo que son. La Biblia introduce a los hombres en la «gran marcha» de la historia de la salvación, dirigida, por divina voluntad, hacia una meta que es la Vida Final (no la vida intemporal), hacia la Resurrección en que podremos encontrar, renovado, todo aquello que perdemos con la muerte[11].

Esa historia es la presencia de Dios en el mundo, Dios mismo hecho historia, y por eso es historia divina. La Biblia no conoce a un Dios intemporal; nada sabe de un «ser eterno», aislado del tiempo de la salvación. Dios se manifiesta como el «Señor de los tiempos», que se encuentra en el principio, actúa en el centro y llega a culminarlo todo allá en la meta. En ese gran conjunto, la historia salvadora incluye una serie de acontecimientos y de personajes que salen al encuentro de los hombres, desde el Éxodo de Israel hasta la Pascua de Jesús, con Abraham y Moisés, y de un modo especial, con Jesús y sus Apóstoles... Todos los hombres están incluidos en la línea que lleva dese la primera creación, por medio de la muerte y pascua de Cristo, hacia su venida final, que será la resurrección universal.

No podemos volver al sentido de la obra de Cullmann (que hemos venido estudiando), sino recordar que ella ofrece

---

[11] Cf. *Unsterblichkeit, Christus* y *Heil als Geschichte*.

una decidida apología del valor de los «hechos salvadores» de la Biblia. Quizá los interprete de forma apresurada; es posible que llegue a deformarlos haciéndolos entrar en unos moldes que pudieran ser estrechos. Sin embargo, él ha tenido el valor de llevarnos de nuevo ante el «tribunal de los hechos». No todo se puede reducir a señalar lo eterno (K. Barth), o a mostrar su influir en mi existencia (Bultmann); Dios nos habla de nuevo en forma de «mundo», a través de una serie de sucesos concretos, en una historia que se centra en Cristo. En otras palabras: a la simple dualidad agustiniana, que pretende encerrarlo todo en «Dios y el alma», hace falta añadirle un medio muy real, muy importante: el mundo (Cristo).

## 2. Dios, un triángulo hermenéutico

Desde ese fondo vuelvo al argumento del principio de este libro. Cullmann nos situaba ante una hermenéutica teísta de la historia, que aparecía como punto de partida (y centro) de todo conocimiento humano. El principio no era Dios, como sujeto trascendental en el que todo se entiende (K. Barth), ni era simplemente el hombre, entendido como existencia trascendental (R. Bultmann).

El principio y centro de nuestro conocimiento era la historia (es decir, nuestro proceso de realización humana), que podíamos entender de un modo teísta, como revelación de Dios, de manera que podemos hablar de una "hermenéutica histórica de Dios" (y de Dios, como hermenéutica real de la historia de los hombres).

En esa línea vengo hablando de un *triángulo hermenéutico,* poniendo así de relieve la subjetividad trascendental de Dios (Barth), la existencia auténtica del hombre (Bultmann) y la realidad de la historia de la salvación, centrada en Cristo (Cullmann). En esa línea, de un modo general, podríamos afirmar que toda la teología se ha convertido, de algún modo, en esfuerzo hermenéutico, y que esos autores ofrecen tres respuestas a la pregunta por el sentido del encuentro del hombre con el mundo (con Dios), pero sabiendo que Dios y el hombre se vinculan en la historia.

### a) Historia, encuentro de Dios y los hombres

Barth y Bultmann se han situado en los extremos, uno en el extremo de Dios (Barth), otro en el extremo del hombre (Bultmann). Pues bien, aceptando el valor parcial de la opción de cada uno de ellos, Cullmann ha querido situarse en el centro de la línea (o de ese triángulo), poniendo de relieve el carácter básico de la historia.

Su propuesta no debe entenderse como un fácil concordismo, sino todo lo contrario. Él no busca una simple armonía externa, sino el diálogo entre Barth y Bultmann, desarrollando eso que (con permiso de los dogmáticos) podríamos llamar la «trinidad exegética». Sólo poniéndonos en el centro del «triángulo» podremos descubrir lo que poseen de valioso las posturas de los tres autores, cuyas visiones iré presentando a partir de una frase que los tres pueden aceptar como base de su exposición teológica: *Dios salva al hombre por medio de Cristo.*

Esa frase puede leerse y entenderse desde cada uno de los tres extremos: a. *Dios*, b. *hombre*, c. *por medio de Cristo*. Lo que une a los extremos (Dios y el hombre, Cristo) es el área común, marcada por la palabra «salva». Pero ella puede entenderse también en un sentido lineal, poniendo a Dios y el hombre en los extremos, para colocar en el centro la historia, tal como ha puesto de relieve Cullmann:

— *K. Barth* está convencido de que es Dios el que salva; y lo acepta de tal modo que afirma que el hombre, salvado, penetra en el plano Dios, que ha llegado a tocar, por medio de Cristo, como tangente, el círculo cerrado de este mundo. No niega la acción de Cristo, ni tampoco la importancia del hombre a quien Dios ha venido a revelarse... Pero lo importante y decisivo es, sin embargo, el Dios eterno que lo llena todo, y que actúa, «tocando» (salvando) a los hombres desde su transcendencia.

— *Bultmann* acentúa la importancia del hombre que se salva, alcanzando así su existencia auténtica. No niega la obra de Dios, no duda de la importancia de Cristo, que muere en la Cruz, como Palabra que nos llama y nos lleva hacia el descubrimiento de nuestra identidad... Sin embargo, lo que importa de verdad, lo que define la teología cristiana, es la transformación existencial del creyente.

– *Cullmann* pone el acento en Cristo que concentra y aúna la obra divina y la respuesta humana en una historia en la que se vinculan Dios (Barth) y el hombre (Bultmann). Cullmann sabe que es Dios el que actúa y que cada hombre debe responder; sin embargo, a su juicio, la salvación se centra y realiza como historia (*Heil als Geschichte*) pues en ella se unen y vinculan (por Cristo) Dios y el hombre.

*a) K. Barth* sabe que «Dios salva al hombre por medio de Cristo», pero pone el acento en la primera palabra de la frase (Dios). Por eso se ha podido decir que él defiende una «teología de la subjetividad transcendental divina»[12]. Todas las realidades del mundo han de ponerse ante su divino, y todas ellas (por sí mismas) aparecen condenadas a la muerte; sólo Dios es salvador, sólo él libera de la muerte.

El tiempo del mundo es puro «pasar»; no puede transformarse, es incapaz de mantenerse cuando viene la pura eternidad divina. Por eso debe morir el hombre viejo si pretende «resucitar», naciendo a la misma eternidad divina. El conocimiento de los hombres no llega nunca a lo divino; es puro invento de la carne, incapaz de forjar más que «ídolos». A juicio de Barth todos los ideales y las obras de la razón humana son pecado, llevan a la muerte. Por eso, la revelación se opone de manera total a la razón, la fe a la ciencia. El hombre viejo (ideales de la mente, religiones del corazón) ha de morir; sólo entonces podrá hacerse presente la Palabra, el Dios de la Resurrección.

---

[12] Tomamos estas palabras de J. Moltmann, *Theologie der Hoffnung*, Kaiser, München 1966, 43ss. Allí se explica el carácter absoluto y exclusivo del ser divino en Barth. Lo eterno no puede crear en torno a sí un «ámbito de tiempo» en que se exprese; Dios destruye todo lo que encuentra en torno suyo; sólo así puede llevarlo a su plenitud.

El esa línea, el puede definir el cristianismo como la «auto-revelación del Dios», que al darse a los hombres sigue siendo totalmente distinto, de manera que nadie le puede «entender» con razones ni con presupuestos existenciales. La única respuesta ante Dios es escucharle y quedar en silencio, dejando que él hable porque quiere, cuando quiere y lo que quiere[13].

*b) R. Bultmann* afirma también que «Dios salva al hombre por medio de Cristo», pero el centro de interés de la frase está en el hombre, que ahora aparece como «existente» en busca la autenticidad, de manera que su pensamiento ha podido presentarse como «teología de la subjetividad trascendental del hombre». Barth partía de la subjetividad divina, autónoma en sí misma, separada Bultmann, en cambio, ha elegido como punto de partida la subjetividad existencial del hombre.

Bultmann admite, sin duda, la existencia y acción de Dios, pero se trata de un Dios que en la práctica teológica parece reducirse a una función humana. No es un Dios en sí, ni tampoco un Dios en el mundo (verdadero creador), ni se revela en unos hechos externos, claramente observables para todos, pues ello sería caer en el objetivismo. En algún sentido podría decirse que Dios no tiene más función que la de actuar como principio existencial y como meta a la que tiende el hombre.

Más que del tiempo infinito de Dios, Bultmann habla del «tiempo de la realización existencial», es decir, de la temporalidad de los hombres, que llegan a ser auténticos en Dios. En esa línea, se ha podido decir que Dios es una función de los hombres, de manera que si los hombres lograran alcanzar su autenticidad de otra manera Dios sería innecesario.

No es éste el momento de recodar los valores de planteamiento bultmanniano (que, por otra parte, he destacado en *El*

---

[13] La obra teológica de K. Barth quiere presentar los rasgos de esta epifanía divina. Todo se resume en la voz de Dios que dice «yo soy el Señor» – diverso de los hombres, absoluto», apareciendo así como «Trinidad inmanente: Padre, Hijo y Espíritu».

*Pensamiento de R. Bultmann,* Clie, Terrasa 2014), pero en conjunto su obra nos parece limitada e incluso exclusivista. Ciertamente, importa mucho la salvación del hombre. Pero ella no puede convertirse en el punto arquimédico al que todo el resto de las cosas deba someterse.

c) *O. Cullmann* afirma también, sin dudarlo, que «Dios nos salva por medio de Cristo». Pero, a su juicio, lo más importante en la frase no es el hombre salvado, ni Dios salvador, sino Cristo como acontecimiento de salvación, de manera que en esa línea debemos añadir que *Dios salva a los hombres en la historia.* En ese contexto podríamos definir a Cullmann como teólogo de la «objetividad transcendental de la historia de la salvación», en la línea de eso que he llamado la hermenéutica histórica de Dios.

Como he venido señalando, Cullmann ha elaborado una «teología del tiempo histórico», no de una posible eternidad divina, ni de la temporalidad existencial del hombre. Según eso, el centro de la realidad cristiana lo forma el tiempo de los acontecimientos salvadores, es decir, la Salvación como Historia que se dirige, partiendo de la creación, por la muerte y resurrección de Cristo, hacia la culminación de todo lo que existe, es decir, hacia la resurrección universal.

Entendido así, el «tiempo cristiano» está constituido y definido por la tensión entre el «ya» –victoria decisiva de Cristo por su muerte– y el «todavía no» de la resurrección final, que será la culminación de su obra. Más aún, ese tiempo de la historia cristiana puede interpretarse y entenderse, al mismo tiempo, desde Dios y desde los hombres, que se vinculan así, en forma de historia. Por eso, el centro de la salvación no es la «autoepifanía de Dios» en cuanto tal (Barth), ni es la culminación de la existencia humana (Bultmann), sino el despliegue de la historia la salvación, tal como está centrada en Cristo.

## b) *Última reflexión, un camino abierto*

Estrictamente hablando, Cullmann no ha desarrollado una "teología", como ha hecho Barth, partiendo de la revelación trinitaria de Dios como Señor. Tampoco ha desarrollado una "antropología" existencial, como ha hecho Bultmann, partiendo de la respuesta y plenitud existencial del hombre. Él ha querido elaborar más bien una "historia de la salvación", presentando así la revelación de Dios como salvación para los hombres, en un determinado despliegue temporal.

Quiero que este libro acabe precisamente aquí, de un modo algo abrupto, pero mostrando que existe un camino abierto. Por eso no he querido detenerme ofreciendo unas conclusiones, pues ello exigiría volver a los temas que he venido exponiendo en el libro. Por otra parte, posiblemente, no ha llegado todavía el momento de trazar unas conclusiones que puedan presentarse como definitivas (convincentes), porque el pensamiento de Cullmann no ha llegado aún a desarrollarse plenamente todavía (año 2013), pues él no ha tenido todavía verdaderos continuadores.

Ciertamente, gran parte de la teología más importante del último tercio del siglo XX, tanto católica como protestante, se ha movido en una línea iniciada o abierta por Cullmann: Así podemos pensar en W. Pannenberg y en su escuela (con la "revelación como historia"), lo mismo que en J. Moltmann (con la "teología de la esperanza"). Así podemos pensar en algunos discípulos de K. Rahner (como J. B. Metz, con la "teología política") y, sobre todo, en la "teología de la liberación", intensamente comprometida con la historia (a partir, por ejemplo, de I. Ellacuría y su *Filosofía de la Realidad Histórica*, Trotta, Madarid 1991). A pesar de ello, pienso que no existe todavía una verdadera "teología de la historia", en la línea de lo que intentaba O. Cullmann.

En ese sentido, el final de este libro, dedicado a *El Pensamiento de O. Cullmann*, tiene que estar necesariamente abierto. No tenemos aún claridad *en un plano filosófico*, y mucho menos todavía en un plano teológico. Son muchos los que, influidos por las religiones de oriente (budismo, hinduismo, incluso Islam), piensan que la religión no puede vincularse con la historia, sino que debe ser una "salida" de la historia: No podemos salvarnos "en" la historia, sino saliendo de ella. En esa misma línea parecen situarse nuestros dos grandes teólogos de referencia: Barth y Bultmann.

– *K. Barth* ha querido llegar por la fe a la realidad absoluta, al Dios eterno a quien el hombre no puede alcanzar por la razón, según la crítica kantiana. Entre el hombre y Dios no existen puentes, ni contactos verdaderos, de forma que todo lo que digan los hombres sobre Dios (por religión o por filosofía) no es más que mentira, idolatría. Eso significa que el Dios verdadero planea por encima, sin poder entrar de verdad en la historia de los hombres para transformarla. Dios viene a revelarse así como «sujeto absoluto», pura perfección que no puede transformar de manera real a los hombres, entrando en la historia, sino que se limita simplemente a "rozarles" a través de la Cruz, sin entrar de verdad en sus vidas humanas (cargadas de idolatría)[14].

– *R. Bultmann* afirma también que Dios y el hombre se encuentran separados, pero en lugar de insistir en la trascendencia de Dios ha insistido en la "inmanencia existencial" humana. Por eso, a su juicio, cada hombre es un inmenso solitario, sin historia verdadera, sin fronteras que las suyas, porque nunca se realiza en el encuentro con el mundo, en convivencia con los otros, y al abrirse a Dios sigue encontrándose aislado en su pura búsqueda existencial. Por mucho que hable de Dios, el hombre de Bultmann sigue siendo un solitario, con historicidad, pero sin historia[15].

---

[14] G. Gloege, *K. Barth*, en RGG I, 894-895, afirma que Barth, filosóficamente influido por el neokantismo, utiliza categorías dualistas, como Platón y Kierkegaard (dualismo eternidad-tiempo). Una de las razones por las que Barth dice haber reelaborado su *Carta a los Romanos* es por su conocimiento de Kant y Platón (21922).

[15] Para Heidegger, el hombre, cada hombre, limita con su propia muerte; así lo dice Bultmann. El creyente, sin embargo, encuentra una frontera abierta hacia Dios; desde Dios puede verse, de algún modo, la unión con los hermanos. Cf. R. Bultmann, *Die Geschichtlichkeit des Daseins und der Glaube* (1930), en *Heidegger*

Y así queda *O. Cullmann,* en el momento culminante de este recorrido como un pensador solitario, aunque se eleven de algún modo a su lado miles y millones de cristianos que desean recuperar la historia o, mejor dicho, recrear la historia cristiana, de un modo teórico y sobre todo práctico, aprendiendo a contar de nuevo el gran meta-relato de la Biblia, centrado en Jesús, para así recorrer mejor sus caminos. En esta línea de la "búsqueda de la razón histórica" hemos podido situar a varios de los mayores pensadores cristianos de los últimos decenios (W. Pannenbergo, J. Moltmann, J. B. Metz, I. Ellacuría...), con una legión de judíos y cristianos (¿y musulmanes?), comprometidos prácticamente en la tarea de recrear o, quizá mejor, de crear una verdadera historia mesiánica cristiana. En esta línea siguen avanzando miles de exegetas empeñados en trazar una hermenéutica narrativa no sólo de los evangelio, sino del conjunto de la Biblia.

Ha terminado o está terminando el tiempo de las grandes demostraciones, el tiempo de las opciones intimistas, aisladas; está llegando el momento de las narraciones, entre las que destaca la historia de la Biblia. Pues bien, en este momento, O. Cullmann sigue siendo un autor de referencia obligada, no para mantener su pensamiento sin más, sino para recrearlo, elaborando en su línea una especie de «crítica de la razón histórica cristiana», ahora que parecemos estar en la etapa final de un "agustinismo cristiano", determinado por la visión histórica de *La Ciudad de Dios,* escrita por San Agustín en la época clave de la caída del Imperio Romano (412-426). No he querido citan a San Agustín a lo largo de este libro, ni comparar su visión con la de O. Cullmann, aunque ella ha estado al fondo de casi todas las páginas anteriores, sirviendo de referencia y contraste.

La visión histórica de San Agustín ha marcado hasta el día de hoy la conciencia cristiana de occidente, en línea de pesimismo

---

*und die Theologie,* Kaiser V., München, 1967, págs. 84-95. Aunque aquí se diga que el «creyente» se abre al hermano (siguiendo a Gogarten), en el resto de su obra tal implicación no aparece demasiado clara.

histórico y de enfrentamiento social. Estoy convencido de que ha llegado el momento de superar esa visión, y para ellos nos puede servir de guía O. Cullmann, en un largo trecho. En ese sentido, estoy convencido de que la gran hora de su "influjo" teológico no ha llegado todavía. Siguen siendo fundamentales los planteamientos de Barth y de Bultmann, pero son demasiado parciales o, quizá mejor partidistas. Cullmann puede ofrecernos un "campo" de juego amplio y claro para retomar los temas fundamentales de la teología y de la vida cristiana, a partir de la historia, en ese momento de gran tránsito, que es el comienzo del siglo XXI.

Con ese convencimiento he querido escribir las páginas anteriores, más de cuarenta años después de haber dedicado a Cullmann mi tesis doctoral en filosofía. No he podido presentar aún unas conclusiones firmes sobre el tema. Pero estoy convencido de que el camino sigue abierto o, mejor dicho, empieza a abrirse, en línea de historia.

Sé que Dios es divino al revelarse en la historia (como historia), saliendo de sí mismo, al encuentro de los hombres, en quienes se "encarna" (en Cristo y por Cristo). Por otro lado, sé los hombres son humanos en la medida en que salen de sí mismos, abriéndose (en Dios) hacia el futuro de su realización (siendo historia). En esa línea, me atrevería a decir que *los hombres son la historia de Dios*, revelándose (manifestándose) a sí mismo. Y añadiría que *Dios es la historia de los hombres*, dialogando y vinculándose en Cristo.

Éste es, a mi juicio, el sentido de la revelación cristiana como historia (manifestación de Dios y realización humana). Es fácil decirlo así en general, es más difícil precisarlo y argumentarlo. Pues bien, en esa línea pienso que O. Cullmann, teólogo luterano, cristiano universal, nos ha ofrecido unas buenas bases para seguir pensando y comprometiéndonos en esa línea, conforme a todo este libro sobre su pensamiento, que aquí culmina.

# Bibliografía

## Siglas

Utilizo las usuales en los libros de teología, de manera que no es preciso recogerlas aquí todas. Cito sólo algunas que me parecen más significativas o menos conocidas.

ABD: Anchor Bible Dictionary, New York.

AnGreg: Analecta Gregoriana, Roma.

ATANT: Abhandlungen zur Theologie des Alten und Neuen Testaments, Göttingen.

BEB: Biblioteca Estudios Bíblicos, Salamanca.

ChW: Christliche Welt (1887-1941), Berlin.

DBS: Dictionnaire de la Bible, Supplément (Paris).

DTNT: Coenen, L., E. Beyereuther, H. Bietenhard (eds.), *Diccionario teológico del NT* I-IV, Sígueme, Salamanca 1984.

EstBibl: Estudios Bíblicos, Madrid.

EVZ: Evangelische Verlag, Zürich.

JThS: Journal of Theological Studies, Oxford.

KM: Kerygma und Mythos, Hamburg.

LD: Lectio Divina, Paris.

LTK: Lexikon für Teologie und Kirche, Freiburg i. B.

RHPR: *Revue d'Histoire et de Philosophie Religieuses, Strasbourg.*

SBTh: Studies in Biblical Theology, London.

ThB: Theologische Blätter, Leipzig.

ThR: Theologische Rundshau, Tübingen.

ThSt: Theologische Studien, Berlin.

TWNT: G. Kittel y G. Friedrich (eds.), *Theologisches Wörterbuch zum Neuen Testament*, Kohlhammer, Stuttgart 1933-1973, 10 vols.

ThZ: Theologische Zeitschrift, Basel.

VC: Vigiliae Christianae, Leiden.

## 1. Obras de O. Cullmann

Para una bibliografía hasta 1959, cf. J. Frisque, *Óscar Cullmann. Una teología de la historia de la salvación*, Estela, Barcelona 1968, 329-346; hasta 1962, cf. *Neotestamentica et Patristica. In Honour O. Cullmann*, Supp. NT VI, Leiden 1962, IX-XIX. Recopilación de trabajos de Cullmann, con bibliografía básica en *Vorträge und Aufsätze 1925-1962*, Mohr, Tübingen 1966. Momentos básicos de su vida y bibliografía completa en J. Leprette (ed.), *Notice sur la vie et les travaux de O. Cullmann (1902-1999)*, Palais de l'Institut, Paris 2001.

### Por orden cronológico:

– *Les récentes études sur la formation de la tradition évangélique* (1925): RHPR 5 (1925) 459-477 y 564-579; Versión alemana: *Die Geschichte der Evangelientradition*, en *Vorträge* 41-89.

– *Les problèmes posés par la Méthode exégétique de Karl Barth*: RHPR

8 (1928) 70-83. Versión alemana: *Die Problematik der exegetischen Methode Karl Barths*, en *Vorträge* 90-109.

– *Le problème littéraire et historique du Roman Pseudoclémentin*, Alcan, Paris 1930.

– *Das eschatologische Denken der Gegenwart* (1938), en *Vorträge* 305-306.

– *Les premières confessions de foi chrétiennes* (escrito en 1939). Publicado como artículos en RHPR 21 (1941) 77-100, y 22 (1942) 30-42. Como libro en Cahiers de la RHPR, 1943, París. Citamos libro según edición de ²1948.

– *Königsherrschaft Christi und Kirche im NT* (1941), EVZ, Zürich 1946. Versión cast.: *La realeza de Cristo y la Iglesia según el NT* (1941), Studium, Madrid 1974.

– *Christus und die Zeit* (1946), EVZ, Zürich 1962; versión francesa: *Christ et le temps*, Delachaux et N., Neuchâtel 1966; versión cast.: *Cristo y el tiempo*, Estela, Barcelona 1968 (Ediciones Cristiandad, Madrid ²2008).

– *Temps et histoire dans le Christianismo primitif* (tesis presentada a la Facultad de Teología Protestante de la Universidad de Strasbourg, para obtener el grado de doctor), Delachaux, Neuchâtel 1947.

– *Urchristentum und Gottesdienst* (1950), Zwingli V., Stuttgart 1962.

– *Petrus. Jünger. Apostel. Märtyrer* (1952), Siebenstern, München 1967.

– *La tradition. Problème exégétique, historique et théologique*, Delachaux, Neuchâtel 1953 (versión alemana: *Die Tradition*, Evangelische Verlag, Zürich 1954).

– *The Significance of de Qumran texts for research into de beginnings of Christianity*, SBL, Philadelphia 1955; *Secte de Qumran. Hellénistes des Actes el quatrième évangile* (Colloque Strasbourg 1955), PUF, Paris 1957.

– *Der Staat im NT* (1955), Mohr, Tübingen 1961; verión cast.: *El Estado en el NT*, Taurus, Madrid 1966.

– *Die Christologie des NT* (1956), Mohr, Tübingen 1966. Versión cast.: *Cristología del NT*, Methopress, Buenos Aires 1965 y Sígueme, Salamanca 1998).

– *Catholiques et protestants, un projet de solidarité chrétienne*, Delachaux, Neuchâtel 1958.

– *Unsterblichkeit der Seele oder Auferstehung der Toten?*, Kreuz V., Stuttgartt 1962. Versión cast.: *La inmortalidad del alma o la resurrección de los muertos*, Studium, Madrid 1970.

– *Heil als Geschichte.Heilsgeschichtliche Existenz im Neuen Testament*, Mohr, Tübingen 1965 (*La salvación como Historia. La existencia histórico-salvífica en el Nuevo Testamento*). Versión cast: *La historia de la salvación*, Ed. 62, Barcelona 1967.

– *Rome nous interpelle. Le Concile vu par les observateurs luthériens II*, Delachaux, Neuchâtel 1965.

– *Vorträge und Aufsätze* (1925-1962), Mohr, Tübingen 1965.

– *El Nuevo Testamento* (1966), Taurus, Madrid 1971.

– *La Bible et le dialogue œcuménique (con O. Karrer)*, Salvator, Mulhouse 1967. Versión cast.: *La Biblia en el diálogo confesional*, Sígueme, Salamanca 1968.

– *Die oekumenische Aufgabe heute im Lichte der Kirchengeschichte: das Ineinander von Universalismus und Konzentration als œkumenisches Problem, Discurso Rectoral*, Helbing, Basel 1968.

– *Jesus und die Revolutionären seiner Zeit*, Mohr, Tübingen 1970. Versión cast.: *Jesús y los revolucionarios de su tiempo*, Studium, Madrid 1973.

– *Verdadero y falso ecumenismo. El ecumenismo después del Concilio*, (1970), Studium, Madrid 1972.

– *La fe y el culto en la Iglesia primitiva*, Studium, Madrid 1971 (incluye trabajos de 1941 a 1950: Las primeras confesiones de fe cristiana; La realeza de Cristo y la Iglesia en el NT; El culto en la Iglesia primitiva...).

– *Del evangelio a la formación de la teología cristiana*, Sígueme, Salamanca 1972 (incluye trabajos del año 1936 hasta el 1965, entre ellos: Navidad en la Iglesia antigua; El bautismo de los niños y la doctrina bíblica del bautismo; ¿Inmortalidad del alma o resurrección de los muertos?).

– *Estudios de teología bíblica*, Studium, Madrid 1973 (incluye trabajos de 1963 a 1964, especialmente Dios y el César; La tradición: problema exegético, histórico y teológico).

– *La Samarie et les origines chrétiennes*, Boccard, Paris 1974.

– *Der johanneische Kreis*, Mohr, Tübingen 1975. Edición francesa: *Le milieu johannique: étude sur l'origine de l'Évangile de Jean: sa place dans le judaïsme tardif, dans le cercle des disciples de Jésus et dans le christianisme primitif*, Delachaux et Niestlé, Neuchatel 1976.

– *L'Unité par la diversité: son fondement et le problème de sa réalisation*, Cerf, Paris 1986.

– *La oración en el NT* (1994), Sígueme, Salamanca 1997.

## Por orden alfabético

– *Catholiques et protestants, un projet de solidarité chrétienne*, Delachaux, Neuchâtel 1958.

– *Christus und die Zeit* (1946), EVZ, Zürich 1962; versión francesa: *Christ et le temps*, Delachaux et N., Neuchâtel 1966; versión cast.: *Cristo y el tiempo* (1946), Estela, Barcelona 1968.

– *Das eschatologische Denken der Gegenwart* (1938), en *Vorträge* 305-306.

– *Del evangelio a la formación de la teología cristiana*, Sígueme, Salamanca 1972 (incluye trabajos del año 1936 hasta el 1965, entre ellos: Navidad en la Iglesia antigua; El bautismo de los niños y la doctrina bíblica del bautismo; ¿Inmortalidad del alma o resurrección de los muertos?).

– *Der johanneische Kreis*, Mohr, Tübingen 1975. Edición francesa: *Le milieu johannique: étude sur l'origine de l'Évangile de Jean: sa place dans le judaïsme tardif, dans le cercle des disciples de Jésus et dans le christianisme primitif*, Delachaux et Niestlé, Neuchatel 1976.

– *Der Staat im NT* (1955), Mohr, Tübingen 1961; verión cast.: *El Estado en el NT*, Taurus, Madrid 1966.

– *Die Christologie des NT* (1956), Mohr, Tübingen 1966. Versión cast.: *Cristología del NT*, Methopress, Buenos Aires (y Sígueme, Salamanca 1997).

– *Die œkumenische Aufgabe heute im Lichte der Kirchengeschichte: das Ineinander von Universalismus und Konzentration als œkumenisches Problem*, Discurso Rectoral, Helbing, Basel 1968.

– *El Nuevo Testamento* (1966), Taurus, Madrid 1971.

– *Estudios de teología bíblica*, Studium, Madrid 1973 (incluye trabajos de 1963 a 1964, especialmente Dios y el César; La tradición: problema exegético, histórico y teológico).

– *Heil als Geschichte. Heilsgeschichtliche Existenz im Neuen Testament*, Mohr, Tübingen 1965 (*La salvación como Historia. La existencia histórico-salvífica en el Nuevo Testamento*). Versión cast: *La historia de la salvación*, Ed. 62, Barcelona 1967.

– *Jesus und die Revolutionären seiner Zeit*, Mohr, Tübingen 1970. Versión cast.: *Jesús y los revolucionarios de su tiempo*, Studium, Madrid 1973.

– *Königsherrschaft Christi und Kirche im NT* (1941), EVZ, Zürich 1946. Versión cast.: *La realeza de Cristo y la Iglesia según el NT* (1941), Studium, Madrid 1974.

- *L'Unité par la diversité: son fondement et le problème de sa réalisation*, Cerf, Paris 1986.

- *La Bible et le dialogue œcuménique (con O. Karrer)*, Salvator, Mulhouse 1967. Versión cast.: *La Biblia en el diálogo confesional*, Sígueme, Salamanca 1968.

- *La fe y el culto en la Iglesia primitiva*, Studium, Madrid 1971 (incluye trabajos de 1941 a 1950: Las primeras confesiones de fe cristiana; La realeza de Cristo y la Iglesia en el NT; El culto en la Iglesia primitiva...).

- *La oración en el NT* (1994), Sígueme, Salamanca 1997.

- *La Samarie et les origines chrétiennes*, Boccard, Paris 1974.

- *La tradition. Problème exégétique, historique et théologique*, Delachaux, Neuchâtel 1953 (versión alemana: *Die Tradition*, Evangelische Verlag, Zürich 1954).

- *Le problème littéraire et historique du Roman Pseudoclémentin*, Alcan, Paris 1930.

- *Les premières confessions de foi chrétiennes* (escrito en 1939). Publicado como artículos en RHPR 21 (1941) 77-100, y 22 (1942) 30-42. Como libro en Cahiers de la RHPR, 1943, París. Citamos libro según edición de ²1948.

- *Les problèmes posés par la Méthode exégétique de Karl Barth*: RHPR 8 (1928) 70-83. Versión alemana: *Die Problematik der exegetischen Methode Karl Barths*, en *Vorträge* 90-109.

- *Les récentes études sur la formation de la tradition évangélique* (1925): RHPR 5 (1925) 459-477 y 564-579; Versión alemana: *Die Geschichte der Evangelientradition*, en *Vorträge* 41-89.

- *Petrus. Jünger. Apostel. Märtyrer* (1952), Siebenstern, München 1967.

- *Rome nous interpelle. Le Concile vu par les observateurs luthériens II*, Delachaux, Neuchâtel 1965.

– *Temps et histoire dans le Christianismo primitif* (tesis presentada a la Facultad de Teología Protestante de la Universidad de Strasbourg, para obtener el grado de doctor), Delachaux, Neuchâtel 1947.

– *The Significance of de Qumran texts for research into de beginnings of Christianity*, SBL, Philadelphia 1955; *Secte de Qumran. Hellénistes des Actes el quatrième évangile* (Colloque Strasbourg 1955), PUF, Paris 1957.

– *Unsterblichkeit der Seele oder Auferstehung der Toten?*, Kreuz V., Stuttgartt 1962. Versión cast.: *La inmortalidad del alma o la resurrección de los muertos*, Studium, Madrid 1970.

– *Urchristentum und Gottesdienst* (1950), Zwingli V., Stuttgart 1962.

– *Verdadero y falso ecumenismo. El ecumenismo después del Concilio*, (1970), Studium, Madrid 1972.

– *Vorträge und Aufsätze* (1925-1962), Mohr, Tübingen 1965.

## 2. Entorno teológico

Recoge básicamente algunos de los autores fundamentales con los que Cullmann ha ido dialogando a lo largo de su vida. Por orden alfabético:

– Barth, K., *Der Römerbrief* ([2]1922) EVZ-V, 1967, Zürich.

– *La Theologie Protestante au XIX Siècle*, Labor et Fides, Genève 1969.

– Bultmann, R., *Die Geschichte der synoptischen Tradittion*, Vendenhoeck, Göttingen 1921.

– *Das Problem einer theologischen Exegese des NT*: Zwischen den Zeiten 3 (1925) 334-359.

– *Die Bedeutung der dialektischen Theologie für die neutest. Wissenschaft* ThBl 7 (1928) 57-67. Cf. *Glauben und Verstehen* I, 114-133.

– *Jesus*, Deutsche Bibliothek, 1926, Berlin. Utilizamos la ed. de Siebenstern 1967, München.

- *Glauben und Verstehen* I-IV, Mohr, Tübingen 1965-1967.
- *Heilsgeschichte und Geschichte* (1948), en *Exegetica*, 356-368.
- *Jesus Christus und die Mythologie*, Furche V., 1967, Hamburg.
- *Neues Testament und Mythologie* (1941), KM I, 15-48.
- *Theologie des NT*, Mohr, Tübingen 1953.
- *Exegetica* (Colección de artículos), Mohr, Tübingen 1967.
- (*im Rahmen der antiken Religionen*), Rowohlt, München 1969.
- Buri, F., *Entmythologisierung oder Entkerygmatisierung der Theologie*, KM II, 85-101.
- *Theologie und Philosophie*: Theologische Zeitschrift 8 (1952) 116-134.
- Cohen, H., *Der Begriff der Religion im System der Philosophie*, Töpelmann, Giessen 1915.
- Dodd, C. H., *The Parables of the Kingdom*, Nisbet, London 1936.
- Heidegger, M., *El ser y el tiempo*, FCE, México 1942.
- Hirsch, E., *Geschichte der neuern Evangelischen Theologie*, Bertelsmann V, 1952, Gütersloh (Tomo IV).
- Jaspers, K., *Wahrheit und Unheil der Bultnannschen Entmythologisierung*, KM III, 9-46.
- Kant, I., *Die Religion innerhalb der Grenzen der blossen Vernunf*, F. Meiner, Hamburg 1956.
- Körner, J., *Eschatologie und Geschichte*, H. Reich, Hamburg 1957.
- Krüger, G., *Dialektische Methode und Theologische Exegese*: Zwischen den Zeiten 5 (1927) 116-157.
- Löwith, K., *Meaning in History*, Univ. of Chicago Press, Chicago 1957.

– Moltmann. J. (ed.), *Anfänge der dialektischen Theologie* (Edición de textos antiguos), Kaiser V., Vol. 1, München ²1966; Vol. 2, 1963.

– *Theologie der Hoffnung*, Kaiser V., München 1966.

– Pannenberg, W. (ed.), *Offenbarung als Geschichte*, Vandenhoeck, Tübingen 1965.

– Robinson, J. M., *The German Discussion of the Later Heidegger*, en Id., *The Later Heidegger und the Theology*, Harper, New York 1963.

– Robinson, J. M. y J. B. Cobb, *The new Hermeneutics*, Harper, New York 1964.

– *Sauter, G., Zukunft and Verheissung. Das Problem der Zukunft in der gegenwartigen theologischen und philosophischen Diskussion*, Zurich/Stuttgart 1965.

– Schleiermacher, F., *Ueber die Religion. Reden* (1799), F. Meiner, Hamburg 1958.

– *Der christliche Glaube nach den Grundsäzten der Evangelischen Kirche* I-II (1921-1922, ²1930), W. Gruyter, Berlin 1960.

– Schlier, H., *Das NT und der Mythos*, en *Exegetische Aufsätze und Vorträge* II, Herder, Freiburg 1964, 83-96.

– Schultz, W., *Schleiermacher und der Protestantismus*, Reich, Hamburg 1957.

– Schweitzer, A., *Geschichte der Leben Jesu Forschung*, Siebenster, München 1967.

– Werner, M., *Die Entstehung des christlichen Dogmas, problemgeschichtlich dargestellt*, Berna 1941.

## 3. Sobre O. Cullmann

No hay, que yo sepa, una bibliografía completa de las obras sobre Cullmann. Entre las obras más significativas, por orden alfabético:

- Ambrosiano, A., *L'Eucaristia nell'Esegesi di O. Cullmann*, M. D'Auria, Napoli 1956.

- Bavaud, G., *Dialogue sur le Christ: la christologie de O. Cullmann du point de vue catholique: Choisir 1 (1960) 17-23*.

- Bini, L., *L'Intervento di O. Cullmann nella discussione Bultmanniana*, Anal. Gregoriana 114, Gregoriana, Roma 1961.

- Brändle, R. (ed.), *Bibel auslegung und ökumenische Leidenschaft, die Beiträge des Wissenschaftlichen Symposiums aus Anlass des 100. Geburtstags von Oscar Cullmann*, Reinhard, Basel 2001.

- Briva Miravent, A., *El tiempo de la Iglesia en la teología de Cullmann*, San Paciano, Barcelona 1961; «Presentación española» *Cristo y el tiempo*, Estela, Barcelona 1967, IX-XVI.

- Christ, F., *Oikonomia: Heilsgeschichte als Thema der Theologie: Oscar Cullmann zum 65. Geburtstag gewidmet*, H. Reicy, Hambrug 1967.

- Fangmeier J. y M. Geiger, *Geschichte und Zukunft zwei Studien zu Oscar Cullmanns 65. Geburtstag*, EVZ, Zürich 1967.

- Frisque, J., *Oscar Cullmann. Une Théologie de l'histoire du salut*, Casterman, Tournai 1960.

- Fröhlich, K., *Testimonia oecumenica: In honorem O. Cullmann octogenarii*, Vogler, Tübingen 1982.

- Gabás, R., *Escatología protestante en la actualidad*, ESET, Vitoria 1964, 155-183.

- Hermesmann, G., *Oscar Cullmanns Theologie der Heilsgeschichte*, Bonifacius, Paderborn 1979.

- Javierre, A. M., *El tema literario de la sucesión*, Biblioteca Teológica Salesiana, Zurich 1963.

- Lamirande, E., *Le temps de l'Église. Notes en marge de Saint Augustin et d'Oscar Cullmann*, Univ. Ottawa Ont. 1962.

- Malevez, L., *Histoire du salut et philosophie. Barth, Bultmann, Cullmann*, Cerf, Paris 1971.

- Matlock, R. B., *Unveiling the apocalyptic Paul. Paul's interpreters and the rhetoric of criticism*, Sheffield Academic Press, Sheffield 1996.

- Pikaza, X., *Exégesis y Filosofía. El pensamiento de R. Bultmann y O. Cullmann*, La Casa de la Biblia, Madrid 1972; *El triángulo exegético: Barth, Bultmann y Cullmann*: Estudios Bíblicos 31 (1972) 83-104; *Presentación y Actualización Española* a O. Cullmann, *Cristología del Nuevo Testamento*, Sígueme, Salamanca 1998, 9-50 y 417-438.

- Randrianame, P. F. L., *La vie après la mort, d'après Oscar Cullmann et Philippe Menoud*, F. Th. Protestant, Montpellier 1996.

- Schlaudraff, K. H., *Heil als Geschichte? Die Frage nach dem heilsgeschichtlichen Denken dargestellt anhand der Konzeption O. Cullmanns*, Mohr, Tübingen 1988.

- Silvestre Arrieta, J., *La Iglesia del intervalo. Aspecto escatológico del tiempo de la Iglesia en O. Cullmann*, Comillas, Santander 1959.

- Steck, K. G., *Die Idee der Heilsgeschichte. Hofmann. Schlatter. Cullmann*, Zollikon, Zürich, 1959.

- Van Unnik, W. C. (ed.), *Neotestamentica et Patristica* (Homenaje a Cullmann), en *Suplements to Novum Testamentum* VI, Brill, Leiden 1962.

- Vögtle, A., *Oscar Cullmann*, en H. J. Schultz, *Tendencias de la Teología en el Siglo XX. Una historia en semblanzas*, Studium, Madrid 1970, 609-615.

XABIER PIKAZA IBARRONDO, nacido en Orozko, País Vasco (1941), ha estudiado filosofía, teología y Sagrada Escritura en Salamanca, Roma y Hamburg y ha sido religioso de la "Orden de la Merced" (1963-2003). Ha enseñado teología y Sagrada Escritura en la Universidad Pontificia de Salamanca (1973-2003) y ha impartido seminarios y cursos de especialidad en diversas universidades de Europa y América, sobre temas de Fenomenología de la Religión y Cristianismo. Está casado con M. Isabel Pérez Chaves y sigue investigando sobre historia bíblica y pensamiento cristiano.

## Otros títulos de la colección:
# VIDA Y PENSAMIENTO

### RESISTENCIA Y GRACIA CARA
Pensamiento de D. Bonhoeffer
*Manfred Svensson*

### MÁS ALLÁ DE LA SENSATEZ
El pensamiento de C. S. Lewis
*Manfred Svensson*

### POLEMIZAR, ACLARAR, EDIFICAR
El pensamiento de Sören Kierkegaard
*Manfred Svensson*

### DIOS Y LA EXISTENCIA
El pensamiento de R. Bultmann
*Xabier Pikaza Ibarrondo*

### DIOS Y EL TIEMPO
El pensamiento de O. Cullmann
*Xabier Pikaza Ibarrondo*